Collection « Du côté des lettres »

dirigée par Marie-France SCULFORT

FRANÇAIS 3e

Grammaire et expression

NOUVEAU PROGRAMME 1999

Cécile de CAZANOVE
Professeur agrégé de lettres modernes
Collège Pierre de Ronsard à Paris

Laurent COSTE
Professeur certifié de lettres modernes

Michel GEY
Principal du collège Boris-Vian à Talant

Jean PRUVOST
Maître de conférences de sciences du langage
Université de Cergy-Pontoise

Marie-France SCULFORT
Professeur agrégé de lettres modernes
Collège Jean-Philippe Rameau à Tours

avec la collaboration de :
Jean-Christophe PELLAT
Professeur de langue française à l'université de Strasbourg

NATHAN

© 1999 - Éditions Nathan, 9 rue Méchain, 75014 Paris -
ISBN : 2.09.171468.2

AVANT-PROPOS

En réponse aux nouveaux programmes et instructions officielles de 1998, « Grammaire et Expression 3e » propose une articulation cohérente entre l'étude de la grammaire, de l'orthographe et du vocabulaire, et les activités d'expression écrite et orale.

LES POINTS FORTS DE L'OUVRAGE

● Nous avons tout d'abord voulu établir un **décloisonnement à la fois cohérent et souple** entre les différents travaux sur la langue.
Ainsi, les leçons d'orthographe grammaticale et les activités d'expression suivent la progression de grammaire.
Un dossier « **Ressources** » situé en fin d'ouvrage permet au professeur de personnaliser ses séquences, en y intégrant, selon les besoins et le rythme particuliers de sa classe, des notions fondamentales d'orthographe et de vocabulaire.

● Nous avons également veillé à **lier l'étude de la langue et l'observation des textes.**

Les leçons de grammaire sont fondées sur l'observation d'extraits de textes issus le plus souvent du corpus du manuel « Textes et méthodes 3e » de la même collection, de manière à offrir la possibilité de construire des séquences cohérentes.

● Afin que l'étude de la grammaire ne reste pas une fin en soi, nous l'avons conçue comme un **instrument pour l'expression écrite et orale.**
Ainsi, chaque leçon de grammaire comporte une rubrique de remarques et de conseils spécifiquement prévus pour l'expression écrite. Toutes les activités de langue convergent vers une production écrite qui en représente la finalité.

Enfin, en classe de Troisième, la leçon d'expression orale proposée en fin de chaque partie accorde une importance privilégiée à l'**apprentissage de l'argumentation.**

LA STRUCTURE DE L'OUVRAGE

● **L'ouvrage est organisé en 6 grandes parties :**

1 Le discours
2. L'organisation du texte
3. Les discours rapportés
4. Le verbe dans la phrase
5. Les relations spatio-temporelles et logiques
6. Les transformations de la phrase.

● **Chaque partie propose :**
– des leçons de **grammaire** de 5 à 8 pages chacune ;
– lorsqu'elle peut être étudiée en articulation avec la grammaire, une leçon d'**orthographe** présentée sur 4 pages ;
– une leçon d'**expression écrite**, sur 4 pages ;
– une leçon d'**expression orale**, sur une double page ;
– un **bilan** des acquisitions grammaticales, sur 1 page.

● **En fin d'ouvrage, le dossier «Ressources » :**
– 16 pages d'**orthographe**, suivies de 65 règles orthographiques essentielles ;
– 18 pages de **vocabulaire** ;
– **6 entraînements au Brevet**, classés par ordre de difficulté croissante ;
– 7 pages de **tableaux de conjugaison** ;
– un **lexique grammatical** indexé.

Les auteurs.

Le manuel « **Textes et méthodes 3e** », conçu par la même équipe d'auteurs, pourra être utilisé seul ou en interactivité avec le manuel « Grammaire et expression ». C'est en effet du corpus de ce manuel que sont repris les extraits de textes sur lesquels se fondent les leçons de grammaire du présent ouvrage, de manière à proposer de véritables séquences pédagogiques décloisonnées et progressives.

« **Textes et méthodes 3e** » comporte : lecture méthodique des textes et de l'image, lectures suivies, vocabulaire, expression écrite, entraînements au Brevet et dossier de méthodologie, articulés selon les mêmes principes.

SOMMAIRE

1 Le discours

GRAMMAIRE

ORTHOGRAPHE

EXPRESSION ÉCRITE

EXPRESSION ORALE

Pour commencer l'année
5 rappels grammaticaux
pages 8 à 12

2 L'organisation du texte

3 Les discours rapportés

4 Le verbe dans la phrase

Grammaire

Orthographe

Expression écrite

Expression orale

Bilan

5 Les relations spatio-temporelles et logiques

Grammaire

Expression écrite

Expression orale

Bilan

6

Les transformations dans la phrase

GRAMMAIRE

ORTHOGRAPHE

EXPRESSION ÉCRITE

EXPRESSION ORALE

BILAN

DOSSIER RESSOURCES

ORTHOGRAPHE

VOCABULAIRE

BREVETS

CONJUGAISON

LEXIQUE GRAMMATICAL

RAPPELS GRAMMATICAUX

1. La phrase

La phrase possède toujours les caractéristiques suivantes :

● **une nature :**
- **verbale :** ➜ *1-0 : Pierre gagne le match.*
- **non verbale :** ➜ *1-0 : victoire de Pierre.*

● **un type :**
- **déclaratif :** ➜ *Pierre a gagné le match.*
- **interrogatif :** ➜ *Pierre a-t-il gagné le match ?*
- **exclamatif :** ➜ *Bravo, Pierre !*
- **injonctif :** ➜ *Pierre, gagne ton match.*

● **une forme :**
- **affirmative :** ➜ *Pierre a gagné son match.*
- **négative :** ➜ *Pierre n'a pas gagné son match.*

● À cela peut s'ajouter la **mise en relief** ou **forme emphatique :** ➜ *Son match, Pierre l'a gagné aisément.*

Les phrases verbales se distinguent également :

● **par leur structure :**
- **simple** (une unique proposition grammaticale) : ➜ *Pierre a gagné son match. Il s'est mieux préparé.*
- **complexe** (plusieurs propositions grammaticales) : ➜ *Pierre gagne son match, parce qu'il s'est mieux préparé.*

● **par leur voix :**
- **active :** ➜ *Pierre a remporté son match.*
- **passive :** ➜ *Le match a été remporté par Pierre.*

EXERCICE 1

Dans les deux paragraphes ci-dessous, Yannick Dalmas, pilote de course, explique comment il passe certains virages du circuit des 24 Heures du Mans.

a. Relevez les phrases non verbales, et transformez-les en phrases verbales. Quel effet produit l'emploi des phrases non verbales ?

b. Classez les phrases selon leurs types. Quelle phrase exprime un ordre ? Transformez-la en phrase impérative. Quels sentiments traduisent les phrases exclamatives ?

c. Formulez des phrases interrogatives, adressées au pilote, et portant sur les éléments soulignés.

« S » de Maison-Blanche : « En sortie de la courbe Porsche, je remets la 5 en dosant. Dans le gauche, vitesse de passage : 200 km/h. Je garde la 5 pour le droite, et aussi pour la fin de l'enfilade, où il faut lever un peu. Vitesse dans le dernier gauche : 170/200 km/h. Ces enfilades te laissent complètement assommé ! On s'y fait drôlement "bouger" ! »
Virage Ford : « J'arrive en 6, à 260/280 km/h. Gros freinage, rétrogradage de 6 en 3. Avant la première chicane moyennement rapide, la piste d'accès aux stands se trouve en plein sur la trajectoire idéale ! Faire "gaffe" à ceux qui se rabattent au tout dernier moment ! Vitesse de passage : 130/150 km/h. »

Option Auto – Hors-série, Le Mans 97.

EXERCICE 2

a. Relevez les phrases complexes et délimitez les différentes propositions.

b. Repérez les phrases à la forme négative et les différentes expressions de la négation.

c. Récrivez ces phrases à la forme affirmative. Quelle transformation ce changement entraîne-t-il parfois dans la phrase ?

Je ne puis me rappeler exactement le jour où je décidai qu'il fallait que Conrad devînt mon ami, mais je ne doutais pas qu'il le deviendrait. Jusqu'à son arrivée, j'avais été sans ami. Il n'y avait pas, dans ma classe, un seul garçon qui répondît à mon romanesque idéal de l'amitié, pas un seul que j'admirais réellement. [...] La plupart d'entre eux étaient gentils et je m'entendais assez bien avec eux. Mais tout comme je n'avais pas pour eux de sympathie particulière, ils n'en avaient pas pour moi. Je n'allais jamais chez eux et ils ne venaient jamais chez moi. Peut-être une autre raison de ma froideur était-elle due à ce que tous avaient l'esprit terriblement positif et savaient déjà ce qu'ils seraient plus tard [...]. Moi seul n'en avais aucune idée ; je me bornais à de vagues rêveries et à des désirs plus vagues encore. Je ne souhaitais qu'une chose : voyager, et je croyais que je serais un jour un grand poète.

Fred UHLMAN, *L'Ami retrouvé*, © Folio Gallimard.

2. Le verbe

Dans la phrase verbale, le verbe exprime un état, une action ou un fait. Il porte les marques suivantes.

● **l'accord** – en genre, nombre et personne – **commandé par le sujet** ;

● **le temps** – passé, présent, futur – selon l'époque où l'événement se déroule par rapport au moment de l'énonciation ;

● **l'aspect** :
– **accompli ≠ non accompli**, selon que l'événement est présenté comme achevé ou non :
→ *Il a visité la maison* : forme composée, aspect accompli ;
→ *Il visite la maison* : forme simple, aspect non accompli.
– **limité ≠ non limité**, selon qu'il est présenté avec une durée limitée dans le temps ou non :
→ *Il visita la maison* : aspect limité ;
→ *Il visitait, visite la maison* : aspect non limité ;

● **la construction** :
– **active** : → *Pierre visitera la maison lundi* : le sujet agit sur l'objet ;
– **passive** : → *La maison sera visitée par Pierre lundi* : le sujet est soumis à l'action du complément d'agent ;
– **pronominale** : → *La maison se visite le lundi* : le verbe est accompagné d'un pronom qui représente le sujet ;
– **impersonnelle** : → *Il est possible de visiter la maison le lundi* : le verbe ne peut se construire qu'à la 3e personne ; il est précédé de l'indice d'impersonnel *il*, qui ne représente aucun être ou objet précédemment cités.

EXERCICE 1

Le narrateur a été abordé par un individu, Ernest Turgeon, qui le prend pour un certain Harissart…

a. Classez les groupes verbaux selon les deux périodes passé/présent.

b. Quels faits sont présentés comme accomplis ? À quels temps sont-ils ?

c. Relevez deux constructions impersonnelles. Comment pourrait-on les récrire ?

Il m'entraîna vers le Café du Tonkin dont les lampes luisaient déjà dans leur petites robes en bambou. En dépit d'un bel effort, par honnêteté envers moi-même, je ne pouvais trouver l'ombre d'un souvenir sur ce bizarre bonhomme plus large que haut dont la veste malgré la marche gardait un pli à hauteur des reins. Non, pas de Turgeon dans ma mémoire, ni même dans la feue[1] réalité. Mes parents n'étaient pas tailleurs. Depuis un demi-siècle ils vendent des instruments de musique dans le quatorzième et nous sommes associés. Je n'ai fréquenté que la communale. Pour finir je m'appelle Jacques Carreau. Alors ?

– Tu viens ? Toujours aussi distrait, aussi lent ! Ce que tu as pu m'amuser ! On croyait même que tu ne savais pas marcher. La balade aux Buttes-Chaumont, tu te rappelles ? C'était plus tard. On avait bien douze ans. Il y avait Flandin, Dusard, le triporteur du père de Machel. Tu étais à la traîne. Nous t'avons perdu et retrouvé dans un taillis. Il faut dire qu'on l'avait fait un peu exprès. Tu ne m'en veux plus ?

Daniel BOULANGER, « Retrouvailles »,
in *Table d'hôte*, © Gallimard.

1. Feue (archaïsme) : *disparue ; lointaine.*

EXERCICE 2

a. Classez les groupes verbaux soulignés selon leurs formes : active, passive ou pronominale. Précisez leurs temps.

b. Lorsque c'est possible, récrivez les verbes à la forme passive en les mettant à la forme active, et inversement.

c. Expliquez l'emploi de l'imparfait dans « un juge qui officiait déjà du temps de Pétain », en essayant d'employer le passé simple : est-ce possible ? pourquoi ?

Mai 1944, à Cauchel dans le Pas-de-Calais. Le jeune Jean Ricouart, qui travaille dans une usine à la réparation des wagons, entre dans la Résistance. À la suite d'une opération à laquelle il participe, il est arrêté, torturé, déporté en Allemagne. Libéré par les Russes, malade, il est soigné sur place, puis transféré en Ukraine. Il ne rentre au pays qu'en février 1946, où il n'a que le temps d'épouser Marie, son amie de toujours. Il est aussitôt accusé de meurtre par un juge qui officiait déjà du temps de Pétain, et condamné à sept ans de prison.

1963, à Cauchel. Lucien, le fils de Jean, se fait traiter de fils d'assassin. Il se sauve du lycée et meurt pendant sa fugue.

Vingt-cinq ans plus tard, un ami de Lucien, journaliste, narrateur de l'histoire, enquête sur la vie de Jean Ricouart, et l'interroge, comme pour confirmer cette ultime phrase écrite par Lucien : « Mon père n'est pas un assassin. »

Quatrième de couverture *La mort n'oublie personne*,
D. DAENINCKX, © Gallimard

3. Les constituants de la phrase

● La phrase verbale de base, déclarative, se compose de **deux groupes essentiels** : **le groupe sujet** et **le groupe verbal** :
→ *Ce nouvel élève (GS) s'appelle Pierre (GV).*

● **Le groupe sujet** se situe généralement à gauche du groupe verbal. C'est un **constituant essentiel** car : 1. **il ne peut pas être supprimé** ; 2. **il ne peut pas être déplacé**, sans être remplacé par un substitut pronominal.
Le groupe sujet commande l'accord du verbe, en genre, nombre et personne :
→ *Pierre est mon ami ; nous sommes amis ; Pierre et ses frères sont sympathiques.*

● **Le groupe verbal** se compose **d'un verbe et de ses compléments essentiels**. Les compléments essentiels du verbe ne peuvent être ni supprimés, ni déplacés, sans être repris par un substitut pronominal.
Parmi les constituants essentiels du groupe verbal, on trouve :

– **le complément d'objet direct :**
→ *Pierre lit un roman.*
– **le complément d'objet indirect :**
→ *Pierre pense à son roman.*
– **le complément d'objet second :**
→ *Pierre parle de sa lecture à son ami.*
– **des compléments de lieu, temps, accompagnement**... de certains verbes, dont le verbe *être* :
→ *Ce roman est dans la bibliothèque. L'histoire se déroule en été. Le héros vit avec son chien.*
– **l'attribut du sujet :**
→ *Ce roman est un roman policier.*

● En plus des deux groupes essentiels (le groupe sujet et le groupe verbal), la phrase peut comporter **des groupes de compléments circonstanciels**. Ces compléments ne sont **pas essentiels**, car ils n'ont pas de place fixée par des contraintes de sens. Ils sont donc **mobiles** et on peut les supprimer, sans modifier l'équilibre de la phrase qu'ils complètent.

EXERCICE 1

Pour chaque verbe souligné, précisez le groupe sujet et les constituants essentiels du groupe verbal, ainsi que la fonction exacte de ceux-ci.

Bartholoméo Belvidéro, père de don Juan, était un vieillard nonagénaire qui avait passé la majeure partie de sa vie dans des combinaisons du commerce. Ayant traversé souvent les talismaniques[1] contrées de l'Orient, il y avait acquis d'immenses richesses et des connaissances plus précieuses, disait-il, que l'or et les diamants, desquels alors il ne se souciait plus guère. « Je préfère une dent à un rubis, et le pouvoir au savoir », s'écriait-il parfois en souriant. Ce bon père aimait à entendre don Juan lui raconter une étourderie de jeunesse, et disait d'un air goguenard[2], en lui prodiguant l'or : « Mon cher enfant, ne fais que les sottises qui t'amuseront. »

Honoré de BALZAC, *L'Élixir de longue vie.*

1. Talismanique : *qui a le pouvoir d'un talisman, magique.*
2. Goguenard : *moqueur, narquois.*

EXERCICE 2

Précisez pour chaque élément souligné :

a. sa nature grammaticale et s'il s'agit d'un constituant essentiel ou non essentiel de la phrase ;

b. pour les constituants essentiels, s'il s'agit d'un groupe sujet ou d'un complément du verbe (COD, COI ou COS ?) ; proposez ensuite une substitution pronominale.

Le premier cambriolage auquel se livra Dutilleul eut lieu dans un grand établissement de crédit de la rive droite. Ayant traversé une douzaine de murs et de cloisons, il pénétra dans divers coffres-forts, emplit ses poches de billets de banque et, avant de se retirer, signa son larcin, à la craie rouge, du pseudonyme de Garou-Garou, avec un fort joli paraphe qui fut reproduit le lendemain dans tous les journaux. Au bout d'une semaine, ce nom de Garou-Garou connut une extraordinaire célébrité. La sympathie du public allait sans réserve à ce prestigieux cambrioleur qui narguait si joliment la police. Il se signalait chaque nuit par un nouvel exploit accompli soit au détriment d'une banque, soit à celui d'une bijouterie ou d'un riche particulier.

Marcel AYMÉ, *Le Passe-muraille*, © Gallimard.

4. Le nom : le groupe nominal et ses expansions

● Le nom est une classe de mots ouverte. Il sert à désigner les êtres, les objets, les sensations, les sentiments, les idées.

● **Du point de vue du sens**, il se distingue par plusieurs caractéristiques :
- nom **propre** / nom **commun** : → *Paris / une ville* ;
- **comptable / non comptable** : → *un fleuve / de l'eau* ;
- **animé / inanimé** : → *un passant / un monument* ;
- **humain / non humain** : → *un touriste / un appareil photo* ;
- **concret / abstrait** : → *la foule / l'angoisse*.

● **Du point de vue grammatical**, le nom est **marqué en genre** (masculin/féminin) et **varie en nombre** (singulier/pluriel).

● La plupart du temps, le nom occupe la position centrale d'un **groupe nominal** constitué de divers éléments :

● **à gauche** du nom se trouvent :

– **les déterminants**
définis : → *<u>la</u> voiture* ;
indéfinis : → *<u>une</u> voiture* ;
démonstratifs : → *<u>cette</u> voiture* ;
possessifs : → *<u>ma</u> voiture*

– des **adjectifs ayant une valeur déterminative**
une quantité : → *les <u>deux</u> voitures* ;
un rang : → *ma <u>première</u> voiture* ;
une qualité définissant une catégorie : → *une <u>petite</u> voiture*, c'est-à-dire une voiture de première catégorie ;

● **à droite** du nom se trouvent :

– des **adjectifs qualificatifs** : → *une voiture <u>rouge</u>, <u>rapide</u>* ;

– des **noms apposés** : → *la marque <u>Ferrari</u>* ;

– des **adverbes** : → *une voiture <u>bien</u>* ;

– des **groupes prépositionnels** : → *une voiture <u>de sport</u>, une voiture <u>pour la famille</u>* ;

– des **propositions subordonnées relatives** : → *une voiture <u>qui attire les regards</u>*.

EXERCICE 1

a. Quels sont les deux groupes nominaux qui désignent le personnage du texte ? Expliquez le changement de déterminant.

b. Donnez la nature grammaticale des éléments soulignés, et proposez une expression synonyme d'une autre nature grammaticale.

Dans la plaine <u>rase</u>, sous la nuit <u>sans étoiles, d'une obscurité et d'une épaisseur d'encre</u>, un homme suivait seul la grande route de Marchiennes à Montsou, dix kilomètres de pavé coupant tout droit, à travers les champs de betteraves. Devant lui, il ne voyait même pas le sol noir, et il n'avait la sensation de l'immense horizon plat que par les souffles du vent de mars, des rafales larges comme sur une mer, glacées d'avoir balayé des lieues de marais et de terres <u>nues</u>. Aucune ombre <u>d'arbre</u> ne tachait le ciel, le pavé se déroulait avec la rectitude d'une jetée, au milieu de l'embrun aveuglant des ténèbres.

L'homme était parti de Marchiennes vers deux heures. Il marchait d'un pas allongé, grelottant sous le coton <u>aminci</u> de sa veste et de son pantalon de velours. Un petit paquet, noué dans un mouchoir à carreaux, le gênait beaucoup ; et il le serrait contre ses flancs, tantôt d'un coude, tantôt de l'autre, pour glisser au fond de ses poches les deux mains à la fois, des mains gourdes <u>que les lanières du vent d'est faisaient saigner</u>.

Émile ZOLA, *Germinal*.

EXERCICE 2

Pour vérifier qu'une proposition subordonnée est relative, il suffit de la récrire sous la forme d'une proposition indépendante : le nom que complète cette proposition doit réapparaître dans la proposition indépendante, en remplacement du pronom relatif.

a. Relevez dans le texte les propositions relatives et récrivez-les sous forme de propositions indépendantes.

b. Précisez le mode et le temps des verbes dans chaque proposition relative.

Pendant que je regardais les peintures d'Elstir, les coups de sonnette des invités qui arrivaient avaient tinté, ininterrompus, et m'avaient bercé doucement. Mais le silence qui leur succéda et qui durait déjà depuis très longtemps finit [...] par m'éveiller de ma rêverie, comme celui qui succède à la musique de Lindor tire Bartolo de son sommeil. J'eus peur qu'on m'eût oublié, qu'on fût à table et j'allai rapidement vers le salon. À la porte du cabinet des Elstir je trouvai un domestique qui attendait, vieux ou poudré, je ne sais, l'air d'un ministre espagnol, mais me témoignant du même respect qu'il eût mis aux pieds d'un roi. Je sentis à son air qu'il m'eût attendu une heure encore, et je pensai avec effroi au retard que j'avais apporté au dîner, alors surtout que j'avais promis d'être à onze heures chez M. de Charlus.

Marcel PROUST, *Le Côté de Guermantes*.

5. Phrase simple, phrase complexe

● **La phrase simple** est une phrase verbale ne comportant qu'**un unique groupe verbal conjugué** : elle n'est constituée que d'une unique proposition grammaticale indépendante.

● **La phrase complexe** est le résultat de la réunion de plusieurs phrases simples. Elle est donc constituée de plusieurs propositions grammaticales : au moins autant que de groupes verbaux conjugués.
À l'intérieur de la phrase complexe, les propositions peuvent être :

– **juxtaposées :**
➜ *Michel n'ira pas au collège, il est malade.*
Les propositions restent indépendantes et **ne sont réunies que par un signe de ponctuation.** Le lien logique entre les propositions est implicite ; il faut le reconstituer (ici : conséquence et cause).

– **coordonnées :**
➜ *Michel n'ira pas au collège, car il est malade.*
Les propositions sont toujours indépendantes et **sont réunies par une conjonction de coordination.** Le lien logique est explicite avec les conjonctions *car, donc, mais, ou, or, ni* ; il est implicite avec *et* : il faut le reconstituer.

– **subordonnées :**
➜ *Michel n'ira pas au collège parce qu'il est malade.*

La proposition *parce qu'il est malade* est subordonnée à la proposition principale *Michel n'ira pas au collège* ; la principale peut constituer une phrase simple, mais l'autre ne le peut pas. Les propositions **sont réunies par une conjonction de subordination**, qui indique explicitement le lien logique entre ces propositions.

● **Les propositions subordonnées** sont des constituants de la phrase complexe. On les classe en trois groupes :

– les propositions **relatives ; elles complètent un nom :**
➜ *Le collège où Michel doit aller est en travaux* : complète le nom *collège* ;

– les propositions **conjonctives complétives** ; elles sont des **compléments essentiels du verbe** de la principale :
➜ *Michel a dit qu'il n'irait pas au collège* : complète le groupe verbal *a dit*, COD du groupe verbal ;

– les propositions **conjonctives circonstancielles** ; elles sont des **compléments non essentiels** de la principale :

➜ *Lorsque Michel est malade, il ne va pas au collège* : complète la proposition principale, complément circonstanciel de temps.

EXERCICE 1

a. Classez les phrases simples et les phrases complexes.

b. Pour les phrases complexes, délimitez les propositions et précisez si elles sont juxtaposées, coordonnées ou subordonnées.

Des joueurs de fifres marchent à reculons devant un régiment anglais. Ils jouent un air lent et acide derrière les peupliers. La musique empoigne les soldats par le milieu du ventre, au croisillon des harnais et les tire en avant. Ils vont, pesants comme des bœufs, la tête basse, en se regardant les genoux. Quand ils sont bien lancés, dans leur vitesse, les joueurs de fifres s'esquivent, laissent passer la troupe et suivent par derrière.

Jean GIONO, *Le Grand Troupeau.*

EXERCICE 2

a. Relevez les propositions subordonnées et précisez leurs natures (relatives, complétives, circonstancielles).

b. Pour les relatives, précisez leurs antécédents. Peuvent-elles être ou non supprimées ?

c. Pour les conjonctives, précisez le verbe de la principale dont elles dépendent, et la fonction qu'elles occupent.

d. Transformez les éléments soulignés en propositions subordonnées.

Je savais que ma mère avait été terriblement déçue par mon absence de génie musical, parce qu'elle n'y avait plus jamais fait allusion devant moi, et chez elle, qui, il faut bien le dire, manquait si souvent de tact, une telle réserve était un signe certain de chagrin secret et profond. Ses propres ambitions artistiques ne s'étaient jamais accomplies et elle comptait sur moi pour les réaliser. J'étais, pour ma part, décidé à faire tout ce qui était en mon pouvoir pour qu'elle devînt, par mon truchement, une artiste célèbre et acclamée et, après avoir longuement hésité entre la peinture, la scène, le chant et la danse, je devais un jour opter pour la littérature, qui me paraissait le dernier refuge, sur cette terre, de tous ceux qui ne savent pas où se fourrer.

Romain GARY, *La Promesse de l'aube*, © Gallimard.

1 Le discours

Chapitre 1

GRAMMAIRE

Les systèmes d'énonciation

OBSERVATION

Charmante enfant

QUINO, *Encore Mafalda* (tome II), © Glénat.

Questions

→ **1.** Où se passe cette scène ? Quelle peut-être l'influence du lieu sur le contenu des paroles échangées ?

→ **2.** Vignette 1 : que devine-t-on de l'émettrice (son identité, sa relation avec son interlocutrice) ?

→ **3.** Vignette 2 : comment le rôle et la position de l'émettrice évoluent-ils ?

→ **4.** Vignette 4 : quel est le personnage dominant ? pourquoi ?

→ **5.** Par quels pronoms se marquent les relations entre les personnages ?

LEÇON

1. La situation de communication

● Énonciation et énoncé

L'énonciation est **l'action par laquelle un émetteur produit un énoncé** dans une situation donnée.
L'énoncé est **le résultat, oral ou écrit,** de cet acte de langage.

● Les composantes de l'énonciation

Les circonstances

On peut distinguer un certain nombre de **lieux sociaux** qui ont une influence sur l'énonciation et l'énoncé lui-même :
– les lieux privés : famille, amis, bande de copains...
– les lieux de travail : école, bureau, entreprise...
– les lieux de relations commerciales et économiques : marché, boutiques, grands magasins...
– les lieux de loisir : stades, club de sport, cinéma, cafés...

L'émetteur

C'est la personne qui produit l'énoncé. On peut distinguer en elle :
– **la personne physique** (son identité) :

→ *Pierre Durand, 40 ans, professeur, marié, trois enfants.*

– **les positions** (liens familiaux et sociaux) :

→ *père, dans une conversation avec son fils aîné dans la voiture ; mari, lors d'un échange avec son épouse dans le salon ; fils, au téléphone, avec sa mère ; enseignant, avec ses élèves en classe...*

– **les rôles différents** qu'elle assume au cours des différents échanges (comportement et valeurs au nom desquelles elle parle) :

→ *moralisateur avec son fils, séducteur avec sa femme, protecteur avec sa mère, savant avec ses élèves...*

Ces facteurs ont une influence sur l'énoncé.

Le récepteur

C'est à lui que l'énoncé est destiné. La relation entre l'émetteur et le récepteur peut être :
– une relation d'égalité, sans hiérarchie ;
– une relation de déséquilibre économique, ou culturel, de savoir. L'émetteur peut être supérieur ou inférieur au destinataire ; les déséquilibres se combinent parfois subtilement :

→ *employeur sans diplômes et employé de niveau bac + 5.*

Le but de la communication

Dans un échange, l'émetteur veut produire un effet particulier sur le récepteur :
– garder le contact : « *Bon, bref, tu m'écoutes, allô ?* » ;
– informer : transmettre des connaissances, des impressions ;
– expliquer : clarifier une pensée, développer un raisonnement ;
– faire agir : amener le récepteur à accomplir un acte concret ;
– convaincre : amener le récepteur à changer d'opinion.

2. Deux systèmes d'énonciation : le discours et le récit

● L'énoncé porte à des degrés divers des **indices de l'énonciation :**
– indices de **personne** (émetteur : *je, nous* ; récepteur : *tu, vous*) ;
– indices de **lieu** *(ici, dans cette pièce...)* ;
– indices de **temps** *(en ce moment, demain, hier, aujourd'hui...)*.

● Selon la présence ou l'absence de ces indices, et la manière dont ils sont associés, on peut distinguer deux systèmes d'énonciation : **le discours** (énoncé ancré dans la situation d'énonciation) et **le récit** (énoncé coupé de la situation d'énonciation).

	Discours (énoncé ancré dans la situation d'énonciation)	Récit (énoncé coupé de la situation d'énonciation)
La situation de communication	Présence de marques d'un émetteur et d'un récepteur.	Absence de marque de l'émetteur et du récepteur.
Les pronoms personnels	*Je, nous* : émetteur(s) ; *tu, vous* : récepteur(s) ; (*Il(s) elle(s), lui...* : ceux dont on parle).	*Il(s) elle(s), lui...* : personnages de l'histoire.
Les temps dominants	Présent, passé composé, imparfait, futur.	Passé simple, imparfait, plus-que-parfait, conditionnel.
Les repères de temps et de lieu	Ils se définissent par rapport à celui qui parle : *aujourd'hui, hier, demain... ici, dans mon bureau.*	Ils sont internes à l'histoire : *le 30 mai 1936, la veille, le lendemain... à Bourges, au 1er étage du musée...*
Les genres d'énoncé privilégiés	Dialogue, lettres, messages publicitaires, articles de journaux, modes d'emploi, discours politiques.	Romans, nouvelles, contes, fables, ouvrages historiques, biographies.

Remarque
L'opposition entre passé simple et passé composé (récit/discours) n'est pertinente que dans les textes modernes et contemporains. Dans la **langue classique** (du XVIIe au XIXe siècle), on utilisait le **passé composé** pour les **faits survenus moins de vingt-quatre heures avant le moment de l'écriture** et le **passé simple** pour les **faits anciens de plus de vingt-quatre heures.** C'est ainsi qu'il faut interpréter les textes de La Fontaine, de Mme de Sévigné, de Beaumarchais et, généralement, jusqu'à la première moitié du XXe siècle.

3. Récit et discours dans les textes

Selon la présence plus ou moins importante des indices d'énonciation, on peut distinguer :

● Le discours en situation

Il s'agit du **dialogue,** de l'**interview,** et, par imitation, du **dialogue de théâtre** et du **dialogue dans un roman.**
Le discours en situation contient de nombreuses marques de la présence de l'émetteur et du récepteur (pronoms, déterminants, temps verbaux, types et formes de phrases). Il existe un rapport étroit entre la situation d'énonciation et le contenu du texte : les interlocuteurs parlent de faits ou d'objets présents dans la situation d'énonciation.

● Le récit à la troisième personne et au passé simple

C'est le cas des **contes,** des **romans classiques,** des **fables.**
L'histoire racontée, réelle ou fictive, n'a aucun lien avec la situation d'énonciation. Le texte ne porte aucune marque de la présence des interlocuteurs. Il comporte des mots organisateurs temporels *(un jour, soudain).* Avec les temps verbaux, ces mots traduisent le déroulement des événements et les ruptures (anticipations, retours en arrière) :

→ *Il était une fois un marchand d'Aoste qui avait un valet.* ***Un jour,*** *le marchand* ***envoya*** *son valet en pays éloigné pour acheter une grande quantité de marchandises et lui* ***donna*** *pour ses achats une grosse somme d'argent. Le valet* ***partit.*** (Claude Seignolle, *Contes, récits et légendes des pays de France,* « Les Alpes »)

● Le récit à la première personne et au passé simple

C'est le cas des **autobiographies,** des **mémoires,** de **nombreux romans modernes.**

■ Dans un **récit de vie,** l'auteur marque, par la première personne, le lien qui l'attache aux événements évoqués, et, par le passé simple, le recul temporel ou psychologique qu'il prend vis-à-vis de ces événements. Il peut alors opposer le temps de l'écriture (*je* + présent) au temps des faits vécus (*je* + passé simple).

■ Dans un **roman,** le *je* ne dialogue pas avec un destinataire présent dans le texte ; il désigne un narrateur fictif, présent dans le texte comme acteur ou témoin, et différent de l'auteur :

→ *Je hâtai le pas, inquiet d'être seul dans ce bois, apeuré sans raison, stupidement, par la profonde solitude. Tout à coup, il me sembla que j'étais suivi, qu'on marchait sur mes talons, tout près, à me toucher.* (Guy de Maupassant, *Le Horla*)

● Les combinaisons du récit et du discours

■ Les deux systèmes sont souvent présents dans un même texte : ils peuvent soit alterner, soit être associés. Dans ce cas, il s'agit le plus souvent de **passages de dialogues** inclus **dans un roman** ou **un conte, une fable :**

→ *Maître Corbeau, sur un arbre perché,*
Tenait en son bec un fromage.
Maître Renard, par l'odeur alléché,
Lui tint à peu près ce langage :
« Et bonjour, Monsieur du Corbeau.
Que vous êtes joli ! que vous me semblez beau !
Sans mentir, si votre ramage
Se rapporte à votre plumage,
Vous êtes le Phénix des hôtes de ces bois. » (La Fontaine)

■ L'inverse est plus rare : on le rencontre **dans certains récits de presse,** écrits aux temps du discours, qui incluent un **retour en arrière au passé simple.** Le passage d'un système à l'autre obéit toujours à une intention précise de l'auteur :

→ *Une bonne collaboration entre la gendarmerie et la police judiciaire de N. a permis l'arrestation des auteurs présumés d'un crime crapuleux. Ce jour-là, vers 21 h 30, le feu détruisit une habitation de la rue Vieille. Le propriétaire, M. Jean-Marie M., périt carbonisé. L'autopsie démontra cependant que le malheureux avait d'abord été abattu de deux balles.* (extrait de presse)

Pour l'expression écrite

C'est **avant de commencer à écrire** un texte que nous devons choisir le système d'énonciation qui convient à la situation et au but du message que nous devons produire :

- une lettre porte des traces du moment d'écriture (lieu, date), des indices de l'émetteur (*Je*, signature), des adresses au récepteur *(Cher X, tu, vous) ;*
- un conte s'inscrit dans un univers coupé de la situation d'écriture : *Il était une fois, en ce temps-là ;*
- un récit de presse s'écrit aux temps du discours, afin de ne pas couper la nouvelle de l'actualité du lecteur ;
- un récit d'enfance écrit par un adulte s'écrit assez naturellement à la première personne + passé simple ;
- un historien qui rédige un cours racontera les événements passés au présent historique, sans utiliser les marques d'énonciation *je* et *tu.*

RÉSUMÉ

1. L'**énonciation** est l'action par laquelle un émetteur produit un énoncé oral ou écrit dans une situation donnée. L'**énoncé** est le résultat de cet acte de langage.

2. Pour connaître la situation d'énonciation, il faut considérer le **lieu** et le **moment,** les **interlocuteurs,** le **but** de la communication.

3. L'énoncé porte à des degrés divers des **indices de l'énonciation :** indices de personne, lieu, époque, temps verbaux.

4. Selon la présence de ces indices, on peut distinguer deux systèmes d'énonciation :
– le **discours** (énoncé ancré : *moi, tu, ici, maintenant*) ;
– le **récit** (énoncé coupé : *il, lui, là-bas, ce jour-là*).

5. Selon la présence plus ou moins importante des indices d'énonciation, on peut distinguer des **variétés de textes** (discours en situation, récit à la 1re ou à la 3e personne, combinaisons diverses).

EXERCICES

Identifier

1 À partir des phrases suivantes, précisez les relations qui existent entre les interlocuteurs (familiales, amicales, professionnelles, fonctionnelles) et s'il existe une hiérarchie entre eux.

1. Vous devriez essayer la taille au-dessus.
2. Dites à Sophie de mettre ces lettres au courrier de 17 h 30.
3. Et si nous allions en vacances aux Antilles, l'hiver prochain ?
4. Je veux bien débarrasser la table, à condition que mon frère m'aide.
5. Débranchez votre téléphone portable pendant le décollage de l'avion.
6. Vous seriez bien aimable de passer à mon bureau cet après-midi.
7. Nous voulons la stricte application de la loi sur les 35 heures hebdomadaires.
8. Surtout, ne raconte pas à ton frère que je le trouve canon.
9. Tu peux aller chez Martin, mais ne rentre pas après 21 heures.
10. Taisez-vous, à la fin, et prenez vos classeurs !

2 Quelles sont les différentes situations de communication évoquées dans le texte suivant (qui parle à qui ?) Dans chaque situation, précisez l'intention de l'émetteur.

Sur ma couche, pendant la nuit, j'ai cherché celui que mon cœur aime ; je l'ai cherché et ne l'ai point trouvé… « Levons-nous, me suis-je dit, faisons le tour de la ville, parcourons les marchés et les places, cherchons celui que mon cœur aime. » Je l'ai cherché et ne l'ai point trouvé… Les gardes qui font la ronde dans la ville m'ont rencontrée : « Avez-vous vu, leur ai-je dit, celui que mon cœur aime ? » À peine les avais-je passés que j'ai trouvé celui que mon cœur aime ; je l'ai saisi et ne l'ai point lâché jusqu'à ce que je l'aie introduit dans la maison de ma mère, dans la chambre de celle qui me donna le jour. Je vous en prie, filles de Jérusalem, par les gazelles et les biches des champs, ne réveillez pas, ne réveillez pas la bien-aimée, avant qu'elle le veuille.

Cantique des cantiques, VII.

3 Analysez les deux situations de communication présentées ici (entre le Kenyan et le soldat ; entre le soldat et le pilote). À quelle réflexion le dessinateur veut-il amener le lecteur ?

PLANTU, *Somalie*, décembre 1992.

4 Qui parle à qui dans cet extrait ? Identifiez le registre de langue qui caractérise chaque discours des personnages.

À la fin de la Seconde Guerre mondiale, le lycée ayant été bombardé, les cours se déroulent dans le café tenu par Léopold.

« Les cahiers de préparation », dit le professeur Didier. Les élèves ayant étalé leurs cahiers, il alla de table en table s'assurer qu'ils avaient exécuté le travail portant sur un autre passage d'*Andromaque*.

Pendant qu'il regagnait sa place, Léopold se versa un verre de blanc.

« Mademoiselle Odette Lepreux, lisez le texte. »

Odette Lepreux, une mince jeune fille de quatorze ans, toussa pour s'éclaircir la gorge. Léopold, qui la voyait de dos, considérait avec une tendresse paternelle sa taille frêle et le flot de ses cheveux châtains bouclant sur les épaules. Une fois de plus, il se sentit fier de réunir dans son établissement toute une jeunesse savante et appliquée. Odette se mit à lire d'une voix claire, encore enfantine, où tremblaient des perles d'eau fraîche :

« Où fuyez-vous, Madame[1]?
N'est-ce point à vos yeux un spectacle assez doux
Que la veuve d'Hector pleurante à vos genoux ? »

Sur ces paroles d'Andromaque, la patronne, venant de sa cuisine, pénétra discrètement dans l'enceinte du zinc. Comme elle s'approchait du cafetier, elle eut la stupéfaction de voir les larmes ruisseler sur ses joues cramoisies et interrogea :

« Qu'est-ce que t'as ?
– Laisse-moi, murmura Léopold. Tu peux pas comprendre.
– Enfin, dis-moi ce que t'as.
– Ne m'emmerde pas, je te dis. »

Marcel AYMÉ, *Uranus*, © Gallimard.

1. Madame : *dans ce passage, Andromaque s'adresse à Hermione, sa rivale.*

5 Dans les extraits suivants, déterminez s'il s'agit d'une énonciation de discours ou d'une énonciation de récit. Justifiez votre réponse.

Extrait 1. Vendredi 3 mars 1944
Très chère Kitty,
Ce soir, en regardant la flamme de la bougie, je me suis sentie redevenir heureuse et calme. En fait, c'est Grand-mère qui se tient dans cette bougie et c'est Grand-mère aussi qui me préserve et me protège et me rend ma joie. Mais… il en est un autre, qui domine toute mon humeur et c'est… Peter. Cet après-midi, quand je suis allée chercher des pommes de terre et que j'étais encore dans l'escalier avec ma casserole pleine, il m'a demandé : « Qu'as-tu fait à midi ? » Je me suis assise sur l'escalier et nous avons commencé à parler ; à cinq heures et quart (une heure après le moment où j'étais partie les chercher), les pommes de terre (que j'avais entre-temps posées sur le sol) arrivaient à destination. Peter n'a plus dit un mot de ses

parents : nous avons seulement parlé de livres et d'autrefois. Oh, que ce garçon a un regard chaleureux ; il ne s'en faut plus de beaucoup, je crois, que je ne sois amoureuse de lui.

Journal d'Anne Frank, © éd. Calmann-Lévy.

Extrait 2. Ce jour-là, dans la seconde semaine de mars, M. Denizet, le juge d'instruction, avait mandé de nouveau à son cabinet, au palais de justice de Rouen, certains témoins importants de l'affaire Grandmorin. Depuis trois semaines, cette affaire faisait un bruit énorme. Elle avait bouleversé Rouen, elle passionnait Paris, et les journaux de l'opposition, dans la violente campagne qu'ils menaient contre l'Empire, venaient de la prendre comme machine de guerre.

Émile ZOLA, *La Bête humaine*.

6 Distinguez dans cette fable les passages de récit et les passages de discours.

La tortue et les deux canards

Une tortue était, à la tête légère,
Qui, lasse de son trou, voulut voir le pays.
Volontiers on fait cas d'une terre étrangère ;
Volontiers gens boiteux haïssent le logis.
Deux canards, à qui la commère
Communiqua ce beau dessein,
Lui dirent qu'ils avaient de quoi la satisfaire.
« Voyez-vous ce large chemin ?
Nous vous voiturerons, par l'air, en Amérique :
Vous verrez mainte république,
Maint royaume, maint peuple ; et vous profiterez
Des différentes mœurs que vous remarquerez.
Ulysse en fit autant. » On ne s'attendait guère
De voir Ulysse en cette affaire.

La tortue écouta la proposition.
Marché fait, les oiseaux forgent une machine
Pour transporter la pèlerine.
Dans la gueule, en travers, on lui passe un bâton.
« Serrez bien, dirent-ils, gardez de lâcher prise. »
Puis chaque canard prend ce bâton par un bout.
La tortue enlevée, on s'étonne partout
De voir aller en cette guise
L'animal lent et sa maison,
Justement au milieu de l'un et l'autre oison.
« Miracle ! criait-on : venez voir dans les nues
Passer la reine des tortues.
– La reine ! vraiment oui : je la suis en effet,
Ne vous en moquez point. » Elle eût beaucoup mieux fait
De passer son chemin sans dire aucune chose :
Car, lâchant le bâton en desserrant les dents,
Elle tombe, elle crève aux pieds des regardants.
Son indiscrétion de sa perte fut cause.

Imprudence, babil, et sotte vanité,
Et vaine curiosité,
Ont ensemble étroit parentage.
Ce sont enfants tous d'un lignage.

LA FONTAINE, *Fables X*, 1679.

Transformer

7 Mettez les verbes entre parenthèses aux temps du passé qui conviennent dans une énonciation de récit.

J'(être) sur les six heures à la descente de Ménilmontant presque vis-à-vis du Galant Jardinier, quand, des personnes qui (marcher) devant moi s'étant tout à coup brusquement écartées, je (voir) fondre sur moi un gros chien danois qui, s'élançant à toutes jambes devant un carrosse, n'(avoir) pas même le temps de retenir sa course ou de se détourner quand il m'(apercevoir). Je (juger) que le seul moyen que j'(avoir) d'éviter d'être jeté par terre (être) de faire un grand saut si juste que le chien passât sous moi tandis que je serais en l'air. Cette idée plus prompte que l'éclair et que je n'(avoir) le temps ni de raisonner ni d'exécuter (être) la dernière avant mon accident. Je ne (sentir) ni le coup ni la chute, ni rien de ce qui (s'ensuivre) jusqu'au moment où je (revenir) à moi.
Il (être) presque nuit quand je (reprendre) connaissance. Je me (trouver) entre les bras de trois ou quatre jeunes gens qui me (raconter) ce qui (venir) de m'arriver. Le chien danois n'ayant pu retenir son élan (se précipiter) sur mes deux jambes et, me choquant de sa masse et de sa vitesse, me (faire) tomber la tête en avant : la mâchoire supérieure portant tout le poids de mon corps (râper) sur un pavé très raboteux, et la chute (être) d'autant plus violente qu'étant à la descente, ma tête (donner) plus bas que mes pieds.

Jean-Jacques ROUSSEAU, *Les Rêveries du promeneur solitaire*.

8 Mettez les verbes entre parenthèses aux temps qui conviennent dans une énonciation de discours.

Voilà mon journal intime commencé. J'y (penser) depuis longtemps. Mais qu'aurais-je eu de passionnant à raconter ? Jusqu'ici, je (vivre) une existence insouciante et pour tout dire passablement ennuyeuse. Fêtes, bals, visites mondaines et voyages d'agrément me (tenir) jusqu'alors éloignée des soucis et des chagrins. Mère (veiller) à ce que je reçoive la meilleure éducation et (faire) défiler un grand nombre de précepteurs au palais. Je (étudier) les mathématiques, la philosophie, les langues étrangères avec beaucoup de sérieux. Je (éprouver) pourtant le sentiment d'être d'une grande ignorance. Ce soir plus que jamais.

Michel HONAKER, *L'Adieu au domaine*, © Rageot, 1994.

9 Identifiez le système d'énonciation de ce texte, puis transposez-le dans un autre système. Justifiez ensuite le choix d'Albert Camus.

Peu après, le patron m'a fait appeler et, sur le moment, j'ai été ennuyé parce que j'ai pensé qu'il allait me dire de moins téléphoner et de mieux travailler. Ce n'était pas cela du tout. Il m'a déclaré qu'il allait me parler d'un projet encore très vague. Il voulait seulement avoir mon avis sur la question. Il avait l'intention d'installer un bureau à Paris qui traiterait ses affaires sur la place, et directement, avec les grandes compagnies et il voulait savoir si j'étais disposé à y aller. Cela me permettrait de vivre à Paris et aussi de voyager une partie de l'année. « Vous êtes jeune, et il me semble que c'est une vie qui doit vous plaire. » J'ai dit que oui mais que dans le fond cela m'était égal. Il m'a demandé alors si je n'étais pas intéressé par un changement de vie. J'ai répondu qu'on ne changeait jamais de vie, qu'en tout cas toutes se valaient et que la mienne ici ne me déplaisait pas du tout. Il a eu l'air mécontent, m'a dit que je répondais toujours à côté, que je n'avais pas d'ambition et que cela était désastreux dans les affaires. Je suis retourné travailler alors. J'aurais préféré ne pas le mécontenter, mais je ne voyais pas de raison pour changer ma vie. En y réfléchissant bien, je n'étais pas malheureux. Quand j'étais étudiant, j'avais beaucoup d'ambitions de ce genre. Mais quand j'ai dû abandonner mes études, j'ai très vite compris que tout cela était sans importance réelle.

Albert CAMUS, *L'Étranger*, © Gallimard.

10 a. Analysez la situation de communication. Quel temps verbal est employé ici pour raconter les événements de la veille ?
b. Transposez le texte selon l'usage courant actuel.

À Madame de Grignan
Lundi au soir.

Avant que d'aller au faubourg, je fais mon paquet, et l'adresse à Monsieur l'Intendant à Lyon. La distinction de vos lettres m'a charmée. Hélas ! je la méritais bien par la distinction de mon amitié pour vous.

Mme de Fontevrault fut bénite hier ; MM. les prélats furent un peu fâchés de n'y avoir que des tabourets.

Voici ce que j'ai su de la fête d'hier. Toutes les cours de l'hôtel de Guise étaient éclairées de deux mille lanternes. La Reine entra d'abord dans l'appartement de Mme de Guise, fort éclairé, fort paré ; toutes les dames se mirent à genoux autour de la Reine, sans distinction de tabourets. On soupa dans cet appartement ; il y avait quarante dames à table. Le souper fut magnifique. Le Roi vint, et fort gravement regarda tout sans se mettre à table ; on monta en haut, où tout était préparé pour le bal. Le Roi mena la Reine et honora l'assemblée de trois ou quatre courantes[1], et puis s'en alla souper au Louvre avec sa compagnie ordinaire. Mademoiselle ne voulut point venir à l'hôtel de Guise. Voilà tout ce que je sais.

Mme de SÉVIGNÉ, *Lettres*, 1671.

1. Courante : *danse française sur un air à trois temps.*

Employer

11 Inspirez-vous du texte suivant et récrivez-le à la première personne, comme si vous étiez le personnage, en faisant part de vos réflexions personnelles sur le sujet.

À l'instant où l'argent se glisse dans la poche d'un étudiant, il se dresse en lui-même une colonne fantastique sur laquelle il s'appuie. Il marche mieux qu'auparavant, il se sent un point d'appui pour son levier, il a le regard plein, direct, il a les mouvements agiles ; la veille, humble et timide, il aurait reçu des coups ; le lendemain, il en donnerait à un Premier ministre. Il se passe en lui des phénomènes inouïs : il veut tout et peut tout, il désire à tort et à travers, il est gai, généreux, expansif. Enfin, l'oiseau naguère sans ailes a retrouvé son envergure. L'étudiant sans argent happe un brin de plaisir comme un chien qui dérobe un os à travers mille périls, il le casse, en suce la moelle, et court encore ; mais le jeune homme qui fait mouvoir dans son gousset quelques fugitives pièces d'or déguste ses jouissances, il les détaille, il s'y complaît, il se balance dans le ciel, il ne sait plus ce que signifie le mot misère. Paris lui appartient tout entier.

Honoré de BALZAC, *Le Père Goriot* (1834).

12 Lisez ce texte d'Henri Michaux, puis, à votre tour, inventez un poème qui comportera des mots de fantaisie tout en faisant alterner récit et discours.
Pour vous aider, vous pouvez reprendre une fable de La Fontaine que vous transformerez.

Dimanche à la campagne

Jarrettes et Jarnetons s'avançaient sur la route débonnaire.
Darvises et Potamons folâtraient dans les champs.
Une de parmegarde, une de tarmouise, une vieille paricaridelle ramiellée et foruse se hâtaient vers la ville.
Garinettes et Farfalouves devisaient allégrement.
S'éboulissant de groupe en groupe, un beau Ballus de la famille des Bormulacés rencontra Zanicovette.
Zanicovette sourit, ensuite Zanicovette, pudique, se détourna.
Hélas ! la paricaridelle, d'un coup d'œil, avait tout vu.
« Zanicovette », cria-t-elle. Zanicovette eut peur et s'enfuit.
Le vieux soleil entouré de nuages s'abritait lentement à l'horizon.
L'odeur de la fin du jour d'été se faisait sentir faiblement, mais profondément, futur souvenir indéfinissable dans les mémoires.
Les embasses et les ranoulements de la mer s'entendaient au loin, plus graves que tout à l'heure. [...]

Henri MICHAUX, in « L'Espace du dedans »,
Lointain intérieur, © Gallimard, 1938.

Grammaire

La modalisation

Chapitre 2

OBSERVATION

Exclure les exclus

Sale temps pour les mendiants, l'été venu. Passe encore en hiver, le froid et la faim suscitent des réflexes de compassion. Et puis, en janvier, on les voit moins, n'est-ce pas ? Mais à l'arrivée des beaux jours, les arrêtés municipaux pleuvent, qui interdisent les mains tendues ou les regroupements des nouveaux gueux et de leurs chiens. Ici, on leur enjoint de quêter sans leurs animaux, là de ne pas stationner abusivement dans la rue, ailleurs on les chasse carrément. La palme à la ville de Menton, qui refuse aux errants le droit de quêter et de vendre des journaux à la criée. Le pompon à Bagnères-de-Bigorre, qui autorise la mendicité entre 13 heures et 14 heures. Pourquoi pas entre 2 heures et 3 heures du matin ? L'exclusion pour endiguer l'exclusion, une trouvaille.

Il est loin le temps où, dans une France de plein emploi et de certitudes républicaines, le brave vieux clodo, folklorique et intégré, tendait paisiblement sa sébile et recevait sa pièce. Il était comme un ornement humanitaire qui soulageait la bonne conscience du citoyen consommateur. En 1996, le SDF accroupi devant la boulangerie ou la sortie du métro est un reproche vivant à la mauvaise conscience du passant, qui a réussi à survivre à vingt années ininterrompues de crise et qui sait qu'il peut connaître un jour la même dérive. Déclassé, le marginal fait peur, il étale crûment les plaies d'une société chavirée par le chômage, la drogue, la maladie, la violence. Panique à bord, le quart monde est à nos portes, qu'est-ce qu'on en fait ?

Jean BELOT, extrait de l'éditorial, *Télérama* n° 2425, 3 juillet 1996.

Questions

→ **1.** Quelle est la visée du texte : raconter, décrire, informer, convaincre ?

→ **2.** L'auteur de l'article est-il grammaticalement présent dans le texte ?

→ **3.** À partir du titre de l'article, quelle hypothèse faites-vous sur la position du journaliste ?

→ **4.** Relevez, dans l'ensemble du texte, des signes de ponctuation qui indiquent un sentiment. Quel peut être ce sentiment ?

→ **5.** Relevez des mots (noms, verbes, adjectifs) qui communiquent le jugement du journaliste sur les faits qu'il rapporte.

→ **6.** À qui s'adressent les questions du texte ? De quel type de questions s'agit-il ?

LEÇON

1. Définition

● De nombreux énoncés portent la marque de l'émetteur qui les produit, et qui communique ses goûts, ses sensations, ses sentiments, ses émotions, ses opinions.

● La **subjectivité de l'émetteur** se manifeste **dans tous les types de textes :** narratif, descriptif, explicatif, argumentatif, autant dans les textes qui rapportent des faits réels que dans les textes de fiction.

● De nombreux **indices** signalent la présence de l'émetteur dans son énoncé : on appelle **modalisation** l'ensemble de ces indices.
L'émetteur peut, par exemple :
– marquer les relations entre les interlocuteurs ;
– donner l'information comme sûre ou peu probable.

2. Les différentes modalités

● Les modalités d'énonciation

Certaines modalités rendent compte des relations entre les interlocuteurs :

→ *Vous êtes invité à lire ce roman.* (exhortation)
→ *Il vaut mieux ne pas aborder ce sujet avec Pauline.* (conseil)
→ *On n'oubliera pas d'éteindre en sortant des salles.* (ordre)

● Les modalités d'énoncé

La probabilité

L'émetteur peut signaler que l'information qu'il donne n'est pas certaine, mais plus ou moins probable. Les marques de probabilité sont des **auxiliaires de modalité** *(devoir, pouvoir)*, les verbes *sembler, paraître*, le futur antérieur à valeur modale :

→ *Pierre* ***doit*** *arriver pour le dessert. Pierre* ***peut*** *avoir oublié l'heure de la réunion. Pierre* ***aura raté*** *son train. Cette chance* ***paraît*** *inespérée.*

L'évaluation, le jugement

L'émetteur peut exprimer son jugement, positif ou négatif, sur l'information qu'il donne. Cette modalisation s'exprime par le vocabulaire employé, par certains adverbes ou groupes nominaux dont la place est libre, mais qui se situent généralement en tête de phrase :

→ ***Heureusement, par bonheur, hélas, à ma grande surprise,*** *il neige à mille mètres d'altitude.*

3. Les procédés de modalisation

● L'**intonation** (à l'oral), la **typographie** (mots en gras, en italiques, en capitales), la **ponctuation** (à l'écrit) peuvent souligner l'affectivité de l'émetteur.

→ *Quoi ! tu me* ***soupçonnes...***

● Certains **types de phrases,** en particulier les phrases exclamatives et la phrase interrogative quand elle pose de fausses questions :

→ *Tu me prends pour un imbécile ?*

La place de certains groupes dans la phrase peut également renforcer la modalisation :

→ *Qu'est-ce qu'il mange, ton copain !*

● Le **vocabulaire** révèle également la présence de l'émetteur :

■ les groupes nominaux et les adjectifs, qui peuvent être **mélioratifs** ou **péjoratifs :**

→ *le brave vieux clodo, folklorique et intégré ; ce garçon est un imbécile ; ce film est mortel, la musique est démente…*

■ les verbes qui expriment une opinion, un jugement, une certitude, une probabilité *(devoir, pouvoir, croire, imaginer, prétendre, insinuer, souligner, soutenir, jurer, certifier) :*

→ *Arnaud* ***prétend*** *qu'il m'a rendu son devoir la semaine dernière.* (Le verbe *prétendre* exprime un doute sur le contenu de la subordonnée.)

→ *Je* ***sais*** *qu'il a déjà invoqué une fois ce* *prétexte.* (Le verbe *savoir* annonce le contenu de la subordonnée comme une certitude ; c'est la raison invoquée qui est mise en doute par le mot *prétexte.*)

→ *Vous* ***devriez*** *relire vos devoirs.* (conseil)

Devoir et *pouvoir* sont des auxiliaires de modalité : ils servent souvent à envisager la **probabilité** des actions :

→ *Il doit/peut neiger.*

■ Les adverbes : *peut-être, sans doute, probablement…*

Selon la place de l'adverbe dans la phrase, la modalisation n'est pas la même :

→ ***Sans doute*** *a-t-il mangé des champignons vénéneux./Il a mangé des champignons* ***sans doute*** *vénéneux.*

● Certaines figures de style, en particulier l'**antiphrase** (ironie), la **litote** (atténuation), la **périphrase connotée :**

→ *C'est du propre !/Il est si bête que même ses collègues s'en sont aperçus./Le locataire de la mairie de Paris.*

4. Modalisation et discours rapporté

● Dans certains énoncés, l'émetteur peut signaler qu'il ne prend pas la responsabilité de l'affirmation qu'il rapporte et la met **au compte d'une tierce personne :**

→ ***D'après les derniers sondages,*** *la cote de popularité de M. X dépasse celle de M. Y.*

→ ***Selon un communiqué du palais,*** *le mariage de la princesse aura lieu demain après-midi.*

L'énoncé peut être marqué par une intervention de l'émetteur qui indique la **distance** qu'il prend vis-à-vis de l'information donnée :

→ *aux dires de l'auteur…, d'après X…, à son avis, si l'on en croit…, à l'en croire…, selon l'agence Reuter…, à l'entendre…, si je crois ce qu'on raconte…, comme le disait ma grand-mère…*

● La modalisation peut être marquée par le **conditionnel.** Dans la presse, et dans de nombreux textes scientifiques, le conditionnel indique que l'auteur fait état d'**informations incertaines,** ou de théories vis-à-vis desquelles **il dégage sa responsabilité :**

→ *La destitution du président* ***aurait lieu*** *lors du prochain congrès.*

Pour l'expression écrite

■ Il est important d'indiquer clairement à qui l'on attribue les paroles, les pensées et les opinions qu'on rapporte.

Le lendemain, qui était le jour de son départ, sur la plage, dans la matinée, au moment où j'allais prendre mon bain, comme M. de Charlus s'était approché de moi pour m'avertir que ma grand-mère m'attendait aussitôt que je serais sorti de l'eau, je fus bien étonné de l'entendre me dire, en me pinçant le cou, avec une familiarité et un rire vulgaires :
– Mais on s'en fiche bien de sa vieille grand-mère, hein ? petite fripouille !
– Comment, Monsieur, je l'adore !...

Marcel Proust, *À l'ombre des jeunes filles en fleur.*

■ Dans les textes d'information courante ou scientifique, dans les textes argumentatifs, on doit signaler clairement la thèse que l'on défend et celle(s) que l'on réfute, et indiquer ses sources : *D'après le Comité d'éthique, le clonage des êtres humains serait une catastrophe pour l'humanité.*

RÉSUMÉ

1. L'énoncé porte souvent des **marques de l'émetteur,** qui communique ses sentiments et ses opinions.

2. L'émetteur peut également prendre une position sur l'information qu'il rapporte :
– signaler que **l'information est plus ou moins sûre** (marque de probabilité) ;
– porter une **appréciation positive ou négative** (marque d'évaluation).

3. Les **procédés de modalisation** sont nombreux : l'intonation (à l'oral), la typographie, la ponctuation (à l'écrit), certains types de phrase, le vocabulaire péjoratif ou mélioratif (verbes d'opinion et de jugement, certains adverbes comme *peut-être, sans doute*), certaines figures de style (ironie).

4. La **prise de distance** de l'émetteur vis-à-vis de son énoncé peut se faire avec le conditionnel, ou par des expressions qui citent plus ou moins précisément les sources de l'information.

EXERCICES

Identifier

1 **Identifiez le type de ce texte, et relevez les marques de modalisation.**

Noa, le parfum prodige de Cacharel

Noa est le nouveau parfum de Cacharel. On y pénètre comme dans un lieu magique : parterre de muscs blancs, pleins et rayonnants. Sur cet ample espace olfactif, pur et doux comme une peau enfantine, le parfumeur a semé une fleur de lumière : une pivoine blanche, en pleine possession de son fol arôme, lacté et poivré. Un frisson vert et croquant la traverse, mystérieuse luxuriance. La piquante coriandre n'y est pas étrangère. Entre épices et délices, la note de café s'immisce. S'installe. S'accorde aux caprices de la peau, soutenue par de bien jolies larmes de benjoin et d'encens.

L'EDJ du 24 décembre 1998 au 6 janvier 1999, p. 128.

2 **Dans son film *Lettre de Sibérie* (1957) Chris Marker démontre comment, sur les mêmes images, trois commentaires différents changent la signification du document.**
Relevez, dans chaque commentaire, les marques de modalisation et comparez les points de vue sur chaque élément évoqué (paysage et personnages).

Commentaire 1. Iakoutsk, capitale de la République socialiste soviétique de Yakoutie, est une ville moderne, où les confortables autobus mis à la disposition de la population croisent sans cesse les puissantes Zym, triomphe de l'automobile soviétique. Dans la joyeuse émulation du travail socialiste, les heureux ouvriers soviétiques, parmi lesquels nous voyons passer un pittoresque représentant des contrées boréales, s'appliquent à faire de la Yakoutie un pays où il fait bon vivre !

Commentaire 2. Iakoutsk, à la sinistre réputation, est une ville sombre, où, tandis que la population s'entasse péniblement dans des autobus rouge sang, les puissants du régime affichent insolemment le luxe de leurs Zym, d'ailleurs coûteuses et inconfortables. Dans la posture des esclaves, les malheureux ouvriers soviétiques, parmi lesquels nous voyons passer un inquiétant Asiate, s'appliquent à un travail bien symbolique : le nivellement par le bas !

Commentaire 3. À Iakoutsk, où les maisons modernes gagnent petit à petit sur les vieux quartiers sombres, un autobus moins bondé que ceux de Paris aux heures d'affluence croise une Zym, excellente voiture que sa rareté réserve aux services publics. Avec courage et ténacité, et dans des conditions très dures, les ouvriers soviétiques, parmi lesquels nous voyons passer un Yakoute affligé de strabisme, s'appliquent à embellir leur ville, qui en a besoin...

Chris MARKER, « Lettre de Sibérie », in *Commentaires*, © Éditions du Seuil, 1961.

3 **Relevez dans ce texte toutes les expressions qui désignent les « agresseurs ». Que révèlent-elles sur le mode de pensée et le système de valeurs des personnages ? L'auteur prend-il ou non des distances vis-à-vis d'eux ?**

La montgolfière en danger

L'auteur a imaginé que trois Anglais, le docteur Fergusson, son domestique Joe et son ami Kennedy explorent l'Afrique en montgolfière. S'amarrant à un sycomore, les voyageurs ont fait halte. Kennedy et Joe sont partis chasser lorsqu'ils entendent des coups de feu. Le docteur Fergusson resté à bord de la montgolfière doit être en danger...

En effet, à deux milles de là, une trentaine d'individus se pressaient en gesticulant, en hurlant, en gambadant au pied du sycomore. Quelques-uns, grimpés dans l'arbre, s'avançaient jusque sur les branches les plus élevées. Le danger semblait imminent.
« Mon maître est perdu, s'écria Joe.
– Allons, Joe, du sang-froid et du coup d'œil. Nous tenons la vie de quatre de ces moricauds[1] dans nos mains. En avant ! »
Ils avaient franchi un mille avec une extrême rapidité, quand un nouveau coup de fusil partit de la nacelle ; il atteignit un grand diable qui se hissait par la corde de l'ancre. Un corps sans vie tomba de branches en branches, et resta suspendu à une vingtaine de pieds du sol, ses bras et ses deux jambes se balançant dans l'air.
« Hein ! fit Joe en s'arrêtant, par où diable se tient-il donc, cet animal-là ?
– Peu importe, répondit Kennedy, courons ! courons !
– Ah ! monsieur Kennedy, s'écria Joe, en éclatant de rire : par sa queue ! c'est par sa queue ! Un singe ! ce ne sont que des singes.
– Ça vaut encore mieux que des hommes », répliqua Kennedy en se précipitant au milieu de la bande hurlante.
C'était une troupe de cynocéphales[2] assez redoutables, féroces et brutaux, horribles à voir avec leurs museaux de chien. Cependant quelques coups de fusil en eurent facilement raison, et cette horde grimaçante s'échappa, laissant plusieurs des siens à terre.
En un instant, Kennedy s'accrochait à l'échelle ; Joe se hissait dans les sycomores et détachait l'ancre ; la nacelle s'abaissait jusqu'à lui, et il y rentrait sans difficulté. Quelques minutes après, le *Victoria* s'élevait dans l'air et se dirigeait vers l'est sous l'impulsion d'un vent modéré.

Jules VERNE, *Cinq Semaines en ballon*, 1863.

1. moricaud (mot familier) : *homme ou femme dont le teint est brun.*
2. cynocéphale : *singe d'Afrique à museau allongé comme celui d'un chien.*

Transformer

4 **a. Quel point de vue l'auteur a-t-il sur l'histoire qu'il va raconter ? Justifiez votre réponse en relevant les marques de modalisation.**

b. Récrivez le texte en présentant un récit de manière tout à fait opposée, par exemple en annonçant un texte comique.

Quelle encre noircie d'infamie pourra bien tracer à la postérité l'histoire que je vais décrire ! En quel siècle maudit et détestable avons-nous pris naissance, qu'il faille que nous y voyions arriver des choses dont le seul récit fait dresser les cheveux de ceux qui les entendent ? Mais faut-il encore que tant d'exemples barbares et dénaturés paraissent parmi la nation la plus courtoise et la plus humaine du monde ? Ô Ciel, à quoi nous réservez-vous ! Ces accidents exécrables et inouïs sont les avant-coureurs de votre ire[1], si par un saint amendement nous ne la prévenons. Voici une cruauté non moins étrange que véritable, j'en parle comme témoin oculaire. Elle mérite d'être écrite en lettres de sang en cette sorte.

1. ire : *colère.*

François de ROSSET, *Les Histoires mémorables et tragiques,* 1619, Histoire IX.

5 a. Identifiez les marques de modalisation dans ce texte. Reflètent-elles le point de vue de l'auteur ou un autre ? Lequel ?
b. Récrivez le texte en donnant une autre vision de l'événement.

Arrivée de la première automobile à Saint-Libéral

Un véhicule à moteur avait déjà traversé le village. Son arrivée avait créé un début de panique, à la grande satisfaction, semblait-il, du fou qui le pilotait. Le monstrueux engin, dans lequel se serraient quatre individus, avait remonté la grand-rue et aucun témoin n'était près d'oublier son bruit infernal. [...] Par chance, le monstre n'avait fait que passer en coup de vent. Depuis, on ne l'avait pas revu et aucune personne sensée ne souhaitait son retour.
Seuls quelques jeunes inconscients se réjouissaient donc de l'achat du docteur. [...] Pierre-Édouard faisait partie de ces écervelés qui applaudissaient et se disaient fiers d'appartenir à une commune qui allait posséder une automobile.

Claude MICHELET, *Des grives aux loups,* © éd. R. Laffont.

6 Voici un texte de 1950 qui conseille les enseignants dans leur vie professionnelle et privée.
a. Relevez les marques de modalisation. Quelles valeurs sont exprimées ici ?
b. Récrivez le texte en atténuant ces marques.

L'instituteur a [...] l'obligation de se montrer particulièrement sévère pour lui-même. Placé dans une situation spéciale, sous le regard de tous, il ne peut oublier un seul instant que ses faits et gestes – son langage, ses relations, sa conduite – sont soumis au contrôle public, et qu'il est impossible que toute sa vie privée ne soit pas l'illustration de la leçon de morale ou de civisme qu'il donne à l'école. L'institutrice, surtout, aura à se surveiller. Un écart, qu'elle a pu considérer comme une innocente distraction, sera exploité par les méchantes langues. La cabale à laquelle l'imprudente aura ainsi donné prise risque d'être lourde de conséquences pour l'avenir. Bien sûr, la « demoiselle » de l'école ne doit pas vivre esseulée comme une sainte dans sa niche, mais elle ne saurait non plus impunément se mêler à des exubérances de mauvais aloi, ni se prêter à des fréquentations douteuses. Il entre dans sa mission au village de faire l'éducation du goût : à elle d'apprécier les limites du bon goût et de s'y tenir, en se gardant toutefois de mériter le reproche de vanité et de pédantisme. Le souci de la correction et de la tenue n'exclut pas la joie de vivre en société, conditionnée par la bonne humeur et l'aménité du caractère.

Le Code Soleil, Manuel de législation et de morale professionnelle, SUDEL, 1950.

Employer

7 Selon le point de vue que vous voudrez exprimer, introduisez les marques de modalisation de votre choix dans le texte suivant.

Céline Dion fera une pause dans un an.

Elle chantera au Stade de France le 19 juin 1999.

Céline Dion a annoncé qu'elle mettrait momentanément un terme à sa carrière le 31 décembre 1999. La chanteuse a fait cette déclaration au *Journal du Dimanche* le 14 novembre dernier, lors de l'enregistrement de l'émission de Michel Drucker *Tapis rouge* sur France 2. Céline Dion a confirmé les déclarations de René Angélil, son mari et manager, à une télévision canadienne. Céline Dion a d'autres envies que les disques et les tournées. « J'aimerais bien faire un bébé et fonder un foyer », a-t-elle expliqué au quotidien *France Soir*. Elle reste cependant évasive sur la longueur de sa pause. « Elle ne durera quand même pas 14 ans », a ajouté la chanteuse en riant. [...]

Après la sortie de son premier album en anglais, *Let's Talk About Love,* en mars 1996, Céline Dion avait déjà annoncé son intention d'arrêter la scène pour le même motif. « Quand j'étais petite, ma vie, c'était de chanter. Aujourd'hui, c'est d'avoir des enfants », déclarait la chanteuse canadienne au magazine *Voici* en juillet 1996. Elle ne voulait pas « trop tarder » du fait de l'âge avancé de son mari et manager René Angélil, 54 ans à l'époque.

Olivier RODRIGUEZ, in *L'Actu,* n° 69, 27 novembre 1998, le quotidien d'actualité des14-18 ans, tél. : 01.53.01.23.60.

8 Rédigez une lettre d'une quinzaine de lignes, dans laquelle vous raconterez, au correspondant de votre choix, un événement qui vous a enthousiasmé(e) ou profondément attristé(e). Exprimez vos émotions.

Chapitre 3

GRAMMAIRE

L'explicite et l'implicite

OBSERVATION

Propriétaire ou locataire ?

QUINO, *Mafalda*, tome I, © Glénat.

Questions

➜ **1.** Vignette 1 : quelles sont les caractéristiques de la situation de communication (lieu, interlocuteurs en présence) ? Quelle relation s'établit entre les interlocuteurs ?

➜ **2.** Vignette 2 : la réponse donnée vous paraît-elle pertinente ? Contient-elle une information implicite ?

➜ **3.** Vignette 4 : quel raisonnement la petite fille a-t-elle fait ? Comment exprime-t-elle ce raisonnement ? Pourquoi n'a-t-elle pas clairement exprimé sa pensée ?

LEÇON

1. Définition

● Dans un énoncé, les informations ne sont pas toujours toutes clairement exprimées. Dans chaque situation, il peut exister des mots, des thèmes tabous, frappés d'interdit. Ainsi, **l'émetteur passe sous silence certains types d'informations** susceptibles de porter atteinte à sa propre image ou à celle d'autrui, évitant de blesser, d'humilier, de provoquer, de se plaindre, de se vanter…

● Il est donc nécessaire de disposer de modes d'expression implicites. On appelle **implicites** toutes les informations qui ne sont pas données en termes clairs, mais que l'on peut comprendre ou deviner à partir de l'énoncé ou de la situation d'énonciation :

→ *Toi, tu n'es que locataire, pas vrai ?* (implicite : *tu n'as ni ambition ni courage.*)

2. Les significations implicites

L'implicite exige **un raisonnement du récepteur** pour comprendre l'information. Il existe deux types de significations implicites.

• L'implicite de l'énonciation

L'implicite se dégage **du contexte** de la situation, et non de l'énoncé lui-même.

→ *Éteins la télévision !*

Cet énoncé peut signifier dans son contexte que l'émetteur a une autorité sur le récepteur ; que le récepteur est en mesure d'éteindre le poste ; que le poste de télévision menace d'imploser.

• L'implicite de l'énoncé

On distingue :

▪ **le présupposé**

L'information implicite se déduit **à partir d'un mot de l'énoncé** (nom, verbe, temps verbal, adverbe, adjectif, conjonction, pronom) :

→ *Je vais* ***mieux****.* (présupposé : *j'allais mal.*)

→ *Elle* ***ne*** *vient* ***plus*** *me voir.* (présupposé : *elle venait auparavant.*)

▪ **le sous-entendu**

L'information implicite n'est donnée par aucun mot particulier de l'énoncé, mais doit être déduite par le récepteur **à partir de l'ensemble de cet énoncé.** L'énoncé garde son sens littéral, derrière lequel l'émetteur peut se retrancher en cas de contestation :

→ *Si Marc n'a pas la permission de ses parents, il rentre.* (sous-entendu : *Si Marc a la permission de ses parents, il reste.*)

→ *Votre prédécesseur était charmant.* (selon le contexte, le sous-entendu peut être : *vous êtes bien moins aimable que lui.*)

3. Découvrir les présupposés

• L'information **posée** est l'information présentée et devant être prise comme nouvelle. Elle est l'objet de l'échange : on peut la mettre en question, la nier, la nuancer, en restreindre la portée, la développer...

• L'information **présupposée** sert de support à l'échange ; elle est considérée comme connue, partagée par les interlocuteurs.

On peut donc découvrir les présupposés par deux moyens :

▪ **la négation** ne change pas le présupposé :

→ *Mozart est mort dans la misère. Mozart n'est pas mort dans la misère* : le présupposé « *Mozart est mort* » ne change pas.

▪ **l'interrogation** ne met pas en cause la vérité du présupposé :

→ *Mozart est-il mort dans la misère ?* le présupposé « *Mozart est mort* » ne change pas non plus.

4. Introduire un présupposé

Des procédés grammaticaux permettent de présenter comme évidentes (présupposées) des informations que l'émetteur veut faire accepter à son interlocuteur.

La subordination

Les circonstancielles

– les subordonnées complément de temps placées en tête de phrase :

→ ***Quand tu seras libre,*** *tu passeras un coup de fil à Sophie.*

– les subordonnées de cause avec *puisque* :

→ ***Puisque tu es libre,*** *tu garderas les enfants cet après-midi.*

Certaines subordonnées relatives :

→ *L'adolescent* ***qui a mis le feu à deux voitures*** *a été condamné.*

Un complément essentiel

Certains verbes présupposent leur complément : le complément est présenté comme s'il était connu, évident :

→ *Je sais* ***que j'ai tort.*** (présupposé : *j'ai tort.*)

→ *Je m'excuse* ***d'être en retard.*** (présupposé : *je suis en retard.*)

La nominalisation

La transformation d'une phrase en groupe nominal permet de placer celui-ci en position de sujet :

→ *Mes thèses sont justes.* → ***La justesse de mes thèses*** *est reconnue par les experts.*

Quand on passe de « *mes thèses sont justes* » à « *la justesse de mes thèses* », on glisse de l'affirmation au présupposé, car si le récepteur peut interrompre l'émetteur à la fin de la phrase « *Mes thèses sont justes* », il le peut beaucoup moins après « *la justesse de mes thèses* ».

● Les présupposés peuvent donc être mis au service d'une certaine mauvaise foi ou même d'une malhonnêteté intellectuelle, dans le but de manipuler le récepteur. Ces stratégies indirectes exigent beaucoup de vigilance de la part de celui-ci, car il peut se voir entraîné sans s'en rendre vraiment compte.

Il est important de **reconstituer les intentions de l'émetteur** pour cerner l'intérêt et la valeur des informations implicites (voir p. 50-51 : « Poser des questions persuasives et y répondre. »)

RÉSUMÉ

1. On appelle **implicites** toutes les informations qui ne sont pas données en termes clairs, mais que l'on peut comprendre ou deviner à partir de l'**énoncé** ou de la **situation d'énonciation.** L'implicite demande **une activité personnelle du récepteur** pour comprendre l'information.

2. Le **présupposé** se déduit **à partir d'un mot de l'énoncé.** Le **sous-entendu** se déduit **à partir de l'ensemble de l'énoncé.**

3. L'**ordre** dans lequel les informations sont présentées dans la phrase peut déterminer leur valeur **posée** ou **présupposée.** Le récepteur doit être vigilant pour reconnaître et déceler les informations implicites.

EXERCICES

Identifier

1 Quel est le contenu implicite des phrases suivantes ?

1. A-t-il cessé de battre son chien ?
2. Où avez-vous caché le cadavre de votre femme ?
3. Qui vous a fourni l'arme ?
4. Anne est intelligente, mais sa sœur est jolie.
5. Le propriétaire nous a prévenus de l'augmentation du loyer.
6. Pour un Français, il est assez logique.
7. Je vais prendre un autre gâteau.
8. Pauline avoue qu'elle a oublié notre rendez-vous.
9. Sophie fait semblant d'être malade.
10. Seul, Pierre est venu.
11. Pierre a divorcé.
12. François se figure que nous irons à l'Opéra.

2 Mettez les phrases suivantes à la forme interrogative puis à la forme négative, afin d'identifier l'information présupposée.

1. L'inspecteur de police ignorait que le blessé était amnésique.
2. Nestor Burma devinait que Bébert avait laissé ses empreintes.
3. Le commissaire Faroux sait que l'enquête sera difficile.
4. Le suspect nie que le bijoutier puisse l'identifier.
5. Tout le monde regrette que l'incendie ait effacé les preuves.
6. Il se doute que l'amnésique est Jo Tour-Eiffel.
7. Il se rend compte que le cuisinier est complice.

3 Dans le texte suivant, quels sont les présupposés ou les sous-entendus des passages soulignés ?

Tante Alicia a invité à déjeuner sa petite-nièce Gilberte pour lui apprendre à bien se tenir à table. Ce jour-là, il faut apprendre à manger les ortolans.

– Tu as ta migraine, tante Alicia ?

– Je ne sais pas encore, répondit tante Alicia, ça dépendra du déjeuner. Viens vite, les œufs sont prêts. Quitte ton manteau. Qu'est-ce que c'est que cette robe ?

– Une à maman, qu'on m'a refaite. C'est des œufs difficiles, ce matin ?

– Du tout. Œufs brouillés aux croûtons. Les ortolans non plus ne sont pas difficiles. Et tu auras de la crème au chocolat. Moi aussi, j'en aurai.

La voix jeune, les rides clémentes rehaussées de rose, une dentelle sur ses cheveux blancs, tante Alicia jouait les marquises de théâtre. Gilberte révérait sa tante en bloc. En s'attablant, elle tira sa jupe sous son séant, joignit les genoux, rapprocha ses coudes de ses flancs en effaçant les omoplates et ressembla à une jeune fille. Elle savait sa leçon, rompait délicatement son pain, mangeait la bouche close, se gardait, en découpant sa viande, d'avancer l'index sur le dos de la lame. Un catogan serré sur la nuque découvrait les frais abords du front et des oreilles et le cou singulièrement puissant dans l'encolure, un peu ratée, de la robe refaite, d'un bleu morne, à corsage froncé sur un empiècement, rafistolage sur lequel on avait cousu, pour l'égayer, trois rangs de galons mohair au bord de la jupe et trois fois trois galons mohair sur les manches, entre le poignet et l'épaule.

Tante Alicia, en face de sa nièce, l'épiait de son bel œil bleu noir, sans trouver rien à redire.

– Quel âge as-tu ? demanda-t-elle brusquement.

– Mais comme l'autre jour, tante. Quinze ans six mois.

COLETTE, *Gigi*, © Hachette.

Transformer

4 Reformulez les phrases suivantes, extraites d'un réglement intérieur de collège, de manière à présupposer, en les plaçant en tête, les informations soulignées.

1. L'outil de travail indispensable est le cahier de textes dont la bonne tenue doit être régulière.
2. Les leçons et devoirs sont inscrits dans le cahier de textes qui doit être consultable par les professeurs et les parents.
3. Il est interdit d'apporter des objets qui présentent des dangers ou qui sont susceptibles de perturber les cours.
4. Les familles sont rendues responsables des dégradations qui peuvent être commises par les élèves.
5. Il peut être fait appel à un groupe de médiation dont les membres sont désignés chaque année par le conseil d'administration.
6. Le groupe de médiation a pour objectif d'explorer toutes les pistes qui pourraient permettre d'éviter de conduire à l'exclusion.

5 Relevez les présupposés dans le texte suivant, puis récrivez-le de manière à rendre ces présupposés parfaitement explicites.

À quatorze ans, Michel Colucci travaille à la chaîne à l'usine. Il fait, plus tard, divers métiers, traîne la misère et la dèche avant de faire la manche dans les quartiers de Paris, de rencontrer Romain Bouteille au *Café de la Gare* en 1969 et de faire le comédien avec des débutants qui ont pour nom Miou Miou, Patrick Dewaere, Gérard Depardieu, Henry Guybet.

Mais Coluche ne jouera pas. Il sera « nature ». Avec une inspiration puisée dans les petits détails du quotidien et une libre parole qui ne s'accommodera pas de la demi-teinte. Les habits de clown, la salopette rayée et le nez rouge viendront ensuite naturellement.

Après le *Café de la Gare*, c'est l'épisode du *Vrai Chic parisien*. Puis il fait cavalier seul, monologue, peuple son spectacle de personnages multiples : le Français moyen avec son racisme ordinaire, le policier fruste qui peut donner des coups mais « n'a pas droit aux traces », le chanteur engagé prêt à interdire demain les autres, l'auto-stoppeur qui ne manque pas de culot. Coluche reprend des phrases entendues la veille dans la rue, comme celle évoquant « les Portugais qui viennent bouffer le pain de nos Arabes ». Il donne à ses portraits une vérité profonde, criante, et s'acquiert le public le plus large et le plus dissemblable qui soit. [...]

Claude FLÉOUTER, *Le Monde*, 21 juin 1986.

6 Le texte suivant est un début de roman. Quels mots suffiraient à le rendre explicite ? Dites ensuite pourquoi le texte original est préférable.

J'aimais éperdument la comtesse de***; j'avais vingt ans, et j'étais ingénu ; elle me trompa, je me fâchai, elle me quitta. J'étais ingénu, je la regrettai ; j'avais vingt ans, elle me pardonna : et comme j'avais vingt ans, que j'étais ingénu, toujours trompé, mais plus quitté, je me croyais l'amant le mieux aimé, partant le plus heureux des hommes.

Vivan DENON, *Point de lendemain*.

Employer

7 L'auteur du texte suivant sous-entend que toute la nature a été créée pour l'homme, qui en est le centre.

a. Comment ce sous-entendu se révèle-t-il dans le texte ?

b. En l'imitant, de façon un peu ironique, faites une démonstration semblable pour la nourriture ou l'objet de votre choix (melon, tablette de chocolat, hamburger...).

Le bananier aurait pu suffire seul à toutes les nécessités du premier homme. Il produit le plus salutaire des aliments dans ses fruits farineux, succulents, sucrés, onctueux et aromatiques, du diamètre de la bouche, et groupés comme les doigts d'une main. Une seule de ses grappes fait la charge d'un homme. Il présente un magnifique parasol dans sa cime étendue et peu élevée, et d'agréables ceintures dans ses feuilles d'un beau vert, longues, larges et satinées : aussi ce végétal, le plus utile de tous les végétaux, porte-t-il le nom de figuier d'Adam. C'est sous son délicieux ombrage, et au moyen de ses fruits qu'il renouvelle sans cesse par ses rejetons, que le bramine[1] prolonge souvent au-delà d'un siècle le cours d'une vie sans inquiétude. Un bananier, sur le bord d'un ruisseau, pourvoit à tous ses besoins.

BERNARDIN DE SAINT-PIERRE, *Harmonies de la nature*, 1815.

1. Bramine (ou brahmane) : *prêtre hindou*.

8 Dans les vignettes ci-dessous, exprimez clairement l'implicite de ce raisonnement du Chat, et continuez-le à propos du journaliste politique, du reporter, du chroniqueur mondain, du critique musical du journal, etc.

Philippe GELUCK, *L'Excellent du Chat*, © Casterman, 1996.

9 Quels messages implicites pouvez-vous identifier dans cette publicité ?

Télérama n° 2565, 10 mars 1999.

Chapitre 4

GRAMMAIRE

La fonction des discours

OBSERVATION

Texte 1

Aux jours de ma jeunesse, j'ai habité des greniers de faubourg d'où l'on découvrait Paris entier. Ce grand Paris, immobile et indifférent, qui toujours était là, dans le cadre de la fenêtre, me semblait comme le confident de mes joies et de mes tristesses. J'ai eu faim et j'ai pleuré devant lui ; et devant lui, j'ai aimé, j'ai eu mes plus grands bonheurs.

Émile ZOLA, préface d'*Une page d'amour*, 1884.

Texte 2

Il était quatre heures, la belle journée s'achevait dans un poudroiement glorieux de soleil. À droite et à gauche, vers la Madeleine et vers le Corps législatif, des lignes d'édifices filaient en lointaines perspectives, se découpaient nettement au ras du ciel ; tandis que le jardin des Tuileries étageait les cimes rondes de ses grands marronniers.

Émile ZOLA, *L'Œuvre*.

Texte 3

Au XVIIIe siècle. – Parmi les immondices des rues, chacun s'effraie de trouver en chemin des débris humains, amputés, disséqués que les chirurgiens abandonnent là. La rue est rouge sang, les bêtes sont tuées en pleine rue. L'air est vicié par toutes sortes d'exhalaisons grossières, cadavériques. Pourtant, par mesure d'hygiène, on commence à vider les vieux cimetières situés au centre de la capitale et, d'abord, le plus célèbre d'entre eux, celui des Saints-Innocents situé dans l'actuel forum des Halles, où s'entassent des corps depuis plusieurs centaines d'années. On les visite aujourd'hui à partir de la place Denfert-Rochereau en empruntant un des derniers pavillons de Ledoux.

Anne ROUTIN, *La France des écrivains*, © Guide Gallimard, 1997.

Texte 4

Car ce n'est pas seulement par plaisanterie que Paris a été nommé un enfer. Tenez ce mot pour vrai. Là, tout fume, tout brûle, tout brille, tout bouillonne, tout flambe, s'évapore, s'éteint, se rallume, étincelle, pétille et se consume.

Honoré de BALZAC, *La Fille aux yeux d'or*, 1835.

Questions

→ **1.** Quel est le thème commun aux quatre textes ?

→ **2.** Lequel de ces textes met en scène un narrateur personnage ? Quel est le but du narrateur ?

→ **3.** Quel est le point commun au texte 2 et au texte 3 ? Qu'est-ce qui les distingue ?

→ **4.** Quelle est l'idée directrice du texte 4 ? Quelle est la visée de ce texte ?

LEÇON

● Le **discours** est une mise en pratique du langage à l'oral et à l'écrit. Le *texte* est la forme concrète sous laquelle se présente un discours.

● On peut classer les discours **selon leur visée** et l'effet qu'ils produisent : **raconter, décrire, informer** ou **expliquer, argumenter.** Ces quatre types de discours ont une organisation et des moyens d'expression caractéristiques.

● Le plus souvent, les textes que nous lisons mêlent **plusieurs types de discours** et se présentent comme des séquences qu'il faut reconnaître, délimiter et dont il faut caractériser la fonction. Généralement, un texte **a une fonction dominante,** et se rattache donc à **un type de base.**

1. Le discours narratif

● Les textes narratifs, ou **récits,** comprennent :

– les textes de **fiction** comme le roman, le conte, la nouvelle, la fable, le mythe :

> → *Rastignac, resté seul, fit quelques pas vers le haut du cimetière et vit Paris tortueusement couché le long des deux rives de la Seine, où commençaient à briller les lumières. Ses yeux s'attachèrent presque avidement entre la colonne de la place Vendôme et le dôme des Invalides, là où vivait le beau monde dans lequel il avait voulu pénétrer. Il lança sur cette ruche bourdonnante un regard qui semblait par avance en pomper le miel, et dit ces mots grandioses : – À nous deux maintenant !* (Balzac, *Le Père Goriot*)

– les récits de **faits réels** comme les faits divers, les conversations, les comptes rendus, les lettres.

● Les caractéristiques du discours narratif

L'intrigue

Le texte narratif raconte **une série d'événements** qui constitue l'histoire vécue par un ou plusieurs personnages. Cette histoire se déroule **dans le temps.** Les événements (actions, faits) s'enchaînent selon les lois de cause à effet.

Dans un même texte, les séquences narratives peuvent être interrompues par des séquences descriptives, argumentatives, explicatives ou dialoguées.

La narration

L'histoire est prise en charge par **un narrateur distinct de l'auteur,** personne réelle. Le narrateur est la voix qui raconte l'histoire et qui organise le récit. Le choix du narrateur détermine souvent le système d'énonciation (première ou troisième personne, discours ou récit).

Les indices grammaticaux

Pour identifier une séquence narrative, on se fonde sur le repérage des **organisateurs de temps** *(un jour, la veille, l'année suivante, d'abord, ensuite, puis, enfin),* de **causalité** *(car, parce que, donc, si bien que),* les **temps verbaux** (passé simple, passé composé ou présent de narration).

● Les fonctions du discours narratif

Les fonctions du discours narratif sont nombreuses : on raconte une histoire pour amuser, séduire, informer, convaincre ou instruire.

2. Le discours descriptif

● Le texte descriptif **donne à voir** des personnages, des objets, des lieux. On distingue :
– la **description utilitaire,** dans les textes informatifs et documentaires (manuels, encyclopédies, catalogues, guides touristiques, petites annonces, etc.) ;
– la **description littéraire,** qui sert à créer une atmosphère, une émotion, donner des renseignements sur les personnages, préparer l'action :

→ *Les escaliers de fer, à double révolution, développaient des courbes hardies, multipliaient les paliers ; les ponts de fer, jetés sur le vide, filaient droit, très haut. Et tout ce fer mettait là, sous la lumière blanche des vitrages, une architecture légère, une dentelle compliquée où passait le jour, la réalisation moderne d'un palais de rêve.* (Émile Zola, *Au Bonheur des Dames*)

● Les caractéristiques du discours descriptif

■ La séquence descriptive est constituée de **différentes étapes,** dont l'ordre est souvent le suivant :
– la désignation de l'objet ou du personnage décrit ;
– l'énumération de ses parties ;
– la qualification de chacune de ces parties ;
– une expression qui récapitule l'impression générale donnée par la description.

■ **Les indices grammaticaux et lexicaux**
La séquence descriptive est caractérisée par des **organisateurs spatiaux** (*à droite, à gauche, en haut, en bas*), **temporels** (*d'abord, ensuite*), certains **temps verbaux** (imparfait, présent), des **verbes d'état** et des **expansions du nom** (adjectifs qualificatifs, compléments du nom, propositions relatives), des comparaisons, des métaphores.

● Les fonctions du discours descriptif

Elles sont nombreuses : le discours descriptif peut avoir une fonction de représentation du réel, une fonction narrative (pause, création d'une atmosphère, préparation de l'action), une fonction esthétique, une fonction symbolique.

3. Le discours explicatif

● Le discours explicatif donne des informations, des renseignements, non seulement **pour informer,** mais **pour faire comprendre.** L'information ou l'explication donnée doit être pertinente, véridique, vérifiable et non contradictoire.

→ *[Paris] est la ville-phare pour tous les écrivains de France et de Navarre, mais aussi pour ceux qui sont venus des quatre coins d'Europe, voire de plus loin encore. Dès le* XVIIIe*, un des meilleurs connaisseurs du Paris nocturne fut le Bourguignon Restif de la Bretonne. Au siècle suivant, Balzac fit de cette capitale l'épicentre de sa* Comédie humaine. *Au* XXe *siècle, les écrivains ont successivement fréquenté trois quartiers : Montmartre, Montparnasse et Saint-Germain.* (Anne Routin, *La France des écrivains*, © Guide Gallimard, 1997)

Les caractéristiques du discours explicatif

La séquence explicative s'organise en **plusieurs étapes :**
– un **questionnement** portant sur une affirmation, un fait ou un phénomène ;
– des **réponses** aux questions posées par le questionnement : énumération des causes, comparaison de deux faits, rapport cause-conséquence.

Les indices grammaticaux et lexicaux
Les procédés explicatifs sont la **définition,** la **reformulation,** la **comparaison,** le **recours à l'exemple.** Les temps verbaux les plus fréquemment employés sont le présent, le passé composé, le futur simple. Les champs lexicaux organisent un **vocabulaire spécialisé** ou technique. Les **organisateurs logiques** et la ponctuation marquent l'addition, la cause, la conséquence.

Les fonctions du discours explicatif

La séquence explicative peut avoir pour fonction la présentation objective d'un lieu, d'un objet, d'un événement. Elle peut également avoir pour but de faire comprendre, d'expliquer un phénomène scientifique, historique, politique, économique, un raisonnement philosophique.

4. Le discours argumentatif

Dans un discours argumentatif, l'auteur **défend une thèse** dans le but de convaincre son destinataire. Pour prouver ce qu'il avance, il emploie des **arguments :**

> → *Depuis quelque trente ans que Jacques Hillairet a réuni dans ces pages tant d'indications sur le vieux Paris, ce volume ne cesse d'être conseillé par les amoureux de Paris et réclamé par ceux qui ne le connaissaient pas encore. Les hasards de l'édition l'ont laissé manquant quelques années. Le revoici aujourd'hui tel quel, tel qu'il sut s'imposer auprès de nombreux amateurs et devenir le compagnon privilégié des bibliothèques, comme du promeneur attentif. [...] Alors, plongez-vous vite dans ce recueil qui fourmille autant de curiosités que de renseignements sur l'architecture et la vie du Paris de jadis.* (Préface à J. Hillairet, *Connaissance du Vieux Paris*, © Éditions de Minuit)

Ces arguments sont souvent illustrés par des **exemples.**

Les textes argumentatifs

L'argumentation peut se trouver dans la littérature d'idées (essais, thèses, préfaces des œuvres, plaidoyers, manifestes, etc.), dans certains articles de journaux, dans les images (publicités, photos et dessins de presse) mais aussi dans tous les genres littéraires (roman, poésie, théâtre).

Les caractéristiques de la séquence argumentative

La stratégie argumentative peut être une **réfutation,** une **explication argumentative,** une **démonstration.**
Une des stratégies les plus fréquentes est la réfutation, qui s'organise généralement en trois étapes :
– l'exposé d'une thèse ou d'un point de vue à réfuter ;
– un développement par des arguments ;
– une thèse finale proposée, différente de la thèse initiale.

Les indices grammaticaux

La séquence argumentative se caractérise généralement par des marques de la présence de l'émetteur et du destinataire dans le texte : l'auteur manifeste son **engagement personnel** par l'emploi de la première personne, des adresses au lecteur, des **modalisations,** de la **ponctuation.**

Des **organisateurs logiques** marquent l'addition *(de plus, en outre)*, l'opposition *(mais)* la cause *(car)*, la conséquence *(donc)*, la concession *(certes, mais)*.

● La fonction du discours argumentatif

La visée d'un discours argumentatif est d'agir sur les opinions ou les comportements de quelqu'un. On peut réfuter une opinion adverse pour défendre sa propre thèse, ou expliquer quelque chose à quelqu'un pour le convaincre.

Pour l'expression écrite

Le plus souvent, les textes mêlent plusieurs types de discours, même s'ils se rattachent à un type de base. Ainsi, ce texte explicatif contient des passages descriptifs et narratifs :

Le quai des Grands-Augustins – Au n° 51 se trouve le célèbre restaurant Lapérouse *(aucun rapport avec le navigateur). [...] Dans un chaleureux décor de boiseries se multiplient les « salles à manger « de dimensions variables. Belle manière de recevoir dehors comme on aimerait recevoir chez soi ! C'est un ancien hôtel construit vers 1680 sur ce qui restait de l'hôtel de Sancerre, dit l'hôtel d'Hercule, qui avait été l'une des plus fastueuses et des plus vastes demeures parisiennes de la Renaissance. Les hôtels des n°5 et 7 de la rue des Grands-Augustins sont les seuls vestiges de ce vaste bâtiment du XVI*e *siècle. De 1936 à 1945, Pablo Picasso eut son atelier dans l'hôtel du n°7. En 1942, ayant trop froid dans son appartement de la rue de la Boétie, il vint s'installer avec Dora Maar dans cet atelier où, en 1937, il avait composé son célébrissime tableau,* Guernica. *Une plaque commémorative apposée récemment rappelle ce fait et en évoque curieusement un autre : Balzac situe l'action de son roman* Le Chef-d'œuvre inconnu *dans ce même hôtel ! (Bertrand Dreyfuss,* Guide du promeneur du 6e arrondissement, *© Parigramme)*

RÉSUMÉ

1. La fonction d'un discours dépend des intentions de l'émetteur qui peut vouloir **raconter** une histoire, **décrire** un personnage, un objet..., **expliquer** un phénomène ou un fait, ou **convaincre** son interlocuteur de la justesse de son point de vue. Ces objectifs déterminent **quatre types de discours.**

2. Le **discours narratif** raconte une série d'événements qui constitue l'histoire vécue par un ou plusieurs personnages. Cette histoire se déroule dans le temps. Les faits s'enchaînent selon des liens de cause à effet.

3. Le **discours descriptif,** utilitaire ou littéraire, donne à voir des personnages, des objets, des lieux.

4. Le **discours explicatif** donne des informations, des renseignements en vue de faire comprendre un phénomène. L'information donnée doit être pertinente, véridique, vérifiable et non contradictoire.

5. Le **discours argumentatif** soutient une thèse, afin de convaincre un destinataire, par des arguments illustrés d'exemples.

EXERCICES

Identifier

1 Identifiez le type de discours dominant dans chacun des textes suivants.

L'appartement des Lorilleux

Au fond du couloir, Coupeau venait de pousser une porte, sans frapper. Une vive clarté s'étala sur le carreau. Ils entrèrent.
C'était une pièce étranglée, une sorte de boyau qui semblait le prolongement même du corridor. Un rideau de laine déteinte, en ce moment relevé par une ficelle, coupait le boyau en deux. Le premier compartiment contenait un lit, poussé sous un angle du plafond mansardé, un poêle de fonte encore tiède du dîner, deux chaises, une table et une armoire dont il avait fallu scier la corniche pour qu'elle pût tenir entre le lit et la porte. Dans le second compartiment se trouvait installé l'atelier : au fond, une étroite forge avec son soufflet ; à droite, un étau scellé au mur, sous une étagère où traînaient des ferrailles ; à gauche, auprès de la fenêtre, un établi tout petit, encombré de pinces, de cisailles, de scies microscopiques, grasses et très sales.

Émile ZOLA, *L'Assommoir.*

La Harley

Une Harley Davidson Electra Glide 1340 noire. Autant dire le rêve doré de tout chevalier du bitume. Le dernier destrier de ces temps modernes et désenchantés. Où qu'on soit sur la planète, quand on roule sur une Harley, on a Babel dans le dos et Babylone droit devant. On l'enfourche comme une walkyrie, on la kicke comme une winchester à pompe, on la caresse comme un mustang. On repère une Harley avant même de la voir, à sa seule musique, une superbe toccata au crescendo divin. Du Bach.

Tonino BENACQUISTA, *Les Morsures de l'aube*,

Les premiers papiers chinois

Les fibres végétales sont récoltées et découpées en segments. Après macération dans l'eau des marais et cuisson alcaline dans une lessive de cendre, elles sont écrasées à la main dans le mortier à l'aide d'un pilon jusqu'à la formation d'une pâte homogène. La pâte diluée est transformée en feuille par tamisage au travers d'un cadre de bois équipé d'une claie amovible en tiges de bambous. Le papetier plonge l'instrument dans une cuve pleine de solution, le ressort, laisse l'eau s'égoutter, puis déroule la feuille et la pose sur une planche polie. La feuille fraîche est appliquée à l'aide d'une brosse douce sur un chevalet incliné exposé au soleil ou sur un mur chauffé par un four ; une fois sèche, elle se détache d'elle-même. Le verso de la feuille, balayé par la brosse, est plus rêche que le recto, glacé par la paroi lisse. À ce stade, la feuille se présente comme une simple couche de fibres fragile et absorbante comme un buvard. Pour la rendre propre à l'écriture et permettre à l'encre de sécher à sa surface sans diffuser dans les fibres, le papetier enduit la face lisse de la feuille d'une mince pellicule imperméable et incolore d'amidon de riz appliquée à la main.

Pierre-Marc DE BIASI, *Le Papier*,

Le Plat Pays

Avec la mer du Nord pour dernier terrain vague
Et des vagues de dunes pour arrêter les vagues
Et de vagues rochers que les marées dépassent
Et qui ont à jamais le cœur à marée basse
Avec infiniment de brumes à venir
Avec le vent de l'est écoutez-le tenir
Le Plat Pays qui est le mien

Avec des cathédrales pour uniques montagnes
Et de noirs clochers comme mâts de cocagne
Où des diables en pierre décrochent les nuages
Avec le fil des jours pour unique voyage
Et des chemins de pluie pour unique bonsoir
Avec le vent d'ouest écoutez-le vouloir
Le Plat Pays qui est le mien ; […]

Jacques BREL, 1962, by Jacques Brel, 1962,
by Editions Musicales Internationales et (S.E.M.I./Patricia).

2 Quels types de discours différents reconnaissez-vous dans ce texte?

Variation pour Suzanna

« No, no, no e no ! » La fenêtre du second étage avait beau être fermée, la voix grave et forte du professeur a malgré tout résonné dans la cour. « Fortissimo, fortissimo, Angelo. Combien de fois devrai-je te le répéter ? » Suzanna a soupiré, et quand l'élève a repris son exercice au piano, elle s'est mise à fredonner l'air avec lui. C'était un air infiniment gai, tendre, comme une dispute d'amoureux entre les basses et les aigus. L'eau s'est mise à bouillir dans une casserole, et Suzanna y a jeté les coudes[1] rayés, pour préparer des « coudes rayés du soleil ». En silence, elle m'a tendu les tomates et la mozarelle à découper, en petits dés, et a haché de son côté une dizaine de feuilles de basilic d'un vert vif et luisant. Le piano s'est tu, la fenêtre s'est ouverte, et Suzanna a regardé l'horloge, instinctivement : « Déjà 7 heures, la leçon d'Angelo est finie. » Elle a mélangé dans un saladier bleu tomates, mozarelle et basilic, et ajouté un long trait d'huile d'olive. Elle a égoutté les coudes

1. Coudes : *variété de pâtes.*

rayés, les a jetés dans le saladier, a brassé le tout, et s'est penchée par le balcon. « Viens voir, Giovanni, Angelo qui s'en va. » Je suis accouru, à peine le temps d'entrevoir un cartable et des cheveux courts pleins d'épis s'échapper par le porche. La cour s'est emplie de nouveau du son du piano, et Suzanna est restée accoudée, les paupières closes, chantonnant doucement. Les notes s'enroulaient autour des gouttières, montaient jusqu'au toit de zinc, s'envolaient jusqu'à la lumière du ciel d'été. J'avais les yeux écarquillés, comme si j'avais voulu enfouir ce moment de bonheur au fond de moi. Et hier, quand tu as joué pour moi cette variation de Bach, une bouffée de mémoire m'a envahi et un instant, je crois, ta voix a été celle de Suzanna.

Giovanni d'AREZZO, *in L'Événement du jeudi*, 4 au 10 octobre 1990.

Transformer

3 Rétablissez ce texte en désordre et identifiez sa visée. Pour vous guider, certaines expressions ont été soulignées. Justifiez la réorganisation que vous avez obtenue.

1. Je vais vous faire suivre le chemin que j'ai suivi moi-même ; vous m'y accompagnerez pas à pas et vous vous rendrez compte que tous les faits conduisent indiscutablement vers la même personne.
2. Je me convainquis donc que Ralph Paton n'était pas l'auteur du crime.
3. Pour commencer, deux incidents et une légère différence d'heure attirèrent mon attention.
4. Si Ralph Paton était vraiment le meurtrier, cette communication n'avait aucune raison d'être.
5. J'en conclus que la communication téléphonique avait été demandée par un complice.
6. Ensuite, je m'assurai que cet appel n'avait été envoyé par aucune des personnes qui se trouvaient dans la maison. Pourtant j'étais certain qu'il fallait chercher le criminel parmi ceux qui y étaient réunis le soir fatal.
7. Cette déduction ne me plaisait pas tout à fait, mais je m'y tins provisoirement.
8. Le premier de ces incidents fut le coup de téléphone.
9. Il y eut un silence qui dura quelques minutes. Puis, Poirot jeta le bout de sa cigarette dans la cheminée et commença à parler d'un ton mesuré et réfléchi :

Agatha CHRISTIE, *Le Meurtre de Roger Ackroyd*, © LGF, éd de poche.

4 Dans le texte suivant, deux récits appuient chacun une thèse différente. Replacez-les aux endroits qui conviennent.

Récit 1

Moi aussi, je sais une histoire : il y avait une fois une servante qui fut mise en prison pour avoir volé à ses maîtres un couvert d'argent. Deux mois après, comme on abattait un arbre, on trouva le couvert dans un nid de pie. On relâcha la servante... Vous voyez bien que les coupables sont toujours punis.

Récit 2

Ainsi, lorsque j'étais à Vernon – vous vous souvenez peut-être de cela, Madame Raquin ? –, on assassina un roulier sur la grand-route. Le cadavre fut trouvé coupé en morceaux, au fond d'un fossé. Jamais on n'a pu mettre la main sur le coupable. Il vit peut-être encore aujourd'hui, il est peut-être notre voisin, et peut-être M. Grivet va-t-il le rencontrer en rentrant chez lui.

Texte à compléter :

– Comment !, s'écria Grivet, vous croyez qu'il y a comme ça, dans la rue, des canailles qui ont assassiné et qu'on n'arrête pas ? Olivier se mit à sourire d'un air de dédain.
– Mon cher monsieur, répondit-il de sa voix cassante, si on ne les arrête pas, c'est qu'on ignore qu'ils ont assassiné.
Ce raisonnement ne parut pas convaincre Grivet. Camille vint à son secours.
– Moi, je suis de l'avis de M. Grivet, dit-il avec une importance bête... J'ai besoin de croire que la police est bien faite et que je ne coudoierai jamais un meurtrier sur un trottoir.
– Certainement la police est bien faite, s'écria-t-il d'un ton vexé... Mais nous ne pouvons pourtant pas faire l'impossible. Il y a des scélérats qui ont appris le crime à l'école du diable ; ils échapperaient à Dieu lui-même... N'est-ce pas, mon père ?
– Oui, oui, appuya le vieux Michaud...
Grivet devint pâle comme un linge. Il n'osait tourner la tête ; il croyait que l'assassin du roulier était derrière lui. D'ailleurs, il était enchanté d'avoir peur.
– Ah bien non, balbutia-t-il, sans trop savoir ce qu'il disait, ah bien ! je ne veux pas croire cela... Grivet était triomphant. Olivier ricanait.

Émile ZOLA, *Thérèse Raquin*.

Employer

5 Lisez le texte d'Alain Bosquet qui s'adresse à son père disparu. De la même façon, écrivez une lettre à une personne à laquelle vous n'osez pas parler, en lui expliquant ce que vous n'osez pas lui dire.

Mon père, tu aurais eu cent ans aujourd'hui. Je ne veux pas m'émouvoir. Écrivain de profession, je t'adresse cette lettre, comme si elle pouvait te rendre plus proche ; et c'est à moi-même que je l'envoie. T'ai-je bien connu ? Ai-je eu, en Bulgarie, en Belgique, en France, aux États-Unis, le courage de te parler ? Il ne le semble pas. On se confie, en animal ou blessé ou heureux, à sa mère. On peut s'ouvrir à des amis : on les choisit dans ce but. Entre un père et un fils, le commerce est plus compliqué : tous deux se veulent, dans les plus belles heures, des êtres égaux et sereins, sans y parvenir en même temps. Ils finissent ou par se taire ou par s'accommoder de leur gêne. Le sens du ridicule nous a souvent séparés. Les mères demandent l'amour, et les pères le respect : au bout de cinquante ans, tout en devient artificiel. Vois-tu, le verbe est plus généreux : il me donne le loisir de te transformer. Tu seras à toi seul plusieurs personnages qui se complètent et parfois, comme le veut l'honnêteté, se contredisent.

Alain BOSQUET, *Lettre à mon père qui aurait eu cent ans*, © Gallimard, 1986.

6 Continuez le texte en donnant des exemples d'usages qui dominent actuellement en matière de coiffure.

La symbolique du cheveu

La chevelure a toujours été investie d'une forte charge symbolique. Dans de nombreuses civilisations, la première coupe est un acte fondamental de « passage » rituel. En Grèce, les adolescents se rendent à Delphes pour offrir leurs cheveux à Apollon. L'Église chrétienne a, dès les premiers temps de son existence, imposé la tonsure au clergé en signe de renoncement et d'humilité.

Couper les cheveux d'autrui est un acte castrateur. Pour venir à bout de la puissance de Samson, Dalila lui coupe les cheveux. Vainqueur en Gaule, César exige des Gaulois qu'ils coupent leurs longues mèches. Les Indiens d'Amérique du Nord scalpent leurs ennemis. Chez les Chinois, la natte était le signe de la respectabilité : tirer cette natte constituait une insulte, la couper un crime. Autrefois, les musulmans portaient au sommet de la tête une mèche, par laquelle Mahomet les attirait jusqu'à lui. Les cheveux sont donc chargés de différentes significations culturelles et religieuses. En tant que caractère sexuel secondaire, ils révèlent l'énergie. Avec l'au-delà, ils peuvent constituer un trait d'union. Par leur sacrifice, ils expriment la déférence.

Xavier FAUCHE, *Roux et rousses*, © Gallimard, coll. Découvertes, 1998.

7 Écrivez la règle d'un jeu connu, ou inventez une règle de jeu, que vous développerez à la manière du texte suivant.

Jeu de l'oie

Le jeu de l'oie se joue avec deux dés et avec 2 à 6 joueurs.

Chaque joueur lance les dés à tour de rôle et déplace son pion du nombre de cases indiqué sur les dés.

Lorsqu'un joueur arrive sur la case d'une oie, il avance une deuxième fois du même nombre de cases. S'il rencontre une oie à nouveau, il continue à avancer. Si un joueur est rejoint sur sa case par un autre joueur, il doit reculer et se placer sur la case que l'importun vient de quitter.

Celui qui, au premier tour, fait 9 par 6 et 3, se place sur la case n° 26. De même, celui qui, au premier tour, fait 9 par 4 et 5, va directement à la case n° 53.

Le joueur qui s'arrête sur la case de l'île paradisiaque n° 19 s'y trouve tellement bien qu'il y reste deux tours sans lancer les dés.

Le joueur qui tombe dans le puits n° 31 doit attendre qu'un autre joueur le rejoigne pour l'aider à sortir et puis reculer jusqu'à la case occupée précédemment par son libérateur.

Celui qui se perd dans le labyrinthe n° 42 retourne à la case n° 30, dans le désert.

Le joueur qui se fait emprisonner au n° 52 attend d'être délivré par un autre joueur, qui plaide pour lui, et dont il prend la place. Le joueur malchanceux qui tombe nez à nez avec la mort au n° 58 doit repartir à la case n° 1.

Le gagnant est celui qui obtient exactement le nombre de points nécessaire pour arriver sur la case n° 63. S'il fait plus de points, il est obligé de reculer du nombre de points qui est en trop.

8 Consultez la biographie des savants et mathématiciens cités dans cet extrait, et imaginez les anecdotes qu'un professeur de mathématiques pourrait raconter à leur sujet pour animer son cours.

Comme tous les élèves du monde, Jonathan avait croisé Thalès à plusieurs reprises. Chaque fois, le professeur leur avait parlé du théorème, jamais de l'homme. D'ailleurs, en cours de maths, on ne parlait jamais de personne. De temps en temps, un nom tombait, Thalès, Pythagore, Pascal, Descartes, mais c'était seulement un nom. Comme celui d'un fromage ou d'une station de métro. On ne parlait pas non plus de où ni de quand ça s'était fait. Les formules, les démonstrations, les théorèmes atterrissaient sur le tableau. Comme si personne ne les avait créés, comme s'ils avaient été là de tous temps, comme les montagnes ou les fleuves. Encore que les montagnes, elles, n'avaient pas été là de tous temps. Et l'on arrivait à ceci que les théorèmes avaient l'air plus intemporels que les montagnes ou les fleuves ! Les maths, ce n'était ni l'histoire, ni la géographie ni la géologie. C'était quoi au juste ? La question n'intéressait pas grand monde.

Denis GUEDJ, *Le Théorème du perroquet*, © Seuil, 1998.

ORTHOGRAPHE

Futur simple et conditionnel présent

OBJECTIF

Distinguer les terminaisons du futur et du conditionnel.

OBSERVATION

Deux ans d'avance

Deux sœurs viennent de recevoir leur bulletin trimestriel. La plus jeune, malade, n'a pas été classée, tandis que l'aînée a obtenu des résultats fort médiocres...

Les cours particuliers vont être renforcés ainsi que les récitations du soir, dans la cuisine. Les parents n'ont qu'une trouille : que ma sœur ne passe pas en Première et qu'on atterrisse toutes les deux en Seconde. Sauf que moi, je ferai une section scientifique, et pas elle.

Maman m'a redemandé si je ne voulais pas redoubler : ... ça me permettrait de prendre un bon départ pour la suite... J'ai peut-être deux ans d'avance mais tant que j' aurai la moyenne, ils ne pourront pas m'y obliger.

Et voilà qu'on me reparle de ma puberté, de mon caractère impossible, de mes douleurs de croissance et des possibilités qui s' offriraient à moi si j'entamais le second cycle avec un an de plus : Normale Sup., peut-être, l'enseignement est un si bon métier pour une femme...

Je me suis entêtée, la trouille au ventre : j' **aurai l'air malin si je rate le brevet à présent...**

Patricia BULLIT, *Je ne veux plus jamais avoir 13 ans*, © Hachette, Livre de Poche Jeunesse, 1998.

Questions

→ **1.** À quoi correspondent les deux couleurs des verbes ?

→ **2.** À quelle personne risque-t-on d'hésiter entre les deux formes ? Pourquoi ?

→ **3.** Dans le premier paragraphe, quelles sont les deux façons d'exprimer le futur ?

→ **4.** Transformez la phrase en gras en remplaçant le présent par l'imparfait pour le verbe *rater*.

LEÇON

RAPPEL

- Les terminaisons :

– du futur simple : **-rai, -ras, -ra, -rons, -rez, -ront ;**
– du conditionnel présent : **-rais -rais, -rait, -rions, -riez, -raient.**

- C'est seulement **à la 1re personne du singulier** qu'on risque de confondre futur simple et conditionnel présent :

→ *je **dormirai*** (futur)/*je **dormirais*** (conditionnel).

1. Valeurs temporelles

- Le futur simple sert le plus souvent à exprimer une action que l'on considère comme certaine dans l'avenir :

→ *Demain j'**irai** au cinéma./Je **sortirai** si vous venez me chercher.*

- Le conditionnel présent sert à marquer un futur par rapport à un point de repère situé dans le passé.

- dans une subordonnée :

→ *Je **savais** que nos explications ne **suffiraient** pas* (point de repère au présent : *Je **sais** que nos explications ne **suffiront** pas*).

- dans une principale ou une indépendante :

→ *Mon banquier s'**impatientait** et mes explications ne **suffiraient** plus à l'apaiser* (point de repère au présent : *Mon banquier s'**impatiente** et mes explications ne **suffiront** plus à l'apaiser*).

2. Valeurs modales

Futur simple et conditionnel peuvent par ailleurs exprimer différentes modalités.

- Le **futur simple** peut exprimer les modalités suivantes :

- un ordre (surtout à la deuxième personne) :

→ *Tu n'**oublieras** pas de rapporter le pain.*

- l'atténuation d'un ordre :

→ *Je vous **prierai** de..., je vous **demanderai** de...*

- l'atténuation d'une affirmation :

→ *Je vous **avouerai** que je n'en savais rien.* (L'emploi du futur constitue une atténuation, mais moins importante qu'avec le conditionnel.)

- Le **conditionnel** peut exprimer les modalités suivantes :

- un fait dont la réalisation est soumise à une condition :

→ *Avec plus de temps, j'**atteindrais** le sommet./ Si j'avais plus de temps, j'**atteindrais** le sommet./J'**aurais** plus de temps, j'atteindrais le sommet.*

- une situation imaginaire :

→ *J'**atteindrais** le sommet. Je **dominerais** le monde ; je **serais** libre comme l'air.*

- une incertitude, un fait non vérifié :

→ *On apprend de source autorisée que le ministre **démissionnerait**.*

- l'atténuation d'un ordre ou d'une demande :

→ *Je vous **prierais** de..., Je vous **demanderais** de..., Je **voudrais** que...*

QUELLE CLÉ UTILISER ?

Clé de la substitution

1 Recopiez chaque phrase en utilisant *je* et *nous* et en mettant l'infinitif au futur ou au conditionnel.

1. Si les eaux baissaient, il (pouvoir) traverser la rivière.
2. Quand le maire sera d'accord, il (ouvrir) le magasin après 20 h.

Afin de savoir s'il faut écrire **-rai** (futur) ou **-rais** (conditionnel), il suffit de remplacer la 1re personne du singulier par une autre personne :

Si le temps le permet, j'atteindrai ***(il atteindra)*** *le sommet avant la nuit.*
Si le temps le permettait, j'atteindrais ***(il atteindrait)*** *le sommet avant la nuit.*

Clé de l'analyse

2 Dans les phrases suivantes, quels mots permettent de choisir entre *-rais* et *-rai* ?

1. Je t'emmènerai/emmènerais en ville et nous achèterions un cadeau.
2. Quand nous retournerons à la campagne, je te montrerai/montrerais ma maison natale.

■ C'est souvent la proximité d'un autre verbe qui permet de trancher entre futur simple et conditionnel présent ; la présence de verbes juxtaposés, coordonnés ou subordonnés peut apporter des renseignements pour identifier les formes sur lesquelles on hésite :
Je ***passerai*** *le premier et nous* ***réussirons*** *notre ascension./Je* ***passerais*** *le premier et nous* ***réussirions*** *notre ascension.* (À l'oral, il est difficile de percevoir la différence entre ***passerai*** et ***passerais*** ; on peut en revanche s'appuyer sur ***réussirons/réussirions*** pour mieux percevoir cette différence.)

■ ***Si*** **+ présent** entraîne le **futur**. ***Si*** **+ imparfait** entraîne le **conditionnel.**

Clé de la mémoire

3 Donnez les 1res personnes du singulier et du pluriel du futur simple et du conditionnel présent des verbes suivants.

voir – oublier – essuyer – montrer – éternuer.

■ Il ne faut pas oublier le **e** du radical dans les verbes en **-ier, -ouer, -uer, -éer, -yer :**
je crierai, j'essuierai.
■ Il ne faut pas introduire de **e** dans les verbes qui ne sont pas du 1er groupe : *je* ***conclurai.***

■ Le futur et le conditionnel des verbes *acquérir, courir, envoyer, mourir, pouvoir* et *voir* prennent deux **r** :
j'acquerrai, j'acquerrais ;
je courrai, je courrais.

EXERCICES

1 Classez les formes soulignées en deux ensembles :
– celles qui ont une valeur temporelle ;
– celles qui ont une valeur modale.

1. Pendant que nous longions le boulevard, je me dis que Thomas ne raccompagnerait plus jamais Sophie chez elle sur sa Yamaha rouge tandis que je ferais le même trajet en métro.
2. L'inconnu tremble à l'idée qu'on pourrait l'arrêter et lui poser des questions.
3. Si l'on prenait davantage de précautions, on aurait un peu moins de déficit.
4. Elle lui répétait qu'elle l'aimait, qu'il ne devrait jamais la quitter, sinon elle mourrait.
5. Toutes les formes de pêche devraient être interdites quand les eaux sont trop basses.

2 Transformez les phrases suivantes en les faisant commencer par les propositions entre parenthèses.

1. Je perdrai mon navire et ma cargaison si je ne répare pas mon radar rapidement. (Je compris que…)
2. Tant que tout danger ne sera pas éloigné, je ne quitterai pas mon poste. (Je savais que…)
3. Mes amis trouveront-ils facilement le chemin après tant d'années et les reconnaîtrai-je encore ? (Je me demande si…)
4. Un jour ou l'autre je jouerai mieux que les autres et notre équipe gagnera. (J'étais persuadé qu'…)

3 Quelle nuance (atténuation d'un ordre, incertitude, situation imaginaire, action ou fait soumis à une condition) exprime chaque forme soulignée ?

1. Selon certains témoins, des habitants seraient encore sous les décombres.
2. On leur offrirait un voyage aux Bahamas qu'ils resteraient quand même chez eux.
3. Je vous serais reconnaissant de passer à mon bureau avant cinq heures.
4. Ils ne connaîtraient pas la rancœur, ni l'amertume, ni l'envie. (G. Perec)
5. Si je n'avais pas voyagé, je ne connaîtrais pas la géographie.

4 Mettez les formes soulignées à la 1re personne du singulier.

1. Si ce genre de choses se reproduisait, il la ficherait dehors.
2. Paierait-il l'hôpital s'il arrivait un accident ?
3. Il espère qu'en manifestant une présence il finira par attirer les sauveteurs.
4. On n'y arrivera jamais. On ferait mieux de rentrer tout de suite.
5. Elle disait qu'elle n'avait jamais mangé de ces batraciens dont les Français raffolent et qu'elle n'en mangerait jamais.

5 Complétez les formes inachevées par *-rai* ou *-rais*.

1. Elle ne pouvait rire qu'aux dépens de quelqu'un, et j'i… plus loin, qu'aux dépens de ses propres amis.
2. Je te ramène d'abord, ensuite seulement je retourne… au collège.
3. Si tu pouvais te libérer ce soir, je t'emmène… au restaurant.
4. Peux-tu me garder quelques affiches ? Je voud… en offrir à mes amis.
5. À sa façon de me dire au revoir, je compris que je la rever… un jour.

6 Même consigne.

1. Donne-moi une caméra et j'immortalise… chaque minute du spectacle.
2. Dans quelques tours je m'arrête… pour changer mes pneus.
3. Pardonne-moi d'insister, mais j'aime… tant pouvoir t'aider.
4. Puisque je ne pouvais plus entrer par le grand portail, je passe… par les cuisines.
5. Ma décision était prise, je ne la laisse… pas partir seule, nous marcherions jour et nuit s'il le fallait.

7 Transformez les phrases suivantes en remplaçant le présent par l'imparfait ou l'imparfait par le présent des verbes soulignés.

1. J'espère que j'aurai mon permis de conduire du premier coup.
2. Je réussirai, pensait-elle, à quitter cet endroit maudit.
3. Elle savait bien que je ne pourrais pas l'attendre bien longtemps.
4. Il croyait naïvement que j'abandonnerais la partie.
5. Je pense qu'avec mes réserves je n'aurai pas besoin de m'arrêter aux stands.

EXPRESSION ÉCRITE

Écrire un article de journal

OBJECTIF

S'initier aux règles de rédaction propres à la presse.

OBSERVATION

Donya, Sté, K-Reen et Beedjy sortent un album

Les filles bousculent le monde macho du rap

Le rap n'est plus une terre de mecs. De gauche à droite : Donya, Sté et Beedjy.

Quatre rappeuses sortent un album. Donya, *100 Regrets*, K-Reen, *K-Reen*, Sté, *Ma Génération*, et Beedjy, *Pile ou Femme*. En février, Lady Laistee et Diam's sortiront aussi le leur et Bams attend un contrat. Le hip-hop français, à forte domination mâle, s'en trouve tout chamboulé. Le monde du rap a toujours compté beaucoup de filles. Elles débutent comme choristes ou danseuses avant de prendre le micro. Mais c'est la première fois que la presse, surtout la presse magazine, leur accorde la même importance qu'à leurs collègues masculins.

« Elles s'emparent du micro et de la rime »

« *Tu rêves de battre mon score. La championne c'est moi. Les femmes s'emparent du micro et assènent leurs rimes* », chante Sté. Les filles ne font pas dans la guimauve. Elles parlent d'amour, mais aussi du racisme et de la misère. Elles affirment leurs origines : Cameroun (Beedjy), Antilles (Sté)... Elles revendiquent leur statut d'artistes hip-hop. Le sujet de la crédibilité est sensible dans le rap, où l'on traque sans cesse les « tarbâs[1] ». Problème double pour une fille. « *Le rap reflète la société. Il n'y a pas beaucoup de femmes P.-D.G. ou Premier ministre* », explique Bams. Mais pas de guerre des sexes en vue. Derrière l'album d'une fille, on trouve toujours un producteur mâle : Calbo d'Ärsenik pour Donya ou Joey Starr pour Lady Laistee.

Olivier Rodriguez

1. Tarbâ : *verlan de* bâtard. *Par ce terme, la « nation » hip-hop dénonce avec violence ou avec humour ceux qui font du rap juste pour faire de l'argent.*

L'Actu, n° 86, 21-12-1998, le quotidien d'actualité des 14-18 ans, tél. 01.53.01.23.60.

Questions

→ **1.** Que nous apprend le titre de l'article ? le surtitre ?

→ **2.** Titre et surtitre sont-ils : informatifs ? explicatifs ? partisans ? humoristiques ?

→ **3.** Indiquez l'endroit où se trouve l'essentiel des informations pour un lecteur pressé.

→ **4.** Imaginez un autre titre et d'autres intertitres.

LEÇON

Un article de journal se compose généralement d'un titre, d'un sous-titre ou d'un surtitre, d'un résumé des faits que l'on appelle « chapeau », et du corps du texte qui rapporte les faits en détail.
Dans un long article, le titre et le chapeau doivent livrer 80 % de l'information au lecteur.

1. La règle d'entrée : les cinq questions fondamentales

La règle d'écriture journalistique est de répondre d'entrée de jeu aux cinq questions fondamentales : *qui ? quoi ? où ? quand ? comment ?* auxquelles on peut joindre éventuellement la question *pourquoi ?*

● Qui ?

C'est le sujet de l'information :
- un homme ou une femme a entrepris telle action ;
- un événement a eu lieu ;
- un fait s'est produit.

● Quoi ?

C'est l'action, le verbe de la phrase :

→ *partir, revenir, gagner, perdre, créer, écrire, déclarer.*

● Où ?

Dans tel pays, tel département, telle ville, tel établissement… Le lecteur réagit le plus souvent en fonction de la proximité géographique de l'information.

● Quand ?

Dans un article de journal, on n'indique pas l'année en cours, mais on tient compte du décalage entre le moment où l'on écrit et celui où la publication paraît. C'est cette dernière date qui doit être prise en compte :

→ *(Journal daté du 30 avril 1998) : la semaine dernière, quatre rappeuses ont sorti un album.*

● Comment ?

- Comment l'information nous est-elle parvenue ? par quelles sources ?

  → *d'après l'AFP ; par les élèves ; de source bien informée…*
- De quelle manière l'événement s'est-il produit ?

  → *par effraction ; par surprise…*

● Pourquoi ?

Cette question est développée plutôt dans la suite de l'article. Elle permet d'exprimer les causes, les raisons des faits rapportés.

2. Le plan de l'article

● La règle d'or de l'écriture journalistique est de **mettre l'essentiel en tête.** Il faut donc oublier vos habitudes d'introduction/développement/conclusion, et en particulier le plan chronologique qui place l'événement le plus récent – donc le plus intéressant – à la fin.

● En matière de journalisme, il faut **raconter la fin d'abord !** De cette manière, le lecteur averti pourra s'intéresser ensuite aux subtilités de la pensée et aux qualités formelles de l'article.

● Le plan journalistique par excellence est celui dit de la **pyramide inversée :** les éléments d'information sont classés par ordre d'importance décroissant, en répondant aux questions fondamentales.

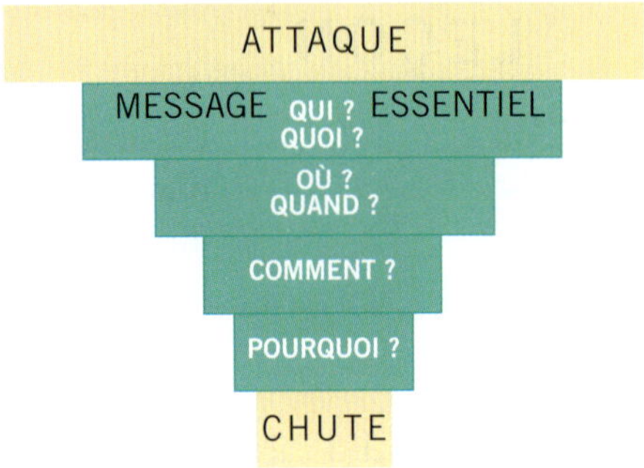

3. L'attaque

● Le début de l'article doit **accrocher l'attention du lecteur.** Il est donc important de faire naître une atmosphère, de donner d'emblée une émotion forte, une image représentative de l'événement.

● La phrase suivante reprendra la partie informative pour laquelle vous vous laisserez guider par les questions fondamentales.

4. La chute

● La chute est **le moment où l'on prend congé du lecteur.** C'est un endroit stratégique de l'article, tout proche de votre signature, à ne pas confondre avec la fin du récit des événements. C'est peut-être le moment de revenir sur l'émotion forte de l'attaque, et de la prolonger en prenant congé du lecteur.

● Si vous n'avez pas d'idée, abstenez-vous : rien de pire qu'une chute plate ou maladroite.

5. Le titre et les intertitres

● Le titre doit **inciter à lire :** il exige beaucoup de recherche. On l'écrit après avoir fini l'article... Ce peut être un moment de création collective. Il ne faut pas se contenter d'un titre banal, mais également éviter les devinettes, les allusions « branchées » qui ne seront comprises que d'un petit nombre.

● Les intertitres seront importants pour **ménager un circuit de lecture rapide,** pour **aérer le texte** et **relancer l'intérêt du lecteur.**

EXERCICES

1 Récrivez l'interview suivante sous forme d'article en utilisant le plan pyramidal.

La France est championne du monde mais son football est en danger. C'est le constat que dresse Philippe Diallo, président de l'Union des clubs professionnels.

Pourquoi les footballeurs français partent-ils de plus en plus jeunes à l'étranger ?

Tout vient de l'arrêt Bosman. Sur le principe, la liberté de circulation, c'est très bien. Mais, dans les faits, cela met en lumière les forces et les faiblesses des pays européens. Avant, les transferts étaient à 90 % franco-francais. On travaillait entre gens du même environnement social et fiscal.

Quelles sont les forces et faiblesses du foot français ?

Sa principale force : son système de formation. Ses faiblesses sont nombreuses. Primo : les recettes des clubs sont moins élevées qu'ailleurs, parce que les droits télé sont plus faibles et qu'il y a moins de monde dans les stades. Secundo : les charges sociales sont plus fortes. Tertio : la loi française interdit au club de payer l'impôt sur le revenu du joueur. Ce qui se fait ailleurs. Il y a aussi la loi Évin... Au final, les joueurs gagnent trois à cinq fois plus dans un grand club européen.

Les jeunes joueurs ont-ils le droit de quitter le club qui les a formés ?

En théorie, non. La convention collective du football français pose le principe qu'un joueur formé par un club doit obligatoirement signer pour ce club si celui-ci lui propose un contrat professionnel. Tous les joueurs en formation ont signé ça. Sauf à supprimer cette convention, on doit l'appliquer. Si on accepte que les joueurs soient libres de partir à la fin de leur période de « stage », l'investissement des clubs ne sera plus rentable ! La formation en France s'arrêtera.

Entretien réalisé par Fanny CHAPOTON,
L'Actu, jeudi 3 décembre 1998, le quotidien d'actualité des 14-18 ans, tél. 01.53.01.23.60.

2 Trouvez un chapeau et des intertitres à l'article suivant.

Une condamnation originale

Charles Brockman, un homme âgé d'une cinquantaine d'années vivant dans la région de Fort Pierce en Floride, avait la fâcheuse manie de battre ses concitoyens sans raison apparente. Et aux dires de ses voisins qui s'en méfiaient et changeaient de trottoir quand ils devaient le croiser, cela durait depuis de nombreuses années. Aussi quand, en février dernier, il avait giflé sans motif un garçon de sept ans qui jouait au ballon dans un jardin public, une plainte fut déposée contre lui et une enquête fut ouverte. Elle révéla que Charles Brockman était un véritable maniaque de la « taloche ».

Le gifleur fut appréhendé par la police et présenté au juge de Fort Pierce après interrogatoire. Ne pouvant nier les faits, il plaida coupable. Si la condamnation était sévère, elle était pour le moins originale.

Charles Brockman fut condamné à 12 ans de prison dont 11 avec sursis. Sursis durant lequel il devait s'acquitter d'une tâche fort peu banale en matière pénale : copier 25 fois par jour la phrase « Je ne toucherai plus à d'autres personnes ». Et ceci pendant 11 ans. Soit une punition d'environ 100 000 lignes. De quoi faire réfléchir et de quoi s'occuper... les mains !

Le Courrier champenois, 16 avril 1990.

3 Récrivez l'article suivant en inventant un titre-choc, une attaque, une chute.

600 000 collégiens recalés à cause de l'informatique

Une erreur informatique a faussé les résultats du GCSE, l'équivalent du BEPC en Grande-Bretagne. C'est ce qu'a annoncé ce week-end le *Times*. Plus de 600 000 collégiens ont appris qu'ils avaient finalement obtenu leur diplôme. Leur nom ne figurait pas sur la liste des reçus. Les résultats de 130 000 candidats (sur 600 000) ont été réexaminés. Les nouvelles notes ont été postées vendredi. Un membre de la commission d'examen espère que des solutions seront trouvées pour ceux qui auraient eu du mal à s'inscrire au lycée. Une professeur de la Ridings School, à Halifax, comptait dans sa classe 26 élèves concernés. « Nous n'arrivions pas à comprendre que d'excellents élèves aient été recalés. Nous savions que quelque chose clochait », a-t-elle indiqué.

L'Actu n° 2, 15 septembre 1998.

4 Écrivez un article pour développer la brève suivante.

En finir avec les Spice Girls

Mercredi, à Londres, les vêtements de Geri au temps de sa gloire avec les Spice Girls étaient à vendre. De nombreux adolescents avaient envahi la salle. Un sous-pull, des bottes et la fameuse robe avec le drapeau britannique que portait l'ex-Ginger Spice ont été achetés. L'argent de la vente a été reversé à une association qui s'occupe d'enfants cancéreux. La rousse sexy a quitté les Spice Girls le 31 mai dernier.

Mon quotidien n° 922, 18 septembre 1998.

FICHE D'AUTOÉVALUATION

- → **1.** J'ai répondu aux questions fondamentales : qui ? quoi ? où ? quand ? comment ?
- → **2.** Mon article comporte un titre, un chapeau, des intertitres.
- → **3.** Le titre et le chapeau contiennent 80 % des informations essentielles.
- → **4.** Mon article suit le plan de la pyramide inversée.
- → **5.** Je me suis efforcé d'écrire une attaque et une chute.

EXPRESSION ORALE

Poser des questions persuasives et y répondre

OBJECTIF

Découvrir l'implicite des questions orientées et savoir donner une réponse adaptée.

OBSERVATION

Échange d'impressions

QUINO, *Le Monde de Mafalda*, tome 5, © Glénat, 1982.

Questions

→ **1.** Cette conversation vous semble-t-elle totalement banale et anodine ?

→ **2.** Vignette 4 : quel est le présupposé de la question de la fillette ?

→ **3.** La mère peut-elle nier le présupposé ? Pourquoi ? Que peut-elle répondre à la question de sa fille ?

LEÇON

Certaines manières de poser des questions peuvent jouer un rôle important dans l'argumentation.
Parmi les questions persuasives, on distingue : **les questions orientées, les questions pièges** et **les contre-questions.**

• Les questions orientées

Elles entraînent généralement une réponse qui va **dans le sens souhaité par l'émetteur.** Utilisées par exemple par les vendeurs, les instituts de sondages, elles visent à remporter l'adhésion de l'interlocuteur. Ces questions sont reconnaissables à :

- la présence d'**un adverbe :**

  → « *Êtes-vous* ***totalement*** *mécontent de la qualité du service ?* » Réponse induite : « non ».

- **un mot à valeur positive ou négative :**

  → « *Êtes-vous prêt à poursuivre votre effort* ***pour réussir*** *?* » Réponse : « oui ».

- **la forme interro-négative :**

  → « *Vous avez déjà vu des films de science-fiction :* ***n'****y avez-vous pris* ***aucun*** *plaisir ?* » Réponse évidente : « Si, bien sûr ! »

• Les questions pièges

- Certaines questions peuvent contenir **un présupposé** que l'on est obligé de prendre à son compte dès qu'on répond :

  → « *Maman, ça s'est bien passé dans ton antre de routine ?* » Réponse : « oui » ou « non ». Mais la mère a implicitement reconnu que son travail ménager est ennuyeux et routinier.

- Un autre type de question piège consiste à poser une question portant sur **une connaissance** très précise et à laquelle l'interlocuteur ne peut répondre :

  → « *Vous parlez du coût de la vie, mais pouvez-vous nous indiquer précisément le prix d'un litre de lait ?* »

• Les contre-questions

Il s'agit de répondre à une question en posant une autre question ; c'est une manière d'éviter de répondre directement :

→ « *Que pensez-vous de la démission de M. X ? – Lui avez-vous posé la question à lui-même ?* »

• Répondre à une question orientée

Si la question contient un présupposé, il faut rechercher l'information implicite de la question. On peut alors démonter le présupposé dans la réponse :

→ « *Qui as-tu rencontré lundi soir à la gare ? – Je ne peux pas répondre à cette question ; je n'étais pas à la gare ce jour-là.* » Si on répond « personne », on admet implicitement que l'on était à la gare le lundi.

EXERCICES

1 Avec des camarades, improvisez les scènes suivantes en posant des questions persuasives.

1. Vous voulez vous débarrasser d'un vieux VTT et vous vantez ses qualités auprès d'éventuels acheteurs. Pour vous, il n'y a pas meilleur VTT...
2. Vous adorez un chanteur, une chanteuse ou un sportif célèbre et vous voudriez que vos amis partagent votre passion.

2 À partir de la situation suivante, improvisez une scène dans laquelle vous justifierez votre décision.

Vous allez à la pêche avec un voisin beaucoup plus jeune que vous. Surpris par un violent orage, vous rentrez précipitamment, abandonnant provisions et matériel de pêche au bord de la rivière. De retour à la maison, vous expliquez à vos parents que vous avez pris la meilleure décision.

3 Avec des camarades, mettez en scène l'interview suivante.

Un journaliste interroge le leader d'un groupe célèbre. Il veut absolument faire reconnaître au chanteur qu'il y a une mésentente entre les musiciens et que le groupe va bientôt se séparer.

Bilan

Le discours

1 10 points

Voici une lettre de Calamity Jane.
a. Relevez les termes qui désignent la destinataire de cette lettre. Quelle relation unit Calamity Jane et sa correspondante ?
b. Relevez les expressions de temps dans la lettre. À quelles dates correspondent-elles ?

Deadwood
Territoire du Dakota
25 septembre (18) 77

Ma Chérie,

Ceci n'est pas censé être un journal, et il se peut même que ça ne te parvienne jamais, mais j'aime penser à toi en train de lire, page après page, un jour dans les années à venir, après que je serai partie. J'aimerais t'entendre rire en regardant ces photos de moi. Je suis seule dans ma cabane, ce soir, et fatiguée. J'ai fait aujourd'hui 60 miles à cheval jusqu'à la poste et suis rentrée ce soir. C'est ton anniversaire et tu as 4 ans aujourd'hui. […]

Demain, je vais descendre la Yellowstone Valley juste pour l'aventure et les sensations. Les O'Neil ont changé ton nom en Jean Irene, mais je t'appelle Janey, pour Jane.

Calamity JANE, *Lettres à sa fille* (1877-1902),

2 20 points

Voici le même texte transposé dans une énonciation de récit. Complétez-le en remplaçant les chiffres par les mots qui conviennent, et en conjuguant les verbes entre parenthèses.

Calamity Jane écrivit de ① le ② à sa ③ chérie. Sa ④ n'(être) pas censée être un journal, et il se (pouvoir) même que ça ne (parvenir) jamais à ⑤, mais ⑥ (aimer) penser à ⑦ en train de lire, page après page, un jour dans les années à venir, après que ⑧ (être) partie. ⑨ (aimer) entendre ⑩ rire en regardant ces photos d(e) ⑪. ⑫ (être) seule dans ⑬ cabane, ⑭, et fatiguée. ⑮ (faire) ⑯ 60 miles à cheval jusqu'à la poste et (rentrer) ⑰. C'(être) l'anniversaire de ⑱ et ⑲ (avoir) 4 ans ⑳. […]

Le ㉑, ㉒ (aller) descendre la Yellowstone Valley juste pour l'aventure et les sensations. Les O'Neil (changer) le nom de ㉓ en Jean Irene, mais ㉔ ㉕ (appeler) Janey, pour Jane.

3 6 points

Repérez les différents procédés de modalisation employés dans cet article.
Quels sont la tonalité et l'intention de cet article ?

Le « Charles-de-Gaulle » pourrait être reconverti en pédalo.

Encore des ennuis pour notre prestigieux porte-avions atomique ! Lors de sa première sortie à la fin janvier, le fleuron de la Royale avait déçu ses supporters : sorti de la rade de Brest plus tard que prévu, il était rentré plus tôt qu'annoncé. Cette fois, c'est le système de propulsion – rien que cela ! – qui immobiliserait ce bijou à 19 milliards de francs. Heureusement, nos autorités ont trouvé la parade (Le Monde, 23/2) :

« Au ministère de la Défense, on laisse entendre que le porte-avions évitera dorénavant les « sorties triomphales «.»

Décision d'autant plus sage qu'elle est inévitable ! Une solution : que le « Charles-de-Gaulle » fasse des ronds dans la rade de Brest. Il serait privé de sortie mais toujours triomphal !

Le Canard enchaîné, n°4087,
24 février 1999.

4 6 points

Dans chacune de ces « Brèves de Comptoir », identifiez l'implicite du raisonnement. Quel est l'effet produit ?

a. – Mon rêve, c'est de vivre sur une île déserte.
– Moi aussi.
– Et voilà, ça recommence…

b. Pour la Noël, le petit veut un vélo. J'ai dit non. Il en aura un quand il saura en faire.

c. Le type qui a gagné un milliard au Loto, il expliquait qu'il continuerait à aller au boulot comme avant. Moi, ça m'arriverait, c'est le patron qui viendrait bosser à la maison.

J.-M. GOURIO, *Brèves de Comptoir*, Édition de 1987,

2

L'organisation du texte

Chapitre 5

GRAMMAIRE

Désignation et caractérisation

OBSERVATION

Femme à sa fenêtre

Lucien leva les yeux et vit une grande maison, moins mesquine que celles devant lesquelles le régiment avait passé jusque-là ; au milieu d'un grand mur blanc, il y avait une persienne peinte en vert perroquet. « Quel choix de couleurs voyantes ont ces marauds de provinciaux ! »

Lucien se complaisait dans cette idée peu polie lorsqu'il vit la persienne vert perroquet s'entrouvrir un peu : c'était une jeune femme blonde qui avait des cheveux magnifiques et l'air dédaigneux : elle venait voir défiler le régiment. Toutes les idées tristes de Lucien s'envolèrent à l'aspect de cette jolie figure ; son âme en fut ranimée. Les murs écorchés et sales des maisons de Nancy, la boue noire, l'esprit envieux et jaloux de ses camarades, les duels nécessaires, le méchant pavé sur lequel glissait la rosse qu'on lui avait donnée, peut-être exprès, tout disparut. Un embarras sous une voûte, au bout de la rue, avait forcé le régiment à s'arrêter. La jeune femme ferma sa croisée et regarda, à demi cachée par le rideau de mousseline brodée de sa fenêtre. Elle pouvait avoir vingt-quatre ou vingt-cinq ans. Lucien trouva dans ses yeux une expression singulière ; était-ce de l'ironie, de la haine, ou tout simplement de la jeunesse et une certaine disposition à s'amuser de tout ?

Le second escadron, dont Lucien faisait partie, se remit en mouvement tout à coup ; Lucien, les yeux fixés sur la fenêtre vert perroquet, donna un coup d'éperon à son cheval, qui glissa, tomba et le jeta par terre.

Se relever, appliquer un grand coup de fourreau de son sabre à la rosse, sauter en selle fut, à la vérité, l'affaire d'un instant ; mais l'éclat de rire fut général et bruyant. Lucien remarqua que la dame aux cheveux d'un blond cendré souriait encore, que déjà il était remonté. Les officiers du régiment riaient, mais exprès, comme un membre du centre, à la Chambre des députés, quand on fait aux ministres quelque reproche fondé.

STENDHAL, *Lucien Leuwen.*

Questions

→ **1.** Comment le héros est-il nommé au début du passage ? Comment est-il désigné par la suite ?

→ **2.** Comment la jeune femme est-elle nommée la première fois ?

→ **3.** Quel article introduit la deuxième désignation, puis la troisième désignation de la jeune femme ?

→ **4.** Est-il possible de permuter les déterminants qui introduisent ces expressions ? Pourquoi ?

→ **5.** Relevez toutes les expressions qui désignent la jeune femme dans le passage : comment les noms sont-ils complétés ?

LEÇON

1. La désignation

Tout texte – narratif, descriptif, explicatif, argumentatif –, documentaire ou de fiction, désigne des êtres, des choses, des lieux, des idées.
Pour les désigner, la langue dispose d'un certain nombre de moyens.

• Expressions génériques et expressions particulières

Les expressions génériques

Un groupe nominal peut désigner **l'ensemble des êtres ou des choses d'une même catégorie.**
Ce groupe nominal peut être singulier ou pluriel. Il peut être précédé de divers déterminants :

→ ***Le cheval*** *a fait longtemps partie de la vie de l'humanité.*
→ ***Les chevaux*** *servaient au déplacement des populations.*
→ *En Europe,* ***tout cheval*** *est ferré depuis le* IXe *siècle.*

Les expressions particulières

Un groupe nominal peut désigner êtres et choses de façon particulière. Il permet à l'émetteur de désigner **un ou plusieurs objets particuliers de l'univers,** que celui-ci soit réel ou imaginaire.
Parmi les expressions particulières, on distingue les expressions indéfinies et les expressions définies.

• Les expressions indéfinies

Un groupe nominal peut désigner des êtres ou des choses particulières, **en les considérant comme un exemplaire quelconque de la classe dont ils font partie.** Ce groupe nominal est alors introduit par un article indéfini ou un déterminant indéfini (*certains, quelques*) :

→ *Lucien montait* ***un mauvais cheval.***
→ ***Certains chevaux*** *sont dressés pour le concours complet.*

Un groupe nominal précédé d'un **article indéfini** sert également à introduire un objet (être, chose, lieu, idée) qui est **présenté pour la première fois** dans le texte :

→ *Lucien vit* ***une grande maison,*** *moins mesquine que les autres.*

• Les expressions définies

Elles permettent, à la différence des expressions indéfinies, d'**identifier le référent particulier visé.**
Les expressions définies sont les noms propres, les groupes nominaux précédés d'un déterminant défini ou d'un déterminant démonstratif.

Les noms propres

Ils désignent directement **un référent unique,** que ce soit dans le monde réel ou dans le monde imaginaire.
Ils n'ont pas de sens en eux-mêmes, mais on peut leur associer d'autres expressions définies, qui précisent les caractéristiques du nom propre : ce sont **les périphrases.**

→ ***Lucien Leuwen,*** *le fils du banquier, le jeune militaire, le jeune homme, l'amoureux de la jeune femme blonde…*

Ces expressions pourront se substituer au nom propre dans un texte explicatif ou dans la suite d'un récit. Elles ont pour intérêt de présenter le référent sous divers aspects et sous divers points de vue.

- **Les groupes nominaux précédés d'un article défini**

Ils sont constitués d'un article défini, qui actualise un nom accompagné ou non d'une expansion (adjectif qualificatif, complément déterminatif, proposition relative).
Ils permettent de désigner **un être ou un objet qui sont présents ou non dans la situation de communication :**

→ ***Le régiment*** (présent ici) ; ***le père de Lucien*** (absent de la scène).

- **Les groupes nominaux précédés d'un déterminant démonstratif**

Ils sont constitués d'un nom seul, ou d'un nom complété :
– par un adjectif qualificatif ;
– par un complément déterminatif ;
– par une proposition relative.
Ils désignent un être ou un objet qui doit être **obligatoirement présent dans la situation de communication.** Le déterminant démonstratif accompagne un geste de désignation.

→ *Passe-moi* ***cette cassette.*** (geste)
→ *Quel choix de couleurs voyantes ont* ***ces marauds de provinciaux !***

2. La caractérisation

● La caractérisation consiste à décrire un être, un objet, une idée, par **une qualité qui le caractérise :**
– de façon **permanente,** quelles que soient les circonstances *(La dame est blonde)* ;
– de façon accidentelle, ou **momentanée** *(Lucien fut ému).*

● Pour caractériser, on dispose de divers moyens :

- un **adjectif qualificatif,** épithète ou attribut :

→ *Lucien vit une* ***grande*** *maison. La maison était* ***grande.***

- un **complément déterminatif :**

→ *Les maisons* ***de Nancy.*** *La dame* ***aux cheveux blonds.***

- une **proposition relative :**

→ *Une jeune femme* ***qui avait des cheveux magnifiques.***

- un **groupe en apposition :**

→ *Lucien,* ***un jeune militaire,*** *fait une chute de cheval sous les fenêtres d'une jeune femme.*

- le verbe ***avoir*** suivi d'un **groupe nominal caractérisant le sujet :**

→ *La dame* ***a les yeux bleus.***

- un **participe :**

→ *Le jeune homme,* ***charmant toutes les dames de Nancy...***

- **Remarque**

Ces divers procédés peuvent également caractériser une partie ou un détail du sujet, introduits dans ce cas par un déterminant possessif :

→ ***Ses yeux*** *avaient une expression singulière.*

Pour l'expression écrite

■ Dans un récit de fiction, les **noms propres** (personnes et lieux) permettent de **donner une identité aux personnages** et de **construire l'espace** de l'histoire :
Pendant un demi-siècle, les bourgeoises de Pont-l'Êvêque envièrent à Madame Aubain sa servante Félicité. (G. Flaubert, *Un cœur simple*)

■ Ils permettent également d'introduire des **connotations :** le nom propre suggère ainsi une caractéristique du personnage ou son destin : « Candide » de Voltaire, « *Saccard* » (connoté par « saccage », dans *L'Argent*, de Zola) ; « Bardamu » (personnage poussé en avant par sa charge, le « barda », chez L.-F. Céline).

RÉSUMÉ

1. La **désignation** consiste à présenter des êtres, des objets, des idées dans un énoncé, que l'univers évoqué soit réel ou imaginaire.

2. Pour désigner, on dispose :
• d'**expressions génériques** *(Tout homme est mortel)* ;
• d'**expressions particulières** qui peuvent être :
– **indéfinies** (GN précédé d'un déterminant indéfini : *Un homme marchait sur la route*) ;
– **définies** (noms propres : *Lucien ;* GN précédé d'un déterminant défini ou démonstratif : *L'homme marchait à grandes enjambées. « Arrêtez cet homme », cria le boulanger…*).

3. Lors de sa **première apparition** dans l'énoncé, le nom d'un objet (être, chose, lieu, idée) est généralement introduit par un **article indéfini.**

4. La **caractérisation** consiste à **décrire les êtres par une qualité** qui leur appartient de façon **permanente** ou **momentanée.**

EXERCICES

Identifier

1 Relevez dans le texte suivant toutes les expressions qui désignent des bruits, et précisez si elles sont génériques ou particulières.

De toutes les pollutions ou nuisances qui peuvent agresser nos contemporains, le bruit est sans conteste celle qui irrite le plus. Car la victime du bruit se sent en général désarmée contre un mal par définition invisible, souvent éphémère – quoique fréquent –, toujours difficile à évaluer, et qui ne laisse apparemment pas de traces. Il y a, certes, abondance de règles visant à limiter le niveau sonore des activités bruyantes. Mais elles sont difficiles à appliquer et, s'agissant des bruits du voisinage, impuissantes à apaiser des conflits qui prennent le bruit pour prétexte alors que les raisons en sont multiples.

La nuisance sonore n'est toutefois perçue comme telle que dans les pays développés, où le silence est de rigueur. Dans les pays pauvres, pour la plupart situés dans les zones chaudes où l'on vit beaucoup dehors, le bruit est signe de vie et ne gêne apparemment personne. Il suffit d'évoquer n'importe quelle ville africaine pour se rendre compte que les pétarades, les cris, les braiments d'âne, les coups de klaxon et les appels du muezzin font partie du décor. La cacophonie est la même à Manille, avec les *jeepneys* (taxis collectifs) ou à Kaboul avec les klaxons et les sonnettes des bicyclettes. Même une ville nonchalante et tropicale comme Phnom Penh, au Cambodge, est réveillée dès l'aube par les crécelles des enfants et les avertisseurs de tout ce qui roule, depuis le tranquille cyclo-pousse jusqu'aux bus chargés jusqu'au toit de voyageurs et de baluchons.

Roger CANS, « Le bruit qui nuit », *Universalia 1997*,
© Encyclopædia Universalis éditeur.

2 Précisez comment chaque objet du bric-à-brac est caractérisé : adjectif, complément déterminatif, proposition relative, participe.

Dans les trois maisons réunies par des couloirs et des escaliers étroits il y avait près d'un million d'objets parmi lesquels il faut signaler :

7 200 chapeaux à bords souples pour que le vent les emporte

160 gouvernails de bateaux pris de vertige à force de faire le tour du monde

245 feux de navires qui avaient défié les brumes les plus épaisses

12 télégraphes de commandement écrasés par des capitaines irascibles

256 boussoles qui n'avaient jamais perdu le nord

6 éléphants de bois grandeur nature

2 girafes empaillées contemplant la savane

1 ours polaire naturalisé, dans le ventre duquel se trouvait la main, naturalisée aussi, d'un explorateur norvégien

700 ventilateurs dont les pales rappelaient les brises fraîches des crépuscules tropicaux.

Luis SEPÚLVEDA, *Histoire de la mouette et du chat qui lui apprit à voler*, © Seuil/Anne-Marie Métaillié, 1996.

3 Relevez dans cet extrait toutes les caractérisations qui se rapportent à l'empereur des Lilliputiens. Quels détails marquent qu'il est minuscule ? Lesquels font de lui un homme comme les autres ? Quels sont les plus nombreux ?

Il est plus grand d'environ la longueur de mon ongle que tous les hommes de sa cour ; cela seul suffit pour frapper ceux qui le regardent d'une crainte respectueuse. Ses traits sont mâles et accentués. Il a la lèvre autrichienne, le nez recourbé, le teint olive, le port droit, le corps et les membres bien proportionnés, tous les mouvements pleins de grâce et les manières majestueuses. […] Pour le contempler plus à mon aise, je me couchai sur le côté, de sorte que mon visage était parallèle au sien, pendant qu'il se tenait debout à trois yards[1] de moi seulement. D'ailleurs je l'ai eu bien des fois depuis dans ma main, et je ne peux, par conséquent, me tromper dans ma description. Son vêtement était tout uni et très simple, d'une coupe tenant le milieu entre la mode asiatique et la mode européenne ; mais il avait sur la tête un léger casque d'or orné de joyaux, avec un panache sur le cimier. Il tenait à la main son épée nue, pour se défendre s'il arrivait que je m'échappasse. Elle était longue de près de trois pouces[2] : la poignée et le fourreau étaient d'or enrichi de diamants. Sa voix était aiguë, mais très claire et bien articulée ; et je pouvais l'entendre distinctement, même quand j'étais debout.

Jonathan SWIFT, *Les Voyages de Gulliver*, trad. B.-H. Gausseron.

1. un yard = 0,91 m. – **2.** un pouce = 2,54 cm.

Transformer

4 Cet extrait est le début de *Pierre et Jean* de Guy de Maupassant. Replacez aux endroits qui conviennent les désignations suivantes, qui évoquent le père Roland, et expliquez votre choix. Quelle image du personnage est ainsi donnée ?

papa ; M. Roland ; Gérôme ; le bonhomme ; son mari.

Zut ! s'écria tout à coup le père Roland, qui depuis un quart d'heure demeurait immobile, les yeux fixés sur l'eau, et soulevant par moments, d'un mouvement très léger, sa ligne descendue au fond de la mer.

Mme Roland, assoupie à l'arrière du bateau, à côté de Mme Rosémilly invitée à cette partie de pêche, se réveilla, et tourna la tête vers ① :

– Eh bien !… eh bien !… ② !

③, furieux, répondit :

– Ça ne mord plus du tout. Depuis midi je n'ai rien pris. On ne devrait jamais pêcher qu'entre hommes ; les femmes vous font embarquer toujours trop tard.

Ses deux fils, Pierre et Jean, qui tenaient, l'un à bâbord, l'autre à tribord, chacun une ligne enroulée à l'index, se mirent à rire en même temps et Jean répondit :

– Tu n'es pas galant pour notre invitée, ④.

⑤ fut confus et s'excusa.

Guy de MAUPASSANT, *Pierre et Jean*.

5 Remplacez le symbole […] par les déterminants qui conviennent et justifiez votre choix.

Le texte

Écrivain de médiocres romans généralement interminables et mal composés, il avait toujours été au courant […] moindre progrès technique dans […] domaines les plus divers. Il fut l'un des premiers à acheter […] machine électrique de bureau pour son usage personnel et c'est dans […] fièvre qu'il la troqua contre […] ordinateur à écran, […] Macintosh à […] pointe de l'informatique.

Électrisé par son acquisition, il sentit ces vibrations lui monter […] cerveau et attiser son inspiration si bien qu'en moins de huit jours il composa, sans se relire, […] cent premières pages d'[…] roman qu'il pressentait passionnant, proche […] chef-d'œuvre.

[…] soir, épuisé, ivre de lui-même, il appuya sur […] touche lui permettant de relire son texte et il constata, stupéfait, qu'il n'en restait que quelques paragraphes séparés par […] grands blancs. […] explication qu'il demanda à […] machine lui éclata dans […] regard en impitoyables lettres vertes phosphorescentes : « REFUS DE MÉMORISER. JUGÉ SANS INTÉRÊT. »

Jacques STERNBERG, *188 Contes à régler*, © Denoël, 1988.

6 Certaines désignations ont été changées en expressions indéfinies et rendent l'extrait incompréhensible. Retrouvez les erreurs et expliquez pourquoi il convient de modifier le texte donné.

Dans <u>un</u> pêle-mêle d'objets jetés à terre, Darie Alexandrovna, en négligé, vidait <u>des</u> tiroirs d'un chiffonnier ; <u>des</u> tresses hâtives retenaient sur <u>une</u> nuque <u>une</u> chevelure qui avait été belle mais qui devenait de plus en plus rare, et <u>une</u> maigreur d'<u>un</u> visage dévasté par le chagrin faisait étrangement ressortir <u>des</u> grands yeux effarouchés. Quand elle entendit <u>un</u> pas d'<u>un</u> mari, elle s'arrêta <u>un</u> instant, <u>un</u> regard tourné vers la porte, et s'efforça de prendre <u>un</u> air sévère et méprisant. Elle se rendait compte qu'elle redoutait et <u>un</u> mari et <u>une</u> entrevue.

TOLSTOÏ, *Anna Karénine*, trad. d'Henri Mongault, © Gallimard, Folio, 1972.

7 Certaines désignations ont été changées en expressions définies. Retrouvez les erreurs et justifiez le maintien des autres expressions.

Le cœur battant, elle essaya de fixer <u>le</u> regard non pas sur <u>l'</u>écran mais bien au-delà. <u>L'</u>exercice oculaire dura une ou deux minutes ; et tout à coup, comme avec <u>les</u> images en 3D <u>du</u> livre, elle accommoda ... sur <u>le</u> paysage somptueux : <u>le</u> château perché sur <u>le</u> piton rocheux qui dominait <u>la</u> vallée verdoyante. <u>Le</u> relief était si saisissant qu'elle recula. Elle craignit que <u>le</u> bref mouvement ne dissipe <u>le</u> miracle – mais non : tant que <u>le</u> regard restait accroché à tel ou tel détail de <u>l'</u>édifice, elle pouvait déplacer <u>le</u> siège, reculer ou avancer sans perdre <u>le</u> fil de <u>la</u> vision.

– Bon sang... et c'est de <u>la</u> vidéo !

Dans <u>le</u> ciel couraient <u>les</u> nuages blancs. <u>Le</u> vent léger agitait <u>la</u> ramure des arbres de <u>la</u> vallée. <u>La</u> précision des images était proche de <u>la</u> perfection ; <u>le</u> film numérique n'eût pas mieux restitué la réalité.

Christian GRENIER, *L'Ordinatueur*, © Rageot, Cascade policier, 1997.

Employer

8 a. Rétablissez l'itinéraire du voyageur dont il est question dans ces lignes en retrouvant les noms des lieux évoqués.

Parti de la capitale des Gaules, Samir suivit la vallée du Rhône pour arriver à la cité des Papes. Il poursuivit son chemin jusqu'à la cité phocéenne puis s'embarqua sur la grande Bleue pour l'île de Beauté. Il décida ensuite de visiter la Ville éternelle avant de gagner la cité des Doges. Les vacances touchaient à leur fin ; il prit un vol pour la Ville lumière, réservant pour de prochaines vacances la découverte de la Sublime Porte.

b. Proposez à votre tour un itinéraire dans une région que vous connaissez en remplaçant les noms de lieux par des périphrases.

9 a. Relevez dans ce texte toutes les caractérisations péjoratives qui se rapportent à Mme Vauquer. Quel est l'effet produit par ce portrait ?

Bientôt la veuve se montre, attifée de son bonnet de tulle sous lequel pend un tour de faux cheveux mal mis, elle marche en traînassant ses pantoufles grimacées. Sa face vieillotte, grassouillette, du milieu de laquelle sort un nez à bec de perroquet, ses petites mains potelées, sa personne dodue comme un rat d'église, son corsage trop plein et qui flotte, sont en harmonie avec cette salle où suinte le malheur, où s'est blottie la spéculation, et dont Mme Vauquer respire l'air chaudement fétide, sans en être écœurée. Sa figure fraîche comme une première gelée d'automne, ses yeux ridés, dont l'expression passe du sourire prescrit aux danseuses à l'amer renfrognement de l'escompteur, enfin toute sa personne explique la pension, comme la pension implique sa personne.

Honoré de BALZAC, *Le Père Goriot*.

b. Imaginez maintenant que Mme Vauquer tienne une coquette pension de famille. Récrivez son portrait, qui pourrait commencer ainsi :

Bientôt la veuve se montre, embellie par son bonnet de tulle...

10 Regardez attentivement ce tableau. Rédigez ensuite le portrait de cette jeune fille en veillant à la désigner par des expressions différentes et en la caractérisant avec précision.

Auguste RENOIR, *Portrait de Julie Manet*, 1894 (Paris, musée Marmottan).

Chapitre 6

GRAMMAIRE

Les reprises nominales et pronominales

OBSERVATION

Tante Julia

Elle flânait depuis cinq bonnes minutes devant le rayon des shetlands. Tout à coup, ses doigts jaillissent, s'enroulent, un petit pull est entièrement aspiré dans le creux de sa main, puis sa main avalée par son sac, lequel déglutit, et recrache une main vide.

Je l'ai vue. Mais de l'autre côté du comptoir, Cazeneuve, le flic approprié, l'a vue aussi. Heureusement, je suis plus près d'elle que lui. Pendant qu'il sort ses crocs en faisant le tour du rayon, je franchis, moi, les deux pas qui me séparent de ma belle voleuse. Je plonge ma main dans le sac en la forçant à se retourner vers moi, et je retire le pull que je plaque sur ses épaules comme si je le lui essayais. [...]

Non seulement elle a le réflexe de ne pas protester, mais elle s'exclame d'une belle voix rauque :

– Il me va bien, non ? Qu'est-ce que tu en penses ?

Pris de court, je réponds n'importe quoi.

– Très bien avec tes yeux, tante Julia, mais pas avec tes cheveux.

En fait, je ne vois que ses yeux. Deux amandes pailletées d'or, bordées de cils qui me chatouillent presque le nez. Derrière ces merveilles, deux autres yeux me fusillent. Ce sont les sabords de Cazeneuve. Je jette négligemment le pull sur le comptoir, en choisis un autre que je tends devant la fille, en reculant la tête, avec un air connaisseur. Revenu à lui, Cazeneuve intervient. Il n'y va pas par quatre chemins.

– Arrête ton cirque, Malaussène, j'ai très bien vu cette fille faucher le premier pull.

– « Cette fille » ? c'est une façon de parler à la clientèle, Cazeneuve ? Un bon garçon comme toi ?

Je dis cela sur le ton rêveur de quelqu'un qui pense à autre chose. C'est que le second pull [...] sied à ravir à ma gentille lionne.

Daniel PENNAC, *Au bonheur des ogres,* © Gallimard, 1985.

Questions

➜ **1.** Relevez, dans l'ensemble du passage, tous les mots et expressions qui reprennent le premier mot du texte et classez-les.
Que constatez-vous sur l'apparition du nom propre ? Quel est l'effet produit ?

➜ **2.** Faites de même pour « un petit pull ».
Donnez la nature des mots de reprise.

➜ **3.** Que constatez-vous sur les reprises de « Cazeneuve » ?
Dans quel passage n'est-il pas repris par un pronom personnel ? Pourquoi ?

➜ **4.** Que reprend le groupe nominal « ces merveilles » ?

LEÇON

Pour constituer un discours ou un texte cohérent, il ne suffit pas de désigner des êtres, des objets, des idées. Il faut aussi **reprendre l'information qui a été donnée.**
Pour cela, on se sert le plus fréquemment d'**expressions de reprise** et, dans certains cas, d'**expressions d'annonce.**

1. La reprise

C'est le procédé qui consiste à reprendre, en totalité ou en partie, des informations données précédemment. Ce procédé ne se limite pas à la phrase.
Les procédés de reprise sont nombreux. On distingue les **reprises nominales** et les **reprises pronominales.**

● Les reprises nominales

■ La reprise **par le même nom**
– La reprise d'un groupe nominal peut s'effectuer en utilisant le même nom. Celui-ci est alors introduit par les déterminants *le* ou *ce* :

→ *Je retire le pull [...]. Je jette négligemment* ***le pull*** *sur le comptoir.*
→ *J'en choisis un autre que je tends devant la fille [...] Malaussène, j'ai très bien vu* ***cette fille...***

– Cette reprise est fidèle, car elle reprend exactement le même nom.

■ La reprise **par un autre nom**
– Pour éviter les répétitions, la reprise d'un groupe nominal se fait le plus souvent avec un nom différent du premier. Les noms de reprise peuvent être des **synonymes** ou des **hyperonymes** (termes plus généraux, voir p. 254) :

→ *Je retire le pull [...]. Je jette négligemment* ***le chandail, le tricot, le lainage, le vêtement*** *sur le comptoir.*

– La reprise par un autre nom permet d'apporter des **renseignements supplémentaires** sur l'être ou l'objet dont on parle, des éléments de **description,** d'autres points de vue, des **jugements :**

→ *La fille/****ma belle voleuse/ma gentille lionne.***

■ La reprise **d'un énoncé précédent**
Certains groupes nominaux peuvent reprendre toute une phrase, un paragraphe, un texte précédent :

→ *En fait, je ne vois que <u>ses yeux. Deux amandes pailletées d'or, bordées de cils qui me chatouillent presque le nez.</u> Derrière* ***ces merveilles,*** *deux autres yeux me fusillent.*

L'emploi du déterminant *ce* est possible, car la reprise est immédiate. Le mot « merveilles » permet d'ajouter un jugement positif sur « ses yeux ».

● Les reprises pronominales

■ Les pronoms de reprise sont essentiellement :
– les pronoms personnels de troisième personne *(il, elle, eux, elles)* ;
– les pronoms démonstratifs *(celui-ci, celui-là, celle-ci, celle-là, ceux-ci, ceux-là, celles-ci, celles-là, ceci, cela, ça)* ;
– certains indéfinis *(aucun, pas un, quelques-uns, n'importe lequel...).*

Le pronom de reprise reprend le plus souvent **un groupe nominal,** appelé antécédent, et que le destinataire doit pouvoir identifier sans ambiguïté.
Le pronom prend le même genre et le même nombre que l'antécédent :

→ *Je décide de suivre ma belle apparition.* ***Elle*** *a de longs doigts fins.*

Le pronom peut reprendre **une phrase entière :**

→ *– « Cette fille » ? c'est une façon de parler à la clientèle, Cazeneuve ? Un bon garçon comme toi ? Je dis* ***cela*** *sur le ton rêveur de quelqu'un qui pense à autre chose.*

Les pronoms *cela, ça, ce* peuvent servir à reprendre :
– des groupes nominaux détachés, quand ils ont un sens générique :

→ *Le journalisme,* ***cela*** *m'intéresse beaucoup.*

– des phénomènes que l'on désigne, mais sans pouvoir les identifier :

→ *La voiture fait un drôle de bruit.* ***Ça*** *vient du cardan.*

– tout un énoncé précédent, quand on veut éviter d'utiliser un mot précis :

→ *J'ai lu les trois premiers chapitres de ton roman.* ***Cela*** *m'a plu.*

Les autres procédés de reprise

Il existe d'autres procédés de reprise qui associent un être, un objet **nouveaux** à un antécédent.

Les déterminants possessifs de troisième personne *(son, sa, ses)* permettent de déterminer un être ou un objet nouveau en le mettant en rapport avec un nom antécédent :

→ *Pierre a perdu* ***ses*** *lunettes* (= les lunettes de Pierre) *et* ***ses*** *clés* (= les clés de Pierre).

Les pronoms possessifs, démonstratifs peuvent également reprendre l'antécédent par association d'idées :

→ *Marc m'a prêté sa voiture.* ***La mienne*** *est au garage* (= ma voiture).
→ *Ma voiture est en panne ; je vais prendre* ***celle d'Estelle*** (= la voiture d'Estelle).

C'est aussi le cas de **certains groupes nominaux dans lesquels le nom est sous-entendu :**

→ *Je jette négligemment le pull sur le comptoir, en choisis* ***un autre*** *que je tends devant la fille* (s. e. : pull).
→ *Mon ordinateur est bien poussif. J'aimerais bien en avoir* ***un nouveau,*** *semblable à* ***celui que j'ai vu à Apple-Expo*** (s. e. : ordinateur).

2. L'annonce

Il arrive, surtout à l'oral, qu'un personnage, un objet, une idée soient d'abord annoncés par un pronom, et dénommés précisément dans la suite.

● C'est le cas des phrases segmentées :

→ ***Ils*** *sont fous, ces Romains !*

● Dans le cas d'un exposé, les **pronoms démonstratifs neutres** ***ceci, ça*** permettent d'annoncer les éléments du discours qui n'ont pas encore été nommés ou d'annoncer un énoncé, plus ou moins long, qui va suivre :

→ *Retenez bien* ***ceci*** *: dans un triangle rectangle, le carré de la longueur de l'hypoténuse est égal à la somme des carrés des longueurs des deux autres côtés.*

Pour l'expression écrite

■ Le procédé d'annonce, beaucoup moins fréquent que la reprise dans la langue courante, permet, en littérature, de créer une attente ou suspens. C'est le cas dans ce début de roman :

« ***Elles*** *allaient d'un village à l'autre, et dans chacun (ou du moins ce qu'il en restait) d'une maison à l'autre, parfois une ferme en plein champ qu'on leur indiquait, qu'****elles*** *gagnaient en se tordant les pieds dans les mauvais chemins, leurs chaussures de ville souillées d'une boue jaune que l'une des* <u>*deux sœurs*</u> *parfois essuyait maladroitement à l'aide d'une touffe d'herbe, tenant de l'autre main son gant noir, penchée comme une servante, parlant d'une voix grondeuse à* <u>*la veuve*</u> *qui posait avec impatience son pied sur une pierre ou une borne [...]* »

Claude SIMON, *L'Acacia*, © Éditions de Minuit, 1989.

RÉSUMÉ

1. Pour constituer un discours ou un texte **cohérent,** il faut **reprendre l'information qui a été donnée** pour évoquer un individu, un objet déjà présentés.

2. Pour cela, on se sert le plus fréquemment d'**expressions de reprise** qui peuvent être **nominales** ou **pronominales.** Elles permettent de reprendre un **antécédent,** que celui-ci soit un groupe nominal, une partie de phrase, une phrase ou un paragraphe entier.

3. Les reprises peuvent être **totales** ou **partielles.**

4. Inversement, le procédé d'**annonce** consiste à **annoncer par un pronom** une expression qui sera dénommée par la suite.

5. Dans tout type de discours, il est important d'**éviter les ambiguïtés** sur l'antécédent.

EXERCICES

Identifier

1 Repérez toutes les reprises nominales et pronominales qui renvoient à chacun des personnages de ce récit mythologique.

C'était, pour son malheur, une jeune prêtresse d'une grande beauté lorsque Zeus, le roi des dieux, la remarqua. Afin de pouvoir s'unir à elle sans encourir les foudres d'Héra, sa divine et jalouse moitié, il eut l'idée de la transformer en génisse. Héra ne fut pas longtemps dupe de la métamorphose et, fine mouche, elle demanda à Zeus de lui consacrer l'animal. Le roi des dieux, pris au piège, fut contraint d'obéir. On confia alors Io à la garde d'Argos, le géant aux cent yeux qui ne dormait jamais que d'un œil... pardon de cinquante. Zeus, compatissant, demanda à Hermès d'arracher la pauvre vachette à son terrible gardien. Mais Héra, rancunière, lui envoya alors un taon qui, à force de piqûres, rendit furieuse la fausse génisse qui se mit à galoper pendant des mois à travers toute la Grèce. Elle franchit le détroit qu'on nomma depuis Bosphore, c'est-à-dire « le gué de la Vache ».

Claude GAGNIÈRE, *Pour tout l'or des mots*,
© Robert Laffont, 1996.

2 Dans l'extrait suivant, faites le même relevé pour la pieuvre. Quel est l'effet produit par ces reprises nominales et pronominales ?

Qu'est-ce donc que la pieuvre ? C'est la ventouse.
Une forme grisâtre oscille dans l'eau, c'est gros comme le bras, et long d'une demi-aune environ ; c'est un chiffon ; cette forme ressemble à un parapluie fermé qui n'aurait pas de manche. Cette loque s'avance vers vous peu à peu. Soudain, elle s'ouvre, huit rayons s'écartent brusquement autour d'une face qui a deux

yeux ; ces rayons vivent ; il y a du flamboiement dans leur ondoiement ; c'est une sorte de roue ; déployée, elle a quatre ou cinq pieds de diamètre. Épanouissement effroyable. Cela se jette sur vous.

L'hydre harponne l'homme.

Cette bête s'applique sur sa proie, la recouvre, et la noue de ses longues bandes.

Victor HUGO, *Les Travailleurs de la mer.*

3 Identifiez les termes auxquels renvoient les reprises soulignées.

Du haut de <u>son</u> hélicoptère, Cris MacCarthy scrute la masse sombre de la forêt. Nous sommes à Terre-Neuve, une des provinces du Canada. Cris, responsable d'études sur les ours noirs, commence une nouvelle campagne de recherches. <u>Il</u> essaie de repérer un ours qu'il observe depuis des années. Il tente donc de capter le signal du collier émetteur de <u>l'animal</u>. Tout à coup, il aperçoit une silhouette noire à travers les branches. Un ours... sans collier ! Quelle chance ! <u>C'</u>est très rare de repérer ainsi un ours du haut d'un hélicoptère. Cris MacCarthy décide de <u>le</u> capturer et de lui poser un collier. Un spécimen de plus pour <u>ses</u> travaux ! Les études de <u>ce</u> biologiste, et d'autres équipes au Canada, ne sont pas destinées à sauver l'ours noir : on <u>en</u> compte 60 000 rien qu'au Québec ! Mais <u>ces</u> recherches permettent d'évaluer la santé du milieu dans lequel vit <u>l'animal</u>.

Olivier REY, « Sur les traces de l'ours noir »,
Okapi, n° 630, 6 juin 1998, © Bayard Presse.

4 Identifiez toutes les reprises qui renvoient à l'officier allemand et donnez leurs natures.

À ce moment deux nouveaux coups furent frappés, – deux seulement, deux coups faibles et rapides, – et ma nièce dit : « Il va partir... » d'une voix basse et si complètement découragée que je n'attendis pas davantage et dis d'une voix claire : « Entrez, monsieur. »

Pourquoi ajoutai-je : monsieur ? Pour marquer que j'invitais l'homme et non l'officier ennemi ? Ou au contraire, pour montrer que je n'ignorais pas *qui* avait frappé et que c'était bien à celui-là que je m'adressais ? Je ne sais. Peu importe. Il subsiste que je dis : entrez, monsieur ; et qu'il entra.

J'imaginais le voir paraître en civil et il était en uniforme, si l'on comprend par là qu'il m'apparut clairement que, cette tenue, il l'avait endossée dans la ferme intention de nous en imposer la vue. Il avait rabattu la porte sur le mur et il se tenait droit dans l'embrasure, si droit et si raide que j'en étais presque à douter si j'avais devant moi le même homme et que, pour la première fois, je pris garde à sa ressemblance surprenante avec l'acteur Louis Jouvet.

VERCORS, *Le Silence de la mer*, 1951,
avec l'aimable autorisation des Éditions Albin Michel.

Transformer

5 Voici toutes les reprises nominales utilisées dans cet article pour désigner les parachutistes. À vous de retrouver leurs places, en vous laissant guider par le contexte.

le quatrième – ces cinq-là – les parachutistes (deux fois) – le dernier – ces acrobates – un troisième – le zouave.

Quel cirque !

① semblent bien s'amuser. Ils sont à 4 000 mètres d'altitude, et foncent vers la terre à 200 km/h ! ② font du « free fly » : en chute libre, ③ exécutent des figures avant d'ouvrir leur voile. Ceux qui tiennent le cerceau font une « chute à plat », très classique, ④ fait une « chute assis », ⑤ exécute un looping pour passer dans le cerceau. Sans oublier ⑥ qui prend la photo ! Les sauts collectifs avec accessoires demandent de la maîtrise technique. Ici, par exemple, il ne faut pas lâcher le cerceau, qui pourrait blesser quelqu'un en atteignant le sol à une vitesse folle. Il faut aussi cesser de faire ⑦ à 1 500 mètres du sol. Car ⑧ doivent être à bonne distance les uns des autres avant d'ouvrir leur parachute à 1 000 mètres.

Okapi, n° 632, 25 juillet 1998, © Bayard Presse.

6 a. Retrouvez la place des reprises nominales qui se rapportent aux maîtresses, dans cette fable de La Fontaine. Aidez-vous des majuscules :

La jeune – l'autre – les belles – Toutes – La vieille – belles – Deux veuves – Toutes deux – L'une – Ces deux veuves.

b. Trouvez les reprises nominales qui renvoient à l'homme entre deux âges.

c. Comment s'exprime l'humour de La Fontaine ?

L'homme entre deux âges et ses deux maîtresses

Un homme de moyen âge,
Et tirant sur le grison,
Jugea qu'il était saison
De songer au mariage.
Il avait du comptant,
Et partant
De quoi choisir. ① voulaient lui plaire :
En quoi notre amoureux ne se pressait pas tant ;
Bien adresser n'est pas petite affaire.
② sur son cœur eurent le plus de part :
③ encor verte, et ④ un peu bien mûre,
Mais qui réparait par son art
Ce qu'avait détruit la nature.
⑤ , en badinant,
En riant, en lui faisant fête,
L'allaient quelquefois testonnant,

C'est-à-dire ajustant sa tête.
⑥ à tous moments de sa part emportait
Un peu de poil noir qui restait,
Afin que son amant en fût plus à sa guise.
⑦ saccageait les poils blancs à son tour.
⑧ firent tant, que notre tête grise
Demeura sans cheveux, et se douta du tour.
« Je vous rends, leur dit-il, mille grâces, ⑨,
Qui m'avez si bien tondu ;
J'ai plus gagné que perdu : car d'hymen point [de nouvelles.
Celle que je prendrais voudrait qu'à sa façon
Je vécusse, et non à la mienne.
Il n'est tête chauve qui tienne,
Je vous suis obligé, ⑩, de la leçon. »

La Fontaine, *Fables*, Livre Premier, Fable XVII.

7 Complétez le texte avec les pronoms de reprise qui conviennent.

La Genèse

En réalité, Ève découvrit par hasard une pomme, ① tendit à Adam. ② ③ croqua et ④ trouva succulente. Comme le premier homme supportait déjà mal de rester inactif, ⑤ planta un autre pommier. Puis beaucoup d'autres, ce qui ⑥ valut d'amples récoltes de pommes et les tendres encouragements de sa compagne. La notion de travail était née, en même temps que ⑦ de persévérance, d'ambition et de volonté d'en imposer à la femme. Plus tard, Adam arriva à extraire le cidre, soit un breuvage euphorisant, capable de ⑧ faire oublier les tracas du quotidien.
Ses enfants, ses petits-enfants continuèrent à cultiver de la pomme, mais une partie d'entre ⑨ découvrirent les charmes de la vigne et du raisin. Découverte qui engendra la concurrence, puis logiquement la notion de troc, donc le commerce, le profit, le besoin de posséder. Et comme le vin extrait du raisin enivrait plus agréablement que le cidre, ⑩ s'imposa comme la boisson favorite de l'homme devenu très vite l'esclave du labeur.
Ainsi devait germer ce que l'on appela, plus tard, un peu à la légère, une civilisation.

Jacques Sternberg, *188 Contes à régler*, © Denoël, 1988.

Employer

8 Sur quel effet de surprise repose ce texte ? À partir de quels mots l'ambiguïté disparaît-elle ? Imaginez un début de roman où vous maintiendrez le doute sur l'identité de l'un des personnages.

Lolita se redressa sur son coussin, observa monsieur Robert de ses grands yeux gris-bleu. Depuis qu'il était rentré de sa promenade, elle le trouvait un peu bizarre. Sans retirer sa veste, il s'était assis dans le grand fauteuil de cuir éraflé, devant la fenêtre, et caressait machinalement sa pipe éteinte avec ses doigts, fixant la mer d'un œil vague, répétant sans cesse « Vieux dégoûtant... ».
Et il ne lui avait même pas servi son petit déjeuner ! Lolita se leva pour aller se frotter contre le pantalon de monsieur Robert, ronronnant énergiquement.
Lolita n'avait pas toujours appartenu au vieux détective du Palace Hôtel. C'était une jolie chatte noire, avec une petite étoile blanche au milieu de la poitrine.

Romain Slocombe, *Le Détective du Palace Hôtel*, © Syros, 1998.

9 a. Pour éviter les répétitions, les journalistes utilisent souvent des reprises nominales toutes faites, en particulier pour désigner des institutions françaises. Lesquelles sont ainsi désignées ?

1. le palais de l'Élysée – **2.** l'hôtel Matignon – **3.** la place Beauvau – **4.** le quai des Orfèvres – **5.** le Palais Bourbon – **6.** le Palais du Luxembourg – **7.** le Quai d'Orsay.

b. À l'aide de votre cours d'éducation civique, expliquez la répartition des pouvoirs dans la constitution française en utilisant différentes reprises nominales ou pronominales.

10 Observez toutes les expressions qui renvoient à la lune et écrivez un poème en suivant la même structure sur un thème de votre choix.

Complainte de la Lune en province

Ah ! la belle pleine Lune.
Grosse comme une fortune ! [...]

Calme Lune, quel exil !
Faut-il dire : ainsi soit-il ?

Lune, ô dilettante Lune,
À tous les climats commune,

Tu vis hier le Missouri,
Et les remparts de Paris,

Les fjords bleus de la Norvège,
Les pôles, les mers, que sais-je ?

Lune heureuse ! ainsi tu vois,
À cette heure le convoi

De son voyage de noce !
Ils sont partis pour l'Écosse. [...]

Lune, vagabonde Lune,
Faisons cause et mœurs communes ?

Ô riches nuits ! je me meurs
La province dans le cœur !

Et la Lune a, bonne vieille,
Du coton dans les oreilles.

Jules Laforgue, *Les Complaintes*.

Chapitre 7

GRAMMAIRE

Thème et propos

OBSERVATION

Première rencontre

La première fois qu'Aurélien vit Bérénice, il la trouva franchement laide. Elle lui déplut, enfin. Il n'aima pas comment elle était habillée. Une étoffe qu'il n'aurait pas choisie. Il avait des idées sur les étoffes. Une étoffe qu'il avait vue sur plusieurs femmes. Cela lui fit mal augurer de celle-ci qui portait un nom de princesse d'Orient sans avoir l'air de se considérer dans l'obligation d'avoir du goût. Ses cheveux étaient ternes ce jour-là, mal tenus. Les cheveux coupés, ça demande des soins constants. Aurélien n'aurait pas pu dire si elle était blonde ou brune. Il l'avait mal regardée. Il lui en demeurait une impression vague, générale, d'ennui et d'irritation. Il se demanda même pourquoi. C'était disproportionné. Plutôt petite, pâle, je crois... Qu'elle se fût appelée Jeanne ou Marie, il n'y aurait pas repensé, après coup. Mais Bérénice. Drôle de superstition. Voilà bien ce qui l'irritait.

Il y avait un vers de Racine que ça lui remettait dans la tête, un vers qui l'avait hanté pendant la guerre, dans les tranchées, et plus tard, démobilisé. Un vers qu'il ne trouvait même pas un beau vers, ou enfin dont la beauté lui semblait douteuse, inexplicable, mais qui l'avait obsédé, qui l'obsédait encore :

Je demeurai longtemps errant dans Césarée[1]...

Louis ARAGON, *Aurélien*, © Gallimard, 1945.

1. Ce vers est extrait de la tragédie *Bérénice*, de Racine.

Questions

➜ **1.** Répondez aux questions suivantes sans faire de phrases complètes :
– Que se passe-t-il lors de la première rencontre d'Aurélien et de Bérénice ?
– Qu'est-ce qu'il n'aima pas ?
– Comment étaient ses cheveux ?
– Que se serait-il passé si elle s'était appelée Jeanne ou Marie ?
– Par quel souvenir Aurélien est-il obsédé ?

➜ **2.** En tenant compte de vos réponses, relevez dans les phrases en bleu l'information qu'elles apportent.

➜ **3.** Quelle place (début ou fin de phrase) occupe l'élément que vous avez relevé ?

LEÇON

1. La répartition de l'information

● En français, comme dans beaucoup d'autres langues, **l'ordre des éléments de la phrase joue un grand rôle.**
Les éléments de la phrase occupent une place bien définie. Cependant, cette place est déterminée par **la manière dont les informations connues et nouvelles doivent être réparties :**

→ 1. *Louis Aragon est l'auteur d'*Aurélien.
→ 2. *L'auteur d'*Aurélien *est Louis Aragon.*

La phrase 1 répond à la question : « Qui est Louis Aragon ? », alors que la phrase 2 répond à la question : « Qui est l'auteur d'*Aurélien* ? »
La phrase 1 apporte une information sur Louis Aragon, alors que la phrase 2 apporte un renseignement sur le roman *Aurélien.*
Dans les deux cas, **la réponse qui fournit l'information demandée est placée à la fin de la phrase.**

● Du point de vue de l'information, il existe dans la phrase **deux places importantes :**
– **avant le verbe** se trouve généralement **l'élément connu : le thème,** à propos duquel est apportée une information nouvelle ;
– **après le verbe,** en fin de phrase, se situe **le propos,** c'est-à-dire **l'information nouvelle** qui est apportée sur le thème.

2. Le thème

● On appelle **thème** l'élément de la phrase **à propos duquel on apporte une information nouvelle** (le propos).
Le thème précède l'information nouvelle, et se situe **au début de la phrase.**
Dans la phrase déclarative, c'est le **GN sujet** qui occupe généralement la place du thème, à la gauche du verbe principal.

● Quand le thème reprend une information précédemment donnée, on peut considérer qu'il est connu du destinataire. Ce n'est pas toujours le cas : le thème peut comporter plusieurs éléments, plus ou moins connus. On distingue alors le **thème principal** et le **thème secondaire :**

L'étoffe	*qu'il avait vue sur plusieurs femmes*	*attira son regard.*
thème principal (connu)	**thème secondaire**	**propos**

3. Le propos

● De manière générale, le **propos** est le **dernier groupe de la phrase.** Il fait **progresser** le texte en fournissant les **informations nouvelles.** Il peut donc **répondre à une question.**

● Les groupes de mots constituant le propos répondent à **des interrogations partielles :** *qui ? quoi ? où ? quand ? comment ? pourquoi ? de quelle manière ? par quel moyen ? dans quel but ?*

→ « *Je demeurai longtemps errant dans Césarée* » répond à la question : « Où Antiochus demeura-t-il longtemps ? »

● Selon la question posée, **le verbe fait ou non partie du propos :**

→ *En quelle saison Aurélien et Bérénice se rencontrent-ils ? Ils se rencontrent* ***en plein hiver.*** L'information nouvelle ne comprend pas le verbe, qui fait partie de la question.

→ *Que fait Aurélien ? Aurélien* ***vend des tableaux.*** Dans ce cas, l'information nouvelle inclut le verbe, qui fait ainsi partie du propos.

4. Les transformations de la phrase

Certaines transformations de la phrase de base permettent de détacher ou de déplacer en tête de phrase, c'est-à-dire en position de thème, des éléments d'information.

● La forme emphatique

■ Le **détachement en tête de phrase** permet de **placer un élément du propos en position de thème,** de façon à le mettre en relief :

Aurélien	*trouva Bérénice franchement laide.*
Bérénice,	*Aurélien* ***la*** *trouva franchement laide.*
thème	**propos**

L'élément placé en position de thème est détaché par une virgule du reste de la phrase (propos), ce qui correspond à une pause à l'oral. Il est suivi d'un pronom de rappel.

■ Quand le groupe détaché est **l'un des constituants obligatoires de la phrase** (GN sujet, complément essentiel du verbe), il est parfois introduit par les expressions suivantes : *pour* (à l'oral), *quant à, en ce qui concerne, pour ce qui est de...* Ces expressions permettent **de mettre le thème en valeur.**

Quant à ses cheveux,	*Aurélien* ***les*** *trouva ternes.*
thème	**propos**

■ Quand le groupe détaché est situé en **fin de phrase,** le thème de la phrase est retardé. C'est le cas des **phrases segmentées,** fréquentes à l'oral :

Elle vient avec nous,	***ta sœur ?***
propos	**thème**

■ **Les tournures** ***il y a...que, c'est... que*** permettent de mettre en relief n'importe quel élément de la phrase, sauf le verbe, c'est-à-dire de **mettre en relief le propos.**

Il y avait *une jeune femme* ***qu'***	*Aurélien n'avait jamais vue.*
C'est *chez des amis* ***qu'***	*Aurélien rencontra Bérénice.*
propos	**thème**

• La forme passive

■ Si l'on compare une phrase de forme active à la phrase correspondante de forme passive, on constate que **les positions de thème et de propos sont inversées :**

Le prénom de Bérénice	*irritait Aurélien.*
Aurélien était irrité	*par le prénom de Bérénice.*
thème	**propos**

■ Dans la tournure passive, l'information nouvelle, considérée comme la plus importante, est apportée par le **complément d'agent** (propos).

• La forme impersonnelle

■ La forme impersonnelle est caractérisée par le **déplacement du sujet.** Le verbe se conjugue **avec un indice d'impersonnel :** ***il.***

■ Ce déplacement **supprime le thème :** c'est la phrase impersonnelle tout entière qui constitue le propos, de sorte qu'elle peut répondre à une interrogation partielle :

Qu'est-ce qui se passe ? Réponse :	
	Il arrive des invités.
thème Ø	**propos**

5. Les effets de sens : orienter l'information

• Habituellement, **seul le propos d'une phrase peut être mis en question.** Il est le seul à pouvoir être nié (par l'intermédiaire du verbe) ou discuté. **Le thème est considéré comme indiscutable, « présupposé ».**

• Dans de nombreux cas, la place de tel ou tel GN en position de thème a pour effet d'**orienter l'information :** elle entraîne l'accord du destinataire.
Les slogans publicitaires, les textes argumentatifs, font un emploi systématique de ce procédé :

Avec Maic citron,	*la vaisselle étincelle.*
thème	**propos**

On peut nier : « la vaisselle n'étincelle pas », mais on ne peut nier le présupposé : « vous utilisez forcément Maic citron ».

Pour l'expression écrite

■ Dans une argumentation, pour laisser la plus grande liberté de réaction à l'interlocuteur, il faut placer l'opinion à discuter en position de propos :

La fête de Halloween	***est un regrettable envahissement culturel américain dans notre société.***
thème	**propos**

L'interlocuteur peut alors nier : « Non, ce n'est pas un envahissement culturel ; Non, ce n'est pas regrettable. »

■ En revanche, si l'idée forte est placée en position de thème, l'interlocuteur est pratiquement obligé de l'admettre : nier un présupposé met en porte à faux (« Vous déplacez le problème ! ») ou donne l'impression que l'interlocuteur devient agressif, perd son sang-froid :

L'envahissement culturel de Halloween	*va faire disparaître la fête traditionnelle de Mardi-Gras.*
thème	**propos**

RÉSUMÉ

1. Les éléments de la phrase occupent une place bien définie en français, où **l'ordre des mots est prépondérant.** Cette place est déterminée par **la répartition de l'information dans la phrase.**

2. Du point de vue de l'information, il existe deux places importantes dans la phrase :
– le **thème,** situé **en début de phrase,** représente l'**élément connu,** à propos duquel on apporte une information nouvelle ;
– le **propos,** situé **en fin de phrase,** apporte l'**information nouvelle.**

3. Certaines **transformations de la phrase** permettent de placer le propos en tête de phrase : la **forme emphatique,** la **forme passive.**

4. Le thème peut contenir un **présupposé** que l'on veut faire admettre au destinataire.

EXERCICES

Identifier

1 À quelles questions répondent les groupes de mots soulignés ?

Et puis au mois d'août, le tambour a annoncé <u>la mobilisation générale</u>. Et après, des feuilles collées sur la mairie nous ont appris <u>que c'était la guerre</u>. Maman s'est affolée, il fallait <u>qu'elle rentre en Russie immédiatement</u> sinon elle serait coupée, retenue ici… elle pouvait encore <u>prendre un bateau qui partirait de Marseille</u>…
Je l'ai accompagnée <u>à Royan, au train</u>… j'étais déchirée… et ce qui me déchirait encore davantage, <u>c'était sa joie qu'elle ne cherchait même pas à dissimuler</u>… ce beau voyage jusqu'à Constantinople… et puis la Russie et Pétersbourg et Kolia… comme il devait l'attendre… comme il devait être inquiet…

Nathalie SARRAUTE, *Enfance*, © Gallimard, 1983.

2 Recopiez le texte suivant en soulignant d'une couleur les thèmes et d'une autre couleur les propos.

Les murs de la cellule étaient nus, peints à la chaux. Une fenêtre étroite et grillée, percée très haut de façon qu'on ne pût pas y atteindre, éclairait cette petite pièce claire et sinistre ; et le fou, assis sur une chaise de paille, nous regardait d'un œil fixe, vague et hanté. Il était fort maigre, avec des joues creuses et des cheveux presque blancs qu'on devinait blanchis en quelques mois. Ses vêtements semblaient trop larges pour ses membres secs, pour sa poitrine rétrécie, pour son ventre creux. On sentait cet homme ravagé, rongé par sa pensée, par une Pensée, comme un fruit par un ver. Sa Folie, son idée était là, dans cette tête, obstinée, harcelante, dévorante. Elle mangeait le corps peu à peu. Elle, l'Invisible, l'Impalpable, l'Insaisissable, l'Immatérielle Idée minait la chair, buvait le sang, éteignait la vie.

Guy de MAUPASSANT, *La Chevelure.*

3 Pour chacun des deux extraits suivants, précisez quelle est, à votre avis, la version authentique (a ou b). Vous justifierez votre réponse.

1. a. Le lendemain que [Mademoiselle de Chartres] fut arrivée, elle alla pour assortir des pierreries chez un Italien […] Comme elle y était, le prince de Clèves y arriva. Sa beauté le surprit tellement qu'il ne put cacher sa surprise.

b. Le lendemain que [Mademoiselle de Chartres] fut arrivée, elle alla pour assortir des pierreries chez un Italien […] Comme elle y était, le prince de Clèves y arriva. Il fut tellement surpris de sa beauté qu'il ne put cacher sa surprise.

Madame de LA FAYETTE, *La Princesse de Clèves.*

2. a. Ce coffre avait trois pieds et demi de long, trois de large et deux et demi de profondeur. Il était solidement maintenu par des lames de fer forgé, rivées et formant tout autour une espèce de treillage.

b. Ce coffre avait trois pieds et demi de long, trois de large et deux et demi de profondeur. Des lames de fer forgé, rivées et formant tout autour une espèce de treillage le maintenaient solidement.

Edgar Allan POE, *Le Scarabée d'or.*

4 Recherchez dans cet article les expressions valorisantes : appartiennent-elles au thème ou au propos ?

Transformer les surfaces les plus rugueuses en temple de la glisse, c'est le pari réussi de Rossignol. Look minimaliste, la ligne du Roadster tient de l'entreprise version Star Trek : matériaux limites translucides, chausson jaune visible de l'extérieur, platine noir et argent. […]
Mais c'est dans le confort que Rossignol joue son va-tout. Grâce au système Ground Effect, sorte de suspension constituée de deux parties nylon et alu, le patinage, même sur les surfaces un peu trop rugueuses, reste agréable. Semelle épaisse et aérée, ventilation de la coque, tout est mis en place pour le plaisir du rideur. Sur le terrain, le Roadster, grâce à une garde au sol basse, reste bien collé au bitume. Le patin permet d'importants délires virages compas ou dérapages sans jamais lâcher. Plutôt speed, le petit dernier de la gamme Rossignol, malgré un léger handicap côté poids, puise sa force une nouvelle fois dans le monstrueux Ground Effect.

Mathieu SIROT, *Roller Mag*, n° 30, déc. 98/janv. 99.

Transformer

5 Rétablissez ou complétez les propos aux endroits qui conviennent. Vous vous aiderez du sens et de la ponctuation.

Il les vit ①. Son corps se figea, il enfonça ② et se blottit ③. Dans le lointain, il distingua ④. Il devina instantanément ⑤ : il pouvait voir ⑥. C'étaient deux pisteurs, de ceux qui sont capables de suivre la trace d'un bélier sauvage parmi les montagnes rocailleuses. Ils avaient ⑦. Quelque part, ⑧ et ces gens de l'intérieur savaient ⑨. Derrière eux, ⑩ et, en travers de la selle, ⑪.

John STEINBECK, *La Perle*, trad. R. Vavasseur et M. Duhamel, © Gallimard, 1950.

Propos

a. le flair d'un chien de chasse.

b. la tête dans ses épaules

c. un homme suivait, à cheval, le nez enfoui dans sa couverture

d. avancer

e. trois silhouettes, deux à pied et la troisième à cheval.

f. qui ils étaient

g. lire le message d'un fétu de paille brisé ou d'un petit tas de sable renversé.

h. pour regarder derrière une branche tombée.

i. que les deux piétons avançaient lentement, penchés sur le sol.

j. un fusil luisait dans le soleil.

k. Juana ou lui avait peut-être posé un pied hors de l'ornière des roues,

6 Retrouvez les thèmes correspondant aux propos qui sont donnés. Aidez-vous des majuscules et de la construction des phrases.

① dans une ville de l'ancienne Souabe, chez le greffier au tribunal, un jour de soleil et de Pentecôte. ② de quelques signes étranges qu'il est bon de raconter. ③ me prit délicatement entre ses doigts et m'apporta près de la fenêtre pour me contempler à son aise ; ④ le surprit à ce point que le bonhomme effrayé me lâcha et que je m'en allai tomber lourdement sur le carreau, la tête la première. ⑤ ! […] ⑥ se ressentit à peine de cette terrible secousse, ⑦ rendit un son métallique et connu de tous qui fit dresser vingt oreilles à la fois. On m'entoure, on me relève, on me palpe, et grande fut la surprise quand le docteur déclara que j'avais le sommet de la tête et la cervelle en or, à preuve un fragment qui s'en était détaché dans ma chute, et qu'on reconnut être un morceau d'or très pur et très fin.

Alphonse DAUDET, *L'Homme à la cervelle d'or,* version première, 1873.

Thèmes

a. Ô surprise

b. Je suis né

c. mais la pesanteur de mon petit être

d. La ténuité de mon crâne

e. Ma venue au monde fut accompagnée

f. et ma tête en touchant le sol

g. Toute la famille étant réunie autour du lit de l'accouchée, mon oncle, l'inspecteur aux douanes,

Employer

7 a. Dans cette présentation du *Journal sans nouvelles,* relevez les procédés de transformations de phrases (forme emphatique par détachement ou *c'est que…* ; forme passive).

b. À votre tour, écrivez un texte publicitaire pour un journal en employant les mêmes procédés.

Pas de nouvelles, bonnes… Un dessinateur hollandais, Hans Bossman, partant de ce principe éprouvé, vient de lancer le premier magazine vierge, à parution aléatoire, rédaction nulle et intérêt limité. Ce journal, intitulé assez logiquement *Journal sans nouvelles* et de format tabloïd, comptant seize pages entièrement blanches, est vendu pour la modique somme de 12 francs.

Pour ce prix-là, celui du silence, le *Journal sans nouvelles* se flatte, sous la direction du seul rédacteur en chef de lui-même, d'offrir au non-lecteur une paix et une tranquillité d'esprit royales. Hans Bossman, en effet, se dit profondément convaincu que ce qui mine le moral du lecteur de presse, c'est d'abord l'actualité et le récit qui en est fait. Donc, il pense que, contrairement à une idée reçue, le vertige n'est pas dans l'angoisse de la page blanche mais dans la noirceur de la page imprimée.

Le bonheur étant dans l'ignorance, Hans Bossman a donc fait vœu de silence. Face à la déferlante d'informations, il pratique l'abandon de poste et de communications. Il offre, en somme, à tous la possibilité d'échapper au flux d'informations qui tourmente chacun.

Le Monde, mardi 28 avril 1998.

8 Comparez les thèmes et les propos dans ce poème et imaginez, vous aussi, un monde où l'impossible deviendrait possible.

Stances de l'impossible

L'été sera l'hiver et le printemps l'automne
L'air deviendra pesant, le plomb sera léger ;
On verra les poissons dedans l'air voyager
Et de muets qu'ils sont avoir la voix fort bonne.
L'eau deviendra le feu, le feu deviendra l'eau
Plutôt que je sois pris d'un autre amour nouveau.

Le mal donnera joie, et l'aise des tristesses !
La neige sera noire, et le lièvre hardi,
Le lion deviendra du sang acouardi[1],
La terre n'aura point d'herbes ni de richesses ;
Les rochers de soi-même auront un mouvement
Plutôt qu'en mon amour il y ait changement.

Le loup et la brebis seront en même étable
Enfermés sans soupçon d'aucune inimitié ;
L'aigle avec la colombe aura de l'amitié
Et le caméléon ne sera point muable[2] ;
Nul oiseau ne fera son nid au renouveau
Plutôt que je sois pris d'un autre amour nouveau. […]

Amadis JAMYN, *Œuvres poétiques,* © Droz, 1973.

1. acouardi : *peureux*
2. ne sera point muable : *ne changera pas de couleur*

9 Les thèmes des phrases de ces descriptions restent mystérieux jusqu'à la fin des poèmes. À vous de résoudre l'énigme et d'écrire à votre tour un portrait-mystère, inspiré de ces modèles.

En route, il semble une pelote d'épingles en mouvement,
Arrêté, il est rond comme une châtaigne.
Ne méprisez pas sa petitesse,
Qui oserait le frapper du poing ?

CHU CHEN PAÏ, *Poésie chinoise.*

À mi-carême, en carnaval,
On met un masque de velours.

Où va le masque après le bal ?
Il vole à la tombée du jour.

Oiseau de poils, oiseau sans plumes,
Il sort, quand l'étoile s'allume,
De son repaire de décombres.
[…] , masque de l'ombre.

Robert DESNOS, *Chantefables et Chantefleurs,* © Librairie Gründ.

Chapitre 8

GRAMMAIRE

Les progressions thématiques et les ruptures

OBSERVATION

Texte 1

Colin regardait Alise. Elle portait, par un hasard étrange, un sweat-shirt blanc et une jupe jaune. Elle avait des souliers blanc et jaune et des patins de hockey. Elle avait des bas de soie fumée et des socquettes blanches repliées sur le haut des chaussures à peine montantes et lacées de coton blanc, faisant trois fois le tour de la cheville. Elle comportait en outre un foulard de soie vert vif et des cheveux blonds extraordinairement touffus, encadrant son visage d'une masse frisée serré. Elle regardait au moyen d'yeux bleus ouverts et son volume était limité par une peau fraîche et dorée. Elle possédait des bras et des mollets ronds, une taille fine et un buste si bien dessiné que l'on eût dit une photographie.

Boris VIAN, *L'Écume des jours,* © J.-J. Pauvert, 1963/SNE Pauvert 1979.

Texte 2

Il entra, gratta ses pieds sur une grille luisante aux lames acérées et suivit un couloir bas bordé par des lampes à lumière pulsée. Tout au bout du couloir, il y avait une porte. Elle portait le numéro indiqué dans le journal et il entra sans frapper comme le recommandait l'annonce.

Boris VIAN, *op. cit.*

Texte 3

De forme sensiblement carrée, assez élevée de plafond, la chambre de Colin prenait jour sur le dehors par une baie de cinquante centimètres de haut qui courait sur toute la longueur du mur à un mètre vingt du sol environ. Le plancher était recouvert d'un épais tapis orange clair et les murs tendus de cuir naturel. Le lit ne reposait pas sur le tapis mais sur une plate-forme à mi-hauteur du mur. On y accédait par une petite échelle de chêne syracusé garnie de cuivre rouge blanc. La niche formée par la plate-forme, sous le lit, servait de boudoir. Il s'y trouvait des livres et des fauteuils confortables, et la photographie du Dalaï-Lama.

Boris VIAN, *op. cit.*

Questions

→ **1.** Dans chacun des textes, repérez le thème des phrases.

→ **2.** Comment les thèmes s'enchaînent-ils d'une phrase à l'autre, dans chacun des textes ?

LEÇON

Quand on étudie la progression d'un texte, on peut distinguer deux cas : il y a **continuité** lorsque le thème est en rapport avec un élément des phrases précédentes ; il y a **rupture** lorsque apparaît un thème nouveau par rapport aux éléments des phrases précédentes.

1. Les progressions thématiques types

• La progression à thème constant

Certains passages présentent une suite de phrases dont **les thèmes reprennent celui de la phrase précédente** (soit sous forme de pronom, soit sous la forme d'une reprise nominale, voir p. 61 et suivantes).
Le **thème constant** est associé, d'une phrase à l'autre, à différents propos.

C'est le cas de l'extrait 1 de *L'Écume des jours* :

Thème *Elle*	→	**Propos 1** *portait... un sweat-shirt blanc...*
↓		
Thème *Elle*	→	**Propos 2** *avait des souliers blanc et jaune...*
↓		
Thème *Elle*	→	**Propos 3** *avait des bas de soie fumée...*

• La progression linéaire ou en escalier

Certains passages présentent une suite de phrases dont **l'enchaînement se fait de proche en proche :** le propos d'une phrase (ou une partie de celui-ci) devient le thème de la phrase suivante.

C'est le cas de l'extrait 2 de *L'Écume des jours* :

Thème 1 *Il entra...* →	**Propos 1** *suivit un couloir bas...*		
	↓ **Thème 2** *Tout au bout du couloir...* →	**Propos 2** *il y avait une porte...*	
		↓ **Thème 3** *Elle (la porte)* →	**Propos 3** *portait le numéro...*

• La progression à thèmes dérivés ou en éventail

Le thème de chaque phrase développe **un aspect particulier du thème général** qui est annoncé par le titre du texte, ou par la première phrase de ce texte.

C'est le cas de l'extrait 3 de *L'Écume des jours* :

Thème général *la chambre de Colin*	**Thème dérivé 1** *le plancher*	→	**Propos 1** *était recouvert...*
	Thème dérivé 2 *le lit*	→	**Propos 2** *ne reposait pas...*
	Thème dérivé 3 *la niche*	→	**Propos 3** *servait de boudoir...*

2. Les ruptures thématiques

Il y a rupture chaque fois que la progression thématique choisie s'interrompt, et se trouve remplacée par une autre.

• Dans le récit

Dans le domaine narratif, les ruptures ou glissements thématiques traduisent certaines intentions de l'auteur.

Changer de personnage

→ ***Le jeune homme*** *se reprocha vivement ce qu'il appelait sa balourdise, sa grossièreté, sa sottise.* ***Il*** *errait au hasard, persuadé qu'il ne reverrait plus cette gracieuse créature, lorsqu'****il*** *l'aperçut soudain venant à sa rencontre et forcée de passer près de lui dans l'étroit sentier. // Elle écartait de ses deux mains nues les plis de son grand manteau. Elle avait des souliers noirs très découverts. Ses chevilles étaient si fines qu'elles pliaient par instants et qu'on craignait de les voir se briser.* (Alain-Fournier, *Le Grand Meaulnes*)

Passer du premier plan à l'arrière-plan du récit

Ce procédé se combine avec l'opposition passé simple/imparfait :

→ *D'abord elle ne* ***vit*** *rien, aveuglée par cette flamme minuscule comme par un météore, et brusquement elle* ***fut*** *debout sans savoir ce qu'elle faisait. // Étendu en travers du grand fauteuil de velours cerise aux reflets de braise, un garçon d'environ dix-sept ans dormait dans une de ces attitudes à la fois tragiques et nonchalantes par lesquelles le sommeil s'apparente à la mort.* (Julien Green, *Minuit*)

Insérer une description ou un commentaire

→ *Elle se tut, et personne n'osa rompre le silence. // La pelouse était couverte de faibles vapeurs condensées, qui déroulaient leurs blancs flocons sur les pointes des herbes. Nous pensions être en paradis. // Je me levai enfin, courant au parterre du château, où se trouvaient des lauriers plantés dans de grands vases de faïence peints en camaïeu...* (Gérard de Nerval, *Sylvie*)

• Dans le raisonnement et l'argumentation

Différents cas peuvent se présenter.

Introduire une opposition

→ *Isis, en dix-huit ans d'âge, était parvenue à se munir de cheveux châtains, d'un sweat-shirt blanc et d'une jupe jaune avec un foulard vert acide, de chaussures blanches et jaunes et de lunettes de soleil. Elle était jolie. // Mais Colin connaissait très bien ses parents.* (Boris Vian, *L'Écume des jours)*

Introduire l'explication d'un fait

→ *Une discordance dans le vacarme lui fit soudain lever les yeux. Il chercha d'où provenait le bruit suspect. // Un des jets de purification venait de s'arrêter au milieu de la salle et restait en l'air comme tranché en deux. Les quatre machines qu'il avait cessé de desservir trépidaient, on les voyait remuer à distance et devant chacune d'elles, une forme s'affaissa peu à peu. // Chick posa son livre et se rua au dehors.* (Boris Vian, *op. cit.*)

- **Introduire la conséquence d'un fait**

  → *Elle s'en alla par un mouvement de reine. // Je sentis alors le ridicule de ma position ; alors seulement je compris que j'étais fagoté comme le singe d'un Savoyard. J'eus honte de moi.* (H. de Balzac, *Le Lys dans la vallée*)

- **Généraliser** (passer **du particulier au général**)

  → *J'aimais à le voir, sans me douter du plaisir que j'y trouvais ; j'étais coquette pour les autres, et je ne l'étais pas pour lui ; j'oubliais à lui plaire, et ne songeais qu'à le regarder. // Apparemment que l'amour, la première fois qu'on en prend, commence avec cette bonne foi-là, et peut-être que la douceur d'aimer interrompt le soin d'être aimable.* (Marivaux, *La Vie de Marianne*)

- **Particulariser** (passer **du général à l'exemple particulier**)

  → *Gabriel Lecouvreur n'aime pas les églises, il y voit toujours défiler les siècles et les bûchers, il y entend la voix éraillée de Torquemada et les hurlements d'horreur de la Saint-Barthélemy. Il s'y sent mal, dans ces sinistres nefs de pierre. // Et, ce matin, celle qu'il traverse en silence est comme les autres, sombre, déserte, à peine illuminée par les petits cierges brûlant devant les chapelles.* (Nicloux, Pouy, Raynal, *Le Poulpe*)

Pour l'expression écrite

Le choix de telle ou telle progression dépend avant tout de l'émetteur.

- Pour attirer l'attention sur un objet, il utilisera une progression linéaire qui conduit le regard du lecteur, par un effet de « travelling », vers un détail significatif ou symbolique.
- Pour insister sur un personnage ou une idée, il utilisera plutôt la progression à thème constant.
- Pour ordonner une argumentation complexe, structurer fortement un récit, disposer une description dans l'espace, il utilisera une progression à thèmes dérivés, soulignée par des organisateurs logiques *(d'abord, ensuite, enfin)*, des organisateurs chronologiques *(le matin, en début d'après-midi, le soir)*, ou spatiaux *(à gauche, à droite, au fond...)*

RÉSUMÉ

1. Dans un texte, les différentes successions des thèmes et des propos s'établissent selon des progressions types :
– la **progression à thème constant** présente une suite de phrases dont le thème reprend celui de la phrase précédente ;
– la **progression linéaire** présente une suite de phrases dont l'enchaînement se fait de proche en proche : le propos d'une phrase (ou une partie de celui-ci) devient le thème de la phrase suivante ;
– dans la **progression à thèmes dérivés,** le thème de chaque phrase du passage est identifié par association avec un thème général, indiqué par le titre ou par la première phrase du texte.

2. Les ruptures de progression sont cependant fréquentes :
– dans un **récit,** elles permettent un **changement de personnage,** le **passage d'un plan à un autre,** l'insertion d'une **description** ou d'un **commentaire ;**
– dans un **raisonnement,** elles permettent d'introduire une **opposition,** une **cause,** une **conséquence,** de **particulariser,** de **généraliser...**

EXERCICES

Identifier

1 Déterminez la progression thématique suivie dans chacun de ces deux textes. En fonction du contenu de chaque extrait, expliquez pourquoi l'auteur a choisi ce type de progression.

a. La vie d'Andrew Noël est devenue pathétique. Chaque jour, depuis des années, le même menu : apple pie, pudding, sandwiches à la dinde, verre de sherry, chocolats. Chaque soir, le même réveillon. Chaque après-midi, à 15 heures, rediffusion obligatoire sur magnétoscope du discours de Noël de la Reine. Chaque année, un budget de 140 000 francs : guirlandes, boules, ampoules, cadeaux pour les visiteurs, 140 dindes, 260 Christmas puddings, 200 boîtes de chocolats invités au réveillon permanent. Qui libérera le malheureux de son grand Noël intérieur ? Qui entendra le forcené du réveillon ? Qui brisera ses guirlandes ? « J'ai besoin de secours, dit-il au *Times*. J'aime Noël tous les jours. Mais je sais que cela devient dangereux. »

Le Monde, 16 décembre 1998.

b. Marcel Garrigues était originaire de Tonneins dans le Lot-et-Garonne. Il était électricien et il avait trente et un ans en 1914. En dix-sept mois de guerre, il n'a jamais revu sa famille, car ses permissions étaient toujours annulées au dernier moment. Il a été tué le 12 décembre 1915 par une balle perdue alors qu'il servait les repas de ses camarades. Il avait en poche trois billets de cinq francs, trois pièces de un franc, une pipe, un porte-crayon, un porte-monnaie contenant des médailles et des bagues en aluminium et des lettres de son épouse. Marcel aurait dû retrouver sa femme et ses quatre enfants pour sa première permission, deux jours plus tard en gare de Tonneins.

Paroles de poilus, Lettres et carnets du front 1914-1918, © Radio France, 1998.

2 Repérez la progression thématique de cet extrait argumentatif, et précisez la manière dont le raisonnement avance.

Il faut bien l'avouer, concernant les vins de Bourgogne, vous dites parfois des bêtises : « Les bourgognes sont des vins rouges, lourds et très chers. » Vous avez tout faux. Les bourgognes sont des vins rouges et des vins blancs. En majorité des vins blancs. Comme les mâcons, les meursaults et les chablis par exemple. Les bourgognes sont des vins fins au goût et aux arômes subtils. Mais avec du caractère, ce qui n'a rien à voir avec la lourdeur !

Vous dites aussi : « Les bourgognes sont des vins extraordinaires. C'est la référence. » Certainement. Mais vous avez la fâcheuse habitude de penser que la qualité est forcément chère. Sachez qu'une bouteille de bourgogne sur deux ne se vend pas plus cher qu'une place de cinéma !

Publicité parue dans *Le Monde*, 21 octobre 1998, © Agence Opéra.

3 Repérez les ruptures thématiques dans ces deux textes narratifs et expliquez à quoi elles correspondent : changement de personnage ? passage du premier plan à l'arrière-plan du récit ? insertion d'une description ou d'une explication ? Vous observerez aussi les changements éventuels dans les temps des verbes.

a. À cet instant précis, les devantures des librairies s'éteignirent. Aux fenêtres des immeubles, les clartés faiblirent, indiquant que chacun rejoignait sa chambre ou le salon. Je devinai que venait de retentir la sirène quotidienne de l'Heure du Livre. Depuis le milieu du XXIe siècle, l'Europe entière se conformait à cette coutume. Elle datait de l'époque où avait été dénoncée l'utilisation abusive des images en général et des écrans en particulier. Depuis, la lecture occupait la majeure partie du temps libre de presque toute la population. Nous montâmes tous les quatre dans le véhicule ; il se haussa sur son coussin d'air et démarra dans un imperceptible frissonnement électrique.

Christian GRENIER, *Virus LIV 3 ou la Mort des livres*, © Hachette, Livre de Poche jeunesse, 1998.

b. Je venais de quitter le lycée. J'avais, comme je le fais toujours, rejoint le terre-plein central qui, entre les stations de Rome et Place Clichy, forme une large allée où les voitures stationnent sous les grands arbres. Ce lieu est le refuge des pigeons, des S.D.F. et des promeneurs qui veulent marcher à l'abri de la circulation du boulevard des Batignolles. Environ tous les cinquante mètres, on trouve deux bancs qui se font face. D'habitude, je ne m'y assois jamais, notre appartement de la rue du Mont-Dore se trouve à cinq minutes du lycée.

Christian GRENIER, *La Fille de 3eB*, © Rageot, Cascade Pluriel, 1995.

4 Repérez les ruptures thématiques dans les textes suivants et précisez à quoi elles servent : introduire une opposition, introduire la cause ou la conséquence d'un fait, généraliser ou particulariser.

a. Le lynx dressa les grands pavillons poilus de ses oreilles. Il dormait dans un arbre quand un bruit insolite lui fit reprendre conscience. C'était un lynx adulte, dans la plénitude de sa force. Aucune bête n'osait se mesurer à ceux de sa race. Ces félins, d'une rapidité et d'une souplesse fulgurantes, portaient à leurs pattes antérieures des armes sans rivales : dix griffes longues et acérées. Cachées sous le velours des pattes, elles pouvaient en un instant jaillir, déchirer, lacérer. Personne n'égalait les lynx pour la promptitude et la sauvagerie.

Jean-Luc DÉJEAN, *Le Premier Chien*, © Hachette, Livre de Poche jeunesse, 1993.

b. Ô Temps, suspends ton vol ! et vous, heures propices,
Suspendez votre cours !
Laissez-nous savourer les rapides délices
Des plus beaux de nos jours !

Assez de malheureux ici-bas vous implorent :
Coulez, coulez pour eux ;
Prenez avec leurs jours les soins qui les dévorent ;
Oubliez les heureux.

Mais je demande en vain quelques moments encore.
Le temps m'échappe et fuit ;
Je dis à cette nuit : « Sois plus lente » ; et l'aurore
Va dissiper la nuit.

Aimons donc, aimons donc ! de l'heure fugitive,
Hâtons-nous, jouissons !
L'homme n'a point de port, le temps n'a point de rive ;
Il coule, et nous passons.

Alphonse de LAMARTINE, *Méditations poétiques*.

Transformer

5 Le texte suivant a été réduit à ses passages de premier plan. Rétablissez les passages d'arrière-plan aux endroits indiqués. Quelle remarque pouvez-vous faire sur les temps verbaux ?

① il arriva, vers la fin de l'après-midi, sur le bord d'une calme rivière. ②
Un besoin impérieux saisit le chasseur de se jeter dans cette eau transparente. Il se dévêtit et s'élança dans le courant. ③
Tout à coup, une main se posa sur son épaule.
Il se retourna d'une secousse et aperçut un être effroyable qui le regardait avidement. ④ Tourgueneff se sentit traversé par une peur hideuse, la peur glaciale des choses surnaturelles. Sans réfléchir, sans songer, sans comprendre, il se mit à nager éperdument vers la rive. ⑤ Le jeune homme, fou d'épouvante, toucha la berge, enfin, et s'élança de toute sa vitesse à travers le bois, sans même penser à retrouver ses habits et son fusil. L'être effroyable le suivit, courant aussi vite que lui et grognant toujours. ⑥ un enfant qui gardait des chèvres accourut, armé d'un fouet ; il se mit à frapper l'affreuse bête humaine, qui se sauva en poussant des cris de douleur. Et Tourgueneff la vit disparaître dans le feuillage, pareille à une femelle de gorille. ⑦

d'après G. de MAUPASSANT, *Contes divers* (1884), « La peur ».

Passages à rétablir

a. Cela ressemblait à une femme ou à une guenon. Elle avait une figure énorme, plissée, grimaçante, et qui riait. Deux choses innommables, deux mamelles sans doute, flottaient devant elle, et les cheveux démesurés, mêlés, roussis par le soleil, entouraient son visage et flottaient sur son dos.

b. Elle coulait sous les arbres, dans les arbres, pleines d'herbes flottantes, profonde, froide et claire.

c. Le fuyard, à bout de forces et perclus par la terreur, allait tomber, quand…

d. Il chassait, étant jeune homme, dans une forêt de Russie. Il avait marché tout le jour et…

e. Mais le monstre nageait plus vite encore et lui touchait le cou, le dos, les jambes, avec des petits ricanements de joie.

f. C'était une folle, qui vivait depuis plus de trente ans dans ce bois, de la charité des bergers, et qui passait la moitié de ses jours à nager dans la rivière.

g. C'était un très grand et très fort garçon, vigoureux et hardi nageur. Il se laissait flotter doucement, l'âme tranquille, frôlé par les herbes et les racines, heureux de sentir contre sa chair le glissement léger des lianes.

6 a. Retrouvez l'ordre de ce texte, dont voici la première phrase : « Le monde informatique est en perpétuelle évolution. »

b. Déterminez la progression suivie en faisant un schéma inspiré de ceux de la page 74.

1. Vous cherchez le piège ? Il n'y en a pas ! Your Ware, c'est l'arme anti-obsolescence par excellence.
2. Un moyen révolutionnaire, le mot n'est pas trop fort, car avec lui, pour la première fois, vous pouvez aujourd'hui acheter un PC à vos mesures et le changer contre une nouvelle machine dans deux ans.
3. Une arme absolue… que seul Gateway vous propose.
4. C'est pour elle comme pour tous ses semblables que Gateway a créé Your Ware, l'unique moyen de disposer en permanence d'un PC à la pointe de la technologie.
5. Or, Nathalie ne supporte pas d'être dépassée par les événements.

Publicité parue dans *L'Express*, n° 2475, 10 au 16 décembre 1998.

7 a. Reconstituez l'ordre de ce texte narratif en tenant compte des ruptures thématiques.

b. Expliquez à quoi correspondent ces ruptures.

c. Mettez les verbes entre parenthèses au temps qui convient (imparfait ou passé simple).

Voici le début du texte…

Mon vieil ami (on a parfois des amis beaucoup plus âgés que soi), mon vieil ami le docteur Bonnet m'avait souvent invité à passer quelque temps chez lui, à Riom. Je ne connaissais point l'Auvergne et je me décidai à aller le voir vers le milieu de l'été de 1876.

... et les passages qui ont été mélangés :

1. Je (demander) : « Pourquoi ? »

2. Il (être habillé) en gris et coiffé d'un chapeau noir, rond, de feutre mou, à larges bords, dont le fond, très haut, (aller) se rétrécissant en forme de tuyau de cheminée, un vrai chapeau auvergnat qui (sentir) la bonhomie.

3. Il m'(embrasser) avec cette joie visible qu'(avoir) les gens de province en voyant arriver des amis longtemps désirés, et étendant la main autour de lui, il (s'écrier), plein de fierté : « Voici l'Auvergne ! »

4. et la première figure aperçue sur le quai de la gare (être) celle du docteur.

5. Et, ravi de sa plaisanterie, il m'(entraîner) en se frottant les mains.

6. Puis, levant le doigt vers le nom de la station écrit au front de la gare, il (prononcer) : « Riom, patrie des magistrats, orgueil de la magistrature, qui devrait être bien plutôt la patrie des médecins. »

7. Ainsi vêtu, le docteur (avoir) l'air d'un vieux jeune homme avec son corps fluet sous son veston clair et sa grosse tête à cheveux blancs.

8. Il (répondre), en riant : « Pourquoi ? Retournez ce nom, vous (avoir) *mori, mourir*... Voilà, jeune homme, pourquoi je (s'installer) dans ce pays. »

9. Je (arriver) par le train,

10. Je ne (voir) qu'une ligne de montagnes devant moi dont les sommets, pareils à des cônes tronqués, (devoir) être d'anciens volcans.

Guy de MAUPASSANT, *Berthe*, 20 octobre 1884.

Employer

8 a. Recopiez le texte suivant en encadrant les pronoms personnels. Quelle rupture thématique avez-vous ainsi mise en évidence ?

b. Soulignez ensuite tous les connecteurs chronologiques ou logiques.

c. Écrivez une publicité pour un produit nouveau, de préférence fantaisiste, avec la même structure que celle que vous venez de repérer.

Autrefois, nous étions tous libres. Forêts, montagnes et océans étaient notre univers. Puis les choses ont changé, nous sommes devenus des hommes d'intérieur, des ronds de cuir, des accros de TV, des fêtards... Mais au fond de nous-mêmes, nous avons gardé cet amour de la nature.
Heureusement aujourd'hui nous pouvons bénéficier des performances uniques de la membrane GORE-TEX. Totalement imperméable, coupe-vent, respirante et extrêmement résistante, vous vous sentirez bien par tous les temps, confortablement au chaud et au sec, votre peau pourra respirer... et pour longtemps.

Publicité parue dans *L'Express*, n° 2474, 3 au 9 décembre 1998.

9 a. Trouvez la progression thématique adoptée dans cette évocation d'un intérieur paysan de la fin du XIXe siècle.

Les Ribaud sont tous là. La grand-mère cassée par l'âge, marquée par les durs travaux et qui perd chaque jour un peu de sa force de femme, sommeille, le menton sur les peaux de son cou. La jeune Ribaud donne sa mesure de peine, pétrit la pâte à grandes brassées et court relever le bébé brun qui, sentant la sève pousser dans ses petites jambes, s'épuise à des sensations nouvelles. Assis à terre, sur des sacs pliés, deux gars de neuf et onze ans, couteau en main, bricolent du bois. À la meule est le maître, déjà soucieux de ses responsabilités reçues avec le dernier souffle du père mort depuis deux mois, tué par le travail plus que par l'âge.

Claude SEIGNOLLE, *Le Meneur de loups*, © Claude Seignolle, 1947.

b. À votre tour, composez la description du groupe de personnes représentées dans ce tableau avec la même progression.

Louis Le Nain (1600-1648), *Famille de paysans dans un intérieur*, Paris, musée du Louvre.

EXPRESSION ÉCRITE

Écrire un paragraphe

OBJECTIF

Construire des paragraphes selon différents modèles.

OBSERVATION

Paragraphe 1 L'Égypte exerce une fascination sur les publics de tout âge et de toute condition. D'abord, elle nous a laissé un héritage d'une grande richesse. Ensuite, ses réalisations ont des dimensions monumentales et imposantes. Enfin, l'aspect somptueux de ses trésors archéologiques incite puissamment au rêve.

Paragraphe 2 D'abord, l'Égypte nous a légué un héritage d'une grande richesse. Ensuite, ses réalisations ont des dimensions monumentales. Enfin, l'aspect somptueux de ses trésors archéologiques incite puissamment au rêve. Pour ces trois raisons l'Égypte exerce une fascination sur les publics de tout âge et de toute condition.

Paragraphe 3 Alors que, dans la bande dessinée contemporaine, les civilisations de l'Antiquité sont peu ou mal représentées, l'Égypte échappe à cette règle, car elle exerce une fascination sur les publics de tout âge et de toute condition. D'une part, l'Égypte nous a laissé un héritage d'une grande richesse. Ensuite, ses réalisations ont des dimensions monumentales et imposantes. Enfin, l'aspect somptueux de ses trésors incite puissamment au rêve.

Paragraphe 4 La bande dessinée contemporaine puise souvent son inspiration dans la science-fiction. De même, elle s'inspire fréquemment de l'Égypte, qui exerce une fascination sur les publics de tout âge et de toute condition. D'une part, l'Égypte nous a laissé un héritage d'une grande richesse. Ensuite, ses réalisations ont des dimensions monumentales et imposantes. Enfin, l'aspect somptueux de ses trésors incite puissamment au rêve.

Questions

→ **1.** Observez la place de la phrase clé dans chaque paragraphe : que constatez-vous ?

→ **2.** Dans chaque paragraphe, repérez les mots qui relient les phrases entre elles : sont-ce toujours les mêmes ?

→ **3.** Quels paragraphes sont exactement symétriques l'un de l'autre ?

→ **4.** Lequel de ces paragraphes vous paraît le plus facile à lire et à comprendre ? Justifiez votre réponse.

LEÇON

Le paragraphe est une étape du texte ; il contient généralement **une idée principale** (une seule de préférence), autour de laquelle s'organise **une unité** de récit, d'explication ou d'argumentation.
Nous nous intéresserons ici au paragraphe d'idées.

1. Les quatre formes de paragraphe

Selon la place de la phrase clé, qui exprime l'idée principale, on distingue quatre types principaux de paragraphe.

• Le message en tête (le paragraphe *a priori*)

Il est déductif et va de l'abstrait au concret, **de l'idée générale aux exemples.** Le message essentiel est placé dans la première phrase ; la suite du paragraphe développe, explique, justifie ce message. Il peut arriver que l'auteur reformule l'idée principale à la fin, pour insister, en une formule bien frappante qui résume le tout :

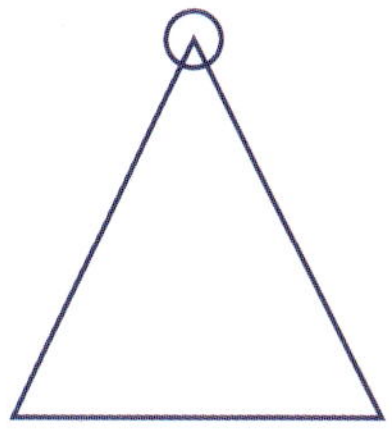

→ *La pratique d'une activité physique régulière est bénéfique pour tout le monde.* ***En effet****, les jeunes qui pratiquent régulièrement un sport sont moins souvent malades et plus vigoureux que les autres.* ***De même****, les personnes âgées peuvent combattre le vieillissement par la pratique d'exercices adaptés.* ***Enfin****, la pratique régulière d'une activité physique permet l'élimination plus rapide des toxines et stimule le fonctionnement des organes vitaux tels le cœur et les poumons.*

• Le message à la fin (le paragraphe *a posteriori*)

Il est inductif et va du concret à l'abstrait, **des faits aux idées.** La phrase clé, la plus générale, vient à la fin du paragraphe :

→ *On constate chez les gens actifs physiquement une incidence de maladies plus faible que chez les gens inactifs. Les adeptes de la danse aérobique comptent parmi les employés les plus détendus et les plus efficaces. Les personnes handicapées qui sont sportives restent plus alertes que les autres. Tous ces faits nous amènent à penser que la pratique d'une activité physique régulière est bénéfique pour tout le monde.*

• Le message au centre (le paragraphe *a contrario*)

Le raisonnement *a contrario* consiste **à affirmer son idée en l'opposant à l'idée inverse**, ou du moins à une idée différente. La méthode consiste à énoncer d'abord l'idée adverse, à la critiquer ensuite, pour affirmer enfin sa propre idée. La phrase clé sert de charnière entre la première thèse et la thèse adverse : elle est donc située en milieu de paragraphe :

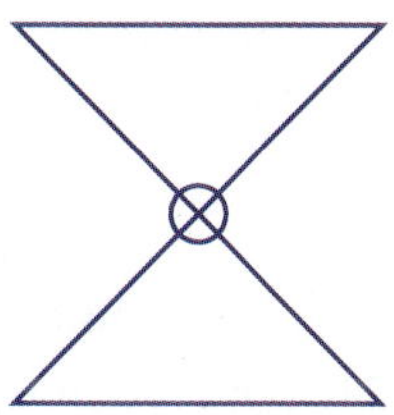

→ *De nombreux accidents cardio-vasculaires sont provoqués par une pratique trop intensive d'activités mal encadrées. Et on ne parle pas de la kyrielle de blessures aux membres et aux articulations que les médecins sportifs doivent traiter annuellement.* ***Cependant****, la pratique d'une activité sportive régulière est bénéfique. On constate que les jeunes, les adultes et les personnes âgées qui pratiquent régulièrement une activité physique adéquate en tirent d'immenses profits sur le plan de leur santé et de leur équilibre mental.*

● Le message au centre ou à la fin (le paragraphe en parallèle)

Le raisonnement en parallèle, ou par analogie, est l'inverse du raisonnement *a contrario* : au lieu de montrer que les choses s'opposent, **on montre qu'elles se ressemblent**. La phrase clé se trouve au milieu ou à la fin du paragraphe :

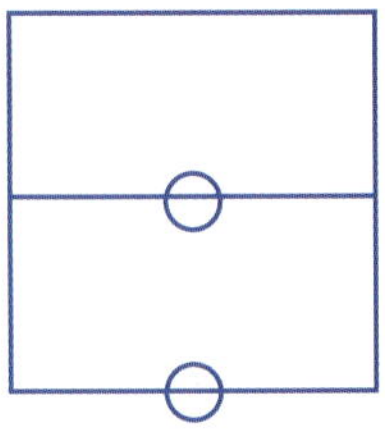

→ *Certaines activités sportives peuvent être dangereuses, telles les arts martiaux, le hockey, la plongée sous-marine, le ski alpin, qui occasionnent de nombreuses blessures et même des morts chaque année.* ***De même****, des gens mal entraînés et mal encadrés voient leur condition physique se détériorer après un entraînement trop vigoureux.* ***Donc****, en principe, si une activité physique régulière est bénéfique, n'importe quelle activité ne convient pas à n'importe qui.*

2. L'usage des paragraphes

● Le paragraphe *a priori* représente environ entre 50 et 75 % des cas. On le rencontre souvent dans le corps des textes, alors que les autres formes sont plus utilisées dans les introductions et les conclusions.
Ce type de paragraphe, qui permet de prévoir la suite, facilite la lecture. Il est privilégié **dans la presse**, parce qu'**il permet un circuit de lecture court** : le lecteur peut avoir une idée générale de l'article en lisant la première phrase de chaque paragraphe.

● Les formes *a posteriori* et *a contrario* se rencontrent dans 20 % des cas.

▪ La forme *a posteriori* est fréquemment utilisée **dans les exposés de recherche scientifique** : il faut d'abord accumuler un certain nombre d'expériences avant de conclure en énonçant la théorie.
Dans la presse, c'est la forme choisie pour **le reportage**, qui décrit d'abord une ambiance, un cadre, les propos échangés, la complexité de l'ensemble.

▪ La forme *a contrario* est un **type de raisonnement polémique** : l'auteur s'affirme en attaquant une thèse adverse. La méthode est très efficace, surtout si une troisième voie n'est pas possible. Un avocat démontrera ainsi que son client ne peut être le coupable, donc qu'il est innocent – et non partiellement responsable.

● La forme par analogie est la moins fréquente : 10 % des cas. Elle s'emploie de façon privilégiée **dans la vulgarisation scientifique et technique**. Les comparaisons permettent de faire comprendre un principe au public sans avoir besoin de donner des explications techniques ou compliquées :

→ *Une centrale nucléaire à eau sous pression fonctionne comme une cocotte minute…*

3. Les techniques du paragraphe

La valeur d'un paragraphe dépend de son unité, de sa cohérence et de sa force.

● L'unité

Pour réussir la rédaction d'un paragraphe, il faut **vérifier son unité en lui donnant un titre** qui résume son idée clé. Si ce n'est pas possible, il faut le fractionner pour ne garder qu'une idée par paragraphe. Si l'idée est trop mince, il faut la rattacher à un autre paragraphe.

• La cohérence

Un paragraphe contient des **connecteurs**, c'est-à-dire des mots qui mettent en évidence les **liens logiques** qui l'organisent : la chronologie ou la succession ; la cause ; la conséquence ; l'alternative ; l'opposition ; l'analogie ; l'adhésion ; l'opposition ou la restriction ; l'addition ; la synthèse ; la conclusion.

• La force

Un paragraphe est d'autant plus fort qu'il est concis ; les exemples doivent être rapportés avec précision et sans bavardage, la construction doit être nette.

EXERCICES

1 Trouvez la phrase clé de chacun des paragraphes suivants : trouvez-leur un titre, identifiez leur type et dégagez leur structure.

Paragraphe 1 – Un peu de gomme arabique stabilise l'encre de Chine pour un an. Quelques gouttes de shampooing engendrent un nuage de mousse. Des traces d'oxygène de l'air transforment la sève de l'hévéa en caoutchouc. Une pile électrique minuscule change l'aspect du cadran de notre montre. Voilà, sur exemples, ce qu'est la matière molle.

Pierre-Gilles DE GENNES, Jacques BADOZ,
Les Objets fragiles, Plon, 1994.

Paragraphe 2 – Plusieurs scientifiques affirment qu'il faut s'occuper de la Terre avant de fuir dans l'espace. Selon l'Organisation mondiale de la santé, la désertification et la famine affectent une trentaine de pays. Ces populations fuient leur pays pour se retrouver dans des camps de réfugiés. Sans parler des problèmes politiques, on doit tout de même admettre qu'il faut trouver des solutions à ces problèmes terrestres.

2 Identifiez le type du paragraphe suivant et récrivez-le selon un autre modèle.

Selon un rapport de l'Organisation mondiale de la santé, des mesures urgentes doivent être prises pour améliorer la qualité de l'air dans les grandes villes. D'abord, la circulation des véhicules doit impérativement être contrôlée. Ensuite, le plomb doit être éliminé des carburants. Enfin, il faut introduire des techniques propres dans le domaine du brûlage des ordures.

3 Écrivez sur l'un des sujets suivants un paragraphe explicatif ou argumentatif dont vous choisirez le type.

1. Les jeux vidéo : avantages et inconvénients.
2. La Coupe de France de football ou du Tournoi des cinq nations.
3. Votre opinion personnelle sur les études longues, ou courtes.
4. Les différentes habitudes télévisuelles dans votre famille.

FICHE D'AUTOÉVALUATION

→ **1.** Mon paragraphe peut être résumé par un titre.

→ **2.** Mon paragraphe contient une phrase clé très identifiable.

→ **3.** J'ai respecté un modèle de paragraphe adapté au type de texte que je veux produire.

→ **4.** J'ai marqué la construction par des connecteurs chronologiques ou logiques.

→ **5.** J'ai isolé mon paragraphe par un alinéa et des blancs.

EXPRESSION ORALE

Dissiper un malentendu

OBJECTIF

Préciser sa pensée par la reformulation.

OBSERVATION

Une question d'importance

QUINO, *Encore Mafalda*, tome 2, © Glénat, 1980.

Questions

➜ **1.** Quelle est la thèse de Mafalda, la fillette brune ? Dans quelle vignette est-elle exprimée ?

➜ **2.** Dans la bande dessinée, le mot *importance* est-il clair ou ambigu ? Pourquoi ? Quel est l'effet produit ?

➜ **3.** Vignette 4 : d'après vous, Susanita, la fillette blonde, cherche-t-elle à fuir la question de Mafalda, ou s'agit-il d'un malentendu ?

➜ **4.** Que faudrait-il lui répondre pour clarifier la situation ?

LEÇON

● L'intention de l'émetteur

■ Dans une conversation, l'émetteur doit employer les mots dans un sens précis afin de faciliter la compréhension et d'éviter les malentendus. **Il doit intervenir pour préciser sa pensée,** à l'aide d'expressions du type : *j'entends par là, je veux dire, c'est-à-dire, précisément, en particulier, seulement,* etc.

➜ *Je rentrerai tôt ce soir,* ***c'est-à-dire*** *pas après 22 heures.*

➜ *Il y aura une interrogation écrite la semaine prochaine,* ***en l'occurrence*** *le mercredi 31.*

● La reformulation

La reformulation sert à vérifier la compréhension, à rectifier avec nuance, à dissiper un malentendu et parfois à dédramatiser une situation.

On distingue différentes manières de reformuler :

- la reformulation qui reprend **avec d'autres mots,** sans que rien soit ajouté, retranché ou interprété :

  → *Je suis déçue ; je ne m'attendais pas à cela.*

- la reformulation qui reprend l'essentiel de ce qui a été dit **en expliquant** ces propos, sans les interpréter :

  → *Je suis déçue ; j'attendais tellement de ce chanteur.*

- la reformulation **qui exprime en termes clairs l'implicite** des propos précédents :

  → *Je suis déçue ; ce disque n'est pas à la hauteur du précédent.*

● Dissiper un malentendu

Pour dissiper un malentendu, on peut recourir à différents moyens.

- **Tenter de raisonner son interlocuteur :**

  → *Pardonnez-moi, mais vous vous trompez. Vous ne m'avez pas bien compris. Vous vous méprenez.*

Cette stratégie peut avoir un effet négatif, parce qu'elle laisse entendre que votre interlocuteur est responsable du malentendu.

- **S'en tenir aux circonstances et aux faits :**

  → *Il y a certainement un malentendu. Ce doit être une erreur. Ça ne s'est pas passé exactement comme ça.*

Cette stratégie a souvent un effet apaisant, parce qu'elle attribue l'origine du malentendu aux circonstances sans mettre en cause quelqu'un.

- **Faire appel à la bienveillance de son interlocuteur :**

– en sollicitant son attention :

  → *Ne vous fâchez pas, je vais vous expliquer.*

– en endossant une part de responsabilité :

  → *Je me suis probablement mal expliqué(e)/exprimé(e).*

EXERCICES

1 Donnez les différentes interprétations possibles des phrases suivantes, puis reformulez-les pour les rendre plus précises et plus claires.

1. Il l'a revu avant qu'il parte.
2. Après avoir dégusté le foie gras, la serveuse nous a servi une succulente tranche de gigot.
3. Pris d'une violente migraine, mon voisin m'a raccompagné chez moi.
4. Ce livre est dur.
5. C'est Marion qui prend les photos.

2 Improvisez à deux la scène suivante, et faites ensuite intervenir des témoins qui défendent le jeune homme.

Un jeune homme fait des courses dans un centre commercial. Il entre dans un magasin avec quelques marchandises achetées dans la boutique voisine. En ressortant, il déclenche le signal d'alarme. Il tente alors difficilement de s'expliquer auprès d'un vigile qui ne voit en lui qu'un petit voleur.

3 Improvisez les scènes suivantes.

1. Vous montez chez votre voisin du dessus pour lui dire de faire un peu moins de bruit. Il vous répond qu'il ne s'agit pas de bruit mais de musique et que vous insultez son œuvre.
2. Vous êtes invité à déjeuner chez un camarade et, ce jour-là, vous touchez à peine aux plats préparés par la mère de votre ami. Cette dernière pense que sa façon de cuisiner ne vous plaît pas. Vous dissipez ce fâcheux malentendu.

BILAN

L'organisation du texte

1 10 points

a. Relevez les termes qui désignent Clint Eastwood. À quel endroit du texte est-il nommé pour la première fois ? Commentez l'effet produit.

b. Relevez les différentes expressions qui le caractérisent : quel adjectif les résume le mieux ? où est-il placé ?

Lorsqu'il pénètre dans cette suite de palace parisien, un discret sourire aux lèvres, détendu, d'une courtoisie engageante, Clint Eastwood est accompagné par une ombre impressionnante : l'idée qu'on se fait de lui. Il y a, forcément, un parfum de mythologie dans l'air. Réminiscences de scènes, de répliques mémorables qui ont forgé un destin d'acteur devenu star de haute lignée, puis monument historique de cinéma. À l'évidence, l'idée qu'on se fait de lui n'encombre plus guère Clint Eastwood. Il suffit de voir comment, ces dernières années, il s'est mis en congé de sa propre légende, pour aller explorer, comme acteur et comme réalisateur, des territoires où l'on imaginait mal le grand Clint.

Télérama n° 2513, 11 mars 1998.

2 10 points

Rétablissez les déterminants et les pronoms relatifs manquants.

① seule consolation quand je montais me coucher, était que maman viendrait m'embrasser quand je serais dans ② lit. Mais ③ bonsoir durait si peu de temps, elle redescendait si vite, que ④ moment ⑤ je l'entendais monter, puis ⑥ passait dans ⑦ couloir à double porte ⑧ bruit léger de ⑨ robe de jardin en mousseline bleue, ⑩ pendaient ⑪ petits cordons de paille tressée, était pour moi ⑫ moment douloureux. Il annonçait celui ⑬ allait suivre, ⑭ elle m'aurait quitté, ⑮ elle serait redescendue. De sorte que ⑯ bonsoir ⑰ j'aimais tant, j'en arrivais à souhaiter qu'il vînt ⑱ plus tard possible, à ce que se prolongeât ⑲ temps de répit ⑳ maman n'était pas encore venue.

Marcel PROUST, *Du côté de chez Swann.*

3 10 points

Relevez dans ce poème deux exemples de chacun des procédés de caractérisation suivants : adjectif épithète, attribut, apposition, proposition subordonnée relative, complément déterminatif.

L'Albatros

Souvent, pour s'amuser, les hommes d'équipage
Prennent des albatros, vastes oiseaux des mers,
Qui suivent, indolents compagnons de voyage,
Le navire glissant sur les gouffres amers.

À peine les ont-ils déposés sur les planches,
Que ces rois de l'azur, maladroits et honteux,
Laissent piteusement leurs grandes ailes blanches
Comme des avirons traîner à côté d'eux.

Ce voyageur ailé, comme il est gauche et veule !
Lui, naguère si beau, qu'il est comique et laid !
L'un agace son bec avec un brûle-gueule,
L'autre mime, en boitant, l'infirme qui volait !

Le Poète est semblable au prince des nuées
Qui hante la tempête et se rit de l'archer ;
Exilé sur le sol au milieu des huées,
Ses ailes de géant l'empêchent de marcher.

Charles BAUDELAIRE, « L'Albatros », in *Les Fleurs du mal.*

4 10 points

Relevez le thème et le propos de chaque phrase. Quelle progression thématique domine le texte ? Faites-en le schéma.

L'Éléphant qui prédit la naissance de Bouddha

Cinq cents ans avant l'ère chrétienne, la reine Maya, au Népal, rêva qu'un Éléphant blanc, qui venait de la Montagne d'Or, pénétrait dans son corps. Cet animal onirique[1] avait six défenses qui correspondaient aux six dimensions de l'espace hindouiste : haut, bas, devant, derrière, gauche, droite. Les astrologues du roi prédirent que Maya donnerait naissance à un fils qui serait empereur du monde ou rédempteur du genre humain. C'est cette dernière prédiction qui, on le sait, se réalisa.

Jorge Luis BORGÈS, *Le Livre des Êtres imaginaires,*

1. Onirique : *qui appartient au rêve.*

3

Les discours rapportés

Chapitre 9

GRAMMAIRE

Le discours rapporté (1)

OBSERVATION

La terrine de poulet

En 1870, sous l'occupation prussienne, la diligence Rouen-Dieppe emporte un groupe de bourgeois et Boule-de-Suif, une prostituée qu'ils méprisent, mais qui s'est munie de provisions...

Mais Loiseau dévorait des yeux la terrine de poulet. Il dit :

« À la bonne heure, madame a eu plus de précaution que nous. Il y a des personnes qui savent toujours penser à tout. » Elle leva la tête vers lui : « Si vous en désirez, monsieur ? C'est dur de jeûner depuis le matin. » Il salua : « Ma foi, franchement, je ne refuse pas, je n'en peux plus. À la guerre comme à la guerre, n'est-ce pas, madame ? » Et, jetant un regard circulaire, il ajouta : « Dans des moments comme celui-ci, on est bien aise de trouver des gens qui vous obligent. » Il avait un journal, qu'il étendit pour ne point tacher son pantalon, et sur la pointe d'un couteau toujours logé dans sa poche, il enleva une cuisse toute vernie de gelée, la dépeça des dents, puis la mâcha avec une satisfaction si évidente qu'il y eut dans la voiture un grand soupir de détresse.

Mais Boule-de-Suif, d'une voix humble et douce, proposa aux bonnes sœurs de partager sa collation. Elles acceptèrent toutes les deux instantanément et, sans lever les yeux, se mirent à manger très vite après avoir balbutié des remerciements. Cornudet ne refusa pas non plus les offres de sa voisine, et l'on forma avec les religieuses une sorte de table en développant des journaux sur les genoux.

Les bouches s'ouvraient et se fermaient sans cesse, avalaient, mastiquaient, engloutissaient férocement. Loiseau, dans son coin, travaillait dur et, à voix basse, il engageait sa femme à l'imiter. Elle résista longtemps, puis, après une crispation qui lui parcourut les entrailles, elle céda.

Guy de MAUPASSANT, *Boule-de-Suif.*

Questions

➜ **1.** Quels personnages sont en présence ? Lesquels dialoguent ?

➜ **2.** Comment le narrateur rapporte-t-il les paroles échangées par les personnages dans le premier paragraphe ?
Quels verbes introduisent les paroles ? Quelle ponctuation est employée ?

➜ **3.** Quelle conversation s'établit dans le second paragraphe ? Comment les paroles échangées sont-elles rapportées ? Quels verbes introduisent ou résument ces paroles ?

➜ **4.** Reconstituez les paroles qui ont pu être prononcées à la place des groupes de mots en bleu, en donnant plusieurs possibilités.

LEÇON

1. Le discours rapporté : deux situations de communication distinctes

● Tout énoncé met en jeu un émetteur **E** (ou narrateur dans un récit), et un récepteur **R** (ou lecteur d'un récit) :

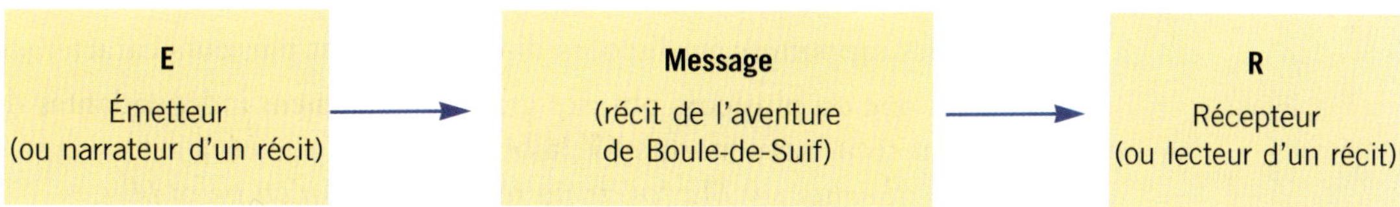

● Des phrases exprimant des paroles ou des pensées de personnages peuvent être insérées dans cet énoncé de base. On parle alors de **discours rapporté** :

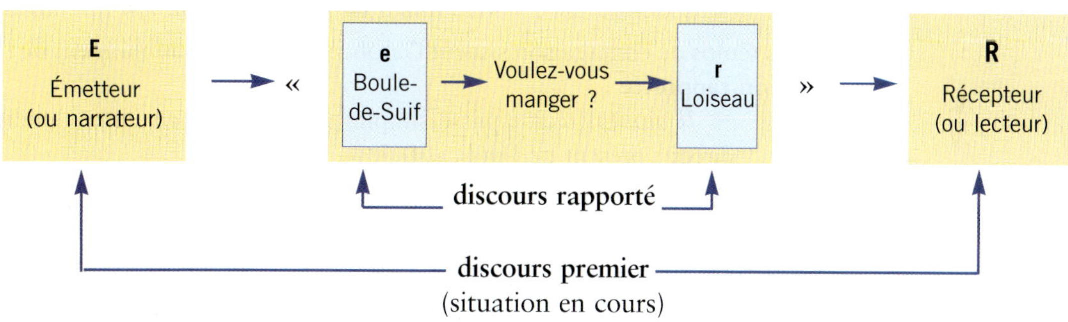

Il y a donc :

- **deux émetteurs :** celui qui a prononcé les paroles (émetteur e), et celui qui les rapporte (l'émetteur E, ou narrateur d'un récit) ;
- **deux récepteurs :** celui à qui sont destinées les paroles rapportées (récepteur r) et celui à qui l'émetteur E (ou narrateur) s'adresse (récepteur R, ou lecteur d'un récit) ;
- **deux situations d'espace et de temps :** le lieu et le moment où les paroles ont été prononcées, et le lieu et le moment de la narration :
  → ***La diligence Rouen-Dieppe, en 1870,*** là où le dialogue a été échangé.
  → ***Le lieu et le moment de l'écriture,*** quand le narrateur s'adresse au lecteur.

● Lorsque, dans un récit, le narrateur veut reproduire les paroles prononcées par des interlocuteurs, il choisit entre deux techniques :

- il peut rapporter les paroles comme si les interlocuteurs étaient présents. Les paroles rapportées semblent être des paroles **réelles :** c'est le **discours direct :**
  → *Elle leva la tête vers lui : « Si vous en désirez, monsieur ? C'est dur de jeûner depuis le matin. »*
- il peut transposer les paroles en les enchâssant dans son récit. Les paroles ainsi rapportées sont **adaptées** pour s'insérer dans le récit : c'est le **discours indirect :**
  → *Son mari demanda à leur charmante compagne si elle lui permettait d'offrir un petit morceau à Mme Loiseau.*

2. Le discours direct

• L'émetteur

■ Dans un récit, le discours direct permet de rapporter les paroles prononcées par un émetteur telles qu'elles ont été (ou auraient pu) être prononcées.

→ *Il (Loiseau) ajouta : « Dans des moments comme celui-ci, on est bien aise de trouver des gens qui vous obligent. »*

• Les procédés grammaticaux

Les paroles rapportées au discours direct possèdent plusieurs caractéristiques :

■ ce sont une ou plusieurs phrases **grammaticalement indépendantes** de l'ensemble du récit, sans marque de subordination :

→ *Il salua : « Ma foi, je ne refuse pas, je n'en peux plus. »*

■ les pronoms personnels et les possessifs se rapportent aux interlocuteurs du discours direct ; les marques d'énonciation appartiennent au **système du discours** *(je, tu, ici, maintenant,...) :*

→ *[Loiseau] dit : « Madame a eu plus de précaution que* ***nous.*** *»*

■ les temps de conjugaison situent l'énoncé **par rapport au moment de l'énonciation rapportée :**

→ *Il ajouta* (récit : passé simple) : « *On est* ***bien*** *aise...* » (discours direct : présent de l'indicatif).

■ un **verbe introducteur déclaratif :** *dire, crier, s'exclamer...* indique généralement le discours direct. Ce verbe peut se situer avant ou après le passage au discours direct ; il peut être inséré sous forme de phrase incise, avec inversion du sujet *(dit-elle) ;* il peut également être implicite :

→ *« Elle leva la tête vers lui »... (et dit).*

• Les signes de ponctuation

À l'écrit, le discours rapporté se caractérise par :
– deux points (:) qui précèdent les paroles rapportées,
– des guillemets : « ... » qui les encadrent,
– un tiret (–) qui marque le changement d'émetteur dans un dialogue, avec un passage à la ligne.

• Le contenu du discours direct

■ Le discours direct peut contenir **toutes sortes d'énoncés :** des actes de langage, comme des promesses (« Je te promets »), des ordres (« Reviens vite »), des questions (« Puis-je offrir un morceau à Mme Loiseau ? ») des interjections, des phrases incomplètes, incorrectes, des phrases en langue étrangère, des mots d'argot, de patois, des prononciations particulières.

3. Le discours indirect

Le discours indirect est une des formes du discours transposé (voir chapitre 10).

• L'émetteur

■ Dans un récit, le discours indirect permet au narrateur de transposer les paroles d'un personnage **en les intégrant à la narration.**

■ La situation de communication rapportée au discours indirect n'est qu'évoquée ; toutes ses marques (personnages, lieu, temps) sont traduites **selon les repères de la narration :**

→ *Elle leva la tête vers* ***lui*** *et* ***lui*** *demanda s'****il*** *voulait partager* ***son*** *repas car* ***elle*** *se rendait compte qu'il était dur de jeûner.*

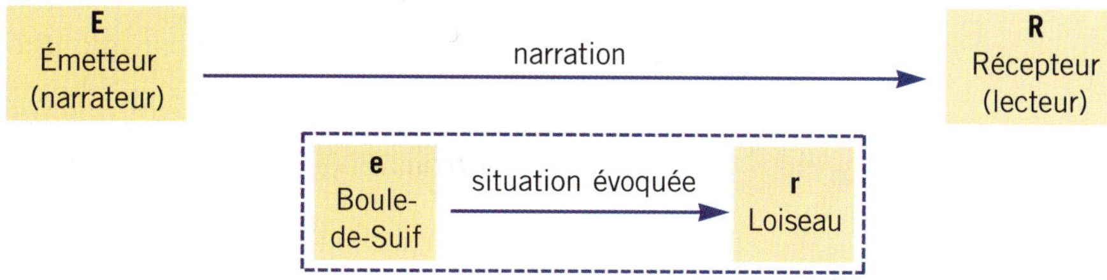

● Les procédés grammaticaux

Les paroles transposées au discours indirect sont présentées :

- dans **une subordonnée** complément du verbe introduite par la conjonction de subordination *que*, ou par des mots interrogatifs comme *si, comment, quand, qui, où :*

  → *L'homme a demandé à la jeune femme* ***où*** *elle allait.*

- dans **un groupe infinitif** introduit par *de :*

  → *La jeune femme a promis aux passagers* ***de partager ses provisions.***

● Le verbe introducteur

Le verbe introducteur renseigne sur l'acte de langage (question, ordre…) qui est mis en œuvre, ainsi que sur le ton des paroles prononcées. Il peut être :
– un verbe déclaratif : *dire, expliquer, raconter, affirmer,…*
– un verbe d'interrogation : *demander…*
– un verbe indiquant un ordre : *ordonner, prier…*
– un verbe d'opinion : *croire, estimer, penser…*

● Le contenu du discours indirect

Le discours indirect ne peut pas contenir les mêmes variétés d'énoncé que le discours direct. Il ne peut contenir ni questions directes, ni ordres, ni exclamations, ni phrases incomplètes ou incorrectes. Les paroles sont reformulées en fonction de la situation en cours.

4. Le passage du discours direct au discours indirect

Le passage du discours direct au discours indirect peut se faire quand on résume un texte, ou quand l'émetteur E assume la responsabilité des paroles prononcées. Il nécessite les transformations suivantes :

● Les pronoms personnels et les déterminants possessifs passent généralement des première et deuxième personnes *(je-tu)* à la troisième personne *(il)*, sauf si l'émetteur rapporte des paroles qui le concernent lui-même :

→ *Elle a proposé : «* ***Nous*** *mangerons cette terrine de poulet »* → *Elle a proposé qu'****ils*** *mangent…*

● Le mot mis en apostrophe au discours direct est transposé et devient complément du verbe déclaratif :

→ *Boule-de-Suif, d'une voix humble et douce, proposa* ***aux bonnes sœurs*** *de partager sa collation.*

● Les marqueurs de lieu et de temps : *là-bas..., ce jour-là, la veille…*, remplacent les marques d'énonciation de discours : *ici, maintenant, hier.*

● Pour exprimer un ordre, le mode impératif est remplacé par le subjonctif, ou plus souvent par l'infinitif ; les autres modes ne subissent pas de changement.

→ *Dis-lui* ***de venir.***

● Les temps de conjugaison sont régis par la concordance des temps :

■ si le verbe introducteur est au présent ou au futur, aucun changement n'a lieu quant à l'emploi des temps ;

■ si le verbe introducteur est au passé, le discours indirect emploie :
– l'imparfait pour marquer la simultanéité ;
– le conditionnel présent ou passé pour marquer la postériorité ;
– le plus-que-parfait pour marquer l'antériorité.

Discours direct	Discours indirect
Elle a dit : « Nous mangeons. »	Elle a dit qu'ils mangeaient. (au même moment)
Elle a dit : « Nous mangerons. »	Elle a dit qu'ils mangeraient/qu'ils auraient mangé. (plus tard)
Elle a dit : « Nous avons mangé. »	Elle a dit qu'ils avaient mangé. (avant)

Pour l'expression écrite

Pour attribuer à quelqu'un des paroles dont on lui laisse la responsabilité, on peut :

■ citer les paroles au discours direct, avec des guillemets :
Le P.-D.G. a déclaré : « Nous devrons modérer l'augmentation des salaires pour passer aux 35 heures hebdomadaires. »

■ utiliser, autant au discours direct qu'au discours indirect, un verbe introducteur qui marque une prise de distance, ou tout autre modalisation : *soutenir, prétendre, alléguer, avancer, prétexter, revendiquer, arguer, etc.*

RÉSUMÉ

1. On appelle **discours rapporté** l'insertion, dans un texte, d'énoncés qui proviennent d'une autre situation de communication. Deux situations de communication sont ainsi mises en rapport :
– la **situation en cours**, qui est celle du texte de base : émetteur E, récepteur R ;
– la **situation rapportée**, qui est celle de l'énoncé rapporté : émetteur e, récepteur r.

2. Le **discours direct** permet de citer un message relevant d'une autre situation de communication, ou du moins de le présenter comme une citation. Le message est présenté avec une ponctuation spécifique. Il contient des pronoms, des marques d'énonciation qui correspondent à sa propre situation d'énonciation.

3. Le **discours indirect** oblige à reformuler l'énoncé rapporté. Les paroles rapportées sont introduites par un mot subordonnant qui les relie au verbe principal. Les pronoms personnels et les marques d'énonciation sont ceux de l'ensemble du texte de base.

EXERCICES

Identifier

1 a. Repérez les deux situations de communication contenues dans cette lettre (situation en cours et situation rapportée), en précisant pour chacune d'elles les émetteurs, les récepteurs, le moment et le lieu.

b. Représentez ces situations sous forme d'un schéma comme celui de la page 89.

Le 28 décembre 1914
Ma bien chère petite Alice

Nous sommes de nouveau en réserve pour quatre jours, au village des Brebis. Le service tel qu'il est organisé maintenant est moins fatigant. Quatre jours aux tranchées, quatre jours en réserve. Nos quatre jours de tranchée ont été pénibles à cause du froid et il a gelé dur, mais les Boches nous ont bien laissés tranquilles. Le jour de Noël, ils nous ont fait signe et nous ont fait savoir qu'ils voulaient nous parler. C'est moi qui me suis rendu à 3 ou 4 mètres de leur tranchée d'où ils étaient sortis au nombre de trois pour leur parler.
Je résume la conversation que j'ai dû répéter peut-être deux cents fois depuis à tous les curieux. C'était le jour de Noël, jour de fête, et ils demandaient qu'on ne tire aucun coup de fusil pendant le jour et la nuit, eux-mêmes affirmant qu'ils ne tireraient pas un seul coup. Ils étaient fatigués de faire la guerre, disaient-ils, étaient mariés comme moi (ils avaient vu ma bague), n'en voulaient pas aux Français mais aux Anglais. Ils me passèrent un paquet de cigares, une boîte de cigarettes bouts dorés, je leur glissai *Le Petit Parisien* en échange d'un journal allemand et je rentrai dans la tranchée française où je fus vite dévalisé de mon tabac boche. [...]
Nous voilà aux Brebis maintenant. Faillault a invité hier tous ses chefs de section. Repas merveilleux qui a dû lui coûter cher. J'ai trouvé un lit chez une bonne vieille où je me repose comme une marmotte.
[...] Fais part de mes amitiés à tous. Mes meilleures caresses aux petites, et à toi mes plus affectueux baisers.

Gustave
Paroles de poilus, Lettres et carnets du front 1914-1918,
© Radio France, Librio et Tallandier Historia, 1998.

2 Repérez dans ce texte les paroles rapportées au discours indirect. Indiquez à chaque fois leur émetteur et leur récepteur.

M. de Clèves était si rempli de l'esprit et de la beauté de Mlle de Chartres qu'il ne pouvait parler d'autre chose. Il conta tout haut son aventure, et ne pouvait se lasser de donner des louanges à cette personne qu'il avait vue, qu'il ne connaissait point. Madame[1] lui dit qu'il n'y avait point de personne comme celle qu'il dépeignait et que, s'il y en avait quelqu'une, elle serait connue de tout le monde. Madame de Dampierre, qui était sa dame d'honneur et amie de Madame de Chartres, entendant cette conversation, s'approcha de cette princesse et lui dit tout bas que c'était sans doute Mlle de Chartres que M. de Clèves avait vue. Madame se retourna et lui dit que s'il voulait revenir chez elle le lendemain, elle lui ferait voir cette beauté dont il était si touché. Mlle de Chartres parut en effet le jour suivant ; elle fut reçue des reines avec tous les agréments qu'on peut s'imaginer, et avec une telle admiration de tout le monde qu'elle n'entendait autour d'elle que des louanges.

Madame de LAFAYETTE, *La Princesse de Clèves*.

1. Madame : *la reine dauphine*.

3 Définissez la situation de communication dans cet extrait. Repérez ensuite les différents discours rapportés dont vous préciserez la forme : discours direct ou indirect.

Paris, le 10 octobre 1995
Cher, très cher Grand-père,
Te souviens-tu ? Tu m'avais offert ce journal intime pour mon douzième anniversaire et je t'avais demandé ce à quoi il pourrait bien me servir...
« Un journal intime c'est un ami, un confident, m'avais-tu répondu. On lui confie ses bonheurs et ses chagrins. Ses secrets aussi. C'est un ami fidèle et muet qui jamais ne te trahira. » Et lorsque j'avais répliqué que toi tu étais déjà cet ami, ce confident, et que je n'avais nullement l'intention de te remplacer ni par un stylo ni par un cahier, ton regard s'était légèrement voilé puis, m'effleurant la joue de ta barbe blanche, tu m'avais dit : « Je ne suis qu'un vieil homme et je ne serai pas toujours là, Leahlé. »

Yack HASSAN, *Un grand-père tombé du ciel*,
© Casterman, Dix et Plus, 1997.

Transformer

4 Voici un interrogatoire mené par Maigret. Transcrivez au discours indirect les paroles rapportées directement. Quels passages vous semblent difficiles à transcrire ? Pourquoi ?

Maigret mène une enquête. Le matin, il interroge la serveuse d'un café où on a trouvé du poison dans une bouteille de Pernod.

Les paupières se gonflèrent tout d'un coup. Des larmes jaillirent. La lèvre inférieure se souleva spasmodiquement et la fille de salle, ainsi, était tellement émouvante que Maigret cessa de la tenir.

– « Le docteur... cette nuit ?...
– Non !... ce n'était pas pour ce que vous croyez...
– Qu'est-ce qu'il voulait ?
– Il m'a demandé la même chose que vous... Il m'a menacée... Il voulait que je lui dise qui a touché à la bouteille... Il m'a presque battue... Et je ne sais pas !... Sur la tête de ma mère, je jure que...
– Apporte-moi mon café... »
Il était huit heures du matin. Maigret alla acheter du tabac, fit un tour dans la ville. Quand il revint, vers dix heures, le docteur était dans le café, en pantoufles, un foulard passé autour du cou en guise de faux col. Ses traits étaient tirés, ses cheveux roux mal peignés.
– « Vous n'avez pas l'air d'être dans votre assiette...
– Je suis malade... Je devais m'y attendre... Ce sont les reins... Dès qu'il m'arrive la moindre chose, une contrariété, une émotion, c'est ainsi que ça se traduit... Je n'ai pas fermé l'œil de la nuit. »

Georges SIMENON, *Le Chien jaune*, © 1931, Estate of Georges Simenon, tous droits réservés.

5 **Transposez cet extrait de roman en scène de théâtre :**
– en indiquant les gestes, mimiques, actions... par des didascalies ;
– en transcrivant au style direct le dialogue entre Petit-Pierre et son père. Vous n'oublierez pas d'y inclure des marques du langage oral qui traduiront la colère de l'enfant.

Mais l'enfant n'entendit rien. Il se prit à pleurer tout de bon, disant que, puisque son père emmenait la petite Marie, il pouvait bien l'emmener aussi. On lui objecta qu'il fallait passer les grands bois, qu'il y avait là beaucoup de méchantes bêtes qui mangeaient les petits enfants, que la Grise ne voulait pas porter trois personnes, qu'elle l'avait déclaré en partant, et que dans le pays où l'on se rendait, il n'y avait ni lit ni souper pour les marmots. Toutes ces excellentes raisons ne persuadèrent point Petit-Pierre ; il se jeta sur l'herbe, et s'y roula, en criant que son petit père ne l'aimait plus, et que s'il ne l'emmenait pas, il ne rentrerait point du jour ni de la nuit à la maison.

George SAND, *La Mare au diable*.

6 **Écrivez la lettre que Mme de la Tour a reçue de sa tante, en respectant les règles de présentation d'une lettre.**

Enfin en 1738, trois ans après l'arrivée de M. de la Bourdonnais dans cette île[1], Mme de la Tour apprit que ce gouverneur avait à lui remettre une lettre de la part de sa tante. Elle courut au Port-Louis sans se soucier cette fois d'y paraître mal vêtue, la joie maternelle la mettant au-dessus du respect humain.
M. de la Bourdonnais lui donna en effet une lettre de sa tante.
Celle-ci mandait[2] à sa nièce qu'elle avait mérité son sort pour avoir épousé un aventurier, un libertin[3] ; que les passions portaient avec elles leur punition ; que la mort prématurée de son mari était un juste châtiment de Dieu ; qu'elle avait bien fait de passer aux îles plutôt que de déshonorer sa famille en France ; qu'elle était après tout dans un bon pays où tout le monde faisait fortune, excepté les paresseux. Après l'avoir ainsi blâmée, elle finissait par se louer elle-même : pour éviter, disait-elle, les suites souvent funestes du mariage, elle avait toujours refusé de se marier.

BERNARDIN de SAINT-PIERRE, *Paul et Virginie*.

1. Cette île : *l'île de France, qui deviendra l'île Maurice.*
2. Mandait : *faisait savoir.*
3. Libertin : *qui mène une vie dissolue.*

Employer

7 **a. Observez les deux extraits suivants, qui rapportent une conversation entre un jeune pianiste et la fille d'un compositeur : dans chacun d'eux, qui est le narrateur ? Pourquoi les paroles rapportées sont-elles différentes ?**

Extrait 1. Il y a des questions dont on redoute les réponses. Je devinai la sienne et y répondis sans qu'elle ait le temps de la poser :
– C'est du piano. Une œuvre contemporaine.
– De qui ?
– Inconnu au bataillon.
– Et... c'est bien ?
Le verdict lui semblait important. Croyait-elle que l'auteur de ce morceau était son père ? [...]
– Oui. C'est remarquable. J'aime beaucoup.

Christian GRENIER, *La Fille de 3e B*, © Rageot, Cascade pluriel, 1995.

Extrait 2. En guise de salut, il me tendit la bande magnétique.
– C'est de la musique. Du piano.
Peu à peu, le cercle se fermait. J'étais presque sûre de ce qu'il allait me répondre.
– Et c'est de qui ?
– Je ne sais pas. C'est une œuvre contemporaine. Dodécaphonique. Je ne la connais pas. Je ne connais pas tout, Jeanne.
Je ne voulais encore rien révéler à Pierre. Je lui demandai, faussement indifférente :
– Et... qu'est-ce que tu en penses, de cette musique ? Qu'est-ce que ça vaut ?
Il hocha la tête, comme pour peser ses mots.
– C'est superbe. C'est attachant et fort. Ça me touche beaucoup.

Christian GRENIER, *Le Pianiste sans visage*, © Rageot, Cascade pluriel, 1995.

b. Ce troisième extrait est la suite du premier. Écrivez la même scène en changeant de narrateur, et en veillant à faire varier les paroles rapportés.

Extrait 3. Alors, Jeanne fouilla dans son sac et en sortit trois kilos de partitions. Un vrai numéro d'illusionniste. Mais je vis bien que c'étaient des photocopies. [...]

– Où as-tu trouvé ça ?

– Dans les cantines. Quatre coffrets ne contenaient pas de disques, mais des partitions.

– Es-tu sûre que c'est ton père qui...

– Oui. Ma mère a reconnu l'écriture. De plus, elles sont signées. Chaque partition comporte une date et le nom d'une ville en guise de titre. Une ville dans laquelle mon père s'est rendu, peu de temps avant de composer le morceau correspondant.

– Comment peux-tu le savoir ?

– Grâce à ses disques. Au dos figurent la date et le lieu d'enregistrement. Tu verras, les recoupements sont faciles.

Elle semblait émue. La lèvre inférieure de sa bouche entrouverte tremblait délicatement. Pour l'apaiser, j'ai cherché mes mots les plus beaux.

– Ton père... je crois que c'était un grand compositeur, Jeanne.

Christian GRENIER, *La Fille de 3e B*,
© Rageot, Cascade pluriel, 1995.

8 À partir du dialogue de l'interrogatoire ci-dessous, écrivez le récit des événements.

Interrogatoire

– À quelle heure ce jour-là passa l'autobus de la ligne S de midi 23, direction porte de Champerret ?

– À midi 38.

– Y avait-il beaucoup de monde dans l'autobus de la ligne S sus-désigné ?

– Des flopées.

– Qu'y remarquâtes-vous de particulier ?

– Un particulier qui avait un très long cou et une tresse autour de son chapeau.

– Son comportement était-il aussi singulier que sa mise et son anatomie ?

– Tout d'abord non ; il était normal, mais il finit par s'avérer être celui d'un cyclothymique paranoïaque légèrement hypotendu dans un état d'irritabilité hypergastrique.

– Comment cela se traduisit-il ?

– Le particulier en question interpella son voisin sur un ton pleurnichard en lui demandant s'il ne faisait pas exprès de lui marcher sur les pieds chaque fois qu'il montait ou descendait des voyageurs.

– Ce reproche était-il fondé ?

– Je l'ignore.

– Comment se termina cet incident ?

– Par la fuite précipitée du jeune homme qui alla occuper une place libre.

– Cet incident eut-il un rebondissement ?

– Moins de deux heures plus tard.

– En quoi consista ce rebondissement ?

– En la réapparition de cet individu sur mon chemin.

– Où et comment le revîtes-vous ?

– En passant en autobus devant la Cour de Rome.

– Qu'y faisait-il ?

– Il prenait une consultation d'élégance.

Raymond QUENEAU, *Exercices de style*,
© Gallimard, NRF, 1947, coll. Folio, 1979.

9 Imaginez qu'à peine sorti de l'hôpital, George Walter Appelby est interrogé par un journaliste. Écrivez cette interview, sur le modèle de l'interrogatoire de Raymond Queneau (exercice 8).

George Walter Appelby attendait un matin l'autobus qui devait l'emmener à son bureau, quand il se sentit brusquement projeté vers le haut. Une fuite de gaz avait provoqué une explosion dans les égouts et George Appelby se trouvait sur une plaque d'égout qui fut projetée en l'air. Il retomba précisément dans l'orifice, pataugea un instant, parvint à en sortir tout boueux et contusionné et se retrouva un peu plus loin sur le trottoir. Une deuxième plaque d'égout explosa encore plus violemment que la première et projeta George Appelby sur le toit d'une maison voisine. Il s'y accrocha à une antenne de télévision et refusa d'obéir aux injonctions des pompiers qui lui demandaient de descendre. On l'arracha de force et on ne put le séparer de l'antenne qu'à l'hôpital, en l'anesthésiant.

Guy BECHTEL et Jean-Claude CARRIÈRE, *Le Livre des bizarres*,
© Robert Laffont, Bouquins, 1991.

Chapitre 10

GRAMMAIRE

Le discours rapporté (2)

OBSERVATION

Soir de paie

Janvier 1869. Gervaise, une blanchisseuse, a sombré dans la déchéance. Au milieu des fêtards, à demi morte de froid et de faim, elle s'apprête à rejoindre les malheureuses qui se prostituent.

Chez les marchands de vin, des pochards s'installaient déjà, gueulant et gesticulant. Et un bruit du tonnerre de Dieu montait des voix glapissantes, des voix grasses, au milieu du continuel roulement des pieds sur le trottoir. « Dis donc ! viens-tu becqueter ?.... Arrive, clampin[1] ! je paie un canon de la bouteille... Tiens ! v'la Pauline ! ah bien ! non, on va rien se tordre ! » Les portes battaient, lâchant des odeurs de vin et des bouffées de cornet à pistons. On faisait la queue devant l'Assommoir[2] du père Colombe, allumé comme une cathédrale pour une grand-messe ; et, nom de Dieu ! on aurait dit une vraie cérémonie, car les bons zigs chantaient là-dedans avec des mines de chantres[3] au lutrin[4], les joues enflées, le bedon arrondi. On célébrait la sainte-touche, quoi ! une sainte bien aimable, qui doit tenir la caisse au paradis . Seulement, à voir avec quel entrain ça débutait, les petits rentiers, promenant leurs épouses, répétaient en hochant la tête qu'il y aurait bigrement des hommes soûls dans Paris, cette nuit-là.

Plantée devant l'Assommoir, Gervaise songeait. Si elle avait eu deux sous, elle serait entrée boire la goutte. Peut-être qu'une goutte lui aurait coupé la faim. Ah ! elle en avait bu des gouttes ! Ça lui semblait bien bon tout de même . Et, de loin, elle contemplait la machine à soûler, en sentant que son malheur venait de là, et en faisant le rêve de s'achever avec de l'eau-de-vie, le jour où elle aurait de quoi. Mais un frisson lui passa dans les cheveux, elle vit que la nuit était noire. Allons, la bonne heure arrivait. C'était l'instant d'avoir du cœur et de se montrer gentille, si elle ne voulait pas crever au milieu de l'allégresse générale.

Émile ZOLA, *L'Assommoir.*

1. Clampin : (fam., vieilli.) *paresseux, fainéant.*
2. Assommoir : (vx. fam.) *cabaret où les consommateurs s'assomment d'alcool.*
3. Chantre : *chanteur dans un service religieux.*
4. Lutrin : *pupitre sur lequel on met les livres de chant, pour les offices religieux.*

Questions

→ **1.** Repérez les paroles citées directement. Qui les prononce ? Commentez le vocabulaire, la prononciation, le type des phrases employées.

→ **2.** Comment sont rapportées les paroles des petits rentiers ? Quel jugement traduisent-elles ?

→ **3.** Mettez les passages en bleu au discours indirect en inventant une expression introductrice : qui parle ? Quels changements apportez-vous dans le vocabulaire ? Les phrases obtenues gardent-elles la spontanéité du texte original ?

→ **4.** Transposez les groupes en rose au discours direct en faisant parler le personnage, puis au discours indirect. Laquelle des trois formules est la mieux adaptée pour restituer le rythme de la pensée de l'héroïne ?

LEÇON

1. Le discours indirect libre

Comme le discours indirect (voir chapitre 9), le discours indirect libre est une des formes du discours transposé.

● Définition

Dans un texte, des paroles peuvent être insérées sans marque explicite : il n'y a ni verbe introducteur, ni ponctuation particulière. C'est au lecteur de repérer la trace de paroles prononcées et de les attribuer à tel ou tel personnage. On appelle **discours indirect libre** cette manière d'insérer des paroles dans un texte sans marque explicite. Les paroles sont **presque totalement intégrées à la narration.**

● Les procédés grammaticaux

■ Les paroles transposées au discours indirect libre sont présentées dans une phrase juxtaposée à la phrase de récit qui la précède (soulignée ici) **sans marque de subordination, sans verbe déclaratif :**

→ *On faisait la queue devant l'Assommoir du père Colombe, allumé comme une cathédrale pour une grand-messe* ; ***et, nom de Dieu ! on aurait dit une vraie cérémonie.***

■ Les paroles citées contiennent souvent **un vocabulaire propre au personnage** et non au narrateur :

→ *Si elle avait eu deux sous, elle serait entrée **boire la goutte.***

■ Dans le discours indirect libre, les pronoms personnels, les possessifs et les marqueurs de temps et d'espace appartiennent au **système du récit :**

→ *Les Grégoire chargeaient Cécile de leurs aumônes. […] Cela rentrait dans leur idée d'une belle éducation. Ainsi, **ils ne donnaient jamais d'argent, jamais ! pas dix sous, pas deux sous, car c'était un fait connu, dès qu'un pauvre avait deux sous, il les buvait.** Leurs aumônes étaient donc toujours en nature.* (Émile Zola, *Germinal*)

■ Les temps de conjugaison suivent la **concordance des temps** (voir chapitre 13) :

→ *Gervaise **songe**… Ah ! elle en **a bu** des gouttes !*
→ *Gervaise **songeait**… Ah ! elle en **avait bu** des gouttes !*

■ Le mode impératif se transpose au subjonctif présent :

→ *Il se pencha vers moi. Avais-je une cartouche de stylo de rechange ? **Que** je la lui **passe.***

● Le contenu des paroles rapportées

Le discours indirect libre offre des possibilités d'expression plus riches que le discours indirect. Il peut comporter tous les éléments qui caractérisent le discours direct :

■ des apostrophes :

→ *Elle la prit sur ses genoux. **Mademoiselle** n'était pas sage, quoi qu'elle eût sept ans bientôt.* (Flaubert, *L'Éducation sentimentale*) ; au discours direct : « Mademoiselle, vous n'êtes pas sage. »

- des exclamations, des interrogations :

→ *Peut-être qu'une goutte lui aurait coupé la faim ? Ah ! elle en avait bu des gouttes !*

- des expressions familières, de l'argot, des mots étrangers, des marques d'accent, de patois :

→ *Ainsi, lui se faisait fort, s'il s'en occupait, d'amener la Compagnie à des conditions meilleures : au lieu que,* ***va te faire fiche !*** *on y crèverait tous, en s'obstinant.* (Émile Zola, *Germinal*)

● Les effets de style

- Le discours indirect libre existe depuis le Moyen Âge. Il est fréquent dans les *Fables* de La Fontaine, et a été plus systématiquement utilisé dans la littérature romanesque du XIXe siècle. Il se rencontre également à l'oral.

- C'est une forme très souple qui supprime les marques de subordination du discours indirect en évitant la répétition de *que* en cascade.

- Le discours indirect libre, aussi spontané que le discours direct, permet de reproduire différents registres de langue et toutes les formes de la subjectivité, en atténuant la brutalité des paroles directes.

- Il permet également de reproduire les **pensées** d'un personnage par un **monologue intérieur** inséré dans le récit :

→ *Elle abandonna la musique. Pourquoi jouer ? Qui l'entendrait ? Puisqu'elle ne pourrait jamais, en robe de velours à manches courtes, sur un piano d'Erard, [...] sentir, comme une brise, circuler autour d'elle un murmure d'extase, ce n'était point la peine de s'ennuyer à étudier.* (Gustave Flaubert, *Madame Bovary*)

2. Le discours raconté

Le récit peut parfois rapporter des paroles échangées sans en donner le contenu exact, **en les résumant.** L'essentiel est traduit par un verbe qui implique une trace de parole, ou par un nom qui offre les mêmes caractéristiques :

→ *Le Président* ***s'excusa, demanda pardon.*** *L'homme* ***nie.*** *Il a fait une longue* ***déclaration.***

Cette forme est un **discours raconté.** Le narrateur ne garde que l'essentiel du message et l'intègre totalement dans le récit.

3. La citation

● Certains textes portent la marque d'un mot ou d'une expression que l'émetteur ne veut pas reprendre à son compte, et dont il laisse la responsabilité à un autre émetteur, généralement désigné dans le texte :

→ *Aussitôt qu'elle fut reconnue, des chuchotements coururent parmi les femmes honnêtes, et les mots de « prostituée », de « honte publique » furent chuchotés si haut qu'elle leva la tête.* (Maupassant, *Boule-de-Suif*)

● L'émetteur signale qu'il parle avec les mots d'un autre par **l'emploi des guillemets.** Cet effet est fréquent chez les journalistes, ou lorsque l'émetteur, insérant un mot familier, prévient le lecteur qu'il ne doit pas le lui imputer.

Tableau récapitulatif

	Les marques caractéristiques du discours dans les textes				
	verbe introducteur	**marque de subordination**	**personnes**	**signes de ponctuation**	**système d'énonciation**
discours direct	verbe déclaratif : *dire, s'écrier...* ou autre	Ø	marques d'énonciation : *je-tu, ici, maintenant*	- deux points : - guillemets « » - tirets –	discours
discours indirect	- verbe déclaratif : *dire, s'écrier...* - verbe d'opinion : *croire, penser* (monologue intérieur) - verbe d'ordre ou d'interrogation	- conjonction de subordination : *que* ; - mots interrogatifs : *si, comment, pourquoi...*	marques spatio-temporelles : *il, là-bas, la veille...*	Ø	récit
discours indirect libre	présent ou non	Ø	*il, là-bas, la veille...*	Ø	récit
discours raconté	verbe de parole	Ø	*il, là-bas, la veille...*	Ø	récit
citation	Ø	Ø	Ø	guillemets	récit

Pour l'expression écrite

■ Le discours indirect libre permet des effets très subtils. Dans le passage cité, Zola fait entendre trois voix de personnages : celle des ouvriers et celle de l'héroïne, marquées par l'emploi du vocabulaire populaire, sont rapportées par le discours direct et le discours indirect libre. Leur vision de la fête est positive ; la voix des petits rentiers, rapportée au discours indirect, désapprouve, au contraire, la débauche.

■ Enfin, la voix du narrateur se mêle à celle des personnages dans les passages de récit. C'est lui qui compare l'Assommoir à une église : « *allumé comme une cathédrale pour une grand-messe* ». Le narrateur semble avoir ici une certaine sympathie pour Gervaise et les ouvriers.

■ Mais il emploie également, pour les désigner, un vocabulaire péjoratif : « *des pochards, gueulant et gesticulant* ». La voix du narrateur se rapproche alors de celle des bourgeois qui critiquent les ouvriers. Les différents discours marquent l'ambivalence du narrateur par rapport à ses personnages.

RÉSUMÉ

1. Le discours indirect libre permet d'insérer des paroles dans un texte **sans marque explicite** : ni verbe introducteur, ni ponctuation particulière. Les marques de temps et de personnes sont celles du texte de base, comme dans le discours indirect.

2. Le discours indirect libre peut, comme le discours direct, contenir des éléments subjectifs : des interjections, des apostrophes, des phrases interrogatives ou exclamatives, des expressions familières.

3. Le discours raconté réduit les paroles rapportées à leur contenu afin de les intégrer totalement au récit.

4. La citation permet à l'émetteur de prendre ses distances avec un mot ou une expression dont il laisse la responsabilité à quelqu'un d'autre.

EXERCICES

Identifier

1 Repérez, dans cette demande en mariage, le discours direct et le discours indirect libre.

Octave Mouret, directeur du grand magasin « Au Bonheur des Dames », s'est épris de Denise, une employée, et la demande en mariage.

Elle continuait de se défendre par des paroles entrecoupées. N'avait-elle pas trop souffert déjà des commérages de la maison ? Voulait-il donc qu'elle passât aux yeux des autres et à ses propres yeux pour une gueuse ? Non, non, elle aurait de la force, elle l'empêcherait bien de faire une telle sottise. Lui, torturé, l'écoutait, répétait avec passion :
– Je veux... je veux...
– Non, c'est impossible... Et mes frères ? J'ai juré de ne point me marier, je ne puis vous apporter deux enfants, n'est-ce pas ?
– Ils seront aussi mes frères... Dites oui, Denise.
– Non, non, oh ! laissez-moi, vous me torturez ! Peu à peu, il défaillait, ce dernier obstacle le rendait fou. Eh quoi ! même à ce prix, elle se refusait encore ! Au loin, il entendait la clameur de ses trois mille employés, remuant à pleins bras sa royale fortune. Et ce million imbécile qui était là ! il en souffrait comme d'une ironie, il l'aurait poussé à la rue.
– Partez donc ! cria-t-il dans un flot de larmes. Allez retrouver celui que vous aimez... C'est la raison, n'est-ce pas ? Vous m'aviez prévenu, je devrais le savoir et ne pas vous tourmenter davantage.
Elle était restée saisie, devant la violence de ce désespoir. Son cœur éclatait. Alors, avec une impétuosité d'enfant, elle se jeta à son cou, sanglota elle aussi, en bégayant :
– Oh ! monsieur Mouret, c'est vous que j'aime !

Émile ZOLA, *Au Bonheur des Dames.*

2 Repérez dans l'extrait suivant les discours racontés. Pourquoi Flaubert a-t-il choisi de ne pas rapporter précisément les propos tenus par les personnages ?

M. Homais arrivait pendant le dîner. Bonnet grec à la main, il entrait à pas muets pour ne déranger personne et toujours en répétant la même phrase : « Bonsoir la compagnie ! » puis, quand il s'était posé à sa place, contre la table, entre les deux époux, il demandait au médecin des nouvelles de ses malades, et celui-ci le consultait sur la probabilité des honoraires. Ensuite, on causait de ce qu'il y avait dans le journal. Homais, à cette heure-là, le savait presque par cœur ; et il le rapportait intégralement, avec les réflexions du journaliste et toutes les histoires des catastrophes individuelles arrivées en France ou à l'étranger. Mais, le sujet se tarissant, il ne tardait pas à lancer quelques observations sur les mets qu'il voyait. Parfois même, se levant à demi, indiquait délicatement à Madame le morceau le plus tendre, ou, se tournant vers la bonne, lui adressait des conseils pour la manipulation des ragoûts et l'hygiène des assaisonnements ; il parlait arôme, osmazôme, sucs et gélatine d'une façon à éblouir.

Gustave FLAUBERT, *Madame Bovary.*

Transformer

3 a. Replacez les phrases de discours indirect libre aux endroits qui conviennent dans le texte.

b. Quelle remarque pouvez-vous faire sur les types de ces phrases : déclaratif, interrogatif, exclamatif ? Qu'apportent-elles au récit ?

1. Ah, vraiment, quel curieux monde que celui de l'enfance, fait de rêves et d'illusions !

2. N'avait-il pas une mauvaise influence sur cet enfant trop irréaliste, et sa sœur avait sans doute raison de se méfier de sa passion pour le cinéma.

3. Mais était-il aussi innocent qu'il le paraissait ?

4. Quelle sorte d'apprentissage de la vie lui avait-il donc fait faire ?

5. Quelles incroyables facultés avaient donc les enfants pour se défendre des agressions de la vie !

Texte à compléter

Sans l'interrompre, Charlie avait écouté son neveu lui raconter son rêve. Il savait que Martin refusait de croire au crime, il découvrait maintenant comment à travers ce rêve il l'avait transformé en une grotesque mascarade. Charlie admirait le petit garçon qui expliquait innocemment qu'un meurtre pouvait n'être qu'un jeu, une partie de cache-cache entre réel et fiction. Pour lui, la vie ressemblait à une farce dont il fallait s'amuser.
Charlie se demandait s'il avait bien fait de lui mettre en tête toutes ces histoires de policiers et de crimes.
[...]
Charlie, troublé par l'attitude de l'enfant, s'interrogeait sur son rôle d'éducateur.

d'après Amélie RANGÉ, *L'ice-cream était presque parfait,*
© Milan, Zanzibar, 1987.

4 Repérez dans ce texte le discours indirect libre, puis transformez les paroles du père au discours direct. Quels changements avez-vous effectués ?

Le soir, au dîner, le père d'Eusébio Ménégon s'emporta.
Il n'était pas content de son fils, de ses résultats scolaires, de son attitude à la maison, pas content de le voir rentrer si tard alors qu'on ne savait même pas où il traînait ! Si Eusébio passait son temps à fainéanter, c'était son affaire, mais il ne fallait pas espérer que lui, son père, continue à le nourrir à ne rien faire. Perdre son temps au centre commercial ne lui donnerait pas un métier. Lui, son père, avait commencé à travailler à douze ans et il ne s'en sortait pas plus mal pour autant. Si l'école ne servait qu'à apporter de mauvaises fréquentations, il allait l'en retirer bien vite, règlement ou pas.
Mme Ménégon approuvait.

Alain WAGNEUR et Pierrette FLEUTIAUX, *La Maison des voyages*, © Gallimard, Page Blanche, 1997.

5 Retrouvez le texte de Guy de Maupassant en transposant le discours direct au discours indirect libre. Vous veillerez à transformer les pronoms et les déterminants possessifs ainsi que les temps verbaux.

Et elle se mit à rêver d'amour. L'amour ! Il l'emplissait depuis deux années de l'anxiété croissante de son approche. Maintenant elle était libre d'aimer ; elle n'avait plus qu'à le rencontrer, lui !
Comment serait-il ? Elle ne le savait pas au juste et ne se le demandait même pas. Il serait lui, voilà tout. Elle savait seulement qu'elle l'adorerait de toute son âme et qu'il la chérirait de toute sa force. Elle pensait : « Nous nous promènerons par les soirs pareils à celui-ci, sous la cendre lumineuse qui tombe des étoiles. Nous irons, les mains dans les mains, serrés l'un contre l'autre, entendant battre nos cœurs, sentant la chaleur de nos épaules, mêlant notre amour à la simplicité suave des nuits d'été, tellement unis que nous pénétrerons aisément, par la seule puissance de notre tendresse, jusqu'à nos plus secrètes pensées. Et cela continuera indéfiniment, dans la sérénité d'une affection indescriptible. »
Et il lui sembla soudain qu'elle le sentait là, contre elle.

d'après Guy de MAUPASSANT, *Une vie*.

Employer

6 Imaginez la suite de ce texte en veillant à y insérer des paroles rapportées au discours direct.

Hondo resta pétrifié. L'homme le désignait du doigt.
– Viens ici, mon garçon !
Il lui faisait signe avec un faux sourire. Hondo se sauva du balcon et referma la fenêtre. Il vit l'homme se précipiter et sortir de la pièce. Hondo sentait son cœur s'affoler… Respire ! Respire fort ! Essaye de réfléchir… À la radio le speaker annonçait : « Au quatrième top, il sera exactement : vingt deux heures zéro minute, zéro seconde… » Et son père qui ne rentrait pas ! « Chers auditeurs, veuillez écouter notre journal d'information de ce vendredi 15 février 1960… » Hondo vit l'homme en blouse grise qui débouchait en bas de chez lui. Il traversa la rue et entra dans l'immeuble de Hondo… Barricade-toi ! Il ne pourra pas entrer. Il peut enfoncer la porte, il est fort. Va chez la voisine du sixième. Monte sur le toit. Tu sais ouvrir le vasistas. Hondo noua les lacets de ses baskets. Un triple nœud. Il sortit sur le palier. Le pas de l'homme résonnait dans l'escalier. Il était déjà au deuxième.

Daniel PICOULY, *Cauchemar pirate*, © Flammarion, Castor Poche, 1996.

7 a. Repérez dans cette conversation les passages de discours raconté et de discours indirect libre.

b. Récrivez-les au discours direct en imaginant les propos des personnages.

– Ellis conte qu'il y a une chasse admirable en Corse, dit le colonel, déjeunant en tête à tête avec sa fille ; si ce n'était pas si loin, j'aimerais à y passer une quinzaine.
– Eh bien, répondit Miss Lydia, pourquoi n'irions-nous pas en Corse ?
C'était peut-être la première fois qu'un désir manifesté par le colonel eût obtenu l'approbation de sa fille. Enchanté de cette rencontre inattendue, il eut pourtant le bon sens de faire quelques objections pour irriter l'heureux caprice de Miss Lydia. En vain il parla de la sauvagerie du pays et de la difficulté pour une femme d'y voyager : elle ne craignait rien ; elle aimait par-dessus tout à voyager à cheval ; elle se faisait une fête de coucher au bivouac ; elle menaçait d'aller en Asie Mineure. Bref, elle avait réponse à tout, car jamais Anglaise n'avait été en Corse ; donc elle devait y aller.

Prosper MÉRIMÉE, *Colomba*.

ORTHOGRAPHE

Le passé du subjonctif

OBJECTIF

Reconnaître le passé du subjonctif et maîtriser son emploi.

OBSERVATION

1 LES TAGS : Enfin, apprenez que, et bien que cette forme d'expression soit venue des États-Unis, les Français qui la pratiquent ont su la développer et lui donner un style caractéristique et reconnu au sein de l'internationale des *aerosol artists.* (David Dufresne)

2 LE PYTHON : Je ne veux pas qu'on s'imagine pourtant que j'ai pris un reptile universellement réprouvé et rejeté pour me protéger. Je l'ai fait pour avoir quelqu'un... (Émile Ajar)

3 L'ANNIVERSAIRE : Il l'attira vers lui et l'embrassa près des cheveux. Elle sentait bon.
– Mais ce n'est pas mon anniversaire ! protesta Isis, c'est celui de Dupont !...
– Où est Dupont, que je le congratule !... (Boris Vian)

4 LE VOISIN : Je fis, au bout de quelques jours, la connaissance d'un de mes voisins, un homme de trente à quarante ans, qui était bien le type le plus curieux que j'eusse jamais vu. (Guy de Maupassant)

5 LA GUERRE : Ils sont jaloux de nous et craignent que, si nous y allons, la guerre soit terminée sans eux. (Jérôme et Jean Tharaud)

6 LA BEAUTÉ : Elle était d'une telle beauté qu'on pouvait s'étonner que cette beauté ne l'eût pas classée plus haut, et qu'elle n'eût pas trouvé un amateur qui l'eût sauvée de l'abjection de la rue. (Jules Barbey d'Aurevilly)

Questions

→ **1.** Donnez le mode et le temps des formes soulignées.

→ **2.** Remplacez le verbe *congratuler* par *applaudir* et justifiez le mode que vous employez.

→ **3.** Mettez la proposition en vert au subjonctif et expliquez le changement de sens que cette transformation apporte.

→ **4.** À quel autre temps pourrait-on mettre les formes verbales en rose sans changer le sens des phrases ? À quelle personne une confusion est-elle possible ?

LEÇON

1. Formation du subjonctif passé

● Le subjonctif passé est composé de l'**auxiliaire *être* ou *avoir* au présent du subjonctif** auquel on adjoint le **participe passé** du verbe.

● Rappel : le subjonctif présent des auxiliaires
– être : **que je sois, que tu sois, qu'il soit, que nous soyons, que vous soyez, qu'ils soient ;**
– avoir : **que j'aie, que tu aies, qu'il ait, que nous ayons, que vous ayez, qu'ils aient.**

2. Emploi du subjonctif passé

● Le **subjonctif passé** présente une action comme **accomplie.** C'est la raison pour laquelle, dans les propositions indépendantes ou principales, on l'utilise moins habituellement que le subjonctif présent pour exprimer un ordre, modalité qui évoque une action postérieure au moment de la parole.

● Dans les propositions indépendantes ou principales, le subjonctif passé peut en revanche exprimer :

■ la **surprise** ou l'**indignation :**

→ *Qu'on **ait osé** me parler sur ce ton ! Quel scandale !*

■ le **souhait :**

→ *Pourvu qu'elle **ait pris** son parapluie !*

● Dans les propositions subordonnées, le subjonctif passé s'utilise :

■ après un mot exprimant **diverses modalités** comme **la crainte, le souhait, le regret, le doute, l'obligation... :**

→ *Je **regrette** que vous n'**ayez pu** vous joindre à nous.*

■ quand l'action est présentée comme **accomplie** par rapport à un repère de temps précisé par le contexte :

→ *Il faut/il faudra qu'ils **aient terminé** avant cinq heures.*

■ **à la place du plus-que-parfait,** réservé à un registre de langue soutenu :

→ *Il fallait qu'ils **aient terminé** avant cinq heures* (plus fréquent que : *il fallait qu'ils eussent terminé...*).

■ On notera sa fréquence pour exprimer la **restriction liée à un superlatif :**

→ *C'est le plus beau musée que **j'aie visité** (= que **j'ai pu** visiter).*

■ À la **forme négative** et dans les **phrases interrogatives,** certains verbes comme ***penser, croire...*** peuvent être suivis du subjonctif. Dans ce cas, le subjonctif met l'accent sur l'**éventualité** de l'action :

*Je ne pense pas qu'il **soit venu** aujourd'hui. Croyez-vous qu'il **soit venu** aujourd'hui ?* (≠ *qu'il est venu.* Le subjonctif n'est pas obligatoire, mais il vient renforcer l'éventualité exprimée par la négation ou par l'interrogation .)

QUELLE CLÉ UTILISER ?

Clé de la substitution

1 Faites un tableau comparatif du présent de l'indicatif et du subjonctif des auxiliaires *avoir* et *être* à toutes les personnes d'après le modèle suivant. Dites ensuite quelles personnes ne présentent aucun risque de confusion.

	avoir		être	
	Ind. présent	Subj. présent	Ind. présent	Subj. présent
Personne				

■ Quand on hésite entre deux formes verbales homophoniques comme *j'ai grandi* et *(que) j'aie grandi*, il suffit de **remplacer la personne par une autre personne qui permet une distinction orale entre l'indicatif et le subjonctif :** *Nous avons grandi* → *(que) vous ayez grandi.*

■ On évitera de recourir à des personnes qui présentent un risque de confusion entre *avoir* et *être* : *tu aies/tu es, il ait/il est.*

Clé de la place

2 Remplacez l'infinitif entre parenthèses par la forme qui convient.

1. Il va se mettre à pleuvoir avant que j'(avoir) fini de laver la voiture.
2. Il faut bonne mémoire après qu'on (avoir) menti. (Corneille)

■ On rencontre le subjonctif après les conjonctions ou les locutions conjonctives suivantes :

but : pour que..., afin que... **cause :** non que..., soit que... **conséquence :** sans que	**concession :** bien que..., quoique... **condition :** pourvu que..., à moins que..., pour peu que... **temps :** avant que..., jusqu'à ce que..., en attendant que...

Clé de l'analyse

3 Quelle différence de sens voyez-vous entre les phrases suivantes ?

1. Il déguise toujours un peu la vérité de sorte qu'on ne le croit pas.
2. Il déguise toujours un peu la vérité de sorte qu'on ne le croie pas.

■ La conjonction *que* et quelques locutions conjonctives comme *de (telle) sorte que..., sinon que..., de ce que...*, peuvent être suivies de l'indicatif ou du subjonctif. **L'indicatif traduit une simple constatation des faits** tandis que **le subjonctif marque une volonté, une intention.**

EXERCICES

1 Donnez la 1re personne du singulier de l'indicatif passé composé et du subjonctif passé des dix verbes suivants.

grandir – vivre – mourir – réussir – tomber – acquérir – discuter – souffrir – revêtir – répondre.

2 Remplacez l'infinitif entre parenthèses par le subjonctif passé.

1. Elle restera dans sa chambre au pain et à l'eau jusqu'à ce qu'elle (satisfaire) son père. (H. de Balzac)
2. Je doute même que ces légères modifications dans leur existence commune lui (procurer) un réel plaisir. (P. Besson)
3. Puis elle respira largement, apaisée, bien que le froid, sournois, (commencer) à cerner ses tempes. (C. Pujade-Renaud)
4. Quoi qu'elle (pouvoir) faire, je ne la mangerai point. (H. de Balzac)
5. Elle avait pris une chaise et s'était assise avant qu'aucun des deux hommes (avoir) le temps de l'en empêcher. (W. Gibson)

3 Même exercice.

1. L'atmosphère n'était vraiment pas agréable... Ce n'est pas que chez nous elle (être) gaie ou d'une exquise urbanité. (A. Goes)
2. Peu importe que cette débâcle initiale (frayer) le chemin qui nous a menés ici avec eux. (W. Gibson)
3. La première qui se permettait de le faire était la femme la plus séduisante qu'il (rencontrer) jamais. (B. Clavel)
4. Une odeur à vomir lui parvient par bouffées, bien qu'il (bourrer) depuis la veille ses narines de feuilles de menthe. (A. Chedid)

4 Choisissez entre *(j')ai* et *(j')aie*. Justifiez votre choix.

1. Vous auriez dû m'épargner en ce moment, monsieur, moi qui ne vous (ai/aie) jamais causé de chagrin. (H. de Balzac)
2. Un des premiers plaisirs que j'(ai/aie) goûtés était de lutter contre les orages. (Chateaubriand)
3. Il attendit que j'(ai/aie) fini de grogner. (W. Gibson)
4. Je suis attaché à mes arbres ; je leur (ai/aie) adressé des élégies, des sonnets, des odes. Il n'y a pas un seul d'entre eux que je n'(ai/aie) soigné de mes propres mains, que je n'(ai/aie) délivré du ver attaché à sa racine, de la chenille collée à sa feuille. (Chateaubriand)
5. Toute la journée d'aujourd'hui, j'(ai/aie) regardé un petit hélicoptère dessiner une trame serrée au-dessus de ma contrée. (W. Gibson)

5 Parmi les formes entre parenthèses, choisissez celle qui convient.

1. C'est moi qui (ai/aie/ait) découvert la loi des évolutions des âmes, c'est moi qui (ai/aie/ait) sondé les destinées des hommes. (G. de Maupassant)
2. Il aurait mieux valu que tu ne l'(ai/aie/aies) pas retrouvé. (A. Chedid)
3. Je crois bien que c'est le plus grand tigre que j'(ai/aie) jamais vu. (J.M. Cain)
4. J'(ai/aie) été dans les plus cruelles angoisses jusqu'à ce que j'(ai/aie) été assurée de ton évasion. (Madame Roland)

6 Répondez par « vrai » ou « faux ».

1. Le présent et le passé sont actuellement les deux temps les plus utilisés du subjonctif.
2. L'indicatif exprime généralement le doute, l'incertitude, tandis que le subjonctif traduit la certitude, la réalité.
3. L'imparfait et le plus-que-parfait du subjonctif sont plutôt réservés à un usage littéraire.
4. *Avant que* se construit avec le subjonctif, tandis que *après que* se construit avec l'indicatif.

7 Justifiez le mode des verbes soulignés.

1. Je connais un livre qui a appartenu à une reine.
2. Je ne connais pas de livre qui soit resté sans lecteur.
3. Trouve-moi un livre qui ait appartenu à une reine.
4. J'ai trouvé un livre qu'on n'a jamais ouvert.

8 Transformez les phrases suivantes en faisant passer les groupes de mots soulignés à leur tête.

1. Je n'ai pas d'argent sur moi : quel dommage !
2. Tu as vexé ton voisin, je le crains.
3. Il est maintenant certain qu'elles sont parties sans laisser d'adresse.
4. Le prisonnier s'est évadé sans peine : personne ne s'en étonne.

EXPRESSION ÉCRITE

Faire parler les personnages

OBJECTIF

Peindre les personnages de récit d'après leurs paroles.

OBSERVATION

Invitation chez Son Excellence

Adrien Deume, diplomate à la Société des Nations, à Genève, raconte une invitation à son épouse.

Alors, j'en viens maintenant au point culminant. Imagine-toi que le soir même de mon entrevue donc avec le haut commissaire, je reçois par messager spécial une invitation à déjeuner chez Son Excellence, preuve irréfutable de la bonne impression que j'avais faite. Et invitation pour le lendemain, un dimanche !

[...] Donc le lendemain à treize heures tapantes je me présente au palais, habillé extra. Au gradé du corps de garde, je montre patte blanche, à savoir mon invitation, sur quoi il rectifie la position, me salue impeccablement et me laisse passer. Moi, mine de rien, je vais jusqu'aux marches et là, détail significatif, les deux sentinelles me présentent les armes ! Vous voyez, chère Madame, de quels égards on entoure votre époux ! Ah là là, ce que j'aurais aimé que tu sois là ! Ou que tu fusses, si tu préfères. Après toutes sortes d'escaliers monumentaux et de salles immenses, je suis donc introduit par un aide de camp dans un grandiose salon. Son Excellence se lève lorsque j'entre. Comme je t'ai dit, il est feld-maréchal. His Excellency Field Marshall lord Plummer. Alors *shake hand*, moi m'inclinant un peu, le remerciant de l'honneur *et caetera*, d'un air impassible, enfin jeune diplomate habitué au protocole.

Albert COHEN, *Belle du Seigneur*, © Gallimard, 1968.

Questions

→ **1.** Donnez des exemples de tournures orales qui marquent la spontanéité de l'échange.

→ **2.** Quels registres de langue différents pouvez-vous reconnaître dans ce passage ?

→ **3.** Quels rôles différents le personnage remplit-il ici ?

→ **4.** Comment se voit-il ? Quelle image a-t-il de lui-même ?

→ **5.** Quels traits de caractère du personnage se dessinent ici ?

LEÇON

1. Le rôle du dialogue dans le récit

● Dans un récit, un échange de paroles coupe la monotonie de la narration, la **rythme**, lui donne de la **vraisemblance** : les personnages ne peuvent agir sans parler.

● Le langage du personnage est un moyen privilégié de **lui donner vie**, de **l'identifier** historiquement, géographiquement, socialement, et de **le caractériser** psychologiquement.

● Le dialogue a également pour fonction d'**informer le lecteur** sur de nombreux points : les lieux, l'époque, la durée de l'action ; les faits et gestes des personnages ; leurs sentiments, leurs pensées, leurs opinions ; l'ordre, la durée, la succession, la nature des événements ; la poursuite de l'intrigue.

2. L'écriture du dialogue

L'écriture d'un dialogue est très plaisante, car elle offre une grande liberté de création ; elle nécessite cependant le respect de quelques règles.

● Faciliter la compréhension

Pour faciliter la compréhension du dialogue, il faut donner un certain nombre d'indications :
– sur les gestes, le ton des paroles, la voix, le débit des interlocuteurs ;
– dans une certaine mesure, sur leur caractère, leurs émotions, leurs sentiments, leurs pensées.

● Donner une impression de vérité

■ Pour que le dialogue écrit restitue la vie, la spontanéité, le mouvement du langage oral, on peut :
– utiliser en partie **les traits de la langue orale** : phrases segmentées, expressions d'annonce et de rappel, formes emphatiques, phrases inachevées, coupées par l'interlocuteur ;
– imiter la prononciation, dans une certaine mesure, et en restant clair.
Dans tous les cas, on doit **adapter le registre de langue** à la situation, au milieu géographique et social des personnages.

■ Le dialogue littéraire et journalistique n'est pas un simple enregistrement de la réalité, mais **le résultat d'un travail** : on réduit les répétitions, les hésitations, les phrases inachevées ; on y introduit un vocabulaire plus précis, plus coloré ; les phrases exclamatives, interrogatives, injonctives y prédominent.

● Utiliser les différentes formes de discours rapporté

Chaque forme de discours rapporté (discours direct, discours indirect, discours indirect libre) produit des effets de style :
– le **discours direct** apporte de la vie et de la variété (voir p. 90) ;
– le **discours indirect** implique le narrateur qui transpose, résume, sélectionne les paroles prononcées (voir p. 90-92) ;
– le **discours indirect libre** est une forme mixte qui combine les effets des deux précédents en allégeant les contraintes des liens grammaticaux (voir p. 97-98).

EXERCICES

1 Quel est le registre de langue du passage suivant ? Quelles informations la forme des paroles apporte-t-elle sur les personnages ?

Conversation entre soldats, dans une tranchée, durant la guerre de 1914-1918.

Blaire se fâcha. Ses sourcils se froncèrent sous son front où s'accumulait la noirceur.
– Qu'est-c'que tu m'embêtes, toi ? Et pis après ? C'est la guerre. Et toi, face d'haricot, tu crois p't'être que ça n'te change pas la trompette et les manières, la guerre ? Ben, r'garde-toi, bec de singe, peau d'fesse ! Faut-il qu'un homme soye bête pour sortir des choses comme v'là toi !
Il passa la main sur la couche ténébreuse qui garnissait sa figure et qui, après les pluies de ces jours-ci, se révélait réellement indélébile, et il ajouta :
– Et pis, si j'suis comme je suis, c'est que j'le veux bien. D'abord, j'ai pas d'dents. Le major m'a dit d'puis longtemps : « T'as pus une seule piloche[1]. C'est pas assez. Au prochain repos, qu'il m'a dit, va donc faire un tour à la voiture estomalogique. »
– La voiture tomatologique, corrigea Barque.
– Stomatologique, rectifia Bertrand.
– C'est parce que je l'veux bien que j'y suis pas t'été, continua Blaire, pisque c'est à l'œil.

Henri BARBUSSE, *Le Feu, journal d'une escouade*, 1916, © Flammarion, 1917.

1. Piloche (fam.) : *dent*.

2 Qu'est-ce que le dialogue suivant nous apprend de l'intrigue ? Réutilisez certaines répliques pour transposer ce dialogue dans un autre contexte.

Tarrou et le docteur Rieux discutent des mesures à prendre contre l'épidémie de peste à Oran.

« Dans quinze jours ou un mois, vous ne serez d'aucune utilité ici, vous êtes dépassés par les événements.
– C'est vrai, dit Rieux.
– L'organisation du service sanitaire est mauvaise. Vous manquez d'hommes et de temps. »
Rieux reconnut encore que c'était la vérité.
« J'ai appris que la préfecture envisage une sorte de service civil pour obliger les hommes valides à participer au sauvetage général.
– Vous êtes bien renseigné. Mais le mécontentement est déjà grand et le préfet hésite.
– Pourquoi ne pas demander des volontaires ?
– On l'a fait, mais les résultats ont été maigres.
– On l'a fait par la voie officielle, un peu sans y croire. Ce qui leur manque, c'est l'imagination. Ils ne sont jamais à l'échelle des fléaux. Et les remèdes qu'ils imaginent sont à peine à la hauteur d'un rhume de cerveau. Si nous les laissons faire, ils périront, et nous avec eux.
– C'est probable, dit Rieux »

Albert CAMUS, *La Peste*, © Gallimard, 1947.

3 Relevez des traits de registre familier ou populaire dans cet extrait, puis continuez le dialogue.

Une vieille dame est interrogée au sujet d'un fait divers auquel elle a été mêlée.

« [...] Voilà la chose. J'ai un boucher qui sert bien, mais qui pèse mal. Je m'en ai aperçu souvent sans rien dire, mais comme je lui demandais deux livres de côtelettes, vu que j'aurais ma fille et mon gendre, je m'aperçois qu'il me pèse des os de déchet, des os de côtelettes, c'est vrai, mais pas des miennes. J'aurais pu en faire du ragoût, c'est encore vrai, mais quand je demande des côtelettes, c'est pas pour avoir le déchet des autres. Je refuse donc, alors y me traite de vieux rat, je lui réplique vieux fripon, bref de fil en aiguille, nous nous sommes chamaillés, qu'il y avait plus de cent personnes devant la boutique et qui riaient, qui riaient ! [...]
Moi, depuis, je m'sers ailleurs, et je n'passe même pu'devant la porte, pour éviter des esclandres. »

Guy DE MAUPASSANT, *Bel-Ami* (1885).

4 Dans le passage suivant, relevez des effets comiques dus au mélange des registres de langue, puis continuez le dialogue.

– Que vois-je ! s'écria le roi assis sous son chêne, n'est-ce point là mon bien aimé Auge qui s'avance ?
– Lui-même, sire, répondit le hobereau en s'inclinant bien bas. Mes respects, ajouta-t-il.
– Je suis heureux de te voir en florissante santé, dit le roi. Comment va ta petite famille ?
– Ma femme est morte, sire.
– Tu ne l'as pas tuée, au moins ? Avec toi, on ne sait jamais.
Le roi sourit de sa bénévolente indulgence et la flote[1] qui l'entourait ne l'en admira que plus.
– Et toujours pas d'héritier ? demanda le roi.
– Hélas ! dit le duc. Je n'ai que mes triplées, ce qui est, je vous assure, un calvaire.
– À propos de calvaire, dit le roi, je suis bien heureux de te voir. Nous préparons un nouveau croisement[2] et nous comptons bien que tu te joindras à nous.
– Cela ne me dit pas grand-chose.

Raymond QUENEAU, *Les Fleurs bleues*, © Gallimard, 1965.

1. Flote : *en ancien français, foule.*
2. Croisement : *en ancien français, croisade.*

5 Poursuivez librement le dialogue final.

Un ado moderne

PIERRE-ANTOINE CÔME de Cronenberg était en vacances pour réaliser un vieux rêve : il voulait à tout prix apprendre à piloter un pédalo. Il se trouvait sur les bords du plan d'eau de Reiningue, assis sur l'herbe, occupé à trembler après sa première leçon. Il reprenait souffle en se demandant comment ses deux cuisses, qui avaient l'air parfaitement normales, pouvaient le faire autant souffrir. Il faisait froid et le coin était pratiquement désert. Seuls quelques kayakistes félins esquimautaient sur le plan d'eau, protégés par d'épaisses combinaisons bleues et noires.

Pac regardait ses grands pieds glacés lorsque deux autres pieds, plus petits, vinrent se planter devant lui. Pac n'eut pas à lever les yeux pour savoir à qui il avait affaire. C'était un ado moderne, de ceux qui ont des minuscules mollets musclés-bronzés avec d'énormes chaussures de basket noires au bout dont on se demande comment ils peuvent les soulever. Des copies de Jordan-Air, avec une pompe bidon.

Le môme s'accroupit. Il était basket-prisu jusqu'à la casquette.

– T'es Pac de Cro ? demanda-t-il sur le souffle.

– C'est ce que ma mère dit.

Paul FOURNEL, *Pac de Cro, détective*, © Seuil, coll. Points Virgule, 1997.

6 Insérez des répliques au dialogue direct dans ce récit, en respectant les registres de langue qui sont suggérés dans le texte.

Un jour où, conduisant ma voiture, je tardais une seconde à démarrer au feu vert, pendant que nos patients concitoyens déchaînaient sans délai leurs avertisseurs dans mon dos, je me suis souvenu soudain d'une autre aventure, survenue dans les mêmes circonstances. Une motocyclette conduite par un petit homme sec, portant lorgnons et pantalons de golf, m'avait doublé et s'était installée devant moi, au feu rouge. En stoppant, le petit homme avait calé son moteur et s'évertuait en vain à lui redonner souffle. Au feu vert, je lui demandai, avec mon habituelle politesse, de ranger sa motocyclette pour que je puisse passer. Le petit homme s'énervait encore sur son moteur poussif. Il me répondit donc, selon les règles de la courtoisie parisienne, d'aller me rhabiller. J'insistai, toujours poli, mais avec une légère nuance d'impatience dans la voix. [...] Pendant ce temps, quelques avertisseurs commençaient, derrière moi, de se faire entendre. Avec plus de fermeté, je priai mon interlocuteur d'être poli et de considérer qu'il entravait la circulation. L'irascible personnage, exaspéré sans doute par la mauvaise volonté, devenue évidente, de son moteur, m'informa que si je désirais ce qu'il appelait une dérouillée, il me l'offrirait de grand cœur.

Albert CAMUS, *La Chute*, © Gallimard, 1956.

7 Quelles sont les caractéristiques du personnage qui s'exprime ici ? Continuez librement son monologue.

On parlait surtout le juif et l'arabe entre nous ou alors le français quand il y avait des étrangers ou quand on ne voulait pas être compris, mais à présent Madame Rosa mélangeait toutes les langues de sa vie, et me parlait en polonais qui était sa langue la plus reculée et qui lui revenait car ce qui reste le plus chez les vieux, c'est leur jeunesse. Enfin, sauf pour l'escalier, elle se défendait encore. Mais ce n'était vraiment pas une vie de tous les jours, avec elle, et il fallait même lui faire des piqûres à la fesse. Il était difficile de trouver une infirmière assez jeune pour monter les six étages et aucune n'était assez modique. Je me suis arrangé avec le Mahoute, qui se piquait légalement car il avait le diabète et son état de santé le lui permettait.

Émile AJAR, *La Vie devant soi*, © Mercure de France.

FICHE D'AUTOÉVALUATION

→ **1.** J'ai écrit un dialogue complet et cohérent.

→ **2.** J'ai ponctué le dialogue d'indications sur la source des répliques, le ton, les gestes, les mimiques des personnages.

→ **3.** J'ai caractérisé les personnages socialement, psychologiquement et éventuellement historiquement et géographiquement.

→ **4.** J'ai choisi des registres de langue adaptés à la situation.

→ **5.** J'ai respecté les règles de la ponctuation courante.

EXPRESSION ORALE

Mener un débat

OBJECTIF

Présenter le thème et les thèses qui s'opposent dans un débat d'idées.

OBSERVATION

Être une « vraie femme »

QUINO, *Le Petit Frère de Mafalda*, tome 6, © Glénat, 1996.

Questions

→ **1.** Quel est le thème de la conversation des deux fillettes ? Quelle est l'opinion de Susanita (la fillette blonde) sur ce thème ?

→ **2.** Vignette 1 : Mafalda (la fillette brune) exprime-t-elle son opinion sur ce thème ? Quel est le but de sa réponse ?

→ **3.** Vignette 2 : quelle peut être la position de Susanita sur le rôle des femmes ?

→ **4.** Vignette 3 : l'intervention de Mafalda est-elle pertinente ?

→ **5.** Qui a le dernier mot ? Pourquoi ? Y a-t-il eu un vrai débat entre les deux fillettes ?

LEÇON

• Comment présenter un débat

Pour commencer un débat, vous devez présenter **l'objet de la discussion, les thèses opposées et les personnes qui les défendent.**
Vous pouvez utiliser les formules suivantes :

Pour ou contre... ?
Pour, selon, d'après les uns... ; pour, selon, d'après les autres...
Certains estiment que... ; d'autres pensent, au contraire, affirment que...

Qu'en pensent nos camarades ? nos auditeurs ? nos téléspectateurs ?
Faut-il ou non interdire, autoriser, accepter ?
D'un côté..., de l'autre...
Un débat met aux prises, oppose...

Comment souligner l'opposition des deux points de vue

des noms	• les partisans, les disciples, les tenants, les adeptes, les adhérents, les fidèles, les militants, les prosélytes, les zélateurs *(littéraire)...* • un débat, une controverse, une polémique, une discussion, une confrontation, une diatribe...
des pronoms	ceux qui (soutiennent cette théorie, se rattachent à cette opinion)... ceux qui, au contraire ; les uns..., les autres, à l'opposé ; certains..., d'autres cependant ; ceux-ci..., ceux-là, à l'opposé ; les premiers..., les seconds, en revanche...
des conjonctions	alors que, pendant que, tandis que...
des verbes	soutenir, déclarer, penser, affirmer, estimer, prétendre, avancer/rétorquer, répliquer, réfuter, s'opposer à...

Comment mener efficacement le débat

Présenter le sujet du débat et indiquer les principales étapes que l'on va suivre : *Nous parlerons d'abord..., puis...*

Présenter les intervenants :
– amorcer la présentation et laisser à chacun le soin de la compléter.
– présenter les intervenants en n'oubliant personne et en les regroupant par qualités : témoins, experts, etc.

Distribuer la parole :
– donner la parole à qui la demande : *C'est à vous.../Nous vous écoutons...*
– repérer celui qui a envie d'intervenir (en faisant attention aux gestes, aux expressions des visages, etc.) : *Vous vouliez intervenir...*
– solliciter celui qui ne parle pas : *Et vous... qu'en pensez-vous ?/Vous n'avez encore rien dit...*
– interrompre celui qui parle trop longtemps.

Arbitrer le débat
– accorder à chacun un temps de parole équivalent : *On vous a laissé parler, à votre tour de...*
– faire respecter courtoisie et politesse : *Pardon.../Je vous en prie.../S'il vous plaît...*
– ne pas laisser dire n'importe quoi sur un sujet : *On ne peut pas dire ça./Vos informations sont erronées...*
– ne pas prendre parti pour une cause.

EXERCICES

1 D'après les exemples suivants, dégagez le thème du débat, dites quelles sont les deux thèses opposées et qui peut les défendre.

1. Certains estiment que l'arrivée de l'ordinateur et d'Internet marquent la fin du livre. D'autres pensent, au contraire, que le livre est irremplaçable. Qu'en est-il exactement ?

2. Pour ou contre le fait de diffuser de la musique dans les lieux publics (magasins, ascenseurs, parkings...).

3. L'urbanisme : faut-il détruire les grands ensembles construits dans les années soixante ou les rénover ?

2 Reformulez les titres de journaux suivants par une phrase complète qui introduira le débat.

1. La pollution : rançon du progrès ou ennemi à vaincre ?

2. La mode : phénomène superficiel ou moteur de la vie économique ?

3 Présentez et arbitrez un débat sur l'un des deux sujets suivants, au choix.

1. La suppression de la dictée dans les examens.

2. Faut-il porter des vêtements de marque ?

BILAN

Les discours rapportés

1 4 points

Dans chacun des passages soulignés, quel procédé est employé pour rapporter les propos des personnages ?

[…] Bientôt, il ne resta plus devant l'école qu'un groupe d'une demi-douzaine d'enfants qui parlaient sport. Ayant à se rendre dans des directions différentes, ils retardaient le moment de se séparer. Germaine s'approcha et leur demanda s'ils connaissaient Antoine Buge et s'ils l'avaient vu. Le plus petit, qui devait être de son âge, dit en ôtant sa casquette :

– Buge ? Oui, moi je le connais. Je l'ai vu partir, mais je sais qu'il est sorti avec Frioulat dans les premiers.

Germaine demeura encore une minute et, déçue, revint sur ses pas.

Cependant, de l'autre bout de la rue Paul-Féval, Antoine avait assisté à l'attente de sa mère. Il en avait eu un serrement au cœur et s'était senti coupable. Mieux, au milieu du groupe où il se dissimulait, il s'était demandé à haute voix s'il ne devait pas la rejoindre.

– Fais comme tu veux, avait répondu sèchement Frioulat. On est toujours libre de se dégonfler. Tu ne feras plus partie de la bande, voilà tout.

Vaincu, Antoine était resté. Il n'avait pas envie de passer pour un dégonflé.

Marcel AYMÉ, « Les bottes de sept lieues »,
in *Le Passe-Muraille*, © Gallimard.

2 10 points

Transformez ce passage en un dialogue théâtral. Vous noterez les gestes, attitudes et mouvements des personnages sous forme de didascalies.

Les enfants de la classe de Nicolas sont rassemblés pour une photo.

La maîtresse a dit qu'elle nous donnait un dernier avertissement, après ce serait l'arithmétique, alors on s'est dit qu'il fallait se tenir tranquilles et on a commencé à s'installer. Geoffroy s'est approché du photographe : « C'est quoi, votre appareil ? » il a demandé. Le photographe a souri et il a dit : « C'est une boîte d'où va sortir un petit oiseau, bonhomme. – Il est vieux votre engin, a dit Geoffroy, mon papa il m'en a donné un avec parasoleil, objectif à courte focale, téléobjectif, et bien sûr, des écrans… » Le photographe a paru surpris, il a cessé de sourire et il a dit à Geoffroy de retourner à sa place. « Est-ce que vous avez au moins une cellule photoélectrique ? » a demandé Geoffroy. « Pour la dernière fois, retourne à ta place ! a crié le photographe qui, tout d'un coup, avait l'air très nerveux.

SEMPÉ-GOSCINNY, *Le Petit Nicolas*, © Denoël, 1960.

3 14 points

a. Conjuguez comme il convient les verbes entre parenthèses.

b. Relevez dans la fable ci-dessous deux expressions verbales qui résument des paroles en les intégrant au récit.

Le Pot de terre et le Pot de fer

Le Pot de fer proposa
Au Pot de terre un voyage.
Celui-ci s'en (excuser),
Disant qu'il ferait que sage
De garder le coin du feu ;
Car il lui (falloir) si peu,
Si peu, que la moindre chose
De son débris (être) cause :
Il n'en (revenir) morceau.
« Pour vous, dit-il, dont la peau
(être) plus dure que la mienne,
Je ne vois rien qui vous (tenir).
– Nous vous mettrons à couvert,
Repartit le Pot de fer :
Si quelque matière dure
Vous menace d'aventure,
Entre deux je (passer),
Et du coup vous (sauver). »
Cette offre le (persuader).
Pot de fer son camarade
Se met droit à ses côtés.
Mes gens s'en (aller) à trois pieds,
Clopin-clopant comme ils peuvent,
L'un contre l'autre jetés
Au moindre hoquet qu'ils trouvent.
Le Pot de terre en souffre ; il n'eut pas fait cent pas
Que par son compagnon il fut mis en éclats,
Sans qu'il (avoir) lieu de se plaindre.

Ne nous (associer) qu'avecque nos égaux,
Ou bien il nous faudra craindre
Le destin d'un de ces Pots.

JEAN DE LA FONTAINE, *Fables*, II, livre V.

4 Le verbe dans la phrase

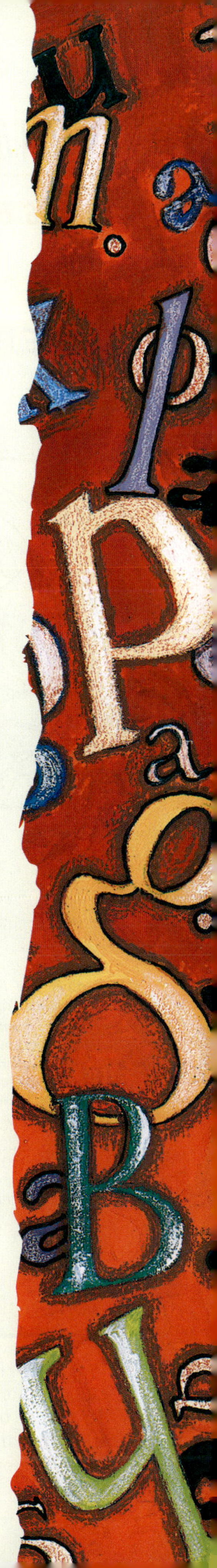

Chapitre 11

GRAMMAIRE

Temps et aspect

OBSERVATION

« On sait que vous êtes des braves… »

Les Croix de bois est un récit de témoignage sur la Première Guerre mondiale. Le narrateur et ses compagnons sont envoyés en première ligne défendre la position du mont Calvaire, ainsi surnommé parce qu'il est l'enfer du secteur. Après une nuit, l'un des soldats entend que les Allemands creusent la colline pour la faire sauter en y posant une mine.

On se coucha. Et l'on dormit. Berthier[1] revint au petit jour ; il avait un air triste, un air soucieux qu'on ne lui connaissait pas et qui nous inquiéta tout de suite. Que savait-il ? Il écouta encore piocher, sans coller son oreille à terre, car les coups, à présent, nous parvenaient plus distincts. Nous nous sentions troublés par un pressentiment vague, une crainte confuse. Berthier releva la tête :

– L'escouade[2] de Bréval, rassemblement.

Il nous regarda tous, de son profond regard de brave homme, puis arrêtant ses yeux sur Bréval seul, qui, depuis sa coupure, portait un pansement autour du cou, comme un faux col, il lui dit :

– Comme vous l'aviez deviné, les Allemands creusent une mine. Le génie[3] va peut-être venir pour faire une sape[4], mais la leur doit être bien trop avancée pour qu'on puisse la couper. Alors… n'est-ce pas… il est inutile que tout le monde reste ici… Vous comprenez bien ça… Alors… c'est votre escouade qui va rester, Bréval : on a tiré au sort. On va relever les deux sections qui vont se porter en deuxième ligne, et vous resterez ici avec votre escouade et des mitrailleurs… Ce n'est pas beaucoup, mais le colonel a confiance en vous, on sait que vous êtes des braves… Et puis on n'a pas d'attaque à craindre puisqu'ils creusent… D'ailleurs, leur mine n'est pas encore près d'être finie, vous n'avez pas à avoir peur… Il n'y a pas de danger, aucun danger… C'est une simple mesure de précaution…

Il commençait à bafouiller, la gorge serrée. Son regard fit encore une fois le tour de l'escouade, cherchant nos yeux à tous. Personne ne dit rien.

Roland DORGELÈS, *Les Croix de bois*, Albin Michel, 1919.

1. Berthier : *le lieutenant qui commande l'opération.*
2. Escouade : *fraction d'une section de fantassins ou d'un peloton de cavaliers sous les ordres d'un caporal ou d'un brigadier (en 1914-1918).*
3. Génie militaire : *art des fortifications.*
4. Sape : *tranchée ou tunnel d'approche pour atteindre un obstacle ennemi, préparer un siège.*

Questions

→ **1.** Parmi les verbes en bleu, classez ceux qui expriment : ce qui va se passer (point de départ) ; ce qui commence à se réaliser ; ce qui est en train de se faire ; ce qui se termine.

→ **2.** Parmi les verbes en rose, lisez en continu tous les verbes au passé simple, puis tous les verbes à l'imparfait. Dans quel cas la succession des actions est-elle marquée ?

LEÇON

1. Le temps du verbe : date et durée

● Un fait ou une action occupe toujours **une certaine durée dans le temps.** Il peut être schématisé par un segment sur un axe :

● Telle qu'elle est exprimée à l'infinitif, l'action de *venir* n'est pas située dans le temps. Pour l'actualiser, il faut établir un point de repère à partir du présent, **maintenant.**
Seul le mode **indicatif** permet d'indiquer le temps, passé, présent ou futur :

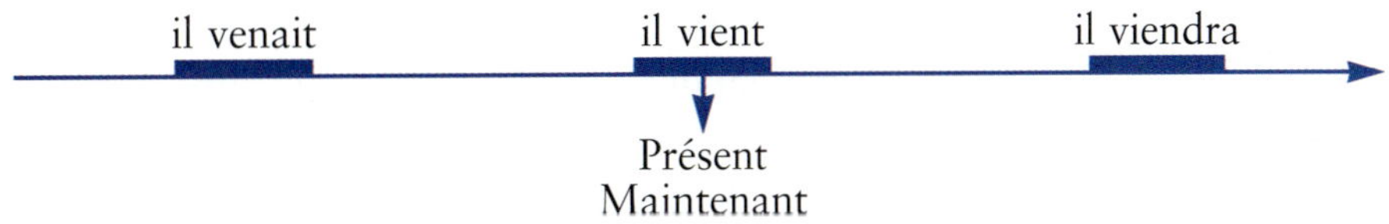

2. L'aspect du verbe

● Deux verbes, conjugués au même temps, à la même personne, et avec le même complément, peuvent présenter des différences :

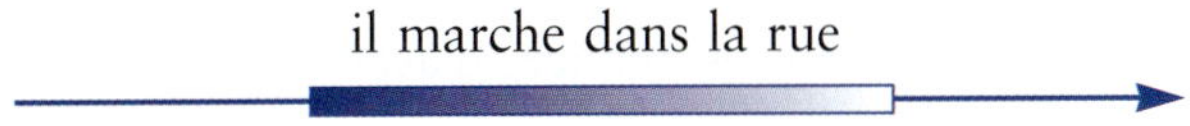

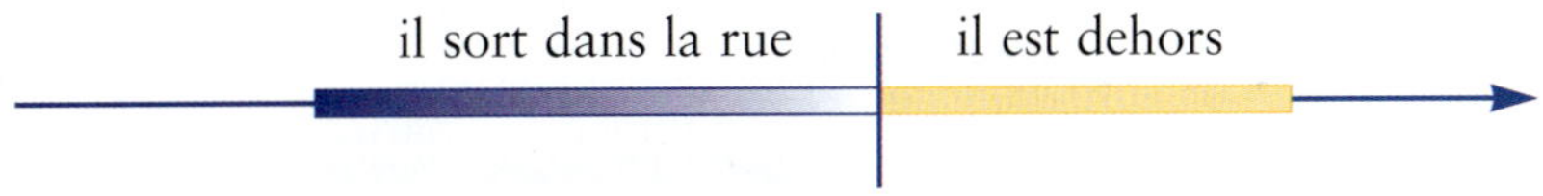

Dans le premier exemple, l'action **n'a pas de limite ;** dans le second exemple, l'action a **une limite finale :** *il est dehors.*
Cette différence est une différence **d'aspect.**

● Définition

■ **L'aspect est la manière dont s'expriment le déroulement, la progression, l'accomplissement du fait ou de l'action.**

■ Les principales oppositions d'aspect sont les suivantes : **accompli/non accompli ; limité/non limité.**

3. Les moyens d'exprimer l'aspect

● Le sens des verbes

■ Certains verbes peuvent être associés à un complément de durée (par exemple *pendant des jours, des mois, des années…*) :

→ *aimer, attendre, vivre, regarder.* Ces verbes ont un sens **non limité, continu.**

■ D'autres verbes ne peuvent être associés à un complément de durée :

→ *naître, mourir, entrer, sortir* ont un sens **limité.**

Des préfixes et des suffixes

■ Dans quelques cas, un **préfixe** peut donner à un verbe un **aspect limité** en marquant **le début de l'action :**

→ *dormir* → *s'**en**dormir ; courir* → *accourir.*

Le préfixe *re-* implique une **répétition :** *rentrer, renvoyer, relire, redire...*

■ Certains **suffixes** de verbes peuvent marquer une **durée** ou une **répétition :**
-oter : *clign**oter**, tap**oter**, trembl**oter** ;*
-ailler : *tir**ailler*** (action discontinue, répétitive).

Des adverbes

Certains adverbes permettent d'exprimer l'aspect :

■ un fait **répété :** *souvent, de nouveau, à nouveau, parfois, de temps en temps, quelquefois ;*

■ un fait **qui dure ou se répète :** *longtemps, toujours, tout le temps, constamment, sans cesse, sans arrêt ;*

■ un fait **sur le point de produire,** imminent : *bientôt, sous peu, incessamment ;*

■ un fait **progressif :** *peu à peu, petit à petit ;*

■ un fait **qui se termine :** *enfin, finalement.*

Les auxiliaires d'aspect

D'autres nuances d'aspect sont exprimées par des verbes auxiliaires :

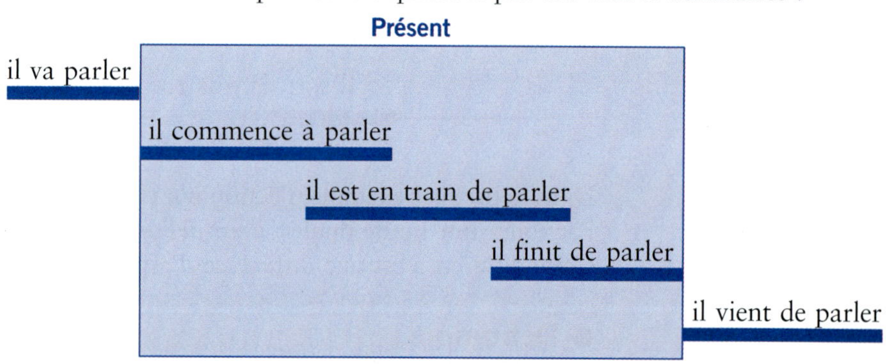

Le point de repère est ici le présent :

■ le **futur proche** est marqué par l'auxiliaire ***aller,*** ou l'expression ***être sur le point de.*** Il donne à la fois une indication de date (le futur) et de proximité ;

■ le **début** est marqué par ***commencer,*** ou ***se mettre à, ne pas tarder à, entreprendre de ;***

■ la **durée** (en cours) est marquée par ***être en train de ;***

■ la **fin** est marquée par ***finir, cesser de, achever de ;***

■ le **passé proche** (aspect récent) est marqué par ***venir de.***

Les temps verbaux

■ **L'opposition accompli/non accompli**

Cette opposition d'aspect est marquée à **tous les modes** par l'opposition entre les **temps composés** et les **temps simples.**

– L'**aspect accompli** est exprimé par les **temps verbaux composés** (*avoir*, ou *être* pour certains verbes, + participe passé) :

→ *Il a parlé et il est parti.*

→ *Il avait parlé et il était parti.*

→ *Il aura parlé et il sera parti.*

– L'**aspect non accompli** est exprimé par les **formes simples** de la conjugaison :

→ *Je parle* (action non accomplie, en cours).

Mode	Non accompli	Accompli
Indicatif	*Il parle* (présent) *Il parlera* (futur) *Il parlait* (imparfait) *Il parlerait* (conditionnel présent)	*Il a parlé* (passé composé) *Il aura parlé* (futur antérieur) *Il avait parlé* (plus-que-parfait) *Il aurait parlé* (conditionnel passé)
Subjonctif	*Il faut qu'il parle* (subjonctif présent)	*Il faut qu'il ait parlé avant quinze heures* (subjonctif passé)
Impératif	*Parlez* (impératif présent ou simple)	*Ayez parlé avant quinze heures* (impératif passé)
Infinitif	*Parler* (infinitif présent ou simple)	*Avoir parlé* (infinitif passé ou composé)
Participe	*Parlant* (participe présent ou simple)	*Ayant parlé* (participe passé ou composé)

L'opposition limité/non limité

L'opposition entre **passé simple** et **imparfait** n'est pas une opposition de temps, puisque ces deux temps verbaux situent l'action dans le passé, mais une opposition entre deux aspects de l'action :

→ *Il **regarda** Bréval qui **portait** un pansement au cou.*

– au **passé simple,** c'est l'ensemble du fait ou de l'action qui est **envisagé dans sa globalité** (*Il regarda* : **aspect limité**) ;

– à l'**imparfait,** le fait ou l'action sont envisagés **sans que soient signalés leur début ou leur fin** (*qui portait* : **aspect non limité**).

Les valeurs de l'imparfait

– Avec un verbe de sens non limité, l'imparfait montre le fait ou l'action sous leur **aspect duratif,** ce qui en fait le temps de la **description :**

→ *La vigne vierge **rougissait** la façade.*

– Avec un verbe de sens limité, l'imparfait montre que le fait ou l'action sont **habituels :**

→ *Elle **allumait** le poste de télévision à vingt heures.*

– Avec un verbe de sens limité précisé par un complément de temps, l'imparfait peut aussi montrer un fait ou une action **en train de se produire,** comme un **ralenti de cinéma :**

→ *À la quarantième minute, Zidane **marquait** le but de la victoire.*

Pour l'expression écrite

■ Dans le langage des journalistes, et de certains romanciers contemporains, tels Georges Simenon, l'imparfait se développe selon une valeur pittoresque. Le plus souvent accompagné d'une indication de temps précise, l'imparfait marque une action dans son déroulement, même si cette action a été brève. L'effet produit est comparable à un ralenti de cinéma :

« Maigret tâtait la table de chêne, aux angles ornés de lions sculptés. C'était la même que de son temps ! [...] Gautier choisissait une bouteille dans le buffet, peut-être pour gagner du temps. [...] Gautier remplissait les verres d'eau-de-vie. [...] Il essuyait ses moustaches, passait dans la chambre voisine. »

Georges SIMENON, *L'Affaire Saint-Fiacre*,
© Arthème Fayard 1959

RÉSUMÉ

1. **L'aspect est la manière dont s'expriment le déroulement, la progression, l'accomplissement de l'action.**

2. On peut principalement distinguer les oppositions **accompli/non accompli ; limité/non limité.**

3. L'aspect se marque par **le sens même des verbes,** par **des préfixes et des suffixes,** par **des adverbes,** mais aussi par **des auxiliaires,** et par **les temps verbaux** (opposition des temps simples et des temps composés, du passé simple et de l'imparfait).

EXERCICES

Identifier

1 **À l'aide d'un dictionnaire encyclopédique, replacez les faits ou événements cités dans ce texte sur un axe chronologique ; observez ensuite les temps employés.**

Hussard en 1794, à dix-huit ans, Filloteau avait fait toutes les campagnes de la Révolution ; pendant les six premières années, il s'était battu avec enthousiasme et en chantant *La Marseillaise*. Mais Bonaparte se fit consul, et bientôt l'esprit retors du futur lieutenant-colonel s'aperçut qu'il était maladroit de tant chanter *La Marseillaise*. Aussi fut-il le premier lieutenant du régiment qui obtint la croix. Sous les Bourbons, [...] il fut officier de la Légion d'honneur. Maintenant il était venu passer trois jours à Paris, pour se rappeler au souvenir de quelques amis subalternes, pendant que le 27e régiment de lanciers se rendait de Nantes en Lorraine.

STENDHAL, *Lucien Leuwen*.

2 **Dans cet extrait, les verbes soulignés ont-ils un sens limité ou un sens continu ?**

Ô rage ! ô désespoir ! ô vieillesse ennemie !
N'ai-je donc tant <u>vécu</u> que pour cette infamie ?
Et ne suis-je blanchi dans les travaux guerriers
Que pour <u>voir</u> en un jour <u>flétrir</u> tant de lauriers ?
Mon bras, qu'avec respect toute l'Espagne <u>admire</u>,
Mon bras, qui tant de fois <u>a sauvé</u> cet empire,
Tant de fois <u>affermi</u> le trône de son roi,
Trahit donc ma querelle, et ne fait rien pour moi ?
Ô cruel souvenir de ma gloire passée !
Œuvre de tant de jours en un jour effacée !
Nouvelle dignité, fatale à mon bonheur !
Précipice élevé d'où tombe mon honneur !
Faut-il de votre éclat voir triompher le Comte,
Et <u>mourir</u> sans vengeance, ou <u>vivre</u> dans la honte ?

Pierre CORNEILLE, *Le Cid*.

3 Dans cette lettre d'un soldat qui vient d'être mobilisé, repérez les différents moyens employés par l'auteur pour marquer l'aspect : auxiliaires, adverbes, préfixes.

Le 5 août 1914

Chère Sylvanie

Je suis sur le point de prendre un Pernod chez l'Espagnol à côté du marché couvert avec Berry. Je viens de voir Caliste.

Tout est calme, on dirait qu'on part pour les manœuvres. Ce ne sera pas la vérité, mais quand même, nous n'en sommes pas encore là.

Je ne suis pas encore habillé. Nous sommes libres. Je vais finir mon canard ce soir chez le frère de Berry. Nous avons bu le demi-litre dans la cour de la caserne à midi.

[...] Tout marche bien, des pancartes voyagent à Agen pour Berlin et la peau de Guillaume[1] sera à vendre un jour. J'ai revu tous mes anciens copains, tout contents d'aller en Allemagne.

Je reste quelques jours à Agen. Si tu reçois la lettre avant dimanche, tu pourras me faire réponse.

Hugon LÉON, Lettre citée dans *Paroles de poilus, Lettres et carnets du front 1914-1918*,

1. Guillaume II, alors empereur d'Allemagne.

4 Même exercice.

Un jour, Claude venait de dévorer sa maigre pitance, et s'était remis à son métier, croyant tromper la faim par le travail. Les autres prisonniers mangeaient joyeusement. Un jeune homme, pâle, blanc, faible, vint se placer près de lui. Il tenait à la main sa ration, à laquelle il n'avait pas encore touché, et un couteau. Il restait là debout près de Claude, ayant l'air de vouloir parler et de ne pas oser. Cet homme, et son pain, et sa viande, importunaient Claude.

– « Que veux-tu ?, dit-il enfin brusquement.

– Que tu me rendes un service, dit timidement le jeune homme.

– Quoi ?, reprit Claude.

– Que tu m'aides à manger cela. J'en ai trop. »

Une larme roula dans l'œil hautain de Claude. Il prit le couteau, partagea la ration du jeune homme en deux parts égales, en prit une, et se mit à manger.

– « Merci, dit le jeune homme. Si tu veux, nous partagerons comme cela tous les jours. »

Victor HUGO, *Claude Gueux*.

5 Classez les verbes de ce texte en deux colonnes selon qu'ils expriment une action accomplie ou non accomplie.

– Sire Bruyant, dit le blaireau, si nous ne l'atténuons pas, le mal pourra encore empirer. Car tel peut bien pousser au mal, le répandre et le semer qui ne pourra plus par la suite le réparer. Si Renart a agi par amour, pourquoi un procès, pourquoi une plainte ? Il y a longtemps qu'il aimait Hersent et s'il l'avait possédée, jamais celle-ci ne s'en serait plainte, mais Isengrin, ma foi, a pris l'affaire trop au sérieux. Cet outrage sera réparé devant le roi et les barons : si, du fait de Renart, le vase est abîmé et en mauvais état, ne serait-ce que sur la surface d'une noisette, je suis prêt à le lui faire payer quand Renart se trouvera ici et que l'on organisera le procès. Mais cela ne servira à rien à mon avis, car Dame Hersent est déjà mise en cause. Hélas, quel honneur retirer d'un tel procès ? Votre mari vient d'attirer le regard de toutes les bêtes sur vous.

Le Jugement de Renart, trad. d'E. Pinto-Mathieu, Livre de Poche, 1995.

Transformer

6 Récrivez ce texte en commençant par : *Philémon Frigo est né....* Faites ensuite des remarques sur les changements de temps que vous avez effectués. Quelles sont les formes verbales qui n'ont pas varié ? Pourquoi ?

Philémon Frigo était né sous une conjonction astrale catastrophique. Le 23 septembre à 23 h 59, selon l'infirmière blonde. Le 24 à 0 h 01 (ou 24 h 01), disait l'autre, rousse. Allez savoir. Quoi qu'il en soit, en plein no man's land Vierge-Balance.

Il n'y avait donc aucune raison, absolument aucune, pour que Philémon Frigo trépigne de joie en approchant de l'hôtel du lac. Il roulait vers cette destination depuis l'aube, avait évité la panne, l'accident, les bouchons. Un miracle qu'il paierait sûrement, ruminait-il en conduisant. Quelle lucidité !

Quatre meurtres attendaient Philémon Frigo au terme de la route en cul-de-sac. L'assassin menacerait sa propre vie. Même pour un Vierge mâtiné Balance, l'addition serait lourde.

Évidemment, Philémon Frigo ne se doutait de rien.

Jean-Paul NOZIÈRE, *Pas de pourliche pour Miss Blandiche*,

7 Retrouvez le texte original d'Émile Zola en commençant par : *Quand Roubaud se trouva seul sur le quai, ...*

Quand Roubaud se trouve seul sur le quai, il revient lentement vers le train de Montivilliers, qui attend. Les portes des salles sont ouvertes, des voyageurs paraissent, quelques chasseurs avec leurs chiens, deux ou trois familles de boutiquiers profitant du dimanche, peu de monde en somme. Mais, ce train-là parti, le premier de la journée, il n'a pas de temps à perdre, il doit immédiatement faire former l'omnibus de cinq heures quarante-cinq, un train pour Rouen et Paris.

À cette heure matinale, le personnel étant peu nombreux, la besogne du sous-chef de service se complique de toutes sortes de soins. Lorsqu'il a surveillé la manœuvre, chaque voiture prise au remisage, mise sur le chariot que des hommes poussent et amènent sous la marquise[1], il doit courir à la salle de départ, donner un coup d'œil à la distribution des billets et à l'enregistrement des bagages.

d'après Émile ZOLA, *La Bête humaine*.

1. Marquise : *vitrage qui abrite les quais, les voies.*

8 Mettez les verbes entre parenthèses aux temps qui conviennent. Vous veillerez à bien maintenir la cohérence temporelle, en particulier pour les faits ou actions antérieurs à d'autres.

Je reconnus aussitôt le garçon qui (être assis) sur l'un des bancs de l'allée. C'(être) un élève du lycée. Je (ne plus se souvenir) de son nom, mais je (se rappeler) fort bien que la semaine précédente il (venir) dans notre classe de troisième nous faire, pendant l'heure de musique, un bref exposé sur Schubert.
Aujourd'hui je (se rendre compte) de la somme extraordinaire de déductions et de réflexions que je (faire) durant quelques secondes, le temps d'arriver jusqu'au banc où il (être assis).
Je (ne pas garder) un souvenir ébloui de son exposé sur Schubert. Aujourd'hui, il (prendre) évidemment un nouveau relief.

Christian GRENIER, *La Fille de 3e B*,
© Rageot, Cascade Pluriel, 1995.

9 Mettez le texte suivant à l'imparfait ; observez les différences de sens et tirez-en des conclusions sur les valeurs d'aspect différentes de l'imparfait et du passé simple.

Avec la nuit, le village se barricada, ferma les volets et les portes de ses maisons. Dans les remises et les écuries, les vieux poussèrent des charrettes contre les deux vantaux des portes cochères, pour les caler, et les femmes montèrent jusque dans les greniers aveugler les lucarnes ouvertes au vent, pleines de toiles d'araignée et de vieux chiffons couverts de poussière. Devant la caverne, dans l'ombre plus tôt venue sous les hautes voûtes, la garde montante alluma ses torches et ses lanternes.

André CHAMSON, *L'Auberge de l'abîme*, © Grasset.

10 Transposez ce texte au passé simple. Quels sont les mots que vous devez supprimer ? Quels sont les verbes que vous ne pouvez pas changer ? Pourquoi ?

Je lui demandais s'il avait bien travaillé, il me répondait toujours : « Eh bien, tu vas juger. » Il déchiffrait sa partition, il avait du génie, mais il chantait si faux. Je gardais mon sérieux quelques minutes qui duraient des siècles, et un éclat de rire nous délivrait.

Justine LÉVY, *Le Rendez-vous*, © Plon, 1995

Employer

11 Lisez ce fait divers, puis rédigez un texte en imaginant les réflexions du bijoutier dans l'avion qui l'emmène à Londres : il évoque les événements récents, sa situation présente et ce qu'il va faire à son arrivée.
Vous aurez soin de varier les moyens d'exprimer l'aspect par des auxiliaires d'aspect, des préfixes, des suffixes et des adverbes.

Tout a commencé à la mi-novembre, dans l'euphorie d'un appel téléphonique adressé depuis Londres à Mosen Bosough, directeur de Bijan, l'une des bijouteries de Rodeo Drive, la plus célèbre rue marchande de Beverley Hills, à Los Angeles. Au bout du fil, le « prince » Abdullah se présente comme l'un des représentants du sultan de Brunei, considéré comme l'homme le plus riche du monde. L'interlocuteur souhaite acheter un collier de diamants de couleur pour son épouse. Seulement, bloqué dans la capitale britannique pour affaires, il réclame qu'on lui envoie un assortiment de bijoux pour l'aider dans son choix. Le joaillier accepte tout de suite, car ce businessman connaît son monde : Sa Majesté Hassanal Bolkiah, à la tête de ce micro-État pétrolier situé sur l'île de Bornéo, n'est pas un inconnu à Londres, où il possède une vingtaine de résidences somptueuses et le palace Dorchester.
Comme les assureurs exigent que les écrins soient accompagnés, Son Altesse dépêche son jet à Los Angeles pour convoyer le bijoutier muni d'une sacoche de cuir reliée à son poignet par une chaînette et contenant une soixantaine de pièces de joaillerie.

Le Monde, 16 décembre 1997.

12 Voici la fin de l'aventure. Rédigez un texte dans lequel le bijoutier prend conscience de la duperie dont il a été victime : il se remémore les jours précédents et se rappelle alors quelques petits incidents qui auraient dû l'alerter.

Ce dernier est accueilli à sa descente de l'avion par une Rolls-Royce bleue incroyablement étincelante qui le conduit à l'hôtel Churchill, où une suite lui a été réservée.
Deux jours plus tard, le directeur de la bijouterie Bijan est conduit au Sheraton Park Tour Hotel de Knightsbridge afin de rencontrer son richissime client. Là, un garde du corps policé le fait patienter à l'entrée de la tour. Surgit soudain un convoi de sept véhicules, une longue Daimler aux vitres noires suivie par six Mercedes. Le faquin de service sort de la Daimler, et déclare, tout confus, que le prince exige d'abord d'examiner les bijoux seul dans sa voiture. Étonné mais complaisant, Bosough remet la précieuse sacoche. La Daimler démarre en trombe. L'automobile sera retrouvée vide quelques heures plus tard au bord de la Tamise.

Butin de l'arnaque ? Plusieurs millions de livres. Pour impressionner sa victime, le faux prince n'a pas hésité à dépenser 150 000 livres pour louer un avion, une flotte de voitures, avec chauffeurs et gardes du corps à la clé.

Le Monde, 16 décembre 1997.

13 Écrivez la suite du texte en veillant aux emplois de l'imparfait et du passé simple.

Le grand Michu se plaisait au collège, ce qui n'était pas le moindre de nos étonnements. Il n'y éprouvait qu'un supplice dont il n'osait parler : la faim. Le grand Michu avait toujours faim. Je ne me souviens pas d'avoir vu pareil appétit. [...] Élevé en plein air, au pied de la chaîne des Maures, il souffrait encore plus cruellement que nous de la maigre cuisine du collège. C'était là un de nos grands sujets de conversation dans la cour, le long du mur qui nous abritait de son filet d'ombre. Nous autres, nous étions des délicats. Je me rappelle surtout une certaine morue à la sauce rousse et certains haricots à la sauce blanche qui étaient devenus le sujet d'une malédiction générale. Les jours où ces plats apparaissaient, nous ne tarissions pas. Le grand Michu, par respect humain, criait avec nous, bien qu'il eût avalé volontiers les six portions de sa table.

Le grand Michu ne se plaignait guère que de la quantité des vivres. [...] Les meneurs avaient résolu que nous devions à la fin nous révolter contre la morue à la sauce rousse et les haricots à la sauce blanche. Naturellement, les conspirateurs offrirent au grand Michu d'être leur chef. Le plan de ces messieurs était d'une simplicité héroïque.

Émile ZOLA, *Nouveaux Contes à Ninon,* 1870.

14 Voici le récit fait par Albert Camus d'une des farces de sa jeunesse. À partir de la photographie de Robert Doisneau, imaginez la suite de celle que sont en train de jouer ces enfants. Vous prendrez soin d'employer des auxiliaires d'aspect.

L'un des bazars, au milieu des arcades, était tenu par un gros homme toujours assis derrière ses vitrines, [...] et surtout parfaitement chauve. Les élèves du lycée l'avaient surnommé à cause de cette particularité «patinoire à mouches» et «vélodrome à moustiques» [...]. Souvent, le soir, comme une volée d'étourneaux, ils passaient le voir en courant devant le magasin, hurlant les surnoms du malheureux et imitant par «Zz-zz-zz» la glissade supposée des mouches. Le gros marchand les invectivait [...]. Et tout d'un coup, un soir, des jeunes gens arabes, payés par le marchand, surgirent de derrière les piliers où ils se tenaient cachés et se jetèrent à la poursuite des enfants. Jacques et Pierre, ce soir-là, ne durent qu'à leur vélocité exceptionnelle d'échapper à la correction. Jacques reçut seulement une première gifle derrière la tête puis, revenu de sa surprise, distança son adversaire [...]. Les élèves complotèrent ensuite la mise à sac du magasin et la destruction physique de son propriétaire, mais le fait est qu'ils ne donnèrent aucune suite à leurs sombres projets, qu'ils cessèrent de persécuter leur victime et qu'ils prirent l'habitude de passer benoîtement sur le trottoir d'en face. « On s'est dégonflés », disait Jacques avec amertume.

Cahiers Albert CAMUS 7, *Le Premier Homme,*

Robert Doisneau,
La Sonnette, 1934.

Chapitre 12

GRAMMAIRE

Les formes active, passive, pronominale, impersonnelle

OBSERVATION

La retraite de Caporetto

Lors de la Première Guerre mondiale, Frederick Henry, jeune Américain engagé volontaire sur le front italien, se trouve pris dans la débâcle qui suit la défaite de Caporetto.

Ce fut une nuit étrange. Je ne sais pas ce que je m'étais figuré, la mort peut-être, des coups de feu dans la nuit, la fuite ; mais il ne se passa rien. Couchés à plat ventre dans le fossé, sur le bord de la grand-route, nous laissâmes passer un bataillon allemand, puis, quand ils eurent disparu, nous traversâmes la route et nous nous enfonçâmes vers le nord. À deux reprises, nous nous trouvâmes tout près des Allemands, mais, sous la pluie, ils ne nous virent pas. Nous dépassâmes la ville sans voir un seul Italien, et, peu après, nous rejoignîmes une des principales colonnes de retraite. Nous marchâmes toute la nuit dans la direction du Tagliamento. Je ne m'étais pas rendu compte de l'énormité de la retraite. Ce n'était pas seulement l'armée, mais tout le pays qui s'enfuyait. Nous marchâmes toute la nuit plus rapidement que les véhicules. Ma jambe me faisait mal et j'étais fatigué, mais nous allions d'un bon pas. Cela semblait si bête de la part de Bonello de se rendre à l'ennemi. Il n'y avait aucun danger. Nous avions traversé deux armées sans incidents. Si Aymo n'avait pas été tué, nous ne nous serions jamais douté qu'il y avait du danger. Personne ne nous avait inquiétés quand nous marchions à découvert sur les rails. La mort était arrivée à l'improviste, sans raison.

Ernest HEMINGWAY, *L'Adieu aux armes*,
trad. Maurice-Edgar Coindreau,

Questions

→ **1.** Dans la proposition soulignée, quel est l'infinitif du verbe ? Le responsable de l'action est-il désigné ?

→ **2.** Parmi les verbes en bleu, relevez ceux qui sont construits avec un pronom de la même personne que le sujet.

→ **3.** Dans les phrases en rose, *il* représente-t-il quelqu'un ou quelque chose ? À quoi sert ce *il* ? Transformez la première phrase en rose en le supprimant.

LEÇON

La forme verbale exprime **le rôle du sujet dans le fait ou l'action.**

1. Les formes active et passive

■ Comparons les phrases :
1. *Aymo est mort.* – 2. *Aymo a été tué.* – 3. *On a tué Aymo.*

■ Dans la phrase 1, le verbe exprime **un état du sujet** en insistant sur le **résultat ;** son sens est réduit au minimum.

■ Dans la phrase 2, la forme verbale exprime **une action subie par le sujet** *Aymo.*

■ La phrase 3 exprime également une action subie par le sujet *Aymo*, mais la position de ce sujet est **inversée** par rapport à celle de la phrase 2 :
– dans la phrase 2, la construction du verbe est **passive ;**
– dans la phrase 3, la construction du verbe est **active.**

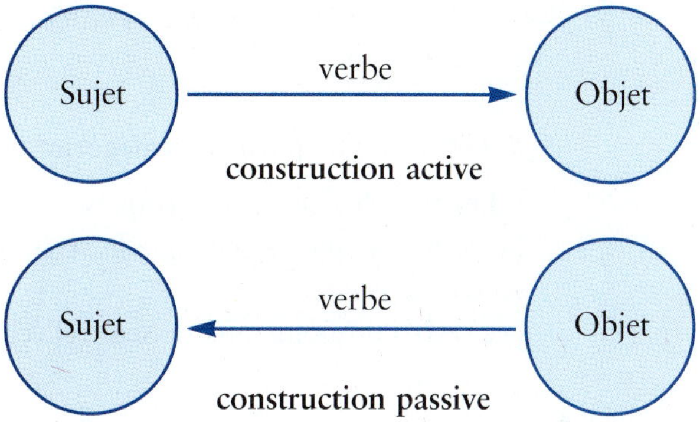

● Définition

■ Une phrase dont le verbe possède un COD (verbe transitif direct) est dite de forme active. Elle peut généralement être mise en relation avec une phrase passive correspondante. Les deux phrases ont la même signification, mais la présentation de l'information n'est pas la même.

■ **Attention :** le sujet peut subir l'action sans que le verbe soit pour autant à la forme passive :
– le **sujet d'un verbe intransitif** (qui n'admet pas de complément d'objet) peut souvent **subir** l'action exprimée :

→ *Je souffre. Mon doigt saigne.*

– le **sens du verbe** joue un rôle important :

→ *J'ai reçu un coup de pied.*

● Restrictions d'emploi

■ Tous les verbes transitifs directs ne se prêtent pas à la construction passive : c'est le cas de ***avoir, comporter, posséder...***

■ Certains verbes **transitifs indirects** (*obéir, pardonner*) peuvent se mettre au passif ; dans ce cas, c'est le COI de la phrase à la forme active qui devient le sujet de la phrase passive.

→ *Je pardonne à Sophie. Sophie est pardonnée.*

- Certains verbes peuvent avoir un **sens actif ou passif** selon que leur sujet est animé ou non :

  → *Je casse le verre. Le verre casse.*

- Certains verbes sont **symétriques :** le COD peut devenir sujet sans que le verbe se mette à la construction passive :

  → *Marie épouse Pierre. Pierre épouse Marie.*

2. La forme pronominale

● Les verbes pronominaux sont précédés d'un **pronom de la même personne que le sujet.** Leurs temps composés se forment avec l'**auxiliaire *être* :**

→ *Nous **nous <u>sommes</u> trouvés** tout près des Allemands.*

● On distingue les **verbes exclusivement pronominaux** *(s'enfuir, se souvenir, s'évanouir)* et les **constructions pronominales de certains verbes** qui peuvent s'employer aussi sans pronom réfléchi :

→ *arrêter/s'arrêter – rendre/se rendre – trouver/se trouver – douter/se douter.*

● On distingue **plusieurs catégories de constructions pronominales :**

- **Les réfléchis et les réciproques**

Le verbe a le même sens que le verbe simple, mais **le COD ou le COI représentent le sujet.**

Les verbes pronominaux de **sens réfléchi** peuvent être **au singulier et au pluriel.**

→ *Frédéric **se** lave.* (**se** : COD)
→ *Frédéric **se** lave les cheveux.* (**se** : COI)

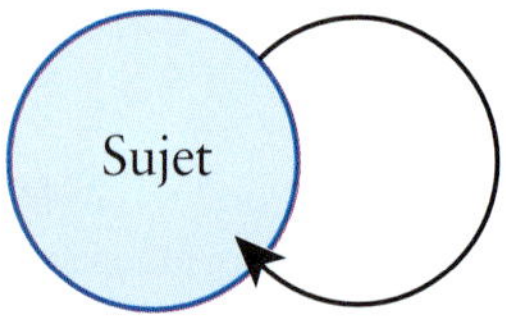

sens réfléchi

Les verbes pronominaux de **sens réciproque** ont toujours un **sujet pluriel.**

→ *Ils **s'**embrassent.* (**s'** : COD)
→ *Ils **se** serrent la main.* (**se** : COI)

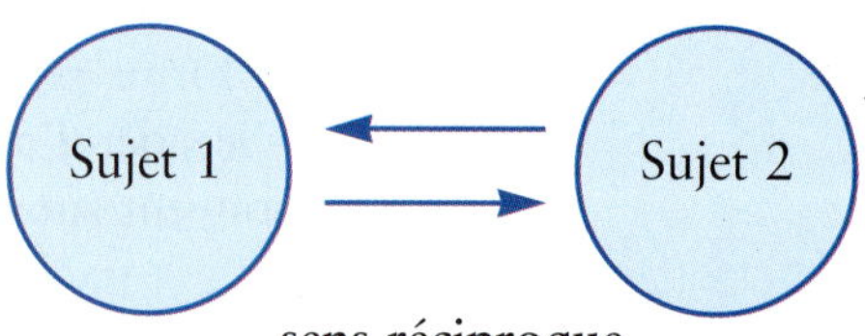

sens réciproque

- **Les pronominaux de sens passif**

Le verbe a le même sens que le verbe simple, mais **le sujet,** de par sa nature ou selon le contexte, **ne peut exercer l'action :**

→ *Cette voiture **se conduit** facilement* (= est conduite).

- **Remarque :** par combinaison avec le pronom réfléchi, le verbe peut avoir **un sens différent de celui du verbe simple :**

  → *apercevoir = découvrir par les yeux/s'apercevoir = prendre conscience ; rendre = restituer/se rendre = se soumettre à l'ennemi.*

3. La forme impersonnelle

● Dans la forme impersonnelle, le verbe ne s'emploie qu'à la 3e personne du singulier. À gauche du verbe se place l'**indice d'impersonnel** *il,* qui n'est pas un vrai pronom, car il ne représente aucun antécédent. Cet indice ne peut pas être analysé : **il appartient à la construction du verbe et permet à celui-ci d'être conjugué.** Il ne contient aucune information (thème zéro) :

→ ***Il** ne se passa rien.*

● On distingue les **verbes impersonnels,** qui ne peuvent admettre d'autre construction, et les **constructions impersonnelles** de certains verbes.

Les verbes impersonnels :

– Ceux qui expriment des **phénomènes météorologiques :**

→ *Il pleut, il neige, il gèle, il tonne, il fait beau, il fait froid.*

Remarque : au sens métaphorique, ces verbes peuvent être employés avec un sujet personnel :

→ ***Le canon** tonne. **Des contraventions** pleuvent sur mon pare-brise.*

– Les verbes *falloir, s'agir,* qui servent à présenter un événement, à poser l'existence d'un fait, ou à poser un jugement. Ils sont obligatoirement **suivis d'un complément :**

→ *Il fallait un passeport* (GN indéfini)/*passer la frontière* (groupe infinitif)/*que j'aille en ville* (subordonnée complétive).

Les constructions impersonnelles

– Un certain nombre de **verbes courants** peuvent être construits avec un indice d'impersonnel :

→ *Une catastrophe est arrivée.* (GN + V) → ***Il** est arrivé une catastrophe.* (*Il* + V + GN)

→ *Un train passe toutes les dix minutes. (GN + V)* → ***Il** passe un train toutes les dix minutes.* (*Il* + V + GN)

– C'est également le cas du **verbe *avoir,*** sous la forme du présentatif ***il y a*** :

→ ***Il n'y a** plus de châteaux dans les déserts de la réalité.* (Yvan Goll)

– Le **verbe *être*** se combine à de nombreux adjectifs pour former des locutions impersonnelles : *il est possible, dangereux, rare, nécessaire, bon, juste, faux, heureux...*

→ ***Il est faux** qu'elle chante juste...*

– Les verbes **pronominaux de sens passif** peuvent être employés à la construction impersonnelle :

→ ***Il ne s'est rien dit** d'intéressant dans cette interview.*

Pour l'expression écrite

La construction impersonnelle **déplace le sujet** pour le placer en fin de phrase, **en position de propos.** Celui-ci est porteur de l'information nouvelle.
Cette caractéristique peut être utilisée
– pour débuter une histoire :
Il était une fois un roi et une reine...
Il existe près des écluses/Un bas quartier de Bohémiens... (Aragon)
– pour attirer l'attention sur un fait, un événement :
Il ne passe aucun camion sur cette route.

RÉSUMÉ

La phrase verbale peut prendre diverses formes pour exprimer le rôle du sujet dans le fait ou l'action.

On distingue :

1. La **forme active,** dans laquelle **le sujet fait l'action.** Celui-ci est considéré comme l'agent qui la déclenche ;

2. La **forme passive,** dans laquelle **le sujet subit le fait ou l'action.** Celui-ci est considéré comme l'être ou l'objet qui l'éprouve ;

3. La **forme pronominale,** dans laquelle **le sujet est à la fois sujet et objet de l'action,** quand la relation est **réfléchie** ou **réciproque ;**

4. La **forme impersonnelle, caractérisée par l'indice d'impersonnel *il,*** qui pose l'existence d'un fait ou d'une action.

EXERCICES

Identifier

1 Repérez les verbes au passif et expliquez le choix de cette forme.

Le fonds des sœurs Vesque au musée des Arts et traditions populaires

Le fonds est constitué de deux grands ensembles : l'œuvre graphique des deux sœurs qui compte plus de 8 000 dessins, esquisses et croquis pris sur le vif et l'œuvre manuscrite et documentaire avec leur journal manuscrit, la maquette d'un livre sur l'histoire du cirque auquel elles ont travaillé toute leur vie, accumulant une documentation énorme. On trouve là leurs notes de travail à l'Arsenal, aux Archives de Paris, à la bibliothèque de la Comédie-Française, de nombreux cahiers sur lesquels sont recopiés des programmes de cirque depuis 1818, des fichiers de recherche sur les artistes, les cirques fixes et ambulants ainsi que leur correspondance avec les spécialistes français et étrangers. [...] Ces recherches documentaires leur permettaient de répondre à des demandes qui leur étaient adressées.

Arts de la piste, n° 9, mars 1998.

2 Faites le relevé des verbes à la forme pronominale et indiquez à quelles catégories ils appartiennent (exclusivement pronominaux, réfléchis ou réciproques, de sens passif). Lesquels ont un sens différent de celui du verbe simple ?

Les mots ont la bougeotte. Seuls ou groupés, ils forcent les frontières, passent par-dessus les vallons, les vallées et les puys, s'immiscent dans nos fourre-tout, voyagent avec nos nippes et nos affûtiaux. Voudrait-on les empêcher de s'envoler tous azimuts que cela se révélerait inopérant. [...]

Sitôt arrivés à Montréal, à Canberra ou à Kinshasa, à peine avons-nous, les uns ou les autres, desserré les lèvres, que les mots, pressés de s'égailler dans la nature, s'échappent comme des étourneaux. Les mots sont d'infatigables globe-trotters. Ils se jouent des fouilles et des censures. Les mots sont libres comme l'air.

Mais, de tout temps, les mots se sont battus pour vivre. Que de verbes et d'adjectifs, frappés d'obsolescence, se sont retirés du trafic ! Que d'onomatopées se sont ressemblé, concurrencées, apostrophées, nui, exclues ! Que de substantifs caducs et prétentieux de petits-maîtres se sont laissé supplanter par les mots succulents des rastaquouères !

Dictée composée par Bernard PIVOT pour les Championnats du Monde d'orthographe de 1988, citée dans Claude GAGNIÈRE, *Pour tout l'or des mots,* © Robert Laffont, 1996.

3 Repérez les formes impersonnelles dans cet extrait et expliquez leur emploi.

Il ne fait pas bon être une laitue tous les jours. Certes, le jardinier bine amoureusement la terre où vous poussez, fournit l'eau et l'engrais tandis que vous vous dorez la feuille au soleil... Une vie de princesse. Mais il y a la limace. Vous ne la voyez pas venir, évidemment ; vous la sentez glisser de son pied gluant sur votre plus basse feuille, puis lentement jusqu'au cœur. Il prend son temps, le mollusque. Forcément : plantée au sol comme vous l'êtes, vous ne pouvez ni l'écraser, ni fuir devant l'animal qui met vos nervures à vif, avant de vous laisser à moitié agonisante. Le cauchemar.

Science et Vie junior, n° 109, octobre 1998.

4 **Relevez en les classant les formes passives, pronominales et impersonnelles.**

– Tout le monde ne sait-il pas les jeux de hasard ? Quelqu'un pourrait-il me les apprendre ?
– Oui ; prudence à part, on apprend les jeux de chance, que vous appelez mal à propos jeux de hasard. Il n'y a point de hasard dans le monde ; tout y a été et sera toujours une suite de combinaisons nécessaires que l'on ne peut entendre que par la science des nombres, dont les principes sont, en même temps, et si abstraits et si profonds, qu'on ne peut les saisir si l'on n'est conduit par un maître ; mais il faut avoir su se le donner et se l'attacher. Je ne puis vous peindre cette connaissance sublime que par une image. L'enchaînement des nombres fait la cadence de l'univers, règle ce que l'on appelle les événements fortuits et prétendus déterminés, les forçant par des balanciers invisibles à tomber chacun à leur tour, depuis ce qui se passe d'important dans les sphères éloignées, jusqu'aux misérables petites chances qui vous ont aujourd'hui dépouillé de votre argent.

CAZOTTE, *Le Diable amoureux.*

Transformer

5 **Transformez les formes passives en formes actives et expliquez ensuite pourquoi Flaubert ne les a pas retenues.**

[Félicité] grelottait sous des haillons, buvait à plat ventre l'eau des mares, à propos de rien était battue, et finalement fut chassée pour un vol de trente sols qu'elle n'avait pas commis. Elle entra dans une autre ferme, y devint fille de basse-cour, et, comme elle plaisait aux patrons, ses camarades la jalousaient.
Un soir du mois d'août (elle avait alors dix-huit ans), ils l'entraînèrent à l'assemblée de Colleville. Tout de suite elle fut étourdie, stupéfaite par le tapage des ménétriers, les lumières dans les arbres, la bigarrure des costumes, les dentelles, les croix d'or, cette masse de monde sautant à la fois.

Gustave FLAUBERT, *Trois Contes*, « Un cœur simple ».

6 **Mettez à la forme passive les propositions soulignées et vous retrouverez le texte original.**

Cet appareil est fort simple. <u>Deux rouleaux placés en parallèle le composent</u>.
Le premier dévide les fils de la chaîne vers le tisserand et le second accueille le tissu réalisé. <u>Des poids lestent le premier rouleau, appelé l'ensouple, et on le pose sur des tréteaux. Des harnais disposés horizontalement par rapport aux rouleaux équipent également l'appareil. Entre ces deux harnais on tend des cordelettes appelées lices, dotées d'un anneau par lequel passe le fil de chaîne. On dispose ces lices à des espaces réguliers</u>. En raison de sa simplicité apparente et de la facilité avec laquelle on devait pouvoir le monter et le démonter, <u>les archéologues considèrent généralement l'appareil de céramique de Badari comme le métier idéal d'un peuple nomade</u>.

Michel RIVAL, *Les Grandes Inventions*, © Larousse, coll. « La mémoire de l'humanité », 1994.

7 **Dans cet extrait, les verbes à la forme pronominale ont été supprimés. À vous de les rétablir en les conjuguant au temps et à la personne qui convient.**

se pencher – se recoucher – se gratter (deux fois) *– se perdre – se diriger.*

Le chien changea de place pour briser la conversation. Il bomba son échine, creusa le ventre et ① avec une sorte de furie.
– Tu perds tes poils, remarqua Pélagie.
Lewis ② de plus belle, faisant voler de longues soies. Il hésita, bâilla encore, la langue roulée en pistil. Puis il fit deux tours sur lui-même comme s'il allait ③. Mais cela ne le tentait pas. Il renifla à petits coups et ④ lentement vers la fenêtre grande ouverte. Il posa ses pattes sur l'appui et ⑤ sur le jardin. [...]
Lewis dilata ses narines, songeant aux sentiers noirs d'humus qui ⑥ dans la forêt.

Claude CÉNAC, *Les Robestiques*, © Milan 1990.

8 **Les phrases comportant des formes impersonnelles ont été ôtées de ce début de conte. À vous de les replacer au bon endroit :**

1. Il ne faudrait pas exagérer.

2. « Ah ça ! Il n'en est pas question ! s'exclama-t-elle. Jamais il ne me viendrait à l'idée d'asservir un membre d'une autre espèce à seule fin de satisfaire mes désirs égoïstes. »

3. Il était une fois une jeune princesse, lasse de se heurter à la structure du pouvoir mâle dans son château.

Texte à compléter :
La pauvrette, en quête d'un peu de calme, aimait à se promener à travers bois et à s'asseoir au bord d'un petit étang. Là, elle s'adonnait à son jeu favori en jetant en l'air une boule d'or qu'elle rattrapait ensuite dans ses mains, mais ça ne l'empêchait pas de réfléchir au rôle du militantisme éco-féministe à son époque.
Un jour, perdue dans ses rêves utopiques où elle imaginait son royaume transformé par les femmes enfin installées à tous les postes clés, elle laissa tomber la boule, qui roula au fond de l'étang – les eaux étaient si profondes et si troubles qu'elle ne put voir où elle reposait. Elle ? Pleurer pour ça ? Elle se contenta de noter mentalement qu'elle devrait faire plus attention la prochaine fois.

Elle entendit soudain une voix lui dire : « Hé, princesse ! Je peux vous rapporter votre boule si vous voulez. »
Elle regarda autour d'elle et aperçut une grenouille qui pointait la tête à la surface de l'étang.

James FINN GARNER, *Politiquement correct, Contes d'autrefois pour lecteurs d'aujourd'hui*,

Employer

9 La forme impersonnelle *Il y a* scande ce poème. Faites le relevé des différentes formes affirmatives ou négatives pour bien dégager la structure d'ensemble. À votre tour composez un poème qui s'intitulerait : « Musique en tête, musique en fête » ou « Vacances en tête, vacances en fête » et qui aurait la même construction. Pour cela, recopiez en colonne les débuts et les fins de chaque vers et complétez.

Poésie en tête, poésie en fête

Il y a surtout du silence en poésie
Il n'y a pas d'agrégation en poésie
Ni sacre ni investiture en poésie
Il n'y a jamais de vacances en poésie
Il n'y a pas de démission en poésie
Il n'y a que de l'aventure en poésie
Et clandestine au jour la nuit en poésie
Il n'y a pas de vasselage en poésie
Pas plus que de décorations en poésie
Ni de fatigue ni d'ennui en poésie
Il n'y a pas de solitude en poésie
Il n'y aura jamais de grève en poésie
Il y aura toujours du rêve en poésie
Pas d'examen de fin d'études en poésie
Il n'y a que vagabondage en poésie
Il n'y a jamais de retraite en poésie
Il n'y a jamais de chômage en poésie
Non, pas de droit héréditaire en poésie
Ni de sécurité sociale en poésie
Ni d'assurances-maladie en poésie
Moins encore d'assurance-vie en poésie
Il n'y a pas de garde-fou en poésie
Pas plus que de hiérarchie en poésie
Il y a le labeur, c'est tout, en poésie

Le reste est une simple affaire de génie
Mais chaque fois c'est jour de fête en poésie.

Bernard LORRAINE,
poème cité dans le *Livre des fêtes et des anniversaires*,

10 Voici quatre verbes qui changent de sens lorsqu'ils sont employés pronominalement. Inventez deux histoires où vous les emploierez, dans l'une avec leur forme simple, dans l'autre avec leur forme pronominale.

Exemple : **1.** *J'aperçois au loin mes camarades.* – **2.** *Je m'aperçois que je suis en retard.*

1. traîner ; rendre ; attacher ; jeter – **2.** se traîner ; se rendre ; s'attacher ; se jeter.

11 Cette ballade de Raymond Queneau comporte un grand nombre de formes impersonnelles. Reprenez le premier vers et continuez à votre gré.

Il faut de tout pour faire un monde
Il faut des vieillards tremblotants
Il faut des milliards de secondes
Il faut chaque chose en son temps
En mars, il y a le printemps.
Il est un mois où l'on moissonne
Il est un jour au bout de l'an
L'hiver arrive après l'automne. […]

Raymond QUENEAU, *Ballade en proverbes du bon vieux temps*.

12 Après avoir regardé ce dessin de Sempé, cherchez cinq verbes pronominaux qui s'appliquent aux personnages ou au paysage et écrivez ensuite un court texte où ils seront employés.

SEMPÉ, *Quelques enfants*,

Chapitre 13

GRAMMAIRE

Concordance des temps et emploi des modes personnels

OBSERVATION

Un homme en sursis

Poème (traduit en prose) d'un jeune poète américain mort au front en 1917.

J'ai un rendez-vous avec la Mort à quelque barricade disputée, quand le Printemps reviendra avec son ombre bruissante et que les fleurs de pommier voltigeront dans l'air ! J'ai un rendez-vous avec la Mort quand le Printemps ramènera les beaux jours azurés !

Il se peut qu'elle prenne ma main et me conduise vers son ténébreux domaine, qu'elle close mes yeux et arrête mon souffle... Il se peut que je passe encore auprès d'elle. J'ai un rendez-vous avec la Mort sur le versant déchiqueté de quelque colline délabrée, quand le Printemps reviendra faire son tour cette année et qu'apparaîtront les premières fleurs des prés !

Dieu sait qu'il serait meilleur d'être étendu au creux des coussins, dans la soie et le duvet parfumé, où l'amour palpite en un bienheureux sommeil, pouls contre pouls, souffle contre souffle, où les réveils silencieux sont chers... Mais j'ai un rendez-vous avec la Mort, à minuit, dans quelque ville en flammes, quand le Printemps repartira vers le Nord, cette année, et je suis fidèle à la parole donnée : je ne manquerai pas à ce rendez-vous.

Alan SEEGER, « J'ai un rendez-vous avec la mort »,
in *Textes et Documents pour la classe*, n° 759, 1er au 15 sept. 1998.

Questions

➜ **1.** Quelle expression correspond à la situation présente de l'auteur ? Combien de fois est-elle rapportée ?

➜ **2.** Par rapport à ce point de repère, quels faits sont envisagés comme ultérieurs ? Combien de fois ces faits sont-ils évoqués ?

➜ **3.** Transformez le premier paragraphe en mettant les verbes en bleu à l'imparfait. Quels changements sont intervenus ?

➜ **4.** À quel mode sont conjugués les verbes en rose ? Transformez la phrase en remplaçant « il se peut » par « je suis sûr ». Quels changements se produisent ? Pourquoi ?

➜ **5.** Peut-on remplacer « serait » par « est » ? par « soit » ? Pourquoi ?

LEÇON

1. La concordance des temps

La concordance des temps est la relation établie **dans la phrase complexe** entre **le verbe d'une proposition subordonnée** et le **verbe de la proposition principale qui la régit.**
Le problème de la concordance des temps se pose en particulier dans la **transposition au discours indirect** (voir p. 89 et suivantes).

● L'indicatif, mode temporel

L'indicatif comprend **dix séries de formes** – temps simples et composés, sans compter les formes surcomposées.
Grâce au grand nombre de ses formes, **l'indicatif peut situer le fait ou l'action dans le temps,** c'est-à-dire le mettre en liaison étroite avec une des trois époques : le **passé**, le **présent**, le **futur :**

Verbe principal	Verbe subordonné
J'affirme {	*qu'il* ***est venu.*** *qu'il* ***vient.*** *qu'il* ***viendra.***

● La concordance des temps à l'indicatif

Lorsque le **verbe principal** est **au présent** ou **au futur,** le **verbe subordonné se met au temps demandé par le sens,** comme s'il s'agissait d'une proposition indépendante :

Verbe principal	Verbe subordonné
J'affirme *J'affirmerai* {	*qu'il était venu le mois dernier.* *qu'il est venu avant-hier.* *qu'il vient souvent me voir.* *qu'il viendra dès demain.* *qu'il viendrait s'il était libre.* *qu'il sera venu avant le début du printemps.*

Lorsque le **verbe principal** est **au passé, le verbe subordonné se met,** selon le sens :

– à l'imparfait,	si le fait est **simultané :**	*J'affirmais qu'il* ***venait.***
– au conditionnel présent, **– au conditionnel passé,**	si le fait est **postérieur :**	*J'affirmais... qu'il* ***viendrait*** *qu'il* ***serait venu.***
– au plus-que-parfait,	si le fait est **antérieur :**	*J'affirmais qu'il* ***était venu.***

Lorsque le **verbe principal** est au **passé,** on peut également avoir :
– le présent de l'indicatif dans la subordonnée si celle-ci exprime **un fait vrai dans tous les temps :**

→ *Ma grand-mère* ***disait*** *toujours qu'un homme averti en* ***vaut*** *deux.*

– un verbe subordonné au futur, si le fait ou l'action sont envisagés par l'émetteur **par rapport au moment de sa parole :**

→ *Je vous* ***ai promis*** *que le chantier* ***s'achèvera*** *dans un mois.*

• La concordance des temps au subjonctif

Le subjonctif ne comprend que **quatre séries de formes,** parmi lesquelles deux sont employées dans la langue courante : le **présent** et le **passé.** Il ne peut donc pas situer le fait ou l'action dans une époque donnée aussi précisément que l'indicatif, mais il en exprime **l'aspect** (accompli/non accompli) :

→ *Je suis heureux qu'il **vienne*** (non accompli).

→ *Je suis heureux qu'il **soit venu*** (accompli).

■ La forme appelée « **présent** » du subjonctif ne distingue ni le présent ni le futur, et elle peut renvoyer au passé :

→ *Je <u>suis</u> heureuse*
Je <u>serai</u> heureuse
J'<u>ai été</u> très heureuse } *qu'il **vienne**.*

■ **L'imparfait** du subjonctif ne s'emploie plus dans la langue parlée, qui le remplace par le présent (sauf peut-être pour les formes d'« avoir » et « être » à la 3e personne du singulier). La langue écrite soutenue conserve les emplois de la 3e personne du singulier des autres verbes :

→ *Je voulais qu'il **vînt*** (registre soutenu)/*qu'il **vienne*** (registre courant).

■ Le **plus-que-parfait** du subjonctif est souvent remplacé par le passé du subjonctif :

→ *Je voulais qu'il **fût venu*** (registre soutenu)/*qu'il **soit venu*** (registre courant).

2. L'emploi des modes personnels : indicatif et subjonctif

• Emplois du subjonctif

■ Le subjonctif se prête à **de nombreux effets de sens.** Il peut, en particulier, exprimer que le fait ou l'événement présenté dans la subordonnée est lié à **un sentiment, une volonté, un jugement :**

→ **1.** *Je sais qu'il viendra.* – **2.** *Je souhaite qu'il vienne.*

Les deux phrases présentent la même action : « venir ». Mais, dans la phrase 1, « venir » est **le fait** qui est mis en avant : *Il viendra (je le sais).* Dans la phrase 2, c'est **le souhait** qui est mis en avant *(je souhaite).*

■ Le subjonctif renforce une **valeur subjective,** en relation avec d'autres moyens linguistiques :

– le verbe de la proposition principale :

Quand le verbe de la proposition principale exprime une **possibilité,** une **appréciation,** une **volonté,** une **supposition,** le **subjonctif s'impose** car il situe le fait ou l'action de la subordonnée complétive dans le monde des possibles :

→ *J'exige/je me réjouis/j'interdis qu'il **vienne.***

– la place de la subordonnée en tête de phrase :

Dans ce cas, quel que soit le sens du verbe de la principale, rien ne permet de signaler si le fait évoqué va être actualisé ou non. C'est la raison pour laquelle le subjonctif est employé :

→ ***Qu'il vienne,*** *c'est certain/c'est étonnant/c'est impossible.*

• Indicatif ou subjonctif

■ L'emploi de l'indicatif ou du subjonctif dans les propositions subordonnées est régi par des règles précises. Le choix entre ces deux modes n'est guère libre :

→ *Je sais que* et *puisque* sont suivis de l'indicatif *(*puisque tu sortes)* et *Je veux que* et *pour que* sont suivis du subjonctif *(*pour que tu viens).*

■ Il y a pourtant des cas où l'émetteur a le choix entre l'indicatif et le subjonctif :

→ **1.** *Je cherche un médecin qui* ***peut*** *me guérir.* – **2.** *Je cherche un médecin qui* ***puisse*** *me guérir.*

Dans la phrase 1, je m'engage sur le fait qu'un tel médecin existe bel et bien ; dans la phrase 2, je ne m'engage pas sur le fait qu'un tel médecin existe.

■ Selon son choix, l'émetteur peut dire :

→ *Donnez-nous un numéro de téléphone où nous* ***puissions/pourrions/pourrons/pouvons*** *vous joindre rapidement.*

L'emploi du **subjonctif** s'impose **quand l'émetteur ne s'engage pas sur la réalité du fait.**

■ Les verbes *croire, penser* sont suivis de l'indicatif à la forme affirmative. Mais quand le **verbe principal** est à la **forme interrogative** ou **négative,** on a le **choix entre l'indicatif ou le subjonctif dans la subordonnée.** Avec le **subjonctif,** le fait est simplement **envisagé comme possible :**

→ *Je ne crois pas/je ne suis pas sûr/je ne pense pas/****qu'il vienne/qu'il viendra.***

Pour l'expression écrite

Les faits et actions auxquels renvoie le subjonctif sont présentés comme possibles. De ce fait, le subjonctif permet de renforcer l'expression de la subjectivité, c'est-à-dire des sentiments, des désirs, des émotions de l'émetteur :

Anne est fière/surprise/étonnée/satisfaite que son enfant ***se mette*** *à parler.*
Je m'étonne/je suis surpris/je souhaite/je regrette/j'ordonne/je suggère que le bébé ***se taise.***

RÉSUMÉ

1. La concordance des temps est la relation établie dans la phrase complexe entre le **verbe d'une proposition subordonnée** et le **verbe de la proposition principale** qui la régit. La concordance des temps est **imposée par le verbe de la proposition principale** (sens, construction).

2. Lorsque le verbe de la subordonnée est employé **à l'indicatif,** il se met au temps indiqué par le **contexte** ou la **situation de communication.**

3. Les règles de la concordance des temps au subjonctif ont évolué selon les époques : l'imparfait et le plus-que-parfait du subjonctif ont disparu de l'usage courant.

4. L'emploi des modes personnels, indicatif et subjonctif est régi par des règles précises. Les cas où l'émetteur a le choix entre les deux modes sont assez rares.

EXERCICES

Identifier

1 Indiquez le temps et le mode des verbes soulignés.

À Chaptal, on ne mélange pas lycée et collège. Les élèves ont les mêmes professeurs mais des cours différentes pour les pauses. J'ai guetté la fille de troisième B toute la semaine. Au réfectoire, au CDI, dans les couloirs. Impossible de l'apercevoir. Ce matin, pour en avoir le cœur net, j'ai fait un saut dans la salle de musique quelques minutes avant neuf heures, histoire de vérifier que je n'avais pas rêvé. Aucun doute : par la porte vitrée, je l'ai aperçue au premier rang, face à Bricart. Ce soir, j'ai très peur qu'elle ne vienne pas. Qu'elle ait oublié notre rendez-vous. Ou qu'elle ait un peu trop réfléchi.

Christian GRENIER, *Le Pianiste sans visage*, © Rageot, Cascade pluriel, 1995.

2 Faites le relevé des verbes conjugués et classez-les par modes, puis par temps.

La nuit qu'ils [passeraient] dans le bourg du Saint-Esprit serait la dernière à les réunir et les deux jeunes gens en éprouvaient un peu de mélancolie. Dès l'aube, le mousquetaire irait retrouver la maison familiale au pied des montagnes, tandis que son compagnon trotterait à travers les garrigues en direction du Sud-Ouest. En dépit de leur manque d'expérience, tous deux pressentaient que les amitiés de voyage n'ont guère de lendemains.
Bien qu'il se fût déjà confié à son ami, le jeune homme n'osa pas terminer sa phrase et évoquer les faveurs qu'il attendait de son oncle. [...] Il fallait bien vivre et, quand on était orphelin, et pauvre, une carrière dans l'Église était la seule possible. À quoi d'autre pouvait servir le latin dont on lui avait farci la tête ?

Rose VINCENT, *L'Enfant de Port-Royal*, © Éditions du Seuil, 1991.

3 Repérez les subjonctifs dans ce texte et expliquez l'emploi de chacun d'eux.

L'apprentissage de l'écriture

Ce dernier apprentissage fut pénible et dura longtemps... Je tâchais de toute ma jeune et coléreuse volonté à faire des bâtons qui fussent aussi droits, aussi régulièrement pleins, aussi régulièrement penchés que les bâtons modèles tracés au tableau noir par le maître aux doigts habitués. Je lisais dans les regards l'étonnement qu'un petit garçon qui lisait si bien eût tant de mal à apprendre à écrire ; alors je pris une résolution suprême : je résolus un jour de faire si bien ma page d'écriture que le maître n'y trouvât rien à redire et ne fît aucune correction sur ma page propre. Je m'appliquai de toutes mes forces, de tout mon savoir, de toute ma respiration, tirant la langue, les yeux rivés ; quand j'eus fini, je trouvai que j'avais réussi ; j'attendis, anxieux, qu'on me rendît justice.

Charles PÉGUY, *Notre Jeunesse*, 1910.

Transformer

4 Mettez les verbes entre parenthèses au temps et au mode qui convient dans le registre de langue courant.

Lorsque les premiers hommes découvrirent que les fleuves et les rivières de Chine (se déverser) tous dans la grande mer à l'est, ils (commencer) à craindre qu'elle ne (se remplir) un jour et qu'elle ne (déborder). Si cela devait arriver, ce (être) la cause d'un nouveau désastre pour l'humanité. Mais il (ne pas falloir) s'alarmer : loin à l'est des mers, personne ne (savoir) où exactement, il y (avoir) un immense golfe. Ce golfe paraissait d'une profondeur illimitée et tellement large qu'il (être) impossible à remplir. [...]
La surface de l'eau, à l'intérieur du golfe, (former) un second niveau ; au milieu de cette surface (surgir) un jour cinq grandes îles, chacune d'elles surmontée d'une montagne. [...]
Les habitants de ces îles (vivre) une vie heureuse et sans souci. Le seul point qui les (préoccuper) parfois (être) ceci : aussi merveilleuses que (être) ces îles, elles (avoir) l'inconvénient d'être des îles flottantes.

TAO LIU SANDERS, *Les Plus Belles Légendes chinoises*, D.R.

5 Récrivez le texte suivant en commençant par : *Elle m'apprend...*. Quels sont les verbes qui restent au même temps ?

Elle m'apprit que, l'ayant vue à sa fenêtre, il était devenu passionné pour elle ; qu'il avait fait sa déclaration en fermier général, c'est-à-dire en lui marquant dans une lettre que le payement serait proportionné aux faveurs ; qu'elle avait capitulé d'abord, mais sans autre dessein que de tirer de lui quelque somme considérable qui pût servir à nous faire vivre commodément ; qu'il l'avait éblouie par de si magnifiques promesses qu'elle s'était laissé ébranler par degrés ; que je devais juger pourtant de ses remords par la douleur dont elle m'avait laissé voir des témoignages, la veille de notre séparation ; que, malgré l'opulence dans laquelle il l'avait entretenue, elle n'avait jamais goûté de bonheur avec lui, non seulement parce qu'elle n'y trouvait point la délicatesse de mes sentiments et l'agrément de mes manières, mais parce qu'au milieu même des plaisirs qu'il lui procurait sans cesse, elle portait, au fond du cœur, le souvenir de mon amour, et le remords de son infidélité.

PRÉVOST, *Manon Lescaut.*

6 Alphonse Allais s'est amusé dans ce poème à accumuler les subjonctifs imparfaits. Trouvez les infinitifs des verbes, puis changez-les en subjonctifs présents sur le modèle suivant :

Ah ! fallait-il que je vous voie...

Complainte amoureuse

Ah ! fallait-il que je vous visse
Fallait-il que vous vous me plussiez
Qu'ingénument je vous le disse
Qu'avec orgueil vous vous tussiez ;
Fallait-il que je vous aimasse
Que vous me désespérassiez
Et qu'en vain je m'opiniâtrasse
Et que je vous idolâtrasse
Pour que vous m'assassinassiez.

Alphonse ALLAIS, *Œuvres,* © Robert Laffont, 1989.

7 Mettez les verbes entre parenthèses au temps et au mode qui convient. Dans quels cas y a-t-il un choix possible ?

1. Je ne pense pas qu'il (falloir) vous dépêcher. – **2.** Voulez-vous que je (prendre) des places pour ce spectacle ? – **3.** Les météorologues craignent que la tempête ne (s'abattre) sur cette région. – **4.** Si le premier tome de ce roman vous a plu et que vous (souhaiter) lire le second, dites-le moi pour que nous (pouvoir) le commander à temps. – **5.** Il faut que les navigateurs en solitaire (avoir) du sang-froid pour faire face à toutes les situations. – **6.** Qu'il (détenir) le record du saut en hauteur ne m'étonne pas. – **7.** Je ne suis pas sûre que ce film lui (plaire). – **8.** Quoiqu'il (savoir) à quoi s'en tenir, il continue à lui confier des missions de confiance. – **9.** Après qu'il (pleuvoir), l'eau envahit les caniveaux. – **10.** Avant qu'il (se mettre) à pleuvoir, les enfants rentrent sous le préau.

8 Mettez les verbes entre parenthèses à l'indicatif puis au subjonctif et expliquez la différence de sens.

1. Je cherche un appartement qui (avoir) un grand balcon. – **2.** Ce n'est pas une solution que l'on (pouvoir) négliger. – **3.** Il semble que le projet (être abandonné). – **4.** Il marche sur la pointe des pieds de sorte que je ne l'(entendre) pas. – **5.** Je souhaite avoir un correspondant qui (savoir) bien parler français. – **6.** Vous ne croyez pas que ce (être) la bonne solution, n'est-ce pas ? – **7.** Ne pensez-vous pas qu'il (falloir) répéter cette mise en garde ?

Employer

9 Écrivez la réponse du sous-préfet en reprenant un à un les arguments du chef d'entreprise.

Exemple : *Vous affirmez que... mais je vous signale que...*

Pour vous aider, vous trouverez à la suite du texte la loi de 1841 sur le travail des enfants.

Cambrai, le 29 novembre 1854

Monsieur le sous-préfet,

J'ai reçu la lettre que vous m'avez fait l'honneur de m'adresser le 27 de ce mois et je m'empresse d'y répondre.

La nature du travail de mes deux fabriques [distilleries] de Thun Saint-Martin et d'Iwuy ne me permet pas de l'interrompre comme cela se fait dans ma fabrique de cette ville [Cambrai] pour donner le temps aux enfants que nous employons de fréquenter les écoles : si vous exigez l'exécution rigoureuse de la loi, je serai obligé de renvoyer ces enfants pour les remplacer par des adultes ; ce sera une mesure fâcheuse pour les parents qui seront privés d'un salaire qui en ce moment leur est si nécessaire pour les aider à vivre ; dans une année où les denrées alimentaires sont à des prix très élevés, sans l'espoir de les voir baisser, je crois que l'autorité devrait fermer les yeux sur des infractions de la nature de celle que vous me signalez. Les enfants que nous occupons ont un travail effectif de dix heures, ils ont bien traités dans nos fabriques, si on les renvoie ils iront vagabonder ou mendier. [...]

[*signature illisible*]

Source : *CRDP de Lille,* cité dans *L'École des Lettres des collèges,* n° 8, 1997-1998.

Extraits de la loi de 1841

Article 1

Les enfants ne pourront être employés que sous les conditions déterminées par la présente loi.
1. dans les manufactures ; usines et ateliers [...]
2. dans toute fabrique occupant plus de vingt ouvriers.

Article 5

Nul enfant âgé de moins de douze ans ne pourra être admis qu'autant que ses parents ou tuteurs justifieront qu'il fréquente actuellement une des écoles publiques ou privées de la localité. Tout enfant admis devra, jusqu'à l'âge de douze ans, suivre une école. [...]

Article 12

En cas de contravention à la présente loi [...], les propriétaires ou exploitants des établissements seront traduits devant le juge de paix du canton et punis d'une amende [...].

10 Regardez et lisez attentivement cette publicité parue lors de la Semaine du goût. Elle comprend deux recettes de cuisine.

a. Choisissez l'une d'entre elles et transformez-la oralement sous forme de consignes que vous donneriez à un groupe de camarades. Vous emploierez systématiquement la tournure de phrase suivante : *Il faut que vous…*, en reprenant ensuite au subjonctif les instructions données dans le texte.

b. À vous d'inventer une recette futuriste ou de donner une recette traditionnelle que vous connaissez et appréciez.

Publicité parue dans le supplément de *L'Express*, n° 2466, 8 au 14 octobre 1998.

ORTHOGRAPHE

Le participe passé des verbes pronominaux

OBJECTIF

Maîtriser l'accord du participe passé dans les cas difficiles.

OBSERVATION

Le dîner

Debout à la fenêtre de sa chambre, Schmidt contemplait la morne descente du crépuscule… Dans la pièce voisine, il entendait les allées et venues de Forestier qui achevait son installation… Ne s'étant pas quittés un seul instant de la journée, et avec la perspective de se retrouver au repas du soir, ils aspiraient l'un et l'autre à quelques minutes de solitude…

Schmidt s'en vint frapper à sa porte.

– Je ne dérange pas ?

– Tu plaisantes… Entre donc…

L'électricité était allumée chez Forestier… Il y avait quelque chose de faux dans ce tutoiement auquel les astreignaient, pour le reste de leur vie, deux années passées, vingt ans plus tôt, à Polytechnique, deux années pendant lesquelles ils ne s'étaient pas peut-être en tout adressé dix fois la parole…

– Aimes-tu la chasse ?

– Je m'y suis essayé, pendant la guerre et les années qui ont suivi, moins par goût, je l'avoue, que par nécessité…

Au milieu de sa table de travail, il y avait une photographie dans un cadre de peluche réséda.

– Ma famille, expliqua Schmidt… Nous nous sommes résignés à nous séparer une fois de plus.

Pierre Benoît, *Le Soleil de minuit*, © Albin Michel, 1930.

Questions

➜ **1.** Quel est le point commun des formes verbales auxquelles appartiennent les participes passés en bleu ?

➜ **2.** Parmi les verbes en bleu, quel est celui qui n'existe qu'à la forme pronominale ?

➜ **3.** Quelle est la fonction du mot avec lequel s'accorde le dernier participe passé en bleu ? Quelles personnes physiques représente ce mot ?

➜ **4.** Comment justifiez-vous le pluriel du premier participe en bleu ?

➜ **5.** Pourquoi le deuxième des participes en bleu n'est-il pas lui aussi au pluriel ?

LEÇON

1. Règle de base

Les **temps composés** des verbes pronominaux ne se conjuguent qu'**avec l'auxiliaire *être*,** mais **lorsqu'un COD est exprimé,** l'accord de leur participe passé obéit aux **mêmes règles que** s'il était employé **avec l'auxiliaire *avoir*.**

2. Accord avec le sujet

Le participe passé est variable et **s'accorde avec le sujet** dans les cas suivants.

● S'il appartient à un verbe **exclusivement** pronominal (qui n'existe que sous une forme pronominale) :

→ ***Les garnements** se sont enfuis comme des voleurs.* (Le verbe **enfuir* n'existe pas.)

● S'il appartient à un verbe pronominal **de sens passif :**

→ ***Cette comédie** s'est jouée pendant des années* (s'est jouée = a été jouée).

3. Accord avec le COD

● Le participe passé des verbes pronominaux **de sens réfléchi** ou **réciproque** s'accorde **avec le COD** si celui-ci est placé **avant le verbe :**

→ *Elle **s'est** coupée.* (Le pronom *s'* est COD et représente le sujet *elle.*)

→ *Ils **se** sont rencontrés.* (Le pronom *se* est COD et représente le sujet *ils.*)

● Si le COD est placé avant le sujet du verbe pronominal, le participe passé s'accorde avec ce COD :

→ *La voiture **qu'il** s'est achetée est en panne.* (Le pronom *s'* est COI et ne peut influer sur l'accord, tandis que le pronom relatif *qu'* est COD et représente *voiture.*)

4. Participe invariable

Le participe passé est **invariable si le pronom qui fait partie du verbe pronominal est un COI.**

Dans ce cas, le verbe pronominal peut être :

■ **suivi d'un COD :**

→ *Elle s'est coupé **les cheveux.*** (*Les cheveux* est COD, le pronom *s'* est donc COI.)

Remarque : le COD ne prend pas forcément la forme d'un groupe nominal ; il peut s'agir d'une proposition subordonnée complétive :

→ *Elle s'est imaginé **qu'elle pourrait entrer facilement.***

■ **construit sans COD :**

→ *Les jours se sont succédé.* (Le pronom *se* est COI, le verbe *succéder* ne pouvant se construire avec un COD.)

→ *Elles se sont parlé longtemps.* (Le pronom *se* est COI, le verbe *parler* étant ici employé sans COD.)

QUELLE CLÉ UTILISER ?

Clé de la place

1 Pourquoi certains participes passés sont-ils invariables et d'autres variables ?

1. Elle s'est <u>rincé</u> les doigts au-dessus de l'assiette.
2. Elle s'est <u>acheté</u> un ordinateur.
3. Les cris se sont <u>rapprochés</u>.
4. Elle ne les a pas <u>comptés</u>.

Avec l'auxiliaire *avoir* et avec les verbes pronominaux, **il faut vérifier la place du complément d'objet direct du verbe s'il y en a un.**

■ Lorsque ce complément d'objet direct est placé avant l'auxiliaire, le participe passé s'accorde en genre et en nombre avec lui :
Les chemises ***que*** *nous avons* ***lavées*** *avec Marielle sentent bon.*
Marielle et Julie ***se*** *sont* ***lavées*** *avant les autres.*

■ Dans le cas contraire, il demeure invariable.

Clé de l'analyse

2 Classez les participes passés en quatre ensembles d'après leur situation (avec ou sans auxiliaire, auxiliaire employé, forme pronominale ou non).

1. Ils ont joué.
2. Tu es tombé.
3. Un enfant perdu.
4. Ils se sont aimés.
5. Ils sont connus.
6. Une serviette mouillée.
7. Nous nous sommes vus.
8. Elles auraient deviné.

La clef de l'analyse doit s'utiliser **en deux temps :**
a. identifier **le type de participe passé** auquel on a affaire : employé comme adjectif, employé avec *être*, employé avec *avoir*, appartenant à une forme pronominale ;
b. par rapport à chaque cas, identifier **les termes qui déterminent l'accord :**

■ Participe employé comme adjectif → le nom ou le pronom auquel le participe se rapporte :
Les objets perdus *ne nous encombrent plus.*

■ Participe employé avec *être*, employé dans une forme exclusivement pronominale, ou pronominale de sens passif → le sujet de l'auxiliaire :
Les feuilles sont tombées, les beaux jours *se sont* ***enfuis.***

■ Participe employé avec *avoir*, et dans les formes pronominales de sens réfléchi ou réciproque → le COD s'il existe et qu'il précède l'auxiliaire :
Nous remettons les chèques ***que*** *vous nous avez* ***donnés*** *aux gagnants qui se sont* ***manifestés.***

EXERCICES

1 Regroupez les mots soulignés en deux ensembles d'après leur fonction.

1. Le garçon <u>leur</u> a servi une bière.
2. Le garçon <u>les</u> a servis.
3. Elles <u>se</u> sont servies.
4. Elles <u>se</u> sont servi une bière.
5. Les explications <u>leur</u> ont bien servi.
6. La bière <u>qu'</u>il leur a servie est délicieuse.

2 Dans chaque phrase, introduisez à l'endroit indiqué [...] le groupe nominal qui la précède, et procédez aux modifications éventuelles.

1. Les bras – L'équipe de jour et l'équipe de nuit se sont croisées [...] dans les bureaux.
2. La joue – Son père s'est coupé [...] en se rasant.
3. De leur erreur – Les deux complices se sont aperçus [...] trop tard.
4. Les yeux – Elles se sont maquillées [...] avant de sortir.
5. De leurs bagages – Elles ne se sont séparées [...] que devant la porte de l'hôtel.

3 Expliquez pourquoi certains participes sont accordés alors que d'autres ne le sont pas.

1. Les filles se sont <u>donné</u> rendez-vous devant la basilique.
2. Sous la pression de leur famille, les deux agresseurs se sont <u>constitués</u> prisonniers.
3. Elle s'est <u>découvert</u> une passion pour le jeu d'échecs.
4. La nageuse américaine s'est tout de suite <u>vue</u> championne du monde.
5. On craignait que les villageois ne se soient <u>fait</u> justice eux-mêmes.

4 Choisissez le participe passé qui convient.

1. Elle s'était (sauvé/sauvée) pour aller ramasser une vieille poupée qu'elle s'était (mis/mise) à bercer avec tendresse.
2. En quinze ans, beaucoup de choses s'étaient (arrangés/arrangées).
3. La marquise essuya des larmes qui lentement s'étaient (mis/mises) à couler de ses yeux.
4. Elle s'est (piqué/piquée) l'index en cousant.
5. Cette île est imprenable, aucune embarcation ne s'en est jamais (approché/approchée).

5 Remplacez l'infinitif entre parenthèses par un passé composé.

1. Deux lustres de bronze (s'écraser) sur les dalles. (A. Londres)
2. Les bêtes (se réveiller), (s'ébrouer) et (s'enfuir) brusquement dans la prairie.
3. Alors la fillette (s'écarter) un peu du chemin. (M. Bonnet)
4. Certains grands ensembles (se dégrader) rapidement. (H. Vieillard-Baron)
5. De nombreux paysans (se livrer) à ce petit jeu. (D. Humbert)

6 Transformez les phrases selon l'exemple qui vous est donné.

Exemple : *Elles ont commis une grave erreur (se tromper).* → *Elles se sont gravement trompées.*

1. Après quelques hésitations les parachutistes ont brusquement sauté dans le vide. (se jeter)
2. Les clients déçus auront sans doute perdu patience. (s'impatienter)
3. Les nomades avaient bien fait halte au pied des montagnes bleues. (s'arrêter)
4. Elle ne lui avait jamais parlé sur un ton aussi arrogant. (s'adresser)
5. Dans ce pays les habitudes ont, semble-t-il, profondément changé. (se transformer)

7 Choisissez la forme qui convient et dites pourquoi c'est plus difficile dans certaines phrases.

1. La pluie s'est (mis/mise) à tomber.
2. Je déteste la fleur qu'elle s'est (mis/mise) dans les cheveux.
3. Elle ne s'était jamais (remis/remise) de la disparition de sa copine.
4. Elle s'était (mis/mise) en devoir de se débarrasser de ses bijoux.
5. La municipalité s'est (mis/mise) à l'heure de l'euro.

EXPRESSION ÉCRITE

Varier le rythme d'un récit

OBJECTIF

Maîtriser les moyens de donner un rythme au récit.

OBSERVATION

Les malheurs de Gaspard

Lorsque Gaspard eut dix ans, il fut le héros d'un nouveau drame manqué. C'était un jeudi d'automne, et il s'était sauvé pour aller cueillir des champignons dans le bois voisin. Il avait jeté sur son épaule un sac en poil de chevreuil. La feuille n'était pas tombée et il arriva qu'un chasseur le prît véritablement pour un chevreuil dans la confusion du taillis. Le chasseur était M. Steille, un avocat, hôte du notaire. Il chassait en compagnie du notaire et de deux amis autour d'une vaste enceinte. On avait lancé les chiens, sans savoir que Gaspard avait pénétré dans l'enceinte, et, lorsque l'avocat aperçut soudain le sac de Gaspard, il épaula et tira.

Par bonheur, au même instant, le chasseur, saisi d'un doute, avait relevé son arme. Comme il pressait sur la détente, il eut l'idée qu'il était impossible qu'un chevreuil se tînt immobile, alors que les chiens jetaient déjà leurs abois, et ce pressentiment le fit trembler juste assez pour dévier le coup. La balle effleura la tête de Gaspard, où elle traça un léger sillon sanglant. Après quoi, elle fila droit sur le village et pénétra par une fenêtre ouverte de la petite mairie pour aller fracasser le buste en plâtre de la République, posé sur une console. On retrouva la balle dans le mur, et le charron qui passait vers le bas du village prétendit dans la suite avoir entendu siffler cette balle à ses oreilles.

Questions

→ **1.** Quelle est la durée envisagée dans cet extrait ?

→ **2.** Quel fait est raconté de façon détaillée ? Pourquoi ?

→ **3.** Quelle période est passée sous silence ? Pourquoi ?

→ **4.** Dans le premier paragraphe, les faits sont-ils rapportés selon l'ordre chronologique ? Si non, rétablissez-le.

Il arrive qu'un chasseur tire au jugé sur un soupçon de poil, lorsque les bois ne sont pas encore éclaircis. L'avocat n'aurait pas dû être posté à cet endroit, dans un bois si proche de l'agglomération et avec une arme qui avait une trop longue portée. On discuta l'affaire, mais, comme pour l'aventure de la camionnette, on fut horrifié par le danger qu'avait couru Gaspard, autant que par le résultat dérisoire de l'accident. [...]

Dans les deux années qui suivirent, il se produisit d'autres événements, que je ne rapporte pas, car ils sont moins significatifs. La dernière aventure dont il fut beaucoup parlé se passa lorsque Gaspard eut ses douze ans. Cette dernière aventure frappa les esprits de façon singulière.

André DHÔTEL (1900-1991), *Le Pays où l'on n'arrive jamais*, © P. Horay.

LEÇON

Dans un récit, le temps de l'histoire ne s'écoule pas de manière uniforme et régulière. Le narrateur peut choisir de ne pas raconter certains faits, d'en développer d'autres, plus longuement, en multipliant les détails. Il peut ainsi développer, résumer, accélérer ou ralentir le rythme du récit.

1. L'ordre des faits

On peut raconter une histoire en présentant les faits dans l'ordre où ils seraient censés se dérouler dans la vie, c'est-à-dire selon l'ordre chronologique.
Cependant, le narrateur peut choisir de faire des retours en arrière ou, au contraire, des anticipations sur l'ordre chronologique des événements.

• Le retour en arrière

C'est un procédé très souple, utilisé souvent dans les récits. Il offre diverses possibilités :
- insérer un récit dans le récit ;
- rapporter les souvenirs d'un personnage ;
- rendre compréhensible le comportement d'un personnage ou le laisser prévoir ;
- donner des informations qui conditionnent la suite de l'histoire ;
- créer du suspense en ralentissant la solution d'une énigme ;
- commencer le récit des événements alors que l'action est déjà engagée (introduction *in medias res*) et revenir ensuite en arrière.

• L'anticipation

Plus rarement, le narrateur peut annoncer ou faire allusion à des faits qui se dérouleront plus tard. C'est un procédé qui permet de **relâcher la tension** dans une scène de grand péril (on indique que le héros s'est tiré sain et sauf du danger). Un dosage subtil d'anticipations et de retours en arrière casse la linéarité du récit et accroît son intérêt.

2. Le rythme du récit

L'auteur peut accélérer ou ralentir le rythme du récit. La vitesse narrative s'apprécie en comparant **la durée de la narration** et **la durée de l'histoire racontée** :
– la durée de la narration se mesure en lignes, en pages, en volume de texte ;
– la durée de l'histoire se mesure en heures, jours, années de l'histoire racontée.
Le rythme varie en fonction du volume que l'auteur consacre aux faits qu'il raconte.

• La pause

Elle **suspend le temps de l'histoire** : c'est un « arrêt sur image ». Le narrateur interrompt le récit des faits pour développer une description, un portrait ou un commentaire.

• Le ralenti

Comme au cinéma ou à la télévision, par le procédé du ralenti, **la narration développe longuement ce qui ne prend que très peu de temps dans l'histoire** : le récit peut « étirer » l'évocation de quelques secondes, pour renforcer la tension dramatique, ou faire part des pensées, du monologue intérieur des personnages.

• La scène

Elle correspond à un moment fort, important, de l'histoire. **Le temps de la narration et le temps de l'histoire coïncident** : les événements sont racontés en détail, presque en temps réel : les paroles ou les pensées des personnages sont rapportées au discours direct, comme si elles étaient réellement prononcées.

• Le sommaire

Dans un récit, il arrive que **le narrateur résume certains événements**, soit parce qu'ils sont secondaires, soit parce qu'ils ont déjà été racontés en détail et que le lecteur les connaît déjà ; le récit semble alors s'accélérer : cinquante années peuvent s'écouler en une seule ligne !

• L'ellipse

L'ellipse correspond à un silence, à un saut dans le temps. **La narration passe sous silence une période de l'histoire** : c'est le cas quand une période de l'histoire ne comporte aucun fait marquant, ou au contraire, quand un fait est si important que le lecteur ne doit en avoir connaissance que le plus tard possible (cas des romans policiers à énigme).

POUR RÉCAPITULER

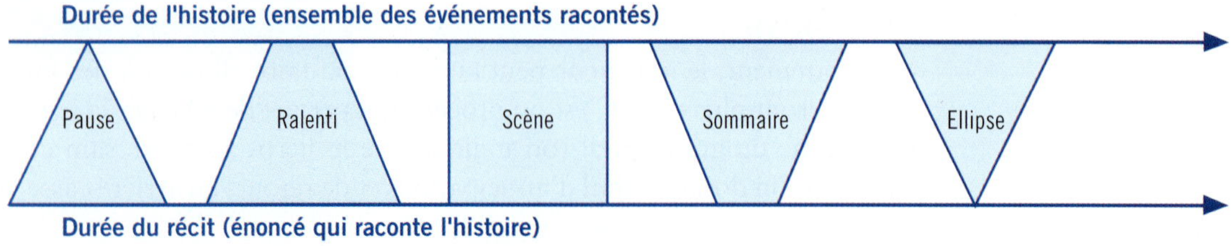

EXERCICES

1 Quel procédé d'écriture permet, dans le texte suivant, de donner une impression de rapidité ? Utilisez ce procédé pour rapporter un incident dont vous avez été témoin.

L'archevêque de Reims revenait hier fort vite de Saint-Germain, c'était comme un tourbillon ; il croit bien être grand seigneur, mais ses gens le croient encore plus que lui. Ils passaient au travers de Nanterre, tra tra tra ! Ils rencontrent un homme à cheval, gare, gare ! Ce pauvre homme veut se ranger, son cheval ne veut pas ; et enfin, le carrosse et les six chevaux renversent cul par-dessus tête le pauvre homme et le cheval, et passent par-dessus, et si bien par-dessus, que le carrosse en fut versé et renversé ; en même temps l'homme et le cheval, au lieu de s'amuser à être roués et estropiés, se relèvent miraculeusement, remontent l'un sur l'autre, et s'enfuient et courent encore, pendant que les laquais de l'archevêque et le cocher, et l'archevêque même, se mettent à crier : « Arrête, arrête ce coquin, qu'on lui donne cent coups ! » L'archevêque, en racontant ceci, disait : « si j'avais tenu ce maraud-là, je lui aurais rompu les bras et coupé les oreilles. »

Madame DE SÉVIGNÉ, *Lettre à sa fille* (5 février 1674).

2 Voici le début d'une nouvelle de science-fiction. Continuez l'histoire en insérant un retour en arrière explicatif.

Harry Wright roula sur lui-même et dit quelque chose qui pouvait s'épeler Bzzz zhha-a-aw ! Il mâchonna une bouchée d'air sec qu'il recracha, ouvrit un œil, histoire de s'assurer qu'il s'ouvrait effectivement, ouvrit l'autre, referma le premier, referma le second, s'assit sur son lit, les pieds par terre, rouvrit les deux yeux et s'étira.

Cette séquence d'événements se répétait uniformément chaque jour et la seule chose qui la rendait remarquable était que cette gymnastique avait lieu un mercredi matin et que…

Hier, c'était lundi.

On était mercredi : sur ce point, Harry était formel. En partie parce que, bien qu'il sût que la veille avait été le lundi, il y avait un trou entre ce lundi et et le moment présent. Un trou qui devait forcément être le mardi. Quand on s'endort, qu'on passe toute la nuit sans rêver, on sait alors qu'on se réveille et qu'un certain laps de temps s'est écoulé. On n'a rien fait qu'il soit possible de se re-rappeler, on n'a pas eu de pensées particulières, on n'a aucun moyen de mesurer l'écoulement du temps et l'on sait, cependant, que des tas d'heures ont passé.

C'est exactement ce qui se passait pour Harry Wright. Le mardi s'en était allé là où avaient disparu vos huit heures de sommeil nocturne.

Mais il n'avait pas dormi toute la journée du mardi. Absolument pas. En fait, il ne dormait jamais plus de six heures d'affilée et il n'y avait aucune raison pour qu'il changeât brusquement d'habitude. Lundi, c'était avant-hier. Il s'était couché, avait dormi comme il dormait habituellement, il s'était réveillé… et on était mercredi.

C'était mercredi. Il le sentait physiquement. Il y avait du mercredi dans l'air.

Théodore STURGEON (né en 1918), *Hier, c'était lundi* (1941), nouvelle parue dans Jacques SADOUL, *Anthologie de la littérature de science-fiction*, Ramsay, 1981.

3 Développez le récit suivant en imaginant les étapes qui ne sont pas racontées ici et en variant le rythme du récit.

La conquête

Quand les guerriers venus d'une lointaine galaxie entrèrent pour la première fois en contact avec notre monde, ils débarquèrent en pleine brousse, au cœur de l'Afrique.

Un an plus tard, ils revinrent en force pour conquérir la Terre, armés d'arcs, de lance-pierres et de boucliers. Mais cette fois, ils débarquèrent aux États-Unis entre New York et Boston.

Jacques STERNBERG, *Contes glacés*, © Marabout, 1974.

FICHE D'AUTOÉVALUATION

Exercices 2 et 3

→ **1.** J'ai écrit un récit complet et cohérent, comportant un retour en arrière.

→ **2.** J'ai inséré au moins deux pauses pour une description ou un commentaire.

→ **3.** J'ai fait au moins une ellipse et un sommaire.

→ **4.** J'ai développé au moins deux scènes par un dialogue au discours direct.

EXPRESSION ORALE

Faire valoir son point de vue

OBJECTIF
Utiliser des procédés pertinents pour faire valoir son point de vue.

OBSERVATION

Réponse à tout

QUINO, *Encore Mafalda*, tome 2, © Glénat, 1980.

Questions

➜ **1.** Vignette 1 : dans quel but Susanita pose-t-elle une question : obtenir une information ? embarrasser Mafalda ? donner à Mafalda l'occasion de se valoriser ?

➜ **2.** Vignettes 1 et 2 : quel procédé Mafalda utilise-t-elle pour répondre à Susanita ?

➜ **3.** Vignettes 2 et 4 : comment Susanita s'y prend-elle pour avoir le dernier mot : joue-t-elle sur l'émotion ? sur le raisonnement ? sur la force de l'affirmation ?

LEÇON

Pour faire valoir son point de vue, on peut utiliser différents moyens, selon l'interlocuteur, la situation de communication, sa propre personnalité ou l'image que l'on désire donner de soi-même.

● L'émotion

Jouer sur l'émotion, c'est **persuader** en jouant sur l'affectivité. L'émetteur fait tout pour se rapprocher de son interlocuteur en établissant une **complicité** avec lui : il montre qu'il le comprend en utilisant le « *nous* », ou « *comme vous, comme toi* », « *je vous rejoins tout à fait ; je ressens la même chose que vous, nous sommes donc entièrement d'accord* ».

• L'effet d'autorité

Pour persuader sans s'appuyer sur le raisonnement, l'émetteur peut employer plusieurs tactiques.

La force de l'affirmation

L'émetteur parle avec aplomb, se montre sûr de lui. Il utilise des formes impersonnelles et les prononce avec fermeté : « *il faut, il est nécessaire, il est absolument évident* ».

La protestation de sa bonne foi

L'émetteur affiche une bonne foi que son interlocuteur n'osera pas mettre en cause sous peine de se monter insultant : « *Pourquoi voudriez-vous que je vous cache la vérité, dites-moi ?* »

La référence à la tradition, aux usages

L'émetteur se réfère à des valeurs et utilise des expressions telles que « *l'usage veut que..., selon les règles de la bienséance, de tout temps* », etc.
Cet effet persuasif devient dissuasif si l'affirmation est un lieu commun, un cliché.

• La logique

- L'émetteur recourt à une **démonstration méthodique** et fait appel au **raisonnement.**

Il utilise la raison pour réorganiser ou réfuter la thèse de son interlocuteur. Le discours logique s'appuie sur un raisonnement, un enchaînement des idées. Il contient des mots organisateurs exprimant des relations de cause et d'effet : *parce que... c'est pourquoi, donc, or....*

- Ce procédé est le plus honnête, car il ne manipule pas l'interlocuteur. Cependant, une argumentation purement logique risque de lasser si l'on n'y sent aucune émotion, aucun engagement personnel.

EXERCICES

1 Mettez en scène avec un(e) camarade les situations suivantes. Vous utiliserez la stratégie adaptée à la situation ou combinerez différentes stratégies.

1. Vous entrez dans un magasin et vous demandez à une charmante vendeuse le tee-shirt bleu de taille trente-huit que vous avez vu en vitrine. Elle vous quitte un instant et revient en vous disant qu'elle n'a plus ce modèle mais que ce n'est pas grave puisqu'elle vous en recommande un jaune, de taille quarante qui, selon elle, vous ira parfaitement. Vous refusez avec tact et courtoisie.
2. Un(e) ami(e) vous demande de lui prêter cent francs alors qu'il (elle) ne vous a toujours pas rendu les deux cents francs que vous lui aviez avancés pour le (la) dépanner. Vous refusez fermement tout en veillant à préserver une amitié à laquelle vous tenez beaucoup.

2 Mettez en scène avec plusieurs camarades les situations suivantes.

1. Vous passez quelques jours aux sports d'hiver. Un après-midi, plusieurs camarades tentent tour à tour de vous convaincre de les accompagner dans une sortie hors piste. Vous résistez à chacun en utilisant plusieurs des stratégies évoquées dans la leçon.
2. Vous dînez chez des parents proches. La maîtresse de maison tient absolument à vous faire goûter plusieurs gâteaux qu'elle a préparés. Soucieux(-euse) de votre ligne, vous refusez d'abord poliment, puis excédé(e) par l'insistance de vos hôtes, vous devenez plus catégorique.

BILAN

Le verbe dans la phrase

1 10 points

Conjuguez les verbes entre parenthèses aux temps qui conviennent.

L'automne de l'année 1803 (être) un des plus beaux de la première période de ce siècle que nous (nommer) l'Empire. En octobre, quelques pluies (rafraîchir) les prés, les arbres étaient encore verts et feuillés au milieu du mois de novembre. Aussi le peuple commençait-il à établir entre le ciel et Bonaparte, alors déclaré consul à vie, une entente à laquelle cet homme (devoir) l'un de ses prestiges ; et, chose étrange ! le jour où, en 1812, le soleil lui (manquer), ses prospérités (cesser). Le quinze novembre de cette année, vers quatre heures du soir, le soleil (jeter) comme une poussière rouge sur les cimes centenaires de quatre rangées d'ormes d'une longue avenue seigneuriale ; il (faire) briller le sable et les touffes d'herbe d'un de ces immenses ronds-points qui (se trouver) dans les campagnes où la terre fut jadis assez peu coûteuse pour être sacrifiée à l'ornement. L'air était si pur, l'atmosphère était si douce, qu'une famille (prendre) alors le frais comme en été.

Honoré de BALZAC, *Une ténébreuse affaire*.

2 10 points

a. Relevez les formes passives, et récrivez-les à la forme active.

b. Relevez les verbes pronominaux.

c. Comment est construit le groupe verbal souligné ?

[...] Il fut reçu par la vieille Zarri qui, très aimable, le fit passer dans la chambre de sa fille et lui avança un fauteuil. Fatigué d'avoir grimpé un peu vite les étages, il s'assit, ne doutant pas de voir apparaître Angiolina.

– Elle n'est pas encore revenue, dit la vieille en jetant un regard vers le corridor comme si elle aussi s'était attendue à voir surgir sa fille.

– Elle n'est pas là ? balbutia Émilio.

Sa déception était assez douloureuse pour qu'il n'en crût pas ses oreilles.

– Je ne comprends rien à ce retard, continua la maman Zarri, les yeux toujours braqués sur la porte. Elle aura été retenue par Mme Deluigi.

– À quelle heure au plus tard pourrait-elle rentrer ? demanda-t-il.

– Je ne sais pas, répondit la vieille d'un ton ingénu. Il se peut qu'elle soit là d'un moment à l'autre, mais si elle a déjeuné chez les Deluigi, elle pourrait aussi bien ne rentrer que ce soir. [...] Toutefois je ne pense pas qu'elle déjeune dehors, puisque son repas est préparé ici.

Observateur aigu, Émilio se rendit parfaitement compte que tous ces doutes étaient feints et que la vieille sorcière devait savoir qu'Angiolina ne rentrerait pas de sitôt.

Italo SVEVO, *Senilità*,

3 10 points

Mettez les verbes entre parenthèses aux modes et aux temps qui conviennent. Lesquels sont obligatoirement au subjonctif ?

La Veuve Laure

Elle (aimer) bien les hommes et les cerises.

Elle les (aimer) encore, les cerises et les hommes, malgré son âge, et elle devrait avoir plus près de soixante-dix ans que de soixante.

Ce matin, Philippe la trouve perchée dans notre cerisier. Il la (faire) d'abord descendre, puis il s'étonne que, si grosse et si lourde quand elle marche, elle (pouvoir) grimper à l'arbre.

« Chétif gars ! dit la veuve Laure sans se fâcher, qu'est-ce que ça peut te faire que je (manger) des cerises véreuses que vous laissez perdre ?

– Ce n'est pas tant à cause des cerises, dit Philippe ; c'est surtout parce que tu (tomber) du cerisier.

– J'ai l'habitude, répond la veuve Laure ; autrefois je ne (descendre) pas avant d'avoir avalé mes sept ou huit livres de cerises. »

Il semble qu'elle (devoir) sa mine au jus de toutes ces cerises. Son teint rouge a été d'un joli rose.

Il n'est pas encore désagréable à regarder et bien qu'elle (être) énorme, lasse et molle, ses restes de couleur attirent les hommes qui (aller) sur les chemins.

Jules RENARD, *Nos Frères farouches*.

5

Les relations spatio-temporelles et logiques

GRAMMAIRE

Chapitre 14

GRAMMAIRE

La situation dans l'espace

OBSERVATION

Un rite sacré

Créon, roi de Thèbes, a interdit sous peine de mort que le corps du rebelle Polynice soit enseveli. Mais quelqu'un a bravé son interdiction...

LE SOLDAT. – Prince, tu n'as pas devant toi un homme essoufflé. Je ne dirai pas que j'aie couru vers toi d'un pied léger. Plus d'une fois j'ai fait halte pour réfléchir. En marchant, je ne pensais qu'à tourner les talons. Ma tête travaillait. Elle me parlait tout le temps : « Malheureux, disait-elle, pourquoi vas-tu où tu seras puni ? » Mais l'instant d'après : « Malheureux, disait-elle, hâte-toi. Si Créon l'apprend d'un autre, il t'en cuira. » Avec ces réflexions je n'avançais pas vite. La route est courte ; elle est devenue longue. Pour finir, me voilà... [...]

CRÉON. – Je veux un récit détaillé. Explique-toi.

LE SOLDAT. – Voici l'affaire. Quand j'eus rapporté tes menaces à mes camarades, nous avons ôté la terre qui recouvrait le corps et nous l'avons laissé tout nu sur le sol. Il pourrissait déjà et, à cause de l'odeur, nous nous sommes assis à quelque distance sur un tertre éventé. De temps à autre, nous échangions quelques injures, pour piquer notre vigilance. Le temps se traînait. Le disque du soleil atteignit le milieu de sa course. Son ardeur nous brûlait... Tout à coup s'élève dans la plaine un ouragan furieux, qui ravage les arbres des vergers, soulève des tourbillons de poussière, obscurcit le vaste ciel. Les yeux fermés, nous laissons passer le fléau divin... Enfin le vent s'apaise, et nous voyons soudain la jeune fille[1] debout près du mort. Elle poussait des cris aigus, comme un oiseau désolé devant sa couvée dévastée. Son désespoir, devant le corps nu de son frère, se répandait en gémissements, éclatait en imprécations terribles contre les auteurs du sacrilège. Ensuite elle va chercher de la terre à pleines mains, elle en recouvre le corps avec grand soin ; puis, versant l'eau d'un vase de bronze, trois fois elle honore le mort d'une libation selon le rite...

SOPHOCLE, *Antigone*, trad. André Bonnard, © Éd. Rencontre, Lausanne, 1967.

1. La jeune fille : *Antigone, sœur de Polynice et nièce de Créon.*

Questions

→ **1.** Autour de quel personnage les groupes de mots en rose organisent-ils les faits et les actions dans l'espace ?

→ **2.** Autour de quel autre personnage les groupes de mots en bleu organisent-ils les faits et les actions dans l'espace ?

→ **3.** Par quels mots les différents groupes de mots en couleur sont-ils introduits ? Quelle est la nature de ces mots ?

→ **4.** Quelle est la particularité du groupe de mots en couleur (mot introducteur, nature du groupe) ?

LEÇON

• Situer dans l'espace, c'est préciser certaines **positions** ou certains **déplacements.**
• On distingue les positions qui se situent **par rapport à l'émetteur,** et les positions qui se situent **par rapport à un autre point de référence.**

1. Les positions

● Les positions relatives à l'émetteur

L'émetteur organise l'espace **par rapport à sa propre position.** Cette situation peut être accompagnée d'un geste :

➜ *Je suis* ***ici****, devant toi. Il est parti* ***là-bas****.*

● Les positions relatives à un autre point de référence

On distingue :

- la position **en un point géographique** *(à, au)* :
  ➜ *Le palais de Créon est* ***à*** *Thèbes.*
- la position **dans un espace** *(dans ; à l'intérieur de ; au-dedans de ; en ; chez…)* :
  ➜ *Antigone vit* ***à l'intérieur*** *du palais.*
- la position **à l'extérieur d'un espace** *(hors de ; au-dehors ; à l'extérieur…)* :
  ➜ *Les ennemis sont* ***à l'extérieur*** *des remparts.*

2. Les déplacements

● L'approche (*aller vers*)

Le mouvement s'effectue **en direction d'un point.**
Il s'exprime à l'aide de verbes : *aller, se diriger…* associés à des prépositions : *à ; vers ; pour ; jusqu'à…*

● L'éloignement (*venir de*)

Le mouvement est décrit **à partir d'un point d'où l'on s'éloigne.**
Il s'exprime à l'aide de verbes : *venir, s'éloigner, sortir…*, souvent associés à des prépositions : *de, depuis, dès, à partir de…*

● Le parcours (*passer par*)

Le mouvement se déplace **à travers un espace.**
Il s'exprime à l'aide de verbes : *passer, se promener…*, souvent associés à des prépositions : *dans, par, à travers, au travers de…*

3. Les moyens d'exprimer le lieu

● Des mots de différentes natures

- des **noms** : *la gare, la rivière, la forêt, la rue, le village, l'autoroute, la haie, le château, le balcon, la cuisine, la salle à manger…*
- des **verbes** : *border, contourner, dépasser, dominer, s'écarter de, enjamber, entourer, être en vue de, franchir, fuir, gagner, longer…*

- des **adjectifs** : *central, contigu, droit, extérieur, gauche, lointain, marginal, méridional, mitoyen, occidental, parallèle, périphérique, supérieur, voisin…*
- des **prépositions** : *à, à la suite de, à même, à travers, au-delà de, au-dessus de, chez, de, en deçà de, en dessous de, en face de, entre, hors de, jusqu'à…*
- des **adverbes** : *ici / là-bas ; à gauche / à droite ; en haut / en bas ; dehors / dedans ; en avant / en arrière ; partout / nulle part…*

● Différentes fonctions grammaticales

- des **compléments essentiels :**

  → *Je suis* ***au palais****. Je reviens* ***du palais****. Je vais* ***à Thèbes****.* (GN)

- des **compléments déterminatifs :**

  → *Le convoi* ***pour Thèbes*** *est parti dans la nuit.* (GN)

  → *Le stade* ***où les athlètes vont courir*** *se trouve près du temple de Zeus.* (proposition subordonnée relative)

- des **compléments circonstanciels,** parmi lesquels :

– des groupes nominaux :

  → *Les athlètes courent* ***dans le stade.***

– des propositions subordonnées introduites par une locution conjonctive de subordination *(aussi loin que, du plus loin que, de si loin que…) :*

  → *Les athlètes sont acclamés* ***du plus loin qu'on les aperçoit.***

Pour l'expression écrite

■ Pour ordonner une description, on dispose de plusieurs moyens, en particulier la répartition de la réalité en **trois plans de profondeur :**

Le premier plan	Il se situe le plus près de l'émetteur. Chaque élément est vu dans tous ses détails.
Le deuxième plan	Il est intercalé entre le premier et l'arrière-plan. On distingue les détails les plus importants.
L'arrière-plan	Il est le plus éloigné de l'émetteur. Dans un paysage, c'est ce qui est proche de l'horizon. On ne distingue que les formes générales.

RÉSUMÉ

1. Situer dans l'espace, c'est indiquer des **positions** et des **déplacements.**

2. On distingue :
– les **positions relatives à l'émetteur** et les **positions relatives à un autre point de référence ;**
– les mouvements d'**approche,** d'**éloignement,** de **parcours.**

3. Les **moyens** de situer dans l'espace sont nombreux :
– **mots de différentes natures** (noms, verbes, adjectifs, prépositions…) ;
– **différentes fonctions grammaticales** (compléments essentiels, compléments de détermination, compléments circonstanciels).

EXERCICES

Identifier

1 Relevez dans ce texte les différents mots et expressions qui indiquent les déplacements du narrateur.

Certain jour, errant dans la partie élevée de la plaine de Cachena, harassé de fatigue, mourant de soif, brûlé par un soleil de plomb, je donnais au diable de bon cœur César et les fils de Pompée[1], lorsque j'aperçus, assez loin du sentier que je suivais, une petite pelouse verte parsemée de joncs et de roseaux. Cela m'annonçait le voisinage d'une source. En effet, en m'approchant, je vis que la prétendue pelouse était un marécage où se perdait un ruisseau, sortant, comme il semblait, d'une gorge étroite entre deux hauts contreforts de la sierra de Cabra. Je conclus qu'en remontant je trouverais de l'eau plus fraîche, moins de sangsues et de grenouilles, et peut-être un peu d'ombre au milieu des rochers. À l'entrée de la gorge, mon cheval hennit, et un autre cheval, que je ne voyais pas, lui répondit aussitôt. À peine eus-je fait une centaine de pas que la gorge, s'élargissant tout à coup, me montra une espèce de cirque naturel parfaitement ombragé par la hauteur des escarpements qui l'entouraient.

Prosper MÉRIMÉE, *Carmen*.

1. Au début de *Carmen*, le narrateur se présente comme voyageant en Andalousie en 1830. Il recherche près de Marbella le lieu de la dernière bataille de César « contre les champions de la République ».

2 Dans cette évocation d'un soleil couchant, quelle est la position de l'observateur ? Relevez les différents éléments du paysage et situez-les par rapport à lui.

Soleil couchant – La mer de Bretagne

Les ajoncs éclatants, parure du granit,
Dorent l'âpre sommet que le couchant allume ;
Au loin, brillante encor par sa barre d'écume,
La mer sans fin commence où la terre finit.

À mes pieds, c'est la nuit, le silence. Le nid
Se tait, l'homme est rentré sous le chaume qui fume,
Seul l'Angélus du soir, ébranlé dans la brume,
À la vaste rumeur de l'Océan s'unit.

Alors, comme du fond d'un abîme, des traînes,
Des landes, des ravins, montent des voix lointaines
De pâtres attardés ramenant le bétail.

L'horizon tout entier s'enveloppe dans l'ombre,
Et le soleil mourant, sur un ciel riche et sombre,
Ferme les branches d'or de son rouge éventail.

José-Maria de HEREDIA, « Soleil couchant – La mer de Bretagne », *Les Trophées*, 1893.

3 Relevez les différents compléments de lieu et précisez la fonction de chacun d'eux (complément essentiel, complément déterminatif ou complément circonstanciel).

Quatre jours à travers les montagnes ; la route – c'est plutôt une piste –, parfois bordée de parois vertigineuses, traversant aussi des vallées où s'étalent de simples maisonnettes et de fières églises bâties en pierres dures. Des troupeaux de moutons blancs ou noirs paissent ici ou là. On croise même parfois des lamas, devenus bien rares à Cuzco[1], cheminant dignement, la tête dressée, les oreilles droites. Les paysans rencontrés portent des feutres et des vêtements sombres ; les femmes, sous leur longue robe, vont souvent nu-pieds. Aux arrêts, elles offrent de la nourriture pour quelques piécettes. Manuel achète aussi de quoi manger, mais en économisant au maximum. Sa poche est peu garnie… encore un souci. Au plus haut sommet de la montagne traversée, l'altitude dépasse cinq mille mètres, c'est-à-dire environ le double de celle de Cuzco ; l'oxygène est rare, certains ont du mal à respirer.

Bertrand SOLET, « Sur la piste de l'or », *Je Bouquine*, n° 125, juillet 1994, © Bayard Presse.

1. Cuzco : *ville du Pérou méridional.*

Transformer

4 Retrouvez l'ordre de ce portrait, sachant que le narrateur décrit le visage de haut en bas.

1. un menton pointu, rasé avec le plus grand soin,
2. et, au-dessous de la place où ils devraient être, faites deux trous, dans lesquels vous mettrez un œil froid comme du verre, presque toujours fixe, et qu'on croirait d'autant plus volontiers inanimé qu'on chercherait vainement en eux le point lumineux que Dieu a mis dans l'œil comme une étincelle de foyer de la vie.
3. Figurez-vous un visage de forme ovale, au front poli comme l'ivoire, aux cheveux rares et fauves ayant poussé de distance en distance comme des touffes de buisson dans une plaine.
4. Un nez sec, mince, long et pointu,
5. Ces yeux sont bleus comme le saphir, sans douceur, sans dureté. Ils voient, cela est certain, mais ils ne regardent pas.
6. tels étaient les traits caractéristiques du spectateur voisin d'Hoffmann.
7. Supprimez les sourcils,
8. une bouche petite, aux lèvres entrouvertes sur des dents non pas blanches, mais de la même couleur

cireuse que la peau, comme si elles eussent reçu une légère infiltration de sang pâle et s'en fussent colorées,

d'après Alexandre DUMAS, *La Femme au collier de velours.*

5 Au début de *Rhinocéros,* d'Eugène Ionesco, cette didascalie apporte de nombreuses précisions sur le décor. Utilisez-les pour faire un dessin de la scène telle qu'elle apparaît au lever du rideau.

Décor

Une place dans une petite ville de province. Au fond, une maison composée d'un rez-de-chaussée et d'un étage. Au rez-de-chaussée, la devanture d'une épicerie. On y entre par une porte vitrée qui surmonte deux ou trois marches. Au-dessus de la devanture est écrit en caractères très visibles le mot « ÉPICERIE ». Au premier étage, deux fenêtres qui doivent être celles du logement des épiciers. L'épicerie se trouve donc dans le fond du plateau, mais assez sur la gauche, pas loin des coulisses. On aperçoit, au-dessus de la maison de l'épicerie, le clocher d'une église, dans le lointain. Entre l'épicerie et le côté droit, la perspective d'une petite rue. Sur la droite, légèrement en biais, la devanture d'un café. Au-dessus du café, un étage avec une fenêtre. Devant la terrasse de ce café : plusieurs tables et chaises s'avancent jusque près du milieu du plateau. Un arbre poussiéreux près des chaises de la terrasse. Ciel bleu, lumière crue, murs très blancs. C'est un dimanche, pas loin de midi, en été. Jean et Béranger iront s'asseoir à une table de la terrasse.

Eugène IONESCO, *Rhinocéros,* © Gallimard, 1959.

Employer

6 Voici l'évocation qu'Albert Camus fait du trajet qu'il accomplissait chaque matin pour aller à l'école. Repérez les nombreuses indications de lieu qu'il donne et, à votre tour, rédigez avec la même précision la description d'un trajet qui vous est familier.

Les enfants se hâtaient ensuite, pèlerines au vent si c'était l'hiver, et faisant claquer leurs spartiates[1] (appelées mevas) si c'était l'été, vers l'école et le travail. Un coup d'œil aux étalages de fruits en traversant le marché, et selon la saison des montagnes de nèfles, d'oranges et de mandarines, d'abricots, de pêches, de melons, de pastèques défilaient autour d'eux qui ne goûteraient, et en quantité limitée, que les moins chers d'entre eux ; deux ou trois passes à cheval d'arçons sans lâcher le cartable, sur le gros bassin vernissé du jet d'eau, et ils filaient le long des entrepôts du boulevard Thiers, encaissaient en pleine figure l'odeur d'oranges qui sortait de l'usine où on les pelait pour préparer des liqueurs avec leur écorce, remontaient une petite rue de jardins et de villas, et débouchaient enfin sur la rue Aumerat grouillante d'une foule enfantine qui, au milieu des conversations des uns et des autres, attendait l'ouverture des portes.

Cahiers Albert CAMUS 7, *Le Premier Homme,* © Gallimard, 1994.

1. Spartiates : *sandales faites de lanières de cuir croisées.*

7 Relevez les notations angoissantes dans la description de ce paysage, puis récrivez-la de telle manière qu'il s'en dégage une impression de paix et de sérénité.

Quand Erwan quitta la grand-route, l'après-midi touchait à sa fin. Un pâle soleil filtrait à travers les sapins. Ici ou là, la première neige éclaboussait la roche grise. À mesure qu'il approchait du but, le paysage devenait plus étrange, plus hostile. Une brume immobile enlaçait les collines. La végétation jusqu'alors souriante disparaissait sous un lichen vénéneux. Les arbres tordaient leurs branches dénudées en une muette prière. Des massifs de ronces hérissaient les ravins. Aucun chant d'oiseau ne venait troubler le silence. Comme si la vie, sur ces hauteurs silencieuses, avait été chassée par quelque menace, par quelque terreur.

Michel HONAKER, *Erwan le Maudit,* © Rageot, Cascade, 1995.

8 Décrivez les quatre personnages représentés sur ce tableau de Jan Vermeer (comptez-les bien !). Vous veillerez à préciser dans quel plan il se situent : *Au premier plan, on voit...*

Jan VERMEER de DELFT (1632-1675), *La Jeune Fille au verre de vin,* musée Herzog Anton Ulrich de Brunswick, Allemagne.

Chapitre 15

GRAMMAIRE

La situation dans le temps

OBSERVATION

Lever de rideau

LE PROLOGUE. – [...] Cet homme robuste, aux cheveux blancs, qui médite là, près de son page, c'est Créon. C'est le roi. Il a des rides, il est fatigué. Il joue au jeu difficile de conduire les hommes. Avant, du temps d'Œdipe, quand il n'était que le premier personnage de la cour, il aimait la musique, les belles reliures, les longues flâneries chez les petits antiquaires de Thèbes. Mais Œdipe et ses fils sont morts. Il a laissé ses livres, ses objets, il a retroussé ses manches et il a pris leur place.

Quelquefois, le soir, il est fatigué, et il se demande s'il n'est pas vain de conduire les hommes. Si cela n'est pas un office sordide qu'on doit laisser à d'autres, plus frustes... Et puis, au matin, des problèmes précis se posent, qu'il faut résoudre, et il se lève, tranquille, comme un ouvrier au seuil de sa journée.

La vieille dame qui tricote, à côté de la nourrice qui a élevé les deux petites, c'est Eurydice, la femme de Créon. Elle tricotera pendant toute la tragédie jusqu'à ce que son tour vienne de se lever et de mourir. Elle est bonne, digne, aimante. Elle ne lui est d'aucun secours. Créon est seul. Seul avec son petit page qui est trop petit et qui ne peut rien non plus pour lui.

Ce garçon pâle, là-bas, au fond, qui rêve adossé au mur, solitaire, c'est le Messager. C'est lui qui viendra annoncer la mort d'Hémon tout à l'heure. C'est pour cela qu'il n'a pas envie de bavarder ni de se mêler aux autres. Il sait déjà...

Jean ANOUILH, *Antigone*, © Éditions de la Table ronde, 1996.

Questions

→ **1.** Par rapport au moment où l'acteur présente les personnages, relevez plusieurs faits envisagés comme passés. Quels mots et expressions les introduisent comme passés ?

→ **2.** Par rapport au moment de la parole, relevez plusieurs faits envisagés dans le futur. Quelle expression précise leur situation dans l'avenir ?

→ **3.** Relevez toutes les indications de temps. Classez-les selon qu'elles expriment un fait ponctuel ou une durée.

→ **4.** En dehors des temps verbaux, analysez tous les moyens d'exprimer le temps (vocabulaire, syntaxe).

LEÇON

Situer un fait dans le temps, c'est :
– le situer **dans une époque ;**
– l'envisager **dans les différentes étapes de son accomplissement ;**
– l'envisager **par rapport à un repère ponctuel** ou **dans la durée.**

1. L'époque : passé, présent, futur

Pour marquer l'époque, on emploie des **temps verbaux** différents.

• Avant : le passé (antériorité)

L'émetteur indique que le fait ou l'action sont déjà réalisés, en employant :

- le **passé composé** (énoncé ancré dans la situation de communication) :
  → *Il **a retroussé** ses manches et il **a pris** leur place.*
- le **passé simple** (énoncé coupé de la situation de communication) :
  → *Après la mort d'Œdipe, Créon lui **succéda.***
- l'**imparfait** (passé sans indication de début ni de fin) :
  → *Il **aimait** la musique, les belles reliures.*

• Pendant : le moment contemporain (simultanéité)

Le présent exprime le temps en train de se vivre, sans début ni fin.
On distingue :

- le **présent d'énonciation** :
  → *Cet homme, **c'est** le roi.*
- le **présent de vérité générale** :
  → *Les gardes **sont** les auxiliaires de la justice.*

• Après : le futur (postériorité)

L'émetteur indique que le fait ou l'action vont se réaliser dans un futur plus ou moins proche :

- par l'emploi du **futur simple** :
  → *Eurydice **tricotera** pendant toute la tragédie.*
- par l'emploi du **futur proche** :
  → *L'action **va se mettre** en place.*

2. L'accomplissement de l'action

On peut distinguer **trois étapes** dans l'accomplissement d'une action.

• Le début

Il s'exprime par des **périphrases verbales** constituées d'un **auxiliaire :** *se mettre à, ne pas tarder à, commencer à,* suivi de l'**infinitif** :
→ *Créon **commence à** éprouver la solitude.*

• Le déroulement

Il s'exprime par :

- des **périphrases verbales :** *être en train de + infinitif* :
  → *La reine **est en train de** tricoter.*

- un **participe présent** ou un **gérondif** :
  → ***Flânant*** *chez les petits antiquaires de Thèbes, il trouvait des reliures... Il trouvait des reliures* ***en flânant****...*
- des **adverbes** marquant la **continuité** (*petit à petit, peu à peu, à la longue, constamment, sans cesse...*), ou la **répétition** (*toujours, tout le temps, fréquemment...*).

● La fin de la réalisation

Elle s'exprime par des **périphrases verbales :** *finir, cesser, arrêter de* + infinitif :
→ *Les personnages* ***finissent*** *tout juste* ***d'****entrer en scène.*

3. Repère ponctuel et durée

On peut situer l'action par rapport à un repère ponctuel (date, jour, heure, moment...) ou l'envisager dans sa durée.

● Le repère ponctuel

Il s'exprime par des **compléments circonstanciels :**

- construits sans préposition :
  → *La pièce d'Anouilh fut représentée* ***le 4 février 1944.***
  → ***Dimanche,*** *j'irai voir cette tragédie.*
- introduits par diverses prépositions *(à, vers, aux environs de...) :*
  → *J'ai rendez-vous* ***à midi*** *au théâtre.*

● La durée

Elle s'exprime par :

- des **prépositions :** *en, durant, pendant, depuis, jusqu'à (ce que), du... au... :*
  → *Elle attendra* ***jusqu'à ce que*** *son tour vienne de se lever.*
- des **adverbes** *(lentement, longuement...) :*
  → *Le Prologue présente* ***longuement*** *les personnages.*
- des **périphrases :** *il y a, voici, ça fait* + indication de durée + *que... :*
  → ***Il y a*** *trois ans* ***qu'****Œdipe a disparu.*
- un temps verbal, l'**imparfait :**
  → ***Avant,*** *du temps d'Œdipe, il* ***aimait*** *la musique.*

4. Les moyens d'exprimer le temps

Outre les temps verbaux de l'indicatif, vus précédemment, il existe de nombreux moyens de situer un fait ou une action dans le temps.

● Les organisateurs temporels

De nombreux adverbes et groupes nominaux, qu'on appelle **marqueurs temporels,** précisent le moment de l'action **en relation avec la situation de communication.** L'émetteur peut définir ce moment de deux manières possibles :

par rapport à son présent (énonciation de discours)	par rapport à un autre repère temporel (énonciation de récit)
maintenant, aujourd'hui... hier, demain... ce matin, ce soir, cette nuit... la semaine prochaine, l'année dernière	ce jour-là, un jour... la veille, le lendemain... le matin, le soir, la nuit, ce matin-là... la semaine suivante, l'année précédente...

Des mots de natures différentes

- des **expressions** construites à partir des mots « **temps** » (*de temps en temps, tout le temps, un certain temps, dans le temps...*), ou « **heure** » (*d'heure en heure, en une heure, tout à l'heure...*)
- des **noms** avec ou sans préposition : *à l'aube, en hiver, dès le printemps, le soir, le matin...*
- des **adjectifs :** *matinal, vespéral, nocturne... ; actuel, imminent, prochain...*
- des **adverbes :** *avant, pendant, après, jadis, naguère, autrefois...*
- des **verbes :** *commencer, débuter, naître, se terminer, s'achever...*

Différentes fonctions syntaxiques

- des **compléments essentiels :**

  → *La représentation de la pièce dure* ***deux heures.***

- des **compléments circonstanciels :**

– groupes nominaux introduits ou non par une préposition ou un adverbe :

→ ***Du temps d'Œdipe,*** *Créon aimait la musique.*

– subordonnées circonstancielles de temps introduites par *quand, lorsque, pendant que, tandis que, en même temps que, tant que, avant que, dès que...* :

→ *Avant,* ***quand il n'était que le premier personnage de la Cour,*** *Créon aimait la musique.*

Pour l'expression écrite

■ Dans un récit autobiographique, le narrateur se déplace rétrospectivement dans le temps passé. Il oppose continuellement le **temps passé** (anecdotes vécues, enfance) et le **temps de l'écriture** qui est celui de la méditation et des jugements.

■ Ces deux époques distinctes doivent se repérer nettement, par l'emploi d'**oppositions grammaticales** cohérentes :
– moi, ici, maintenant, au présent de l'écriture ;
– moi, là-bas, à cette époque, au passé (ou au présent de narration), au moment vécu autrefois.

RÉSUMÉ

1. Pour situer un fait, une action, un état dans le temps, l'émetteur a le choix entre **deux points de référence :** soit **le moment de sa parole** (énonciation de discours) ; soit **un point de référence extérieur à lui** et précisé dans le texte (énonciation de récit).

2. Par rapport au point de référence choisi, l'émetteur peut situer l'action :
– dans une **époque** (passé, présent, futur) ;
– dans une étape de son **accomplissement** (début, déroulement, fin) ;
– par rapport à un **repère ponctuel,** ou dans la **durée.**

3. Les moyens d'exprimer le temps sont nombreux :
– les **temps verbaux** de l'indicatif ;
– les **organisateurs temporels** (*hier, demain / la veille, le lendemain*) ;
– des **mots de différentes natures** (noms, verbes, adjectifs, adverbes) ;
– **différentes fonctions syntaxiques** (compléments essentiels, compléments circonstanciels).

EXERCICES

Identifier

1 Dans ces deux extraits, classez les verbes conjugués selon qu'ils renvoient au moment de l'écriture ou à celui des événements racontés.

a. Un jour, peu après le jour de mes seize ans, je flânais dans la rue lorsque je découvris devant une librairie une caisse contenant des livres à prix réduit. Je n'ai jamais su résister à l'envie d'aller fouiller dans ces caisses. Elles ont pour moi quelque chose de magique et j'y ai souvent trouvé des livres d'art qui auraient été trop chers pour ma bourse et que j'aurais dû me contenter d'admirer dans une vitrine.

Sigrid HENCK, *Le Secret de Maître Joachim*, trad de D. Miermont, © Gallimard, Page Blanche, 1996.

b. Martial revint sur ses pas et me conduisit à la Casa d'Adda en D.

La façade de la Casa d'Adda n'était point encore finie, la plus grande partie était alors en briques grossières comme San Lorenzo à Florence. J'entrai dans une cour magnifique. Je descendis de cheval fort étonné et admirant tout. Je montai par un escalier superbe. Les domestiques de Martial détachèrent mon portemanteau, et emmenèrent le cheval.

Je montai avec lui et bientôt me trouvai dans un superbe salon donnant sur la Corsia. J'étais ravi, c'était pour moi la première fois que l'architecture produisait son effet sur moi. Bientôt on apporta d'excellentes côtelettes panées. Pendant plusieurs années ce plat m'a rappelé Milan.

Cette ville devint pour moi le plus beau lieu de la terre. Je ne sens pas du tout le charme de ma patrie, j'ai pour le lieu où je suis né une répugnance qui va jusqu'au dégoût physique.

STENDHAL, *Vie de Henry Brulard*.

2 Relevez les différents moyens d'exprimer le temps dans cet article : compléments de temps dont vous préciserez la valeur (repère ponctuel ou durée), temps verbaux, périphrases verbales.

En 1863, Jules Verne, jeune romancier, vient de finir son deuxième ouvrage, *Paris au XXe siècle*. Fier de lui, il apporte à son éditeur, Pierre-Jules Hetzel, ce livre qui décrit la vie de la capitale en 1960. Quelques jours plus tard, la sentence tombe sous forme d'une lettre. « Mon cher Verne, écrit Hetzel, je donnerais je ne sais quoi pour n'avoir pas à vous écrire aujourd'hui. Vous avez entrepris une tâche impossible et [...] vous n'êtes pas parvenu à la mener à bien... »

Dépité, Jules Verne rembarque son manuscrit. Il ne paraîtra pas. À la mort de Jules Verne, son fils établit une liste des œuvres de son père non encore publiées. Parmi celles-ci figure *Paris au XXe siècle* mais le manuscrit demeure introuvable.

Cent vingt-six ans plus tard, Jean Verne, l'arrière-petit-fils de l'écrivain, veut déménager. Dans son garage traîne un vieux coffre de neuf cents kilos dont il veut se débarrasser. Une vieillerie familiale transmise de génération en génération.

La clé a depuis longtemps été perdue et tout le monde croyait le monstre vide. Par acquit de conscience, Jean Verne fait venir un as de la serrurerie pour ouvrir le coffre : des papiers jaunis traînent au fond. L'arrière-petit-fils les met dans un sac et les oublie.

Trois ans plus tard, en 1991, il ressort les liasses de feuilles et reconnaît tout de suite l'écriture de son arrière-grand-père. *Paris au XXe siècle* sortait des oubliettes.

Il a été publié en octobre 1994.

Okapi n° 558, 11 mars 1995, Spécial Jules Verne, © Bayard Presse.

Transformer

3 Retrouvez l'ordre des événements du récit de Maupassant et replacez les organisateurs temporels aux endroits qui conviennent.

Organisateurs temporels

a. la semaine suivante
b. Par un après-midi du mois d'août
c. tous les jours
d. Un matin, en arrivant,
e. Puis
f. encore

Récit à reconstituer

1. Et, sautant de la voiture, elle courut aux enfants, prit un des deux derniers, celui des Tuvache, en l'enlevant dans ses bras, elle le baisa passionnément sur ses joues sales, sur ses cheveux blonds frisés et pommadés de terre, sur ses menottes qu'il agitait pour se débarrasser des caresses ennuyeuses.

2. ① son mari descendit avec elle ; et, sans s'arrêter aux mioches, qui la connaissaient bien maintenant, elle pénétra dans la demeure des paysans.

3. ② elle remonta dans sa voiture et partit au grand trot.

4. Elle revint ③, fit connaissance avec les parents,

5. ④ une légère voiture s'arrêta brusquement devant les deux chaumières, et une jeune femme, qui conduisait elle-même, dit au monsieur assis à côté d'elle : « Oh ! regarde, Henri, ce tas d'enfants ! Sont-ils jolis, comme ça, à grouiller dans la poussière ! » [...]

6. Mais elle revint ⑤, s'assit elle-même par terre, prit le moutard dans ses bras, le bourra de gâteaux, donna des bonbons à tous les autres et joua avec eux comme une gamine, tandis que son mari attendait patiemment dans sa frêle voiture.
7. reparut (6), les poches pleines de friandises et de sous. Elle s'appelait Mme Henri d'Hubières.

Guy de MAUPASSANT, *Contes de la bécasse*, « Aux champs ».

4 Transformez ce texte en choisissant une énonciation de discours. Vous commencerez par : *Aujourd'hui, 23 février 1912...* Quels temps verbaux restent identiques ? Pourquoi ?

Le 23 février 1912, je parcourais à pied cette partie du Tyrol qui commence presque aux portes de Munich. Il gelait, le soleil avait brillé durant tout le jour et j'avais laissé loin derrière moi une région où des châteaux fabuleux se reflétaient dans des lacs roses au crépuscule. La nuit était tombée, la pleine lune l'illuminait, bloc flottant dans le firmament où scintillaient de froides étoiles. Il pouvait être cinq heures. Je me hâtais, voulant arriver pour le dîner au grand hôtel de Werp, village bien connu des alpinistes, et qui, d'après la carte que j'avais en poche, ne devait plus être éloigné que de trois ou quatre kilomètres. Le chemin était devenu mauvais. J'arrivai à un carrefour où aboutissaient quatre sentiers ; je voulus consulter ma carte, mais je m'aperçus que je l'avais perdue en route. D'autre part le lieu où je me trouvais ne répondait à aucun point de l'itinéraire que je m'étais tracé avant le départ et dont je me souvenais nettement : j'étais égaré. Le temps me pressait et je ne tenais pas à coucher à la belle étoile. Je pris par le sentier qui me parut orienté dans la direction de Werp. Au bout d'une demi-heure de marche je m'arrêtai en un endroit où le sentier finissait devant une muraille de rochers haute de cinquante mètres environ et derrière laquelle des montagnes s'élevaient en masses chaotiques, blanches de neige. [...] Je compris qu'il serait impossible de trouver Werp avant le jour.

Guillaume APOLLINAIRE, *Le Roi Lune*.

Employer

5 Relevez toutes les indications de temps concernant la vie et l'œuvre de George Sand. Ordonnez-les suivant l'ordre chronologique puis rédigez une fiche selon le modèle suivant :
– 1804 : naissance de George Sand
– 1817-1820 : éducation dans un couvent parisien...

SAND (Aurore Dupin, baronne Dudevant, dite George) Romancière française (Paris, 1804 - Nohant, Indre, 1876). Descendante par son père du maréchal Maurice de Saxe, elle fut élevée à Nohant, en Berry, puis dans un couvent parisien (1817-1820). Elle épousa en 1822 le baron Dudevant, à qui elle donna deux enfants. Mais elle se sépara de son mari en 1830 et vint à Paris où elle mena une vie très libre, marquée par de tapageuses liaisons (J. Sandeau, à qui elle emprunta son pseudonyme, A. de Musset, F. Chopin). Son activité littéraire et ses préoccupations politiques et sociales – notamment sa défense des droits de la femme – contribuèrent à la rendre célèbre. L'échec de la révolution de 1848 marqua un tournant dans sa vie. Renonçant à ses rêves démocratiques, elle se retira à Nohant et se consacra à la littérature. Son œuvre, considérable, appartient essentiellement au courant idéaliste du romantisme. Passionnels et personnels, ses premiers romans (*Indiana,* 1832 ; *Lélia,* 1833) mêlent avec audace confessions et protestations contre les préjugés et les lois. Les suivants reflètent les théories mystiques et sociales de Lamennais et surtout de P. Leroux (*Spiridion,* 1838-1839) ; *Le Compagnon du tour de France,* 1841 ; *Consuelo,* 1842 ; *Le Meunier d'Angibault,* 1845). Mais c'est dans le roman champêtre, où elle peint les paysages et les humbles du terroir berrichon (*La Mare au diable,* 1846 ; *François le Champi,* 1848 ; *La Petite Fadette,* 1849 ; *Les Maîtres sonneurs,* 1853), qu'elle exprime sans doute avec le plus de sensibilité et de naturel son idéal humanitaire. *Sa Correspondance* et son *Histoire de ma vie* (1855) constituent un document de première importance sur le climat intellectuel, artistique et politique du XIXe siècle.

Axis, Dictionnaire, vol. 6, p. 2765,

6 Faites le relevé de toutes les indications de temps dans ce poème et composez à votre tour un texte qui commencera par : *J'aime...* en insistant sur le moment de la journée ou les circonstances temporelles.

Le Cor

J'aime le son du Cor, le soir, au fond des bois,
Soit qu'il chante les pleurs de la biche aux abois,
Ou l'adieu du chasseur que l'écho faible accueille
Et que le vent du nord porte de feuille en feuille.

Que de fois, seul dans l'ombre à minuit demeuré,
J'ai souri de l'entendre, et plus souvent pleuré !
Car je croyais entendre les bruits prophétiques
Qui précédaient la mort des Paladins antiques. [...]

Souvent un voyageur, lorsque l'air est sans bruit,
De cette voix d'airain fait retentir la nuit ;
À ces chants cadencés autour de lui se mêle
L'harmonieux grelot du jeune agneau qui bêle. [...]

Alfred de VIGNY, *Poèmes antiques et modernes*,
« Livre moderne ».

Chapitre 16

GRAMMAIRE

L'expression de la cause

OBSERVATION

Zadig en esclavage

Tombé en disgrâce après avoir été Premier ministre, Zadig fuit Babylone. En chemin, il rencontre une jeune femme en péril, et, pour la délivrer, il tue son agresseur.

On reconnut que Zadig n'était point un assassin ; mais il était coupable du sang d'un homme ; la loi le condamnait à être esclave. On vendit au profit de la bourgade ses deux chameaux ; on distribua aux habitants tout l'or qu'il avait apporté ; sa personne fut exposée en vente dans la place publique, ainsi que celle de son compagnon de voyage. Un marchand arabe, nommé Sétoc, y mit l'enchère ; mais le valet, plus propre[1] à la fatigue, fut vendu bien plus chèrement que le maître. On ne faisait pas de comparaison entre ces deux hommes. Zadig fut donc esclave subordonné à son valet : on les attacha ensemble avec une chaîne qu'on leur passa aux pieds, et en cet état ils suivirent le marchand arabe dans sa maison. Zadig, en chemin, consolait son domestique et l'exhortait à la patience ; mais, selon sa coutume, il faisait des réflexions sur la vie humaine.

« Je vois, lui disait-il, que les malheurs de ma destinée se répandent sur la tienne. Tout m'a tourné jusqu'ici d'une façon bien étrange. J'ai été condamné à l'amende pour avoir vu passer une chienne ; j'ai pensé être empalé pour un griffon ; j'ai été envoyé au supplice parce que j'avais fait des vers à la louange du roi ; j'ai été sur le point d'être étranglé parce que la reine avait des rubans jaunes ; et me voici esclave avec toi parce qu'un brutal a battu sa maîtresse. Allons, ne perdons point courage ; tout ceci finira peut-être ; il faut bien que les marchands arabes aient des esclaves ; et pourquoi ne le serais-je pas comme un autre, puisque je suis un homme comme un autre ?... »

VOLTAIRE, *Zadig*.

1. Plus propre à... : *plus endurant à.*

Questions

→ **1.** Comment les faits ou les actions exprimés par chacun des groupes de mots en bleu se situent-ils par rapport à ceux des groupes en rose : dans la phrase ? dans leur déroulement chronologique ?

→ **2.** Quels groupes en bleu peuvent être déplacés dans la phrase ? Lesquels ne peuvent pas l'être ?

→ **3.** Classez ces groupes en bleu selon leur nature (groupe nominal, proposition subordonnée, ou autre...) et selon leur mot introducteur.

→ **4.** En transformant les groupes soulignés, lesquels pourrait-on introduire par « parce que » sans changer le sens de la phrase ? Justifiez votre réponse.

LEÇON

1. Définition

● La **cause** est à l'origine d'un fait.
Elle représente un événement qui joue le rôle de **déclencheur** d'un autre événement, appelé **fait essentiel.**

● Dans la phrase, le fait essentiel et la cause peuvent être présentés :
– **dans l'ordre chronologique** de leur déroulement :

→ *Parce qu'il a la grippe,* *il est alité.*

[cause
fait n° 1] ⟶ [fait essentiel
fait n° 2]

– ou **dans l'ordre inverse :**

→ *Il est alité,* *parce qu'il a la grippe.*

[fait essentiel
fait n° 2] ⟵ [cause
fait n° 1]

● **Attention,** ne confondez pas l'ordre des propositions dans la phrase et l'ordre chronologique des faits. Le fait essentiel exprimé dans la **proposition principale** *(il est alité)* découle d'une cause *(il a la grippe),* mais il n'est pas pour autant un complément circonstanciel de conséquence.

2. L'expression de la cause

Elle peut être plus ou moins explicite, selon que le rapport logique est marqué ou non par des liens grammaticaux.

● La cause explicite

Elle s'exprime par les constructions grammaticales suivantes :

■ **une proposition subordonnée** introduite par **la locution conjonctive de subordination *parce que* :**

→ *Nous avons déménagé **parce que** notre appartement était trop petit.*

■ **une proposition indépendante** introduite **par la conjonction de coordination *car* :**

→ *Les employés du musée sont en grève **car** les moyens mis à leur disposition sont insuffisants.*

Car introduit une cause bien affirmée : l'ensemble de l'énoncé est catégorique.

■ **un groupe nominal** introduit par **une préposition :**

– ***avec, à, de, par, pour :***

→ ***Avec** ce professeur, elle va progresser dans l'étude du violoncelle.*
→ *La vieille dame a été décorée **pour** faits de Résistance.*

– ***à cause de, en raison de, étant donné*** (cause neutre ou négative), ***grâce à*** (cause positive), ***faute de*** (cause négative) :

→ *Les jeunes sont inquiets **à cause du** chômage./Les jeunes réussissent **grâce à** leur ténacité.*

– ***à la suite de, par suite de, des suites de…*** (cause qui insiste sur la succession temporelle) :

→ *Pauline a été félicitée **à la suite** de son exposé.*

– *sous la pression de, l'influence de, la dépendance de :*

→ *Le projet de loi a été modifié* ***sous la pression des*** *syndicats.*

■ **un infinitif composé** introduit par la préposition ***pour*** :

→ *Zadig est condamné* ***pour avoir tenté*** *de sauver une femme.*

● La cause implicite

Dans certains cas, la cause est simplement suggérée par le rapprochement de deux faits. C'est le cas dans les constructions suivantes.

■ **deux propositions juxtaposées :**

→ *Estelle a pris peur : on a sonné à sa porte à deux heures du matin.*

■ **une proposition subordonnée relative :**

→ *Je me souviendrai longtemps de ce roman* ***qui est très émouvant.***

■ **un participe présent ou passé :**

→ ***L'orage menaçant,*** *Hélène a rentré le parasol.*

→ ***Épuisé,*** *il s'est endormi sur son bureau.*

■ **un gérondif** (participe présent précédé de *en*) :

→ ***En marchant vite,*** *nous arriverons avant la fermeture des bureaux.*

■ **un adjectif épithète détaché :**

→ *Le valet de Zadig,* ***plus robuste*** *que son maître, est vendu plus cher.*

■ **un complément déterminatif** à valeur de cause :

→ *Il est épuisé* ***par de longues nuits de veille.***

Remarque : *par* suivi d'un nom non animé exprime la cause ; *par* suivi d'un nom animé exprime l'agent.

3. Nuances de sens

On peut apporter diverses nuances à l'expression de la cause.

● Pour insister sur la cause

On utilise, le plus souvent en tête de phrase :

■ **des conjonctions** ou **locutions conjonctives :**

– ***comme*** (+ indicatif) :

→ ***Comme*** *les fleurs sont périssables, je vous ai apporté des bonbons.*

– ***étant donné que, vu que*** (+ indicatif), dans les textes explicatifs :

→ ***Étant donné que*** *je faisais quelques courses dans le quartier, je suis venu vous apporter des bonbons.*

– ***attendu que*** (+ indicatif), dans le langage juridique et administratif :

→ ***Attendu que*** *le prévenu est un récidiviste, le tribunal le condamne à un mois de prison ferme.*

■ **des adverbes de coordination :**

– ***en effet*** (+ indicatif), qui introduit une explication :

→ *Djamel n'a pas pu venir.* ***En effet,*** *il a raté son train.*

– ***tant :***

→ *Les géophysiciens sont enthousiastes,* ***tant*** *cette découverte est remarquable.*

● Pour rejeter une cause

■ Lorsqu'on veut contester ou refuser une cause qui ne correspond pas à la réalité, on emploie :

– les locutions ***sous prétexte de, sous prétexte que :***

→ *Anne était absente jeudi* ***sous prétexte que*** *les trains ne roulaient pas.*

– des adverbes de négation + « que » : ***non que, non pas que, non parce que, ce n'est pas que,*** souvent suivis d'une phrase en corrélation : ***mais parce que, mais sous prétexte que…***

→ *La dernière version filmique des* Misérables *est ratée* ***non parce qu'****elle est infidèle,* ***mais parce qu'****elle manque de folie et de démesure.*

4. L'expression de la cause dans les textes

L'expression de la cause se rencontre dans tous les types de textes, lorsqu'il est nécessaire d'expliquer ou d'argumenter.

• Dans une explication

Dans les manuels, les encyclopédies, les articles de presse, la cause est notamment mise en évidence par le vocabulaire :

- des **noms** figurant dans les titres *(« Les causes de la crise de 1929 »)* ;
- des **verbes** : *apporter, causer, déclencher, engendrer, entraîner, impliquer, occasionner, provoquer…* C'est le sujet de ces verbes qui indique la cause :

→ *La parution de ce roman a* ***déclenché*** *une polémique.*

• Dans une argumentation

Dans un texte argumentatif, ***car*** en tête d'une affirmation désigne celle-ci comme étant un **argument,** c'est-à-dire un élément dont le rôle est de justifier une conclusion.

Pour l'expression écrite

Dans la majorité des cas, ***puisque*** n'est pas substituable à *car* et à *parce que.*

■ ***Puisque*** introduit, non pas une cause, mais une justification, c'est-à-dire un argument considéré comme admis de tous, et destiné à justifier une conclusion.

■ ***Puisque*** + subordonnée précède le plus souvent la principale et se place en tête de phrase, ce qui n'est pas possible avec *car.*

Puisque *tu es si savant, conjugue-moi le verbe « résoudre » à l'imparfait du subjonctif.*

RÉSUMÉ

1. La **cause** représente un fait ou **un événement qui est à l'origine d'un autre événement,** appelé fait essentiel, et qui le déclenche.

2. La cause peut être **explicite,** quand elle est exprimée par un moyen grammatical, ou **implicite,** quand le rapport logique est suggéré par le rapprochement de deux faits.

3. On exprime la cause :
– par des **moyens syntaxiques** (proposition subordonnée introduite par *parce que,* proposition indépendante introduite par *car…,* groupes nominaux introduits par des prépositions…) ;
– par le **vocabulaire** (verbes comme *entraîner, provoquer…,* dont le sujet indique la cause).

EXERCICES

Identifier

1 Relevez dans ce texte les différentes constructions grammaticales qui expriment ou suggèrent la cause.

Le directeur cachait sa rancune. Le malheureux ignorait ce que je savais déjà : mon père, choqué par sa conduite, avait décidé de me laisser finir mon année scolaire, et de me reprendre. Nous étions alors au commencement de juin. Ma mère ne voulant pas que cela influât sur mes prix, mes couronnes, se réservait de dire la chose, après la distribution. Ce jour venu, grâce à une injustice du directeur qui craignait confusément les suites de son mensonge, seul de la classe, je reçus la couronne d'or que méritait aussi le prix d'excellence. Mauvais calcul : l'école y perdit ses deux meilleurs élèves, le père du prix d'excellence retira son fils.

Raymond RADIGUET, *Le Diable au corps*, © Grasset, 1923.

2 a. Dans l'extrait suivant, quel rapport logique apparaît essentiellement entre les faits ? Relevez les différentes constructions qui l'indiquent.
b. Quel est le but visé par le narrateur : raconter, décrire, expliquer, argumenter ?

Maigret reçoit un collègue américain.

– Pourquoi un homme commet-il un crime, monsieur Spencer ? Par jalousie, par cupidité, par haine, par envie, plus rarement par besoin... Bref, poussé par une quelconque des passions humaines... Or, ces passions, nous les avons tous en nous à un degré plus ou moins fort... Je hais mon voisin qui, les soirs d'été, ne manque pas d'ouvrir sa fenêtre pour jouer du cor de chasse... Il est probable que je ne le tuerai pas... Cependant, pas plus tard qu'il y a un mois, un ancien colonial que les fièvres rendent moins patient que moi a tiré un coup de revolver sur son voisin du dessus parce qu'il avait une jambe de bois et que, toute la nuit, il se promenait dans son logement, martelant le plancher de son pilon...

– Je comprends votre pensée... Mais la mentalité du criminel *après* ?

– Cela ne me regarde pas... C'est l'affaire des jurés et des directeurs de prison ou de bagne... Mon rôle est de découvrir les coupables... Pour cela, je n'ai à m'inquiéter que de leur mentalité *avant*...

Georges SIMENON, *Cécile est morte*,
© 1942, Estate of Georges Simenon, tous droits réservés.

3 a. Sur quel schéma logique le texte suivant est-il construit ? Relevez les différentes articulations qui soulignent sa progression.
b. De quel genre d'ouvrage ce texte est-il extrait ? À quelle attente du lecteur peut-il répondre ?

Pourquoi l'Amérique s'appelle-t-elle l'Amérique, alors que c'est Christophe Colomb qui l'a découverte ?

Vous le savez : c'est Christophe Colomb qui a découvert le Nouveau Monde. Et pourtant on l'appelle l'Amérique. Alors question : pourquoi l'Amérique ne s'appelle-t-elle pas la Colombie, justement ?

Réponse évidente : parce que Colomb s'était trompé. Il n'a pas donné son nom à la nouvelle terre, puisqu'il pensait avoir seulement découvert une autre route pour l'Asie.

Mais alors pourquoi « L'Amérique » ? À cause d'une seconde erreur, celle du cartographe Waldseemuller. En 1507 (soit quinze ans après la découverte de Colomb), Waldseemuller publie à Strasbourg une carte du monde qui comporte quatre continents. Il les a baptisés – en latin – « Europa », « Asia », « Africa », et « America ». Pourquoi America ? Parce qu'il pensait, à tort, que ce continent avait été découvert par le navigateur d'origine florentine Amerigo Vespucci. En effet, ce diable d'Amerigo s'était attribué la paternité de la découverte en antidatant des lettres et des comptes rendus de voyage. Tricheur !

Waldseemuller réalise son erreur en 1513. Aussitôt, il publie une carte où le Nouveau Monde s'appelle cette fois « Terra Incognita ». Mais il est trop tard. Le mot America a presque fait le tour de la planète.

Car les mots voyagent plus vite que les bateaux.

Jusqu'à preuve du contraire...

Philippe VANDEL, *POURQUOI, encore des pourquoi*,
© J.-C. Lattès, 1994.

Transformer

4 a. Relevez dans ce texte les différentes manières d'exprimer la cause (constructions grammaticales et vocabulaire).
b. Reformulez ensuite sous forme de groupes nominaux les différentes causes qui expliquent la célébrité des top models et leurs salaires élevés.

Top models

Riches, belles et célèbres, les nouvelles stars de notre époque ne sont plus les vedettes de cinéma mais les top models. Grâce à la publicité et aux médias, on les voit partout. [...]

Être belle est, paraît-il, un travail harassant. Il se fait payer très cher. 150 000 à 200 000 francs par jour pour un défilé de haute couture ! [...]

Seules justifications à ces sommes astronomiques : la carrière d'un top est très dure (beaucoup de déplacements, régime alimentaire strict) et très brève (dix ans au mieux). D'autre part, les tops sont employés

par des agences (comme Élite, implantée dans 22 pays) qui perçoivent une commission de 40 % sur leurs salaires. [...]
Les mannequins vedettes gagnent beaucoup d'argent parce qu'ils en font gagner encore plus aux marques pour lesquelles ils travaillent.

Le Dico de l'info, © Hubert DEVEAUX.

5 a. Repérez les rapports de cause à effet qui sont suggérés dans le texte suivant.
b. Faites apparaître explicitement ces causes, en récrivant le récit à la 3e personne, et en rapportant les paroles au discours indirect.

Le visage en feu

J'arrive à un carrefour, le feu était au rouge. Il n'y avait pas de voitures, je passe ! Seulement, il y avait un agent qui faisait le guet. Il me siffle. Il me dit : – Vous êtes passé au rouge ! – Oui ! il n'y avait pas de voitures ! – Ce n'est pas une raison ! Je dis : – Ah si ! quelquefois, le feu est au vert... Il y a des voitures et... je ne peux pas passer ! Stupeur de l'agent ! Il est devenu tout rouge. Je lui dis : – Vous avez le visage en feu ! Il est devenu tout vert ! Alors, je suis passé !

Raymond DEVOS, *Sens dessus dessous*, © Stock, 1976.

Employer

6 a. Dans cet extrait d'un manuel d'Histoire, relevez tous les verbes qui mettent en relief les rapports de cause à effet, puis faites la liste des raisons qui expliquent la Révolution russe.
b. Écrivez à votre tour un texte de même nature pour expliquer les origines de la Première Guerre mondiale. Vous vous appuierez sur votre manuel d'Histoire pour trouver les informations nécessaires.

Les origines de la Révolution russe

Le régime tsariste est ébranlé depuis plusieurs années. En 1905, la défaite des armées russes dans la guerre contre le Japon a entraîné une première révolution qui a échoué. Cependant, le tsar Nicolas II a dû accorder la création d'une Assemblée nationale (la Douma) qui a tenté de remettre en cause le pouvoir autocratique. Dans les campagnes, un grand nombre de paysans réclament la terre, et le développement de la grande industrie provoque la concentration dans les faubourgs des villes d'un prolétariat misérable de plus en plus ouvert aux idées révolutionnaires.
La guerre porte un coup fatal à un régime corrompu et affaibli : l'insuffisance de l'armement, l'incapacité des chefs entraînent de terribles défaites, marquées par d'énormes pertes humaines. La misère est effroyable dans les grands centres urbains et l'ensemble du pays se désorganise inéluctablement. L'hiver est rigoureux, aggravant la dureté de vie du peuple. Les grèves se multiplient à Petrograd et dans les autres grandes villes. Des mutineries éclatent sur le front.

Pierre JOINT, *Histoire-Géographie, 3e technologique*, © Nathan.

7 Analysez la structure de ce poème en veillant à bien repérer toutes les expressions de la cause. Vous écrirez à votre tour un texte qui commencera par : *Je crois en l'amitié...* et qui reprendra le même mouvement général.

Je crois en l'homme, cette ordure.
Ce sable mouvant, cette eau morte,
Je crois en l'homme, cette pommade,
Ce grelot, cette plume au vent,

Malgré tout ce qu'il a pu faire
De mortel et d'irréparable.
Je crois en lui
Pour la sûreté de sa main,
Pour son goût de la liberté,
Pour le feu de sa fantaisie,

Pour son vertige devant l'étoile.
Je crois en lui
Pour le sel de son amitié,
Pour l'eau de ses yeux, pour son rire,
Pour son élan et ses faiblesses.

Je crois à tout jamais en lui
Pour une main qui s'est tendue.
Pour son regard qui s'est offert.
Et puis surtout et avant tout
Pour le simple accueil d'un berger.

Lucien JACQUES (1898-1961), *Florilège poétique*, © Les Cahiers de l'artisan, 1954.

Chapitre 17

GRAMMAIRE

L'expression de la conséquence

OBSERVATION

Memnon

Memnon, Histoire orientale, *publié en 1747, est la première version du conte* Zadig. *C'est le récit mouvementé des aventures d'un jeune homme naïf qui cherche la sagesse.*

Memnon conçut un jour le projet d'être parfaitement sage. Il n'y a guère d'hommes à qui cette folie n'ait quelquefois passé par la tête. Memnon se dit à lui même : « Pour être très sage, et par conséquent très heureux, il n'y a qu'à être sans passions ; et rien n'est plus aisé, comme on sait.

Premièrement, je n'aimerai jamais de femme ; car, en voyant une beauté parfaite, je me dirai à moi-même : ces joues-là se rideront un jour ; ces beaux yeux seront bordés de rouge ; cette gorge ronde deviendra plate et pendante ; cette belle tête deviendra chauve. Or, je n'ai qu'à la voir à présent des mêmes yeux dont je la verrai alors, et assurément cette tête ne fera pas tourner la mienne.

En second lieu je serai toujours sobre ; j'aurai beau être tenté par la bonne chère, par des vins délicieux, par la séduction de la société ; je n'aurai qu'à me représenter les suites des excès, une tête pesante, un estomac embarrassé, la perte de la raison, de la santé et du temps, je ne mangerai alors que pour le besoin ; ma santé sera toujours égale, mes idées toujours pures et lumineuses. Tout cela est si facile qu'il n'y a aucun mérite à y parvenir. »

Peu après ces réflexions, Memnon aperçoit une belle jeune femme par la fenêtre…

Elle soupirait, elle pleurait, et n'en avait que plus de grâces. Notre sage fut touché, non pas de la beauté de la dame (il était bien sûr de ne pas sentir une telle faiblesse), mais de l'affliction où il la voyait. Il descendit ; il aborda la jeune Ninivienne dans le dessein de la consoler avec sagesse. Cette belle personne lui conta, de l'air le plus naïf et le plus touchant, tout le mal que lui faisait un oncle qu'elle n'avait point ; avec quels artifices il lui avait enlevé un bien qu'elle n'avait jamais possédé, et tout ce qu'elle avait à craindre de sa violence.

VOLTAIRE, *Memnon.*

Questions

→ **1.** Avec quel fait ou quelle action chaque groupe de mots en bleu est-il mis en relation ?

→ **2.** Situez chronologiquement chaque groupe de mots en bleu par rapport au fait avec lequel il est en relation.
Que constatez-vous ?

→ **3.** Relevez la présence ou l'absence d'un mot de liaison entre chacun des deux faits mis en relation.

→ **4.** Pouvez-vous remplacer chacun des mots de liaison par une conjonction de coordination ? Si oui, laquelle ?

LEÇON

1. Définition

● La **conséquence** est le résultat d'un fait.
Elle représente un événement ou une suite d'événements entraînés par un fait ou une action appelé **fait essentiel.**

● Dans la phrase, l'ordre de présentation des faits est toujours **chronologique :**

→ *Il fut si touché* *qu'il descendit la consoler.*

fait essentiel fait n° 1	→	résultat ou conséquence fait n° 2

2. L'expression de la conséquence

L'expression de la conséquence peut être plus ou moins explicite, selon que le rapport logique est marqué ou non par des liens grammaticaux.

● La conséquence explicite

Elle s'exprime par les constructions grammaticales suivantes :

- **un groupe nominal** introduit par **une préposition :** ***à, en, jusqu'à :***
  → *Anne a travaillé **jusqu'à** l'épuisement.*
- un **infinitif** introduit par **une locution prépositive :** ***de manière à, au point de :***
  → *Anne a travaillé **de manière à** finir son exposé à temps.*
- **une proposition indépendante** introduite :

– par **la conjonction de coordination** ***donc :***
→ *Ayoub adore le raï, **donc** il écoute Faudel toute la journée.*

– par **un adverbe de liaison :** ***aussi, ainsi, alors, par conséquent, c'est pourquoi :***
→ *Gaëlle a une passion pour l'Égypte, **aussi** rassemble-t-elle tous les livres sur l'art de ce pays.*

- **une proposition subordonnée** introduite :

– par **une locution conjonctive :** ***de sorte que*** (+ indicatif), ***de telle manière que, de façon que :***
→ *Le directeur reçoit les clients le samedi, **de sorte que** vous prendrez un rendez-vous pour ce jour-là.*

– par ***que*** en corrélation avec **un adverbe** ***(si/tellement/tant…)*** ou **un adjectif** ***(tel)*** dans la principale :
→ *Mes enfants sont **si** turbulents **que** je ne les laisse jamais seuls chez leur grand-mère.*

● La conséquence implicite

La conséquence peut aussi être suggérée par le simple rapprochement de deux faits, dont le second a été entraîné par le premier. C'est le cas dans les constructions suivantes :

- **deux propositions indépendantes juxtaposées :**
  → *Il y a moins d'élèves dans la classe. On y travaille mieux.*
- **deux propositions indépendantes coordonnées par *et* :**
  → *« Un seul être vous manque,* ***et*** *tout est dépeuplé ! »* (Lamartine)
- **une proposition relative :**
  → *La pollution du fleuve a intoxiqué les poissons,* ***qui flottent le ventre en l'air.***

3. Nuances de sens

Différents moyens permettent de nuancer l'expression de la conséquence.

• La conséquence objective d'un fait

- Elle est introduite par : ***de ce fait, si bien que, c'est pourquoi, aussi*** (+ inversion du pronom sujet), ***d'où, de là :***
  → *Elle a déménagé.* ***De ce fait,*** *j'ai perdu sa trace.*
  → *Il a plu toute la nuit,* ***aussi*** *toutes les traces sont-elles effacées.*

- **Remarque :**

Dans le langage administratif, la locution adverbiale ***en conséquence*** donne de l'impact à l'argumentation :
→ *Des travaux auront lieu avenue Foch lundi.* ***En conséquence,*** *des coupures d'électricité interviendront dans la matinée.*

• La conséquence avec nuance d'intensité

- Lorsque l'on veut insister fortement sur la conséquence d'une action, on l'introduit par : ***tel… que, tellement… que, tant… que, si… que, tant et si bien que, au point que :***
  → *Elle a* ***tant*** *de livres* ***qu'****elle ne sait plus où les ranger.*
  → *Il est* ***tellement*** *heureux* ***qu'****il téléphone la nouvelle à tous ses clients.*

• La conséquence envisagée dans le temps

Lorsque l'on veut insister sur la réalité d'une conséquence ou l'inscrire dans le temps, on l'introduit par : ***depuis lors, dès lors, à la suite de cela, à partir de là :***
→ *Ils se sont rencontrés dès le lycée.* ***Dès lors*** *ils ne se sont plus quittés.*

4. La conséquence dans les textes

L'expression de la conséquence se rencontre dans tous les types de textes, lorsqu'il est nécessaire d'expliquer ou d'argumenter.

• Dans une explication

- La conséquence est exprimée dans les textes explicatifs : manuels scolaires, usuels, articles scientifiques, articles de presse, démonstrations mathématiques et scientifiques…

■ Elle est également fréquente dans les textes juridiques, les communiqués de presse émanant des syndicats, préfectures, mairies, les règlements de tous ordres (copropriétés, établissements scolaires…).

■ La conséquence est notamment mise en évidence par l'emploi de certains verbes ou locutions verbales, comme ***être à l'origine de, entraîner, provoquer, produire, causer, aboutir à…*** Le terme indiquant la conséquence est le **complément** du verbe :

→ *Toute confusion entre cause et conséquence* ***entraînera*** *désormais des sanctions.*

● Dans une argumentation

■ Dans une argumentation, le connecteur ***donc*** placé en tête d'une affirmation désigne celle-ci comme étant la conclusion :

→ *Le voyage ne dure que quelques heures* (argument) ; ***donc*** *il est inutile de réserver un hôtel* (conclusion).

Pour l'expression écrite

On emploie le mode **indicatif** dans les propositions subordonnées de conséquence, car la conséquence est envisagée comme réelle :

Une équipe de télévision japonaise a été bloquée en Sibérie pendant six semaines par un froid ***si*** *vif* ***qu****'elle a été sauvée in extremis.*

RÉSUMÉ

1. La conséquence est un fait ou **un événement qui résulte d'un fait ou d'une action antérieure,** appelée fait essentiel. L'ordre de présentation des faits est toujours **chronologique.**

2. La conséquence peut être **explicite,** quand elle est exprimée par un moyen grammatical, ou **implicite,** quand le rapport logique est suggéré par le rapprochement de deux faits.

3. On exprime la conséquence :
– par des **moyens syntaxiques** (proposition subordonnée introduite par ***de sorte que,*** proposition indépendante introduite par ***donc,*** groupes nominaux introduits par des prépositions…) ;
– par le **vocabulaire** (verbes comme *entraîner, provoquer…,* dont le complément indique la conséquence).

EXERCICES

Identifier

1 Relevez dans le texte suivant les différentes constructions grammaticales qui expriment la conséquence, et précisez leur nature.

Le narrateur évoque le souvenir de sa mère, dont l'emploi du temps était soigneusement minuté.

Le vendredi soir, par exemple, est consacré à sa mise en plis. Cuisine rangée, après s'être shampouinée, elle s'installe en bout de table, serviette posée sur ses épaules comme un châle, dispose devant elle un miroir rectangulaire sur pied qu'elle incline de manière à suivre ses gestes et qu'elle bloque comme elle peut car il n'en finit pas de glisser (si bien qu'elle range le miroir avec le livre qui lui sert à le caler), puis elle entreprend mèche après mèche de poser ses bigoudis qu'elle enroule et fixe avec une grosse épingle de plastique, tout en jetant de temps en temps un œil à la télévision. Après quoi elle se coiffe d'une sorte de turban de mamamouchi et branche le sèche-cheveux qui gonfle l'étrange coiffure à la manière d'une montgolfière. De ce moment, elle croise les bras et s'essaie à suivre ce qui se dit et dont sous le casque ne lui parvient qu'un mot sur deux, de sorte qu'elle a parfois du mal à saisir les subtilités d'un débat télévisé. Si nous sommes là, il lui semble toujours qu'on a profité de sa surdité passagère pour se moquer d'elle et du fait qu'elle a compris de travers, alors elle coupe le moteur du sèche-cheveux, se vexe un peu et change de sujet : vous n'avez pas trop chaud ?

Jean ROUAUD, *Pour vos cadeaux*, © Éditions de Minuit, 1998.

2 Relevez dans ce texte les relations de conséquence exprimées par des propositions juxtaposées ou coordonnées, ou par des propositions relatives.

La canonnade est effroyable : on hurle à l'oreille de son voisin et il n'entend pas. La terre tremble. Des convois de blessés lamentables passent lentement. Puis des milliers de prisonniers boueux, terreux, affreux. Il y a de beaux gars et de vieux petits rabougris. Les vieux nous font pitié ; mais quand nous voyons passer un grand Prussien, à l'air insolent, nous lui faisons un croche-pied qui l'envoie rouler à six mètres et lui fait perdre son flegme. La nuit arrive et nous nous couchons allongés dans le boyau, sur la terre. Il fait froid et pour comble de malheur il se met à pleuvoir. La terre crayeuse se met à fondre en ruisseaux blanchâtres et, au bout d'une heure, nous ne sommes plus que de pauvres loques boueuses et grelottantes.

Paroles de poilus, Lettres et carnets du front 1914-1918, « lettre de René Duval », © Radio-France, Librio et Tallandier Historia, 1998.

Transformer

3 Lisez les observations 1, 2 et 3 et associez à chacune d'elles la conséquence qui convient (a, b, ou c).

1. Lorsque l'on appuie sur le piston, la quantité d'air enfermée dans la seringue ne varie pas, mais le volume de la seringue occupé par l'air diminue.

2. Lorsque l'on tire sur le piston, la quantité d'air enfermée dans la seringue ne varie pas, mais le volume de la seringue occupé par l'air augmente.

3. Lorsque l'on appuie sur le piston, il tend à revenir à sa position initiale. Il en est de même lorsque l'on tire sur le piston.

Conséquences

a. On peut donc augmenter le volume occupé par l'air : l'air est expansible.

b. On peut donc réduire le volume occupé par l'air : l'air est compressible.

c. L'air a tendance à reprendre son volume initial, on dit qu'il est élastique.

Physique-Chimie, 4e, © Nathan, 1998.

4 Enchaînez chacune des deux phrases juxtaposées avec un lien de conséquence que vous choisirez. Attention : vous devrez parfois changer l'ordre des phrases.

1. Le drap leur couvrant la tête et les enveloppant jusque par-dessous les pieds, il était impossible de les distinguer l'une de l'autre. Les trois compagnes avaient été choisies de la même taille que Marie, et leurs cornettes de hauteur identique. (George Sand, *La Mare au diable*)

2. J'étais heureux du soulagement que j'éprouvais. Je faisais part de ma joie à tous mes amis. (Gérard de Nerval, *Aurélia*)

3. Je suis presque fâchée qu'il ne sorte jamais le soir. Ce garçon n'a que son métier en tête. (Franz Kafka, *La Métamorphose*)

4. Il ne se fâcha pas. Il était ému lui-même. (Alphonse Daudet, *Le Petit Chose*)

5. Avec une folle indulgence [mon père] fermait les yeux, à la seule condition que ni mes frères ni les domestiques ne l'apprissent. Il me suffisait de dire que je partais à cinq heures du matin, comme le jour de ma promenade à la forêt de Sénart. (Raymond Radiguet, *Le Diable au corps*)

Employer

5 a. Observez comment Zadig tire des conséquences logiques de l'observation de quelques faits et arrive à décrire la chienne de la reine, sans l'avoir vue : dressez la liste de ces faits, et des conclusions que Zadig en tire.

b. À la caisse du supermarché, vous observez le contenu du caddie de la personne qui vous précède, et, à la manière de Zadig, vous faites des déductions « logiques » sur les habitudes, le mode de vie de cette personne.

Un jour, se promenant auprès d'un petit bois, il vit accourir à lui un eunuque de la reine, suivi de plusieurs officiers qui paraissaient dans la plus grande inquiétude, et qui couraient çà et là, comme des hommes égarés qui cherchent ce qu'ils ont perdu de plus précieux. « Jeune homme, lui dit le premier eunuque, n'avez-vous point vu le chien de la reine ? »
Zadig répondit modestement : « C'est une chienne, et non pas un chien.
– Vous avez raison, reprit le premier eunuque.
– C'est une épagneule très petite, ajouta Zadig. Elle a fait depuis peu des chiens ; elle boite du pied gauche de devant, et elle a les oreilles très longues.
– Vous l'avez donc vue ? dit le premier eunuque tout essoufflé.
– Non, répondit Zadig, je ne l'ai jamais vue, et je n'ai jamais su que la reine avait une chienne. » [...]
Voici ce qui m'est arrivé. Je me promenais vers le petit bois, où j'ai rencontré depuis le vénérable eunuque et le très illustre grand veneur. J'ai vu sur le sable les traces d'un animal, et j'ai jugé aisément que c'étaient celles d'un petit chien. Des sillons légers et longs, imprimés sur de petites éminences de sable, entre les traces des pattes, m'ont fait connaître que c'était une chienne dont les mamelles étaient pendantes, et qu'ainsi elle avait fait des petits il y a peu de jours. D'autres traces en un sens différent, qui paraissaient toujours avoir rasé la surface du sable à côté des pattes de devant, m'ont appris qu'elle avait les oreilles très longues ; et, comme j'ai remarqué que le sable était toujours moins creusé par une patte que par les trois autres, j'ai compris que la chienne de notre auguste reine était un peu boiteuse, si je l'ose dire.

VOLTAIRE, *Zadig*.

6 Ce texte présente les conséquences négatives des jeux vidéo. Vous les expliciterez et vous en trouverez d'autres si vous n'appréciez pas ces jeux. Si au contraire vous voulez les défendre, vous développerez deux ou trois conséquences positives découlant de leur utilisation.

Entrez dans le rêve

Start, pause, game over. On parle comme ça dans le langage des jeux vidéo, pleins de paysages, de super-héros et d'aventuriers aux idéaux de liberté. En moins de trois ans, ils sont devenus un phénomène de société. Aie ! Patatrac ! Plus dur est le retour sur terre, quand, en janvier dernier, on se pose la dérangeante question : les jeux vidéo sont-ils dangereux ? [...]
En Angleterre, le quotidien « The Sun » rapporte qu'un garçon de 14 ans serait mort d'épilepsie devant sa console. En France, la Direction générale de la concurrence, de la consommation et de la répression des fraudes (DGCCRF) aurait relevé une dizaine de cas semblables, non mortels. [...]
Le danger des jeux vidéo est lié à la surconsommation électronique : elle conduit toujours à la fatigue, aux troubles visuels et à l'engourdissement du cerveau. Le sociologue Alain Ehrenberg explique que « plongé dans un autre monde trop longtemps, on devient forcément étrange ».

Vincent LE LEURCH, © *Télérama*, 3 mars 1993.

7 Écrivez la suite de ce texte en imaginant les conséquences, heureuses ou malheureuses, de la découverte de Kino.

Kino, un pêcheur, vient de ramasser une huître énorme.
– Ouvre-la, fit [Juana] à voix basse.
Kino introduisit adroitement la lame entre les valves. Sous la poussée, il sentit le muscle résister. Jouant de sa lame comme d'un levier, il la fit céder et le coquillage s'ouvrit. Les lèvres de chair se crispèrent puis se détendirent. Kino souleva les replis et la perle était là, la grosse perle, parfaite comme une lune. Elle accrochait la lumière, la purifiait et la renvoyait dans une incandescence argentée. Elle était aussi grosse qu'un œuf de mouette. C'était la plus grosse perle du monde. [...]
Le souffle coupé, Juana gémit légèrement. Et, dans le cœur de Kino, la mélodie de la Perle qu'on attend retentit, claire et majestueuse, riche, chaleureuse, brillante, tumultueuse, triomphante. À la surface de la perle, il voyait se dessiner des rêves.

John STEINBECK, *La Perle*, trad. R. Vavasseur et M. Duhamel, © Gallimard, 1950.

Chapitre 18

GRAMMAIRE

L'expression du but

OBSERVATION

Un ordinateur idéal

Grâce à ses technologies et ses logiciels sélectionnés avec soin, iMac est un ordinateur idéal, à la fois pour débuter et pour évoluer vers le futur. Intégrant un moniteur de très haute qualité, cet ordinateur simple d'emploi offre un *design* incomparable. Il trônera sur votre bureau, dans votre salon ou dans une chambre d'enfants avec le même bonheur.

Démontrant l'attention qu'Apple porte à chaque détail, jusqu'au clavier ou la souris, iMac offre un incroyable niveau de performance grâce à son processeur PowerPC G3 ultra puissant. Il est équipé, en outre, de deux ports USB (Universal Serial Bus) – une technologie très rapide et standardisée – qui vous permet de connecter facilement une imprimante, un appareil photo numérique, une manette de jeux ou une unité de stockage sans même avoir à éteindre et redémarrer votre ordinateur. Pour gérer toutes vos communications, iMac a un modem interne très rapide pour se connecter simplement et efficacement à Internet, envoyer ou recevoir des fax, consulter le Minitel… Il intègre également un port Ethernet haut débit, qui non seulement permet de se connecter efficacement aux réseaux, mais rend iMac prêt pour les technologies qui feront l'Internet de demain comme l'ADSL ou le modem câble.

En d'autres termes, iMac allie dans les règles de l'art simplicité d'installation, d'utilisation et performances. iMac n'est pas seulement idéal pour ceux qui débutent, il est aussi conçu pour le plaisir des plus expérimentés. Enfin vous pourrez réaliser avec un ordinateur vos projets mais aussi vos rêves.

iMac associe la puissance de l'Internet à la simplicité et l'élégance Macintosh.

Apple Computer France.

Questions

➜ **1.** Quelle remarque faites-vous sur le mot qui introduit les groupes de mots en bleu ?

➜ **2.** Avec quel fait chacun des groupes de mots en bleu est-il mis en relation ?

➜ **3.** Situez chronologiquement chaque groupe de mots en bleu par rapport au fait avec lequel il est en relation. Que constatez-vous ?

➜ **4.** Chaque groupe de mot en bleu peut-il être déplacé dans la phrase ?

➜ **5.** Quelle est la visée de ce texte ? De ce point de vue, quel est le rôle des groupes en bleu ?

LEÇON

1. Définition

● Le but est ce que l'on se propose d'atteindre. C'est **l'objectif** de l'action exprimée par le verbe principal.

● Le but peut être considéré comme une conséquence qui n'est pas nécessairement réalisée. Alors que la conséquence est entraînée par un fait ou une action, le but est toujours **en relation avec une volonté.**

2. L'expression du but

Le but peut être exprimé par différents procédés syntaxiques.

● Des compléments circonstanciels

■ **un infinitif** introduit par **une préposition** ou **une locution prépositive :** ***pour, afin de, dans l'intention de, en vue de, dans le but de, dans la perspective de…*** C'est la manière la plus fréquente d'exprimer le but :

→ *Je me mets au piano* ***pour*** *déchiffrer cette partition.*

■ **un groupe nominal** introduit par **une préposition** ou **une locution prépositive :** ***pour, afin de, dans l'intention de, en vue de, dans le but de :***

→ *L'artiste répète la chanson* ***en vue de*** *son spectacle.*

■ **une subordonnée conjonctive** introduite par **une conjonction** ou **une locution conjonctive de subordination :** ***pour que, afin que, de façon que, de manière que, de sorte que,*** suivie d'un verbe au subjonctif.
Dans cette construction, le sujet de la proposition subordonnée doit être différent de celui de la principale :

→ *Elle a déplacé sa voiture,* ***pour que*** *j'aie la place de me garer.*

● Une subordonnée relative

Dans une subordonnée relative qui exprime le but, le verbe est au **subjonctif.**

→ *Je cherche une jeune fille qui* ***puisse*** *garder le bébé.*

3. Les nuances de sens

Divers moyens permettent de nuancer l'expression du but.

● L'intention et les sentiments personnels

■ Le but ferme et calculé s'exprime par les locutions ***dans l'intention de/que ; dans l'idée de/que ; dans l'espoir de/que ; dans le souci de/que :***

→ *Je lui ai prêté de l'argent* ***dans l'intention de*** *le dépanner.*

■ Avec la locution ***à seule fin de/que,*** l'émetteur signale le but comme le seul qu'il se donne parmi d'autres possibles :

→ *Je lui ai prêté de l'argent* ***à seule fin qu'****il me laisse tranquille.*

● L'insistance sur la manière

■ Pour insister sur le résultat que l'on veut atteindre, on utilise : ***de manière à/que, de façon à/que*** (+ infinitif ou subjonctif) ; ***de sorte que*** (+ subjonctif).

Cette manière d'exprimer le but utilise les mêmes locutions conjonctives que la conséquence. Cependant, alors que le verbe de la subordonnée de **conséquence** se met **à l'indicatif,** le verbe de la proposition subordonnée de **but** se met **au subjonctif :**

→ *Fais ajuster tes fixations souplement,* ***de sorte que*** *tu pourras skier sans risque* (conséquence).

→ *Fais ajuster tes fixations souplement,* ***de sorte que*** *tu puisses skier sans risque* (but).

Le but à éviter

Lorsque l'on veut exprimer que le but de l'action est d'éviter quelque chose, on utilise les locutions suivantes :

– ***de crainte de, de peur de*** (+ infinitif) ; ***de crainte que, de peur que*** (+ subjonctif) :

→ *Je m'abstiens de fumer* ***de crainte d'****incommoder mes voisins.*

→ *Je m'abstiens de fumer* ***de peur que*** *mes voisins soient incommodés.*

– ***pour ne pas, afin de ne pas*** (+ infinitif) :

→ *Je m'abstiens de fumer* ***pour ne pas*** *incommoder mes voisins.*

– ***pour que… ne… pas, afin que… ne… pas*** (+ subjonctif) :

→ *Je m'abstiens de fumer* ***pour que*** *mes voisins* ***ne*** *soient* ***pas*** *incommodés.*

4. Le but dans les textes

Le but peut être exprimé par divers moyens grammaticaux et par le **vocabulaire,** en particulier les **noms** suivants : *dessein, intention, objectif, visée, cible, mission, ambition, projet, vues (au pluriel), destination, terme, fin.*

Dans les textes narratifs, explicatifs, argumentatifs et injonctifs, l'expression du but joue un rôle important. Selon la visée du texte, elle permet :
– d'expliquer les motivations d'un personnage (texte narratif) ;
– de donner une information circonstanciée (texte explicatif) ;
– d'apporter un argument, d'inciter à agir (texte argumentatif ou injonctif).

Dans les textes publicitaires, le but est fréquemment exprimé comme une évidence indiscutable :

→ *Plus rapide. Plus intelligent. Plus simple à utiliser. Mac OS 8.5 est le plus court chemin* ***pour aller plus loin avec votre Macintosh !***

Pour l'expression écrite

L'expression du but peut être placée en tête de la phrase. La transformation emphatique permet de mettre en relief l'expression du but en l'encadrant par *c'est… que :*
C'est *pour rencontrer l'amour* ***que*** *Yolande invite ses collègues à prendre un apéritif.*

Après les verbes *appréhender, redouter, craindre, avoir peur,* et après certaines locutions : *de peur que, de crainte que,* on emploie souvent un « ne » appelé explétif, qui n'a pas de valeur négative. C'est un indice de registre de langue soutenu :
Yolande rentre tôt du bureau de crainte que ses enfants ***ne*** *fassent des sottises en son absence.*

RÉSUMÉ

1. Le but est **l'objectif de l'action** exprimée par le verbe.

2. On exprime le but par différents moyens syntaxiques, dont le plus fréquent est le groupe ***pour*** **+ infinitif.** On peut aussi utiliser :
– un groupe nominal prépositionnel ;
– une subordonnée conjonctive introduite par ***pour que, afin que…*** suivis d'un verbe au subjonctif ;
– une subordonnée relative dont le verbe est au subjonctif.

3. Le verbe de la subordonnée de but est toujours **au subjonctif,** ce qui permet de distinguer la relation de but de la relation de conséquence.

EXERCICES

Identifier

1 a. Relevez toutes les expressions du but dans ce poème. Pourquoi sont-elles aussi nombreuses ?
b. Pouvez-vous deviner qui dit « je » dans le poème de Jean Tardieu ?

Henri Rousseau Le Douanier À l'octroi du Point-du-Jour

C'est le commencement, le monde est à repeindre,
l'herbe veut être verte, elle a besoin de nos regards ;
les maisons où l'on vit, les routes où l'on marche,
les jardins, les bateaux, les barrières
m'attendent pour entrer dans leur vrai paradis.
Je ne suis pas ici pour me moquer des choses ;
dans mes yeux qui les recueillent elles font de beaux [rêves
et dans mes yeux puis dans mes mains elles deviennent [sages,
égales et polies comme des images.
Je voudrais être du ciel l'absolu photographe
et pour l'éternité fixer la noce de Juillet,
la mariée comme une crème et la grand-mère qui se [tasse
et le caniche noir et les invités à moustache
qui sont de la même famille.
J'empêcherais pour toujours de bouger
les voiles blanches qui vont sur l'Oise,
les branches aux feuilles nombreuses
des chênes, des peupliers et surtout des acacias
et les nuages montagneux et l'eau de la Seine
pour qu'elle devienne lisse comme un canal. […]

Et moi-même en veston la palette à la main
aux portes de l'octroi sous les drapeaux du jour,
devant le pont où je vois tous les réverbères
et les maisons dont j'ai bien séparé les cheminées
afin que le vent tourne autour d'elles,
je resterais debout très grand dans le ciel départemental,
j'arrêterais pour vous les heures d'aujourd'hui.

Jean TARDIEU, *Les Portes de toile*, © Gallimard, 1969.

2 a. Relevez les différentes manières d'exprimer le but dans ce texte (constructions grammaticales et vocabulaire).
b. De quel type de texte s'agit-il ? Quel rôle joue ici l'expression du but ?

Des millions de mots dans un millimètre carré

Le laboratoire Cavendish en Angleterre a battu tous les records en reproduisant la première page du quotidien anglais *The Times* sur un support de la taille d'un micron. Les chercheurs anglais réalisaient ainsi le substrat avec la plus haute densité jamais atteinte. Pour réaliser cette prouesse technique, les physiciens ont utilisé un microscope électronique à haute résolution, un appareil qui exploite les propriétés ondulatoires des particules, en l'occurrence des électrons. Le principe de la « manip » des physiciens anglais est simple : pour projeter le contenu de la page du journal, un technicien hautement spécialisé manipule sélectivement des colonnes atomiques, de manière à reproduire les caractères d'imprimerie. C'est ainsi qu'on a pu, notamment, miniaturiser le dessin d'un oiseau pour lui donner une taille de l'ordre du millième de millimètre.
Loin de viser l'entrée au Guiness Book, la motivation des chercheurs du laboratoire Cavendish était surtout de démontrer les performances de la microscopie électronique.

d'après *Sciences et Avenir* n° 575, janvier 1995.

Transformer

3 Dans le texte suivant, déterminez les endroits où pourraient s'insérer les compléments de but suivants :
1. pour en donner à la vitesse à laquelle il est effectué
2. pour sonner le début et les arrêts du travail
3. en vue de gagner du temps et d'augmenter les cadences
4. pour la consommation de masse.

Le temps des montres

Rien n'a peut-être plus changé la perception que les bouleversements du monde du travail au XIXe siècle. Un nouvel espace naît, l'usine, où le temps est la principale mesure du travail. La division, entre plusieurs ouvriers, de tâches qu'accomplissait auparavant un seul artisan retire de la valeur au geste lui-même.
Au XIXe siècle, le salaire est considéré moins comme la rétribution d'un savoir-faire que comme un équivalent en argent du temps passé à travailler. Des horloges apparaissent à l'entrée des usines, couplées à des cloches et des sirènes. Dans les ateliers, les contremaîtres veillent, montre en main, au respect des horaires. L'industriel américain Frederick Taylor (1856-1915) mesure, corrige et minute chaque geste. « Un chronomètre derrière chaque ouvrier », pourrait en être la devise. [...]
Parallèlement, à la fin du XIXe siècle, la montre est le premier objet à être produit. Le phénomène naît aux États-Unis. À partir des années 1870, de grandes compagnies horlogères y fabriquent en série des montres très peu chères (« les montres à un dollar »), accessibles à presque tous.

J. Matricon et J. Roumette, *L'Invention du temps*, © Cité des Sciences et de l'Industrie, Presses Pocket, « Explora », 1991.

4 Dans cette publicité pour un jeu de société, relevez les différentes expressions du but, puis reformulez-les de manière à les rendre implicites.

Prenez-vous au jeu... de mots !

À partir d'une sélection de plus de 3 000 mots tirés du Petit Larousse, cette nouvelle version du VOCABULON est le jeu idéal pour se cultiver tout en s'amusant. Pour gagner la partie, la règle est simple : obtenir les lettres nécessaires afin de reconstituer le mot secret tout en devinant d'autres mots d'après leur définition. Entre amis, c'est une merveilleuse façon de découvrir les richesses de la langue française. Au sens propre, familier, figuré ou littéraire, voici un jeu qui a tout pour réunir la famille et vous permettre d'être sacré champion !

Publicité pour le jeu Vocabulon Champion parue dans *L'Express, Le magazine*, supplément à *L'Express* n° 2481 du 21 au 27 janvier 1999, page 61.

Employer

5 Choisissez dans un magazine les photographies de trois objets que vous aimeriez offrir, et rédigez pour chacun d'eux une notice publicitaire qui mettra en évidence l'expression du but.
Exemple : *Pour allier le confort à l'élégance, offrez-lui ces escarpins à crampons qui feront sensation dans vos soirées...*

6 a. Voici un extrait de la Déclaration des droits de l'homme et du citoyen de 1789. Lisez-le attentivement et dégagez son schéma logique.
b. Vous construirez ensuite un texte qui suivra le même schéma logique avec le début suivant :
Les élèves de 3e... du collège..., considérant..., ont résolu... afin que....

Déclaration des droits de l'homme et du citoyen

Les représentants du peuple français, constitués en Assemblée nationale, considérant que l'ignorance, l'oubli ou le mépris des droits de l'homme sont les seules causes des malheurs publics et de la corruption des gouvernements, ont résolu d'exposer, dans une déclaration solennelle, les droits naturels, inaliénables et sacrés de l'homme, afin que cette déclaration, constamment présente à tous les membres du corps social, leur rappelle sans cesse leurs droits et leurs devoirs ; afin que les actes du pouvoir législatif et ceux du pouvoir exécutif, pouvant être à chaque instant comparés avec le but de toute institution politique, en soient plus respectés ; afin que les réclamations des citoyens, fondées désormais sur des principes simples et incontestables, tournent toujours au maintien de la Constitution, et au bonheur de tous. – En conséquence, l'Assemblée nationale reconnaît et déclare, en présence et sous les auspices de l'Être suprême, les droits suivants de l'homme et du citoyen.

Chapitre 19

GRAMMAIRE

L'expression de l'hypothèse

OBSERVATION

Invitation à la campagne

Maurice[1] me dit que vous viendrez peut-être, cher ami. Tâchez donc que ce ne soit pas peut-être. Je comprends que vous songiez à prendre des bains de mer ; mais d'abord vous n'êtes pas sûr que cela ne vous fasse pas du mal au lieu de bien, par une année aussi froide et aussi malsaine que celle-ci. Ensuite vous dépenserez de l'argent et en troisième lieu vous vous ennuierez peut-être. Ici vous ne vous ennuierez peut-être pas. Pauline[2] y sera d'abord. Elle s'est bien trouvée de la quinzaine qu'elle vient d'y passer et elle pense sérieusement à y revenir le mois prochain. Et puis nous serons bien gentils et nous serons aimables tant que nous pourrons. Ensuite vous vous y porterez bien ; notre pays est très sain et l'automne y est magnifique. Si vous aimez le billard, on en a mis partout (si vous voulez de la musique, il en pleuvra, et de la première qualité). Si vous aimez les chiens, il y en a de magnifiques, Pistolet, Léda, Jessie, etc. Si vous voulez apporter votre chat Cupidon, il y sera reçu comme vous-même… Enfin vous ne dépenserez pas d'argent, ce qui est une dernière considération à peser par le temps qui court, et les chiens de métiers que nous avons. Vous dépenserez 35 F pour venir et autant pour vous en aller, ce n'est pas ruineux.

George SAND, *Lettre à Eugène Delacroix.*

1. Maurice : *fils de George Sand et élève de Delacroix.*
2. Pauline : *Pauline Viardot, cantatrice qui deviendra célèbre à l'époque (1821-1910).*

Questions

➜ **1.** Les groupes en bleu présentent-ils des faits réels ?

➜ **2.** Quelles transformations sont nécessaires pour les déplacer dans chaque phrase ?

➜ **3.** Quelles expressions introductrices pourriez-vous substituer à *si* ?

➜ **4.** Quelle est la visée du texte ? De ce point de vue, quel rôle jouent les groupes en bleu ?

LEÇON

1. Définition

● Pour expliquer un fait, une action, un état, on peut formuler une supposition. Cette supposition, ou **hypothèse,** est un fait ou une explication envisagés comme **possibles** ou **soumis à une condition.**

● L'hypothèse est du domaine du **virtuel** (non réalisé), comme le but, alors que la cause et la conséquence sont du domaine du réel.

2. L'expression de l'hypothèse

Elle peut être plus ou moins explicite, selon que le rapport logique est marqué ou non par un lien grammatical.

● L'hypothèse explicite

L'hypothèse explicite s'exprime par une **proposition subordonnée conjonctive** qui peut être introduite par diverses conjonctions ou locutions conjonctives.

■ La conjonction ***si*** : c'est le procédé le plus fréquent. La phrase est soumise aux règles de la concordance des temps :

→ ***Si*** *Adrienne* ***chante,*** *tout le monde l'****écoute*** *(l'****écoutera****).*
présent — présent (ou futur)

→ *Si Adrienne* ***chantait,*** *tout le monde l'****écouterait.***
imparfait — conditionnel présent

→ *Si Adrienne* ***avait chanté,*** *tout le monde l'****aurait écoutée.***
plus-que-parfait — conditionnel passé

■ La conjonction ***que,*** et les locutions ***à condition que, pour peu que, à supposer que, en admettant que, pourvu que*** (+ verbe subordonné au subjonctif) :

→ ***Qu'****Anne* <u>*se mette*</u> *à chanter, aussitôt le silence se fait.*

■ La conjonction ***quand,*** et les locutions ***quand bien même, au cas où, dans le cas où*** (+ verbe au conditionnel dans la subordonnée et dans la principale) :

→ ***Au cas où*** *Aurélie* <u>*voudrait*</u> *chanter, vous* <u>*demanderiez*</u> *le silence.*

■ Les locutions ***selon que, suivant que*** (+ verbe subordonné à l'indicatif) :

→ ***Selon que*** *la vedette* <u>*chante*</u> *avant ou après le dîner, vous ferez servir à mon signal.*

● L'hypothèse implicite

Lorsque l'hypothèse est implicite, les faits mis en relation sont simplement juxtaposés ou faiblement reliés. C'est le cas dans les constructions suivantes :

■ **un infinitif** introduit par **une préposition,** avec un verbe au **conditionnel :**

→ ***À l'entendre,*** *il* <u>*serait*</u> *le plus doué de la classe.*

■ un **gérondif** avec un verbe au **conditionnel :**

→ ***En rentrant*** *dans la soirée, tu* <u>*éviterais*</u> *les encombrements.*

■ **un groupe nominal prépositionnel :**

→ ***Sans amour,*** *la vie serait un long exil.*

■ **deux propositions juxtaposées :**

→ ***Tu viens, tu ne viens pas,*** *cela m'est égal.*

3. Nuances de sens

Différentes manières d'exprimer l'hypothèse permettent d'en nuancer le sens.

● Les degrés de probabilité d'une hypothèse

Selon les **temps verbaux** employés, et l'époque à laquelle ils renvoient, l'hypothèse peut apparaître comme probable, possible ou irréelle.

L'hypothèse sur l'avenir

Elle s'exprime par une phrase complexe :

– Avec ***si*** **+ présent de l'indicatif,** et le **futur simple** dans la principale, le fait est présenté comme **probable :**

→ *Si tu **viens,** nous **ferons** une promenade en bateau.*

– Avec ***si*** **+ imparfait de l'indicatif,** et le **conditionnel présent** dans la principale, le fait est présenté comme **possible,** ou **irréel,** selon le contexte :

→ *Si tu **venais,** nous **ferions** une promenade en bateau.*

L'hypothèse passée

Avec ***si*** **+ plus-que-parfait de l'indicatif,** et le **conditionnel passé** dans la principale, l'hypothèse est démentie par la réalité présente. C'est l'« irréel du passé » :

→ *Si tu **étais venu,** nous **aurions fait** une promenade en bateau.*

● Autres nuances de sens

L'hypothèse **considérée comme peu probable**

Elle s'exprime par ***à supposer que, en supposant que, en admettant que*** + verbe subordonné au subjonctif, et conditionnel dans la principale :

→ ***En admettant que*** *vous n'ayez pas reçu notre chèque, vous nous avertiriez par lettre.*

L'hypothèse **exprimée négativement**

Elle est annoncée par ***en l'absence de, faute de, sans*** + infinitif ou nom, et conditionnel dans la principale :

→ ***Sans*** *nouvelles de votre part, nous cesserions votre abonnement.*

L'hypothèse **avec comparaison**

Elle s'exprime avec ***comme si*** + verbe subordonné à l'indicatif imparfait (ou plus-que-parfait) :

→ *Elle s'occupe de tout **comme si** elle dirigeait encore le magasin.*

L'alternative

Elle exprime un choix nécessaire entre deux propositions dont l'une exclut l'autre, et se marque par ***soit que... soit que,*** ou ***que... ou que*** + verbe subordonné au subjonctif :

→ *Vous avez besoin de votre passeport, **soit que** vous séjourniez aux États-Unis, **soit que** vous vous rendiez au Moyen-Orient.*

4. L'hypothèse dans les textes

● Dans les textes, l'hypothèse se manifeste également par le **vocabulaire,** notamment par les **verbes** *supposer, imaginer, présumer, présupposer, conjecturer, envisager, pressentir, prévoir, présager, deviner, se douter.*

● Dans les textes explicatifs, argumentatifs, injonctifs, l'hypothèse **fait appel à l'imagination du destinataire,** afin de le faire réagir.

● Dans un raisonnement, l'hypothèse a valeur d'**argument,** ou d'**exemple** dans le cas d'une démonstration par l'absurde. Elle se place au début ou dans la première partie du texte, très rarement à la fin. C'est le cas dans :

- **un raisonnement par l'absurde :**

  → *Si la fourmi avait des ailes,*
  Si Gaston s'appelait Gisèle... (début de poème)

- **un syllogisme** (raisonnement logique qui procède par déduction, en trois étapes) :

  → ***Si*** *Marc est avocat, il est juriste.* ***Or,*** *il n'est pas juriste.* ***Donc*** *il n'est pas avocat.*

- **une démonstration scientifique :**

  → *Si cette figure est un polygone à quatre côtés égaux, et si ses angles sont droits, c'est un carré.*

- **un dilemme** (choix très difficile) :

  → *Si je ne bouge pas, il me prend mon pion avec sa dame. Si je le déplace, je lui permets d'obtenir une deuxième dame. Que faire ?*

Pour l'expression écrite

Si est un mot grammatical qui peut avoir plusieurs fonctions et qui permet d'exprimer :

- **une hypothèse** (dans ce cas, *si* est une conjonction de subordination) :
  S'il reste du café, apporte-m'en une tasse.
- **une interrogation** (après un verbe d'interrogation, *si* introduit une subordonnée interrogative indirecte) :
  Je me demande si Annie viendra.
- **une affirmation renforcée** (*si* est alors un adverbe). L'ensemble constitue une réponse à une question négative :
  Tu ne vas pas sortir ce soir ? – Si !
- **une conséquence avec intensité** (*si* est alors un adverbe d'intensité en relation avec une subordonnée de conséquence) :
  Le plombier est si efficace qu'il a tout réparé en dix minutes.

RÉSUMÉ

1. L'hypothèse est un fait ou une explication envisagés comme **possibles,** ou **soumis à une condition.**

2. L'hypothèse peut être :
– **explicite** (propositions subordonnées conjonctives introduites par ***si, au cas où, à condition que...*** et soumises aux règles de la concordance des temps) ;
– ou **implicite** (infinitif ou groupe nominal introduits par une préposition, gérondif suivi d'un verbe au conditionnel...).

3. Les divers moyens d'exprimer l'hypothèse permettent de préciser son **degré de probabilité** (hypothèse probable, possible, ou irréelle) et d'en **nuancer le sens** (hypothèse avec comparaison, alternative...).

4. L'hypothèse peut **faire appel à l'imagination du destinataire,** mais aussi avoir le rôle d'**argument** ou d'**exemple.**

EXERCICES

Identifier

1 Relevez les différentes manières d'exprimer l'hypothèse dans les extraits suivants.

Extrait 1. Le patron dort ; si vous désirez le consulter sur quelques difficultés, il ne travaille sérieusement qu'à minuit. Mais si vous vouliez nous dire votre cause, nous pourrions, tout aussi bien que lui, vous... »

BALZAC, *Le Colonel Chabert.*

Extrait 2. LE DUC. – Qu'elle se fasse attendre encore un quart d'heure, et je m'en vais. Il fait un froid de tous les diables.
LORENZO. – Patience, Altesse, patience.
LE DUC. – Elle devait sortir de chez sa mère à minuit ; il est minuit, et elle ne vient pourtant pas.
LORENZO. – Si elle ne vient pas, dites que je suis un sot, et que la vieille mère est une honnête femme.

Alfred de MUSSET, *On ne badine pas avec l'amour.*

Extrait 3. Oswald, en entrant dans la chambre de Corinne, se sentit plus timide que jamais. Il vit qu'elle était seule, et il en éprouva presque de la peine ; il aurait voulu l'observer longtemps au milieu du monde ; il aurait souhaité d'être assuré, de quelque manière, de sa préférence, avant de se trouver tout à coup engagé dans un entretien qui pouvait refroidir Corinne à son égard, si, comme il en était certain, il se montrait embarrassé et froid par embarras.
Soit que Corinne s'aperçût de cette disposition d'Oswald, ou qu'une disposition semblable produisît en elle le désir d'animer la conversation pour faire cesser la gêne, elle se hâta de demander à lord Nelvil s'il avait vu quelques-uns des monuments de Rome.

Madame de STAËL, *Corinne ou l'Italie.*

2 Relevez dans ce portrait du juge Simon les différentes expressions de l'hypothèse. Précisez pour chacune d'elles le mode et le temps des verbes utilisés.

M. le juge-mage Simon n'avait assurément pas deux pieds de haut. Ses jambes droites, menues, et même assez longues, l'auraient agrandi si elles eussent été verticales ; mais elles posaient de biais comme celles d'un compas très ouvert. [...] Sa tête, de grandeur naturelle avec un visage bien formé, l'air noble, d'assez beaux yeux, semblait une tête postiche qu'on aurait plantée sur un moignon. Il eût pu s'exempter de faire de la dépense en parure, car sa perruque seule l'habillait parfaitement de pied en cap.
Il avait deux voix toutes différentes qui s'entremêlaient sans cesse dans sa conversation avec un contraste d'abord très plaisant, mais bientôt très désagréable. L'une était grave et sonore ; c'était, si j'ose ainsi parler, la voix de sa tête. L'autre, claire, aiguë et perçante, était la voix de son corps. Quand il s'écoutait beaucoup, qu'il parlait très posément, qu'il ménageait son haleine, il pouvait parler toujours de sa grosse voix ; mais pour peu qu'il s'animât, et qu'un accent plus vif vînt se présenter, cet accent devenait comme le sifflement d'une clef, et il avait toute la peine du monde à reprendre sa basse.

Jean-Jacques ROUSSEAU, *Les Confessions,* Livre quatrième.

Transformer

3 Dans le texte suivant, mettez les verbes des propositions subordonnées par *si* au temps qui convient. Vous déterminerez d'abord s'il s'agit d'une hypothèse présente ou passée, en observant le temps des verbes des propositions principales.

Né en 17 à Leidenstadt

Et si je (être né) en 17 à Leidenstadt
Sur les ruines d'un champ de bataille
Aurais-je été meilleur ou pire que ces gens
Si j'(être) allemand ?

Bercé d'humiliation, de haine et d'ignorance
Nourri de rêves de revanche
Aurais-je été de ces improbables consciences
Larmes au milieu d'un torrent
Si je (grandir) dans les docklands de Belfast
Soldat d'une foi, d'une caste
Aurais-je eu la force envers et contre les miens
De trahir : tendre une main

Si je (être née) blanche et riche à Johannesburg
Entre le pouvoir et la peur
Aurais-je entendu ces cris portés par le vent
Rien ne sera comme avant

On saura jamais c'qu'on a vraiment dans nos ventres
Caché derrière nos apparences
L'âme d'un brave ou d'un complice ou d'un bourreau ?
Ou le pire ou plus beau ?
Serions-nous de ceux qui résistent ou bien les moutons [d'un troupeau
S'il (falloir) plus que des mots ? [...]

Jean-Jacques GOLDMANN, © 1990, JRG.

4 a. La première partie de ce texte comporte de nombreuses expressions de l'hypothèse : relevez-les.

b. Récrivez la deuxième partie de ce texte, à partir de « Pour les plantureux repas », sous forme d'hypothèses *(si, selon que, pour peu que, au cas où…).*

Elle arrivait chez moi, fermement résolue à ne pas s'écarter désormais de son régime. Mais ce régime, elle l'enfreignait constamment sans s'en douter, les infractions étant toutes exceptionnelles quoique quotidiennes. « Je veux seulement voir si ce feuilleté est réussi. » « Cette pâte d'amandes, ce n'est rien, mon fils, juste une bouchée de fourmi, ça ne va pas plus loin que la gorge, juste un peu pour me passer l'envie. Ne sais-tu pas qu'une envie non contentée fait grossir ? » Et si je l'engageais à prendre du café sans sucre, elle m'affirmait que le sucre n'engraisse pas. « Mets-en dans l'eau et tu verras qu'il disparaît. » Si une balance de pharmacien dénotait une augmentation de poids, c'était une erreur de la balance ou c'était parce qu'elle avait trop bougé sur la balance ou parce qu'elle avait gardé son chapeau. Pour les plantureux repas, il y avait toujours de bonnes raisons. Un jour, c'était parce qu'elle venait d'arriver à Genève et qu'il fallait bien fêter ce jour de merveille. Un autre jour, parce qu'elle se sentait un peu fatiguée et que les beignets au miel fortifient. Un autre jour, parce qu'elle avait reçu une gentille lettre de mon père. Quelques jours plus tard, parce qu'elle n'avait pas reçu de lettre. Une autre fois, parce que dans quelques jours elle partirait. Ou encore parce qu'elle ne voulait pas me tenir triste compagnie en me faisant assister à son repas de régime. Elle serrerait un peu plus son corset, et voilà tout. « Et puis quoi, je ne suis pas une jeune fille à marier. »

Albert COHEN, *Le Livre de ma mère*, © Gallimard, 1954.

Employer

5 a. Jean-Marie Pelt imagine un monde sans plantes et envisage tout ce que cette absence entraînerait : relevez les articulations logiques de son raisonnement.
b. Imaginez à votre tour un monde sans animaux. Vous commencerez votre texte par : *Si les animaux disparaissaient…* et vous continuerez en utilisant de nombreuses articulations logiques.

Un monde sans plantes

Il suffit pour comprendre à quoi servent les plantes de se poser la question de ce qu'il adviendrait s'il n'en existait plus.
Eh bien, nous ne serions pas là pour en parler ; d'ailleurs, nous ne serions pas là du tout, car plus de plantes, plus d'hommes ! Nous n'aurions plus l'occasion d'admirer un magnifique bouquet, il n'y aurait plus rien à manger, ni plantes, ni animaux, puisque les animaux précisément se nourrissent de plantes. […]
Il n'y aurait plus non plus de journaux, car leur fabrication consomme des tonnes de pâte à papier provenant pour l'essentiel des forêts de pins : plus de plantes, plus de pins ; et plus non plus de pain, car plus de blé ; plus de « casse » dans les banques, car plus de billets de banque en papier, ce « blé » des perceurs de coffres ! Plus de fruits, plus de légumes, plus de céréales, donc plus de régime végétarien et plus de viande non plus, car la vache broute l'herbe qui fait sa chair. Plus d'épices, plus de condiments, plus de jus de fruit, de bière, de vin, de café, d'alcool…, il ne resterait que le sel et l'eau. Nous serions condamnés à nous nourrir d'eau de mer comme les premières algues ; malheureusement, nous ne sommes pas des algues, et ce régime ne nous conviendrait guère. Imaginez que cafés et restaurants ne servent plus que des eaux minérales. […]
Chacun a compris : plus de plantes, plus rien ! Voilà à quoi servent les plantes ; et on voit qu'il n'est pas concevable de s'en passer.
En revanche, les plantes, elles, pourraient parfaitement se passer des hommes. Après tout, c'est bien ce qui s'est produit avant que l'homme n'apparaisse !

Jean-Marie PELT, *Le Monde des plantes, Entretiens avec Danielle Fournier*, © Éditions du Seuil, « Petit point des connaissances », 1993.

6 Comment le raisonnement suivant est-il constitué ? Identifiez les liens logiques, puis écrivez un raisonnement sur le même modèle.

Philippe GELUCK, *L'Excellent du Chat*, © Casterman, 1996.

Grammaire

Chapitre 20

L'expression de l'opposition

OBSERVATION

Une écolière frustrée

QUINO, *Mafalda*, tome 1, Éditions Glénat 1981.

Questions

➜ **1.** Vignette 1 : quelle information Mafalda donne-t-elle ? Quelle explication est donnée au fait énoncé ?

➜ **2.** Vignette 2 : quelle objection est exprimée par le père ? Quel fait nie-t-il ?

➜ **3.** Vignette 3 : sur quel point Mafalda marque-t-elle son accord avec les paroles de son père ?

➜ **4.** Vignette 4 : Cet accord est-il total ? partiel ? à quelle conclusion parvient-il ? Quel mot introduit cette conclusion ?

➜ **5.** Reconstituez la démarche de Mafalda : à quoi veut-elle aboutir ? comment s'y prend-elle pour arriver à ses fins ?

LEÇON

1. Définition

Un fait (ou une idée) entre en opposition avec un autre fait (ou idée) :

- lorsque ces deux faits ou idées forment un **contraste,** mais ne sont pas contradictoires :

  ➜ *Mafalda n'a pas la télévision, alors que tous ses camarades l'ont.*

- lorsque l'un des deux peut **faire obstacle** à la réalisation de l'autre, **sans pour autant l'empêcher.**

  ➜ *Malgré son âge avancé, l'astronaute a réussi sa nouvelle mission.*

2. L'expression de l'opposition

Dans la phrase, l'expression de l'opposition peut être plus ou moins explicite selon que le rapport logique est marqué ou non par un lien grammatical.

● L'opposition explicite

Elle s'exprime par les constructions grammaticales suivantes :

■ **une proposition indépendante** introduite :
– par **une conjonction de coordination :** ***mais, or ;***
– par un **adverbe de liaison :** ***pourtant, cependant, par contre, néanmoins, en revanche.***
L'expression la plus fréquente de l'opposition est ***mais :***

→ *L'astronaute est très âgé* ***mais*** *il a accompli une nouvelle mission dans l'espace.*

■ une **proposition subordonnée** introduite par **une conjonction** ou **une locution conjonctive de subordination :** ***bien que, quoique, encore que, même si, au lieu que, loin que, quand bien même :***

→ ***Bien que*** *l'astronaute soit très âgé, il a accompli une nouvelle mission dans l'espace.*

■ une **proposition subordonnée** introduite par ***que*** en corrélation avec un terme détaché en tête de proposition :
– un adverbe : ***si… que, tant… que, tout… que :***

→ ***Si*** *risquée* ***que*** *soit la mission, il s'en tirera grâce à son expérience.*

– la locution conjonctive ***quelque… que :***

→ ***Quelques*** *belles expériences* ***que*** *fassent les savants, le public demeure souvent ignorant.*

– un pronom relatif indéfini : ***qui que, quoi que :***

→ ***Qui que*** *tu sois, contemple.* (V. Hugo)

Quoi que s'emploie surtout avec les verbes ***faire, dire, advenir :***

→ ***Quoi que*** *je fasse,* ***quoi que*** *je dise,* ***quoi qu'****il advienne, j'aurai toujours tort.*

■ **un groupe nominal** introduit par **une préposition :** ***malgré, en dépit de, à l'inverse de :***

→ ***Malgré*** *les interventions de secours, la station MIR n'est plus guère en état de fonctionner.*

■ **un infinitif** introduit par **une préposition :** ***loin de, au lieu de :***

→ ***Au lieu de*** *retourner marcher sur la Lune, le vieil astronaute accomplira sa mission sur Apollo.*

● L'opposition implicite

Elle est indiquée par les constructions suivantes :

■ **la simple juxtaposition** de deux mots, de deux groupes nominaux, de deux propositions :

→ *L'une rit, l'autre pleure.*

■ **la juxtaposition renforcée** par l'expression « avoir beau », ou par un pronom personnel (moi, lui, eux…) :

→ *Il* ***avait beau*** *lutter contre le sommeil, sa fatigue le trahissait.*

→ *Nous ne faisons pas assez de sport. Les voisins,* ***eux,*** *font du tennis trois fois par semaine.*

- **la coordination de deux propositions par *et* :**
  → *Il habite l'immeuble depuis des années,* ***et*** *il connaît à peine ses voisins.*
- **une proposition subordonnée relative :**
  → *La classe,* ***qui était particulièrement passive,*** *ne décourageait pas le professeur.*
- **un participe présent, un participe passé, un adjectif :**
  → ***Accablée par les soucis,*** *elle gardait son courage et sa bonne humeur.*

3. Nuances de sens

Certaines nuances de sens peuvent s'ajouter à l'expression de l'opposition.

• Opposition et temps

Lorsque l'on veut marquer la **simultanéité** de deux actions ou de deux faits qui s'opposent, on emploie les locutions conjonctives ***tandis que, alors que*** + indicatif :

→ *Tout le monde la croit heureuse* ***alors qu'****elle est rongée de soucis.*

• Opposition et supposition

Lorsque l'on veut ajouter l'idée de **supposition** à l'idée d'opposition, on emploie la conjonction ou les locutions conjonctives ***quand, quand même, quand bien même, alors même que*** + conditionnel, ***même si*** + indicatif :

→ ***Quand*** *tu me* <u>*ferais*</u> *des excuses, je ne te pardonnerais pas.*
→ ***Même*** *si tu me* <u>*faisais*</u> *des excuses, je ne te pardonnerais pas.*

• Opposition et restriction

Lorsque l'on veut ajouter une nuance de **restriction** à l'idée d'opposition, on emploie les locutions conjonctives ***sauf que, excepté que, hormis que, si ce n'est que*** (+ indicatif), ***encore que*** (+ subjonctif) :

→ *Vous devriez être sur pied demain,* ***sauf qu'****une complication* <u>*peut*</u> *toujours surgir.*

4. L'opposition dans les textes

● Dans les textes narratifs, descriptifs, injonctifs – en particulier la publicité –, et en poésie, l'opposition permet d'exprimer des **contrastes** forts et de frapper ainsi l'imagination du destinataire.
Elle s'exprime par de nombreux moyens lexicaux :

- **des antonymes :** *large-étroit ; agrandir-rapetisser ; donner-prendre ; oncle-neveu ; masculin-féminin ; marié-célibataire…*
- **des antithèses :** « *Ton bras est invaincu mais non pas invincible* » (Corneille).
- **des mots qui expriment en eux-mêmes l'idée d'opposition :**
  – des noms : *opposition, obstacle, antithèse, antinomie, barrage, barrière, difficulté, mur, écueil, entrave, gêne, écran, inconvénient, objection, frein, contretemps, résistance, obstruction, empêchement, blocage…*

– **des verbes :** *barrer la route à, se dresser contre, faire barrage à, gêner, nuire à, s'opposer à, résister à, empêcher, contrarier, contrecarrer, entraver, bloquer, combattre, aller contre, faire obstacle à…*

● Dans l'argumentation, on distingue **l'opposition** et **la concession,** qu'on utilise en deux étapes :

■ on commence par **concéder,** c'est-à-dire abandonner à son adversaire un point de discussion, de son propre gré. On admet, **on cède sur un des points en discussion.** Le mot clé de la concession est ***certes :***

→ ***Certes,*** *les programmes télévisés sont de qualité inégale…*

■ on **réfute** ensuite le point de vue ou la thèse de l'autre en lui opposant un argument plus fort. Le mot clé de l'opposition est ***mais :***

→ *…* ***mais,*** *quand on l'utilise avec discernement, la télévision permet de s'ouvrir au monde.*

La stratégie argumentative mise en œuvre ici est plus riche, plus complexe qu'une simple opposition. Elle est plus subtile, car elle demande de **hiérarchiser les arguments :** on cède sur un point accessoire pour mieux s'opposer ensuite avec un argument plus fort.

Pour l'expression écrite

L'emploi des modes dans les propositions subordonnées d'opposition :

■ on emploie **le subjonctif** après les locutions *bien que, au lieu que, quoique, quel que, quelque… que, qui que, quoi que… :*

Bien qu'elle ***soit*** *âgée, elle est restée très dynamique.*

■ on emploie le conditionnel après *quand, quand même, quand bien même :*

Quand bien même tu ne ***réussirais*** *pas du premier coup, tu ne dois pas te décourager.*

RÉSUMÉ

1. Un fait entre en opposition avec un autre fait :
– lorsque ces deux faits forment un **contraste,** sans être contradictoires :
– lorsque l'un des deux peut **faire obstacle** à la réalisation de l'autre, **sans pour autant l'empêcher.**

2. L'opposition peut être :
– **explicite** (introduite par *mais, or, pourtant, cependant… ;* par *bien que, quoique, même si, alors que, quand bien même… ;* par *malgré, en dépit de… ;* par *loin de, au lieu de* + infinitif…).
– **implicite** (juxtaposition de deux mots, groupes nominaux ou propositions ; subordonnée relative ; participe présent, passé, ou adjectif…).

3. L'expression de l'opposition peut se nuancer d'une idée de **temps,** de **supposition,** de **restriction.**

4. L'opposition se marque par des moyens syntaxiques et par le **vocabulaire** (antonymes, antithèse, noms ou verbes exprimant une idée d'opposition).

EXERCICES

Identifier

1 Dans les extraits suivants, repérez les expressions de l'opposition, et précisez pour chacune d'elles la nature du mot qui l'introduit.

Extrait 1. Tous ces détails sur l'oncle Baptiste et l'existence lugubre que Mme Eyssette menait chez lui, je ne les connus que plus tard ; pourtant, dès mon arrivée dans la maison, je compris que, quoi qu'elle en dît, ma mère ne devait pas être heureuse... Quand j'entrai, on venait de se mettre à table pour le dîner. Mme Eyssette bondit de joie en me voyant, et, comme vous pensez, elle embrassa son petit Chose de toutes ses forces. Cependant la pauvre mère avait l'air gênée ; elle parlait peu – toujours sa petite voix douce et tremblante, les yeux dans son assiette.

Alphonse DAUDET, *Le Petit Chose.*

Extrait 2. Des articles extrêmement passionnés, mais logiques, parurent sur la question. On sait l'intérêt que l'on porte en Angleterre à tout ce qui touche à la géographie. Aussi n'était-il pas un lecteur, à quelque classe qu'il appartînt, qui ne dévorât les colonnes consacrées au cas de Phileas Fogg.

Jules VERNE, *Le Tour du monde en quatre-vingts jours.*

Extrait 3. Des larmes brillaient dans les yeux de la jeune épouse ; l'expression de ses traits et la douceur angélique qu'ils conservaient malgré son chagrin frappèrent le peuple quand elle monta en carrosse à la porte de l'église. Il faut avouer que, depuis son mariage, don Blas était moins féroce ; les exécutions devinrent plus rares. Au lieu de faire fusiller les condamnés par-derrière, ils furent simplement pendus.

STENDHAL, *L'Abbesse de Castro.*

2 Relevez dans cet extrait les différentes oppositions exprimées par la syntaxe et par le vocabulaire.

J'ai étudié le caractère [du roi de France], et j'y ai trouvé des contradictions qu'il m'est impossible de résoudre : par exemple, il a un ministre qui n'a que dix-huit ans, et une maîtresse qui en a quatre-vingts ; il aime sa religion, et il ne peut souffrir ceux qui disent qu'il la faut observer à la rigueur ; quoiqu'il fuie le tumulte des villes, et qu'il communique peu, il n'est occupé, depuis le matin jusqu'au soir, qu'à faire parler de lui ; il aime les trophées et les victoires mais il craint autant de voir un bon général à la tête de ses troupes, qu'il aurait de sujet de le craindre à la tête d'une armée ennemie. Il n'est, je crois, jamais arrivé qu'à lui, d'être, en même temps, comblé de plus de richesses qu'un prince n'en saurait espérer, et accablé d'une pauvreté qu'un particulier ne pourrait soutenir. [...]
De Paris, le 7 de la lune de Maharram, 1713.

MONTESQUIEU, *Lettres persanes.*

Transformer

3 a. Relevez les principaux paradoxes qui sont mis en évidence dans cet article.

b. Transformez le texte pour y ajouter des liens logiques marquant l'opposition.

Parlez-en à mon répondeur

« Signe des temps, le filtrage est aujourd'hui la principale qualité recherchée par ceux qui s'équipent. Le répondeur devait simuler la présence, poursuit Pierre-Alain Mercier [auteur d'une étude consacrée aux usages sociaux du répondeur]. Désormais utilisé comme filtre, il simule l'absence. »
On assiste bel et bien à un détournement d'objet : le répondeur est devenu un instrument de mise à distance. Il nous coupe du stress, du boulot, des autres. Et introduit un nouveau paradoxe : près de 10 millions de Français investissent dans des mobiles pour être joints, tout en utilisant le bon vieux répondeur pour se mettre aux abonnés absents ou sélectionner leurs correspondants. « Plus on sera relié au réseau de communication, plus on aura besoin de filtres, prédit Pierre-Alain Mercier. C'est ce qui fera la force du répondeur, ce qui l'aidera à tenir le choc face au portable. »

Marie HURET, *L'Express*, n° 2479,
semaine du 7 au 13 janvier 1999, page 29.

Employer

4 a. Le portrait de Monsieur Patard repose sur une opposition : laquelle ? Relevez les mots et les tournures qui permettent de mettre en relief ce contraste.

b. Écrivez vous aussi le portrait d'un personnage à double facette en utilisant des antonymes.

M. Hippolyte Patard avait cette particularité d'être tantôt un petit vieillard frais et rose, aimable et souriant, accueillant, bienveillant, charmant, que tout le monde à l'Académie appelait « mon bon ami » excepté les domestiques bien entendu, bien qu'il fût plein de prévenances pour eux, leur demandant alors des nouvelles de leur santé ; et tantôt, M. Hippolyte Patard était un petit vieillard tout sec, jaune comme un citron, nerveux, fâcheux, bilieux. Ses meilleurs amis appelaient alors M. Hippolyte Patard : « Monsieur le secrétaire perpétuel », gros comme le bras, et les domestiques n'en menaient pas large. M. Hippolyte Patard aimait tant l'Académie qu'il s'était mis ainsi en deux pour la servir, l'aimer et la défendre. Les jours fastes, qui étaient ceux des grands triomphes académiques, des belles solennités, des prix de vertu, il les marquait du Patard rose, et les jours néfastes, qui étaient ceux où quelque affreux plumitif avait osé manquer de respect à la divine institution, il les marquait du Patard citron.

Gaston LEROUX, *Le Fauteuil hanté.*

5 a. Lisez attentivement ces deux descriptions : sur quel principe commun reposent-elles ? Relevez tous les mots ou groupes de mots qui s'opposent.

b. Composez, suivant le même procédé, la description d'une personne ou d'un animal familier.

Un chameau dans un zoo

[Martin et Charlie] lui disaient qu'il était beau malgré ses horribles genoux calleux et ses pattes cagneuses. Que sa toison ferait pâlir d'envie toutes les chèvres du Cachemire, bien que quatre touffes de poils qui occupaient encore le sommet de sa bosse fassent davantage penser à une vieille serpillière effrangée qu'à du 100 % mohair. Que ses yeux étaient beaux. Mais ça c'était vrai.

Amélie RANGÉ, *L'ice-cream était presque parfait,* Milan, Zanzibar, 1987.

Portrait de Carmen

Sa peau, d'ailleurs parfaitement unie, approchait fort de la teinte du cuivre. Ses yeux étaient obliques, mais admirablement fendus ; ses lèvres un peu fortes, mais bien dessinées et laissant voir des dents plus blanches que des amandes sans leur peau. Ses cheveux, peut-être un peu gros, étaient noirs, à reflets bleus comme l'aile d'un corbeau, longs et luisants. Pour ne pas vous fatiguer d'une description trop prolixe, je vous dirai en somme qu'à chaque défaut elle réunissait une qualité qui ressortait peut-être plus fortement par le contraste. C'était une beauté étrange et sauvage, une figure qui étonnait d'abord, mais qu'on ne pouvait oublier. Ses yeux surtout avaient une expression à la fois voluptueuse et farouche que je n'ai trouvée depuis à aucun regard humain.

Prosper MÉRIMÉE, *Carmen.*

6 a. Observez le tableau de Bruegel et le dessin de Plantu, puis faites la liste des ressemblances et des différences entre ces deux œuvres.

b. Construisez ensuite des phrases concessives du type : *Certes Plantu a repris le titre du tableau de Bruegel, mais il l'a transformé...*

Pieter BRUEGEL, dit l'Ancien,
La Tour de Babel,
(Vienne, Kunsthistorisches Museum).

PLANTU, *La Nouvelle Tour de Babel,* paru dans *L'Express* du 18 juin 1998 et repris dans Plantu, *La France dopée,* © Seuil, 1998.

EXPRESSION ÉCRITE

Écrire un texte explicatif

OBJECTIF

Organiser et rédiger un texte explicatif en tenant compte du destinataire.

OBSERVATION

Machines volantes

Il existe deux grandes catégories de machines volantes, ou aéronefs : les plus légers que l'air, ou aérostats, et les plus lourds que l'air, ou aérodynes. Cette seconde catégorie inclut les avions et les hélicoptères. Tous les ballons sont des aérostats.

Au sein des aérostats, il y a deux grandes familles : les ballons et les dirigeables. Ces derniers, comme leur nom l'indique, peuvent être dirigés à l'aide de gouvernes et de moteurs. Les ballons ne sont pas dirigeables, ils ne possèdent en effet ni gouvernes, ni moteurs.

Il existe deux grands types de ballons : les ballons à air chaud, ou montgolfières, et les ballons à gaz, connus autrefois sous le nom de charlières, ou de robertines. L'un et l'autre peuvent être captifs ou libres, selon qu'ils sont ou non retenus par un câble. Un ballon libre se déplace dans l'atmosphère, au gré des vents. Un ballon captif, par contre, demeure au-dessus du même endroit. Seule son altitude peut-être modifiée. L'un et l'autre types sont très souvent de forme sphérique. Cela dit, bien d'autres formes sont possibles, du cigare plus ou moins allongé au dinosaure en passant par les camions et les canettes de bière.

Les fonctionnements d'une montgolfière et d'un ballon à gaz diffèrent, mais tous deux sont des applications du principe d'Archimède, un savant grec du IIIe siècle avant J.-C. Ce principe, adapté pour les besoins de la cause, s'énonce comme suit : « Tout aérostat plongé dans l'air subit une poussée verticale ascensionnelle égale au poids du volume d'air qu'il déplace. »

Au temps des ballons, CD-Rom, © Alsyd Multimédia.

Questions

→ **1.** De quel support d'information ce texte est-il extrait ?

→ **2.** Quel est le ton de l'explication (neutre, amusant, savant...) ? Donnez des exemples.

→ **3.** L'information donnée vous paraît-elle juste, claire, fiable ?

→ **4.** Comment le texte est-il organisé ? Déterminez sa progression.

→ **5.** Relevez des exemples de vocabulaire spécialisé. Est-il compréhensible ? Donnez un exemple de reformulation.

LEÇON

Pour écrire un texte explicatif, il est important de suivre certaines étapes.

1. Analyser la situation de communication

- L'émetteur doit tout d'abord **préciser son intention d'informer** quelqu'un afin de lui faire comprendre un fait, un phénomène.
- Il doit ensuite **cibler le destinataire** en déterminant ses besoins d'information, ses connaissances préalables, sa psychologie.
- Enfin, il doit **penser à l'image qu'il veut donner de lui,** de son destinataire et des rapports qu'il veut établir avec lui. Ainsi, tout en traitant l'information de manière objective, il peut adopter des tons différents : neutre, amusant, pédagogique, savant, en évitant le ton autoritaire ou pédant !

2. Déterminer le contenu et l'organisation du texte

- Pour expliquer un fait, on **rassemble une documentation,** on complète les connaissances dont on dispose. On **sélectionne** les aspects du fait, du phénomène en fonction des questions, des difficultés, des problèmes que ce sujet suscite chez le destinataire.
- On choisit des **procédés explicatifs** : la définition du phénomène, la comparaison, le recours aux exemples, la reformulation, et on prévoit d'illustrer certains aspects du texte par des croquis, des schémas, des illustrations, des photos.
- Pour construire le **plan** du texte, on peut s'inspirer de textes ou de supports que l'on connaît : film documentaire, article de presse scientifique, article d'encyclopédie…

3. Rédiger le texte

- Dans l'**introduction,** on expose le fait ou le phénomène en montrant pourquoi il suscite les questions du destinataire et nécessite une explication. Si l'explication prévue est longue et complexe, on présente ses principales articulations.
- L'**explication** proprement dite traite ensuite des différents aspects du sujet selon le plan et les procédés explicatifs choisis : définition, comparaison, recours aux exemples, présentation des causes et des effets…
- La **conclusion** de l'explication reformule l'essentiel de la démarche. Elle peut aussi signaler les éléments qui n'ont pas été traités ou ceux qui demandent un approfondissement ultérieur.

4. Réviser le texte

La révision du texte consiste à :
- vérifier que l'information donnée est **pertinente, véridique, vérifiable** et **non contradictoire** ;
- **adapter le vocabulaire** et le registre de langue aux exigences de la situation de communication, utiliser des **reformulations** et des substituts pour reprendre l'information déjà donnée dans le texte ;

- **marquer la cohérence du texte** par des mots organisateurs, des paragraphes, des tirets, une numérotation, des sous-titres ;
- corriger le texte en vérifiant l'orthographe, la structure des phrases, la ponctuation.

EXERCICES

1 Plusieurs termes spécialisés sont mêlés ci-dessous. Classez-les selon leur appartenance à l'astronomie, à la biologie ou à la vulcanologie.

anticorps – astrophysique – cosmologie – coulée – extrasolaire – ganglion – immunité – lymphe – magma – molécule – plasma – satellite – scorie – solidification – stratosphère – vasodilatation – viscosité.

2 Parmi les mots organisateurs suivants, choisissez et classez ceux qui vous permettront d'introduire une reformulation, un exemple, une généralisation, une comparaison, une opposition, une récapitulation, une conclusion.

à l'opposé	en réalité
à savoir	en résumé
au contraire	en revanche
au fond	finalement
au reste	inversement
au total	mieux encore
autrement dit	or
cela dit	ou
c'est-à-dire	par exemple
d'ailleurs	par contre
d'autre part	par opposition
de manière générale	plus particulièrement
de même	plus précisément
de plus	pour cette raison
dès lors	quoi qu'il en soit
en conclusion	si
en contrepartie	soit
en d'autres termes	somme toute
en définitive	toujours est-il
en l'occurrence	tout bien considéré
en particulier	tout compte fait
en plus	tout d'abord

3 Le texte suivant est présenté en désordre. Reconstituez-le en vous appuyant sur les mots organisateurs.

A. Avec la révolution industrielle, les besoins en énergie conduisent à utiliser la force de l'eau sur une vaste échelle. Avec l'apparition des générateurs électriques, à la fin du XIXe siècle, l'eau peut désormais produire une énergie facilement transportable et utilisable sous de multiples formes. D'autres besoins apparaissent : maîtrise des crues par la construction de retenues étalant leur écoulement, ou diminution de la pente naturelle des fleuves, afin de les rendre navigables par la création de « marches d'escalier ».

B. On peut également citer les barrages de Kebar et de Kurit en Iran (XIIIe-XIVe siècle), ceux d'Almansa et d'Elche en Espagne (XVIe siècle) et le barrage de Pontalto, près de Trente en Italie, commencé en 1612 et surélevé plusieurs fois jusqu'en 1887.
Par la suite, et jusqu'au XIXe siècle, fonctions et techniques évoluent peu : en terre, les barrages restent destinés à l'irrigation ou à l'alimentation en eau potable.

C. Les premiers barrages, des digues en terre de faible hauteur, ont probablement été construits, plusieurs millénaires avant notre ère, dans des régions du monde où le climat désertique ou semi désertique faisait de l'eau un élément particulièrement précieux pour les hommes et les cultures. La pierre sèche, puis grossièrement maçonnée au mortier, est apparue ensuite comme matériau constitutif de barrages en enrochements, gros tas de roches rangées à la main.

D. Parmi les ouvrages d'art monumentaux que l'homme a édifiés, les barrages sont ceux qui affirment le plus sa volonté de domination de la nature. Les accidents souvent spectaculaires et les bouleversements écologiques qu'entraîne la course au gigantisme sont aussi à la mesure de telles constructions et constituent le revers des services qu'elles rendent.

E. Les barrages « modernes » en maçonnerie furent principalement des barrages-poids, résistant à la poussée de l'eau par leur masse. Mais le principe des barrages-voûtes, arc-boutés sur les flancs d'une vallée pour y transmettre les efforts dus à cette poussée, semble avoir été découvert depuis fort longtemps : le plus ancien connu à ce jour serait une ruine romaine à Saint-Rémy-de-Provence, près d'Arles.

Encyclopédie Hachette Multimédia,

4 Récrivez le texte suivant pour des élèves plus jeunes : vous pourrez supprimer, reformuler des passages, ajouter des comparaisons, et chercher une documentation iconographique à l'appui du texte.

Les Dogons

Descendant d'une branche Keita, les Dogons habitent au Mali, dans la partie sud-ouest de la boucle du Niger, une région montagneuse appelée « falaises de Bandiagara ». [...]

CADRES SOCIAUX

Des groupes sociaux, opposés et complémentaires, donnent forme à la société dogon : initiés et non-initiés, hommes et femmes, groupes d'âge, cultivateurs et gens dits « castés ». Les classes d'âge sont composées de garçons ayant déjà subi ensemble la circoncision et qui, de ce fait, sont tenus à s'entraider pendant toute leur vie. Depuis cette cérémonie jusqu'à leur mariage, une maison leur est réservée au village. Les filles vivent de la même façon.

Les castes sont formées de tous ceux qui ne cultivent pas la terre : griots, artisans du fer, du bois, du cuir. [...]

SCULPTURE

La sculpture dogon, masques et statuettes, est avant tout rituelle. Les statuettes conservées dans des sanctuaires familiaux représentent des ancêtres ou des êtres mythiques. [...] Ces statuettes en bois sont l'œuvre des forgerons, qui en font aussi de plus abstraites, en fer, aux bras sans articulations comme l'étaient, selon le mythe, ceux des premiers êtres avant leur chute sur la terre. Les masques, au contraire, ne sont pas faits par des spécialistes, mais par ceux qui les portent, à l'occasion de cérémonies comme les levées de deuil. La face est simplifiée à l'extrême, inscrite dans un rectangle coupé par la saillie verticale du nez.

Jacques Maquet, article « Dogon »,
© 1995-1996 Encyclopædia Universalis.

5 Récrivez le texte suivant pour des élèves plus jeunes en sélectionnant les informations, en donnant des exemples, en insérant des passages de description.

Le cinéma de science-fiction

Expérimental en tout premier lieu, le genre – auquel, en France, s'essaie la Nouvelle Vague : Godard (*Alphaville*, 1965), Truffaut (*Fahrenheit 451*, 1966), Vadim (*Barbarella*, 1967) – devient crédible dès lors qu'il attire les foules. Après *2001, l'Odyssée de l'espace* (1968), de Stanley Kubrick, Hollywood multiplie les superproductions : George Lucas (*La Guerre des étoiles*, 1977), Ridley Scott (*Alien*, 1979) et Steven Spielberg (*Rencontres du troisième type*, 1977 ; *E. T.*, 1982 ; *Jurassic Park*, 1993) s'engagent dans la course aux recettes, quitte à simplifier les messages idéologiques. La fin des années 1990 est marquée par la sortie de nombreux films ayant pour sujet l'invasion de la Terre par des êtres venus d'ailleurs, généralement hostiles et violents : *Mars Attacks*, de Tim Burton (1997), est une parodie de films de science-fiction ; dans *Contact*, de R. Zemeckis (1997), des savants captent des signaux extraterrestres ; dans *Independence Day*, le jour de la riposte, de R. Emmerich (1997), et dans *Men in black*, de B. Sonnenfeld (1997), les États-Unis (le gouvernement dans le premier, et des agents d'une sorte de parodie de CIA, dans le deuxième) sauvent le monde envahi par des extraterrestres venus détruire la Terre ; dans *The Arrival*, de D. Twohy (1997), les extraterrestres sont venus achever le travail de destruction écologique de la planète entamé par les hommes. Dans *Les Mille Merveilles de l'univers*, de Jean-Michel Roux (1997), les extraterrestres font disparaître la population d'une ville.

Encyclopédie Hachette Multimédia,
© Hachette Multimédia/Hachette Livre, 1999.

FICHE D'AUTOÉVALUATION

→ **1.** J'ai rassemblé des informations sur le sujet et j'ai vérifié leur exactitude et leur pertinence.

→ **2.** J'ai déterminé les besoins d'information du destinataire et ses connaissances préalables sur la question.

→ **3.** J'ai choisi un traitement objectif de l'information et un ton adapté à mon destinataire.

→ **4.** J'ai sélectionné les différents aspects du sujet en fonction des questions, des difficultés du destinataire.

→ **5.** J'ai rédigé mon texte selon un plan clair, en utilisant les principaux procédés explicatifs et des mots organisateurs.

→ **6.** J'ai mis le texte en page en ménageant des paragraphes, des blancs, éventuellement des sous-titres, une numérotation qui favorise la compréhension globale.

EXPRESSION ORALE

Présenter des objections

OBJECTIF
Maîtriser une stratégie pour marquer son désaccord.

OBSERVATION

Président contre Banque mondiale

QUINO, *Mafalda,* tome 1, © Glénat, 1981.

Questions

➜ **1.** Vignette 1 : imaginez toutes les réponses que Mafalda aurait pu donner à sa mère. Qualifiez celle que la fillette donne.

➜ **2.** Comment la mère aurait-elle pu répondre ? Commentez sa réponse : est-elle efficace ?

➜ **3.** Complétez le dialogue des deux personnages en ajoutant des liens logiques à leurs répliques.

LEÇON

● Définitions

■ Une objection fait nécessairement suite à une affirmation (théorie, thèse) explicite ou implicite. On la rencontre principalement dans deux cas :
– quand on veut **marquer son désaccord** ;
– quand on cherche à **faire préciser sa pensée** à l'émetteur.

■ Selon la situation, l'objection peut prendre la forme d'un reproche, d'une menace, d'une demande de précision, d'un rappel, d'une condition.

■ Avant de formuler une objection, on commence généralement par **faire une concession** à son interlocuteur, c'est-à-dire par reconnaître une part de vérité à son point de vue (voir p. 185).

● Présenter des objections

■ Dans une situation courante ou familière, on peut présenter des objections par les formules suivantes :

→ *Oui, ce n'est pas faux, mais alors comment expliques-tu que... Ça paraît correct ; pourtant, on se demande... Je suis à peu près d'accord, mais ce que je ne comprends pas...*

■ Dans une situation moins familière, on peut exprimer des objections par **des questions**

– directes :

→ *D'où vient que... ? Comment expliquer que... ?*

– indirectes :

→ *On ne sait pas... On se demande... Personne ne sait pourquoi...*

■ En langage soutenu, on renforce souvent l'expression de l'objection en employant **la forme interro-négative,** qui n'est pas une vraie question, mais une affirmation déguisée :

→ *C'est partiellement vrai. Mais* ***n'****avez-vous* ***pas*** *déclaré tout à l'heure que le chômage des jeunes est dû essentiellement à un manque de qualification initiale ?*

EXERCICES

1 Imaginez la situation et retrouvez l'affirmation contre laquelle chacune des objections suivantes a été formulée.

1. Dans ces conditions, on se demande qui acceptera de se charger d'un travail aussi délicat.
2. Je ne sais pas alors pourquoi tu as accepté d'emmener ces dossiers en vacances.
3. Dans ce cas, on ne comprend pas pourquoi les policiers ont attendu si longtemps pour intervenir.
4. Oui, certes, mais les vacances de printemps ne commencent-elles pas début avril ?
5. Il y a eu un semblant d'accord entre les belligérants, mais l'ONU n'avait-elle pas menacé d'intervenir dans le pays ?
6. Magnifique ! Mais où prendrais-je l'argent ?
7. Oui, la Chine, bien sûr ! Mais le voyage est si fatigant !
8. Votre proposition me tente ; malheureusement je souffre du mal de mer.
9. Oui, c'est entendu, mais je ne peux pas m'en passer, voilà tout.
10. C'est évident ; encore faudrait-il que je sache où se trouve le carburateur.
11. Je n'ai rien contre, mais comment pourrais-je trouver un remplaçant d'ici demain ?

2 Présentez des objections aux affirmations suivantes.

1. La médecine est capable actuellement de guérir toutes les maladies microbiennes.
2. La hausse des salaires entraînera une hausse des prix.
3. Cette équipe de foot a mérité sa descente en deuxième division.
4. Les professeurs ont mis des notes vraiment très basses au brevet blanc.
5. Ce film de science-fiction a attiré énormément de monde : il y avait la queue au cinéma mercredi.
6. La participation aux élections régionales était supérieure de cinq points à celle de la précédente consultation.

3 En utilisant les expressions de la leçon, faites dialoguer les personnages dans les situations suivantes.

1. Un élève veut s'inscrire dans une voie scientifique malgré des résultats calamiteux en mathématiques. Le professeur lui donne son avis.
2. Une jeune femme dissuade son mari d'emmener les enfants voir un film d'épouvante.
3. Un groupe de jeunes veut partir en vacances avec une voiture en mauvais état. Les parents essaient de leur faire entendre raison.

Bilan

Les relations spatio-temporelles et logiques

1 10 points

a. Reconstituez le plus précisément possible l'emploi du temps de Francis Marmande depuis son retour du Vietnam jusqu'au moment de l'écriture de cette chronique.

b. Repérez les lieux cités et classez-les selon qu'ils renvoient ou non au lieu de l'écriture.

New York, mercredi 5 juin 1991 : quatrième jour sans réponse.

Miles Davis ne veut plus recevoir. MM. Meltzer et Shukat, ses managers américains, ont l'air d'enfants hésitants. Je suis bloqué à l'Hôtel Mansfield, 44e Rue, presque à l'angle de la 5e Avenue. Tous ces jours-ci, le ciel de la ville est un théâtre d'ombres, d'éclairs et de lourdeur. Il fait frais. Pour ne pas compromettre la gaieté financière des journaux qui m'envoient, *Le Monde* et *Jazz Magazine,* j'ai choisi une chambre du genre modeste, la 331, au troisième étage sur cour. De ma fenêtre, je vois distinctement le tunnel de la cour. Jamais le ciel. [...]

Je reviens d'un mois de mission universitaire au Vietnam. Arrivé de Hanoï à Paris mercredi dernier, je suis reparti pour New York dimanche. Bourdonnants comme dans un film de Spike Lee, les managers de Miles reportent d'heure en heure toute information.

Francis Marmande, *Jazz Magazine,*
Hors-série, octobre 1991.

2 10 points

Voici le discours de Pangloss à Candide.
Classez les passages soulignés selon qu'ils expriment le but, la cause, la conséquence ou la concession, et précisez le mode de construction employé (proposition juxtaposée, coordonnée, subordonnée ; groupe infinitif, participe).

« Il est démontré, disait-il, que les choses ne peuvent être autrement : car, tout étant fait pour une fin, tout est nécessairement pour la meilleure fin. Remarquez bien que les nez ont été faits pour porter des lunettes, aussi avons-nous des lunettes. Les jambes sont visiblement instituées pour être chaussées, et nous avons des chausses. Les pierres ont été formées pour être taillées, et pour en faire des châteaux, aussi monseigneur a un très beau château ; le plus grand baron de la province doit être le mieux logé ; et, les cochons étant faits pour être mangés, nous mangeons du porc toute l'année : par conséquent, ceux qui ont avancé que tout est bien ont dit une sottise ; il fallait dire que tout est au mieux. »

Candide écoutait attentivement, et croyait innocemment ; car il trouvait mademoiselle Cunégonde extrêmement belle, quoiqu'il ne prît jamais la hardiesse de le lui dire.

Voltaire, *Candide.*

3 10 points

En vous aidant des éléments soulignés, répondez aux questions et consignes suivantes :

a. Récrivez sous forme d'une proposition subordonnée d'hypothèse la condition qui a manqué à Jean-Michel Roy pour que son projet réussisse.

b. Quelles auraient été les conséquences envisageables, si cette condition avait été réalisée ?

c. Quelles sont les causes présentées par l'auteur du texte en faveur de Jean-Michel Roy ?

d. Quel lien logique est exprimé par l'expression *[ils] ont eu beau* ?

e. Quelles phrases énoncent les conséquences négatives subies par Jean-Michel Roy ?

Le Spider Renault trop isolé

L'idée de Jean-Michel Roy d'engager aux 24 Heures 97 un Spider Renault GT1 préparé par ses soins était bonne, voire excellente. La seule présence d'un Spider sur la piste mancelle aurait pu tout à la fois booster sa commercialisation, et donner un coup de lustre à l'image de Renault qui aurait ainsi pu saluer les 24 Heures – où ses couleurs prirent tant d'éclat – et ce, l'année même où le constructeur français tire sa révérence à la compétition de haut niveau. Le projet était ambitieux et, surtout, courageux. Pour ces seules raisons, il aurait été bien que Renault lui donne un véritable coup de main. Ça n'a pas été le cas. Du coup, Patrick Gonin et Benjamin Roy ont eu beau « se dépouiller[1] », il n'y avait rien à faire : manquant cruellement de puissance face aux monstres engagés en GT1, le Spider Renault était inqualifiable ! Et le joli rêve de Jean-Michel Roy s'est brisé. C'est dommage !

Hors-série Option auto, *Le Mans* 97.

1. « se dépouiller » : *fournir un effort extrême.*

6

Les transformations dans la phrase

Chapitre 21

GRAMMAIRE

L'infinitif et la transformation infinitive

OBSERVATION

Zadig premier ministre

Le roi avait perdu son premier ministre. Il choisit Zadig pour remplir cette place. Toutes les belles dames de Babylone applaudirent à ce choix ; car depuis la fondation de l'empire il n'y avait jamais eu de ministre si jeune. Tous les courtisans furent fâchés ; l'envieux en eut un crachement de sang, et le nez lui enfla prodigieusement. [...] [Zadig] fit sentir à tout le monde le pouvoir sacré des lois, et ne fit sentir à personne le poids de sa dignité. Il ne gêna point les voix du divan[1], et chaque visir[2] pouvait avoir un avis sans lui déplaire. Quand il jugeait une affaire, ce n'était pas lui qui jugeait, c'était la loi ; mais, quand elle était trop sévère, il la tempérait, et, quand on manquait de lois, son équité en faisait qu'on aurait prises pour celles de Zoroastre.

C'est de lui que les nations tiennent ce grand principe : qu'il vaut mieux hasarder de sauver un coupable que de condamner un innocent. Il croyait que les lois étaient faites **pour secourir les citoyens** autant que pour les intimider. Son principal talent était de démêler la vérité, que tous les hommes cherchent à obscurcir.

VOLTAIRE, *Zadig*

1. Divan : *le Conseil du sultan.*
2. Visir (ou vizir) : *ministre.*

Questions

1. Parmi les infinitifs en bleu, lesquels peuvent être remplacés par un groupe nominal ?
2. Lesquels sont employés avec un auxiliaire ?
3. Lesquels sont compléments essentiels d'un verbe ?
4. Lesquels sont compléments circonstanciels ? Quelle circonstance expriment-ils ?
5. Peut-on remplacer les groupes soulignés par une subordonnée conjonctive ? Si oui, à quelle condition ?

LEÇON

1. L'infinitif

• Définition

L'infinitif est la forme non actualisée du verbe. Il exprime simplement l'action (exemple : *travailler*). Il ne marque ni la personne, ni le nombre, ni le temps. Il n'indique pas si l'action est réelle ou non.

• Les fonctions de l'infinitif dans la phrase simple

Dans la phrase simple, l'infinitif ou le groupe infinitif peut être :

- sujet :

  → *Pour Voltaire,* ***sauver un coupable*** *est moins grave que de condamner un innocent.*

- attribut du sujet :

  → *Le principal talent de Zadig était* ***de démêler la vérité.***

L'infinitif attribut peut souvent être placé en position de sujet, sujet et attribut étant alors interchangeables :

→ ***Démêler la vérité*** *était le principal talent de Zadig.*

- complément essentiel du verbe :

  → *Il veut* ***parler.*** *Il craint* ***de parler.*** *Les hommes cherchent* ***à obscurcir la vérité.***

Ce verbe peut être à la forme impersonnelle :

→ <u>*Il vaut*</u> *mieux* ***hasarder de sauver un coupable que de condamner un innocent.***

- complément circonstanciel de la phrase :

  → *Il choisit Zadig* ***pour remplir cette place.*** (c. circ. de but)

La préposition ou la locution prépositive *(pour, après, afin de, à condition de, avant de…)* qui précède l'infinitif précise la nature de la circonstance.

- complément du présentatif :

  → *Voici* ***venir*** *Zadig.*

- complément du nom :

  → *L'ardeur* ***de vivre*** *cède à la peur* ***de mourir.***

- complément de l'adjectif :

  → *Zadig croyait que les lois sont faciles à* ***promulguer.***

2. La transformation infinitive

• Définition

La transformation infinitive est la réduction à l'infinitif d'une proposition subordonnée, sans modification du sens de l'énoncé. On peut ainsi réduire :

- une proposition subordonnée complétive :

  → *Son principal talent était* <u>*qu'il savait démêler la vérité.*</u> → *Son principal talent était* ***de savoir démêler la vérité.***

■ une proposition subordonnée relative :

→ *On entend les envieux qui protestent.* → *On entend les envieux **protester.***

● Les procédés de transformation

La transformation infinitive consiste à :
– effacer le sujet de la subordonnée quand il est le même que le sujet de la proposition principale ;
– effacer le mot subordonnant ;
– remplacer la forme conjuguée du verbe par l'infinitif ;
– ajouter *de* si nécessaire :

→ *Je savais que je vous trouverais là./Je savais **vous trouver** là.*
→ *J'ai dit à Paul qu'il vienne seul./J'ai dit à Paul **de venir** seul.*

● L'intérêt de la transformation infinitive

■ La transformation infinitive permet :
– d'**alléger l'énoncé,** de le rendre plus concis :

→ *Je pense que j'irai skier dans dix jours.* → *Je pense aller skier dans dix jours.*

– d'**éviter des ambiguïtés :**

→ *Hélène est rentrée en France. Anne pense qu'elle ira la voir.* → *Anne pense aller la voir.*

■ Lorsque le sujet du verbe de la proposition principale est le même que celui du verbe de la subordonnée, la transformation infinitive est **obligatoire :**
– après certains verbes, tels *demander, oser, vouloir, prier de... :*

→ *Je voudrais **être** en vacances. (*que je sois en vacances.)*
→ *Félix prie son grand-père **de lui réparer** son vélo. (*qu'il lui répare son vélo.)*

– pour exprimer certaines circonstances comme le temps *(avant de, après)* et le but *(pour, afin de)* ; l'infinitif se substitue alors à une proposition subordonnée circonstancielle :

→ *Il a bouclé ses bagages **avant de partir** (*avant qu'il parte).*
→ *Elle s'est dépêchée **pour terminer à temps** (*pour qu'elle termine à temps).*

● Construction de l'infinitif

■ Certains verbes tels *savoir, aimer, vouloir, espérer,* se construisent sans préposition avec l'infinitif et peuvent également se construire avec une subordonnée complétive introduite par *que :*

→ *Marc veut **briller.**/Marc veut **qu'on l'admire.***

■ Lorsque le verbe principal a une construction avec un double objet (COD et COI), l'infinitif devient COI et il est précédé d'une préposition :

→ *Anne a encouragé son fils **à l'étude** du piano.* → *Anne a encouragé son fils **à apprendre** le piano.*

■ Cependant, avec certains verbes comme *apprendre, ordonner, valoir,* les deux compléments essentiels doivent être précédés d'une préposition :

→ *Anne a appris **à** David **à** jouer du piano.*

■ Certains verbes conjugués construits sans préposition demandent une préposition devant l'infinitif :

→ *Je commande mon repas.* → *Je commande à déjeuner.*

■ Avec les verbes de perception *écouter, regarder, sentir, voir,* ainsi qu'avec les verbes *laisser* et *faire,* l'infinitif a **un sujet distinct de celui du verbe principal.** Le groupe constitué de l'infinitif et de son sujet est traditionnellement appelé **proposition subordonnée infinitive.** Cette proposition est complément essentiel du verbe principal.

→ *Il a senti le vent tourner. (Le vent* : sujet de *tourner)*

proposition subordonnée infinitive, COD de *sentir*.

Pour l'expression écrite

■ Quand le sujet de l'infinitif est un nom, un pronom possessif, démonstratif, indéfini ou numéral, il est situé indifféremment avant ou après le verbe à l'infinitif :
J'entends minuit sonner./J'entends sonner minuit.
J'ai vu passer un de mes amis./J'ai vu un de mes amis passer.
J'ai vu quelqu'un sortir./J'ai vu sortir quelqu'un.

■ Quand le sujet est un pronom personnel, il précède le verbe qui régit l'infinitif :
Je la vois passer.

■ Avec le présentatif *voici* et avec le verbe *faire,* il y a toujours inversion du sujet :
Voici venir notre héros.
Faites venir le prévenu.

RÉSUMÉ

1. L'infinitif est la **forme non actualisée du verbe.** Il ne marque ni la personne, ni le nombre, ni le temps, ni le degré de la réalité de l'action.

2. La transformation infinitive consiste à **réduire une proposition subordonnée à l'infinitif du verbe conjugué,** sans modification du sens de l'énoncé. Elle donne plus de concision à cet énoncé.

3. La transformation infinitive est **obligatoire** après certains verbes, tels ***demander, oser, vouloir, prier de...*** et dans certaines subordonnées circonstancielles, lorsque le sujet du verbe de la proposition principale est le même que celui du verbe de la subordonnée.

4. La construction de l'infinitif est régie par **un emploi précis des prépositions.**

5. L'infinitif peut avoir un **sujet distinct** de celui de la proposition principale : le groupe formé par cet infinitif et son sujet, appelé **proposition subordonnée infinitive,** est **complément essentiel du verbe principal.**

EXERCICES

Identifier

1 Donnez la fonction des groupes infinitifs soulignés.

L'air sentait le thym et la roche chaude. Némo appuyait sa tête contre la portière, pour mieux laisser le vent lui caresser le visage. C'était l'odeur du Midi, quelque chose qui donnait envie de s'asseoir à l'ombre d'un arbre et de rêver. Mais inutile d'y penser, Gaspard était pressé d'arriver à sa prochaine étape. La voiture traversait des vallées sèches et des collines recouvertes de petits chênes verts. Les villages étaient rares. Le paysage ne devait pas avoir beaucoup changé depuis l'époque des premiers hommes...

Nicole BACHARAN et Dominique SIMONNET, *Le Livre de Némo*, © Éditions du Seuil, 1998.

2 Même exercice.

Des envieux ont monté une machination pour convaincre le roi que Zadig, son Premier ministre, a une liaison avec la reine Astarté.

On pénétra[1] bientôt qu'Astarté était tendre, et que Moabdar était jaloux. L'envieux engagea l'envieuse à envoyer au roi sa jarretière, qui ressemblait à celle de la reine. Par surcroît de malheur, cette jarretière était bleue. Le monarque ne songea plus qu'à la manière de se venger. Il résolut une nuit d'empoisonner la reine, et de faire mourir Zadig par le cordeau, au point du jour. L'ordre en fut donné à un impitoyable eunuque, exécuteur des vengeances. Il y avait alors dans la chambre du roi un petit nain qui était muet, mais qui n'était pas sourd. On le souffrait toujours : il était témoin de ce qui se passait de plus secret, comme un animal domestique. Ce petit muet était très attaché à la reine et à Zadig. Il entendit, avec autant de surprise que d'horreur, donner l'ordre de leur mort. Mais comment faire pour prévenir cet ordre effroyable, qui allait s'exécuter dans peu d'heures ? Il ne savait pas écrire, mais il avait appris à peindre, et savait surtout faire ressembler. Il passa une partie de la nuit à crayonner ce qu'il voulait faire entendre à la reine. Son dessin représentait le roi agité de fureur, dans un coin du tableau, donnant des ordres à son eunuque ; un cordeau bleu et un vase sur la table, avec des jarretières bleues et des rubans jaunes ; la reine dans le milieu du tableau, expirante entre les bras de ses femmes, et Zadig étranglé à ses pieds. L'horizon représentait un soleil levant, pour marquer que cette horrible exécution devait se faire aux premiers rayons de l'aurore. Dès qu'il eut fini cet ouvrage, il courut chez une femme d'Astarté, la réveilla, et lui fit entendre qu'il fallait dans l'instant même porter ce tableau à la reine.

VOLTAIRE, *Zadig*.

1. On pénétra : *on découvrit*.

3 Relevez les infinitifs et donnez la fonction du groupe qu'ils constituent.

Pour essayer de calmer les gens, pour soulager leur souffrance, on les écoute quand ils parlent. Des fois on a envie de leur prendre les mains. Des fois on a même envie de les entourer avec les bras, mais il y a des gens avec qui on ne peut pas, parce que les écouter seulement, c'est déjà les encourager. Alors ils vont trop loin, parce qu'on les a encouragés.

Robert BOBER, *Quoi de neuf sur la guerre ?* P.O.L., 1993.

4 a. Relevez dans ce texte une proposition infinitive.

b. Classez les infinitifs ou les groupes infinitifs soulignés selon leur fonction : sujet, complément essentiel, complément circonstanciel ou complément du nom.

Tenter de franchir ce passage avec une barque aussi fragile, et qu'un seul jet d'écume pouvait remplir et engloutir, c'était insensé. Le pêcheur jeta sur le cap éclairé par sa colonne d'écume un regard que je n'oublierai jamais, puis faisant le signe de la croix : « Passer est impossible, s'écria-t-il ; reculer dans la grande mer encore plus. Il ne nous reste qu'un parti : aborder à Procida ou périr. » Tout novices que nous fussions dans la pratique de la mer, nous sentions la difficulté d'une pareille manœuvre par un coup de vent. En nous dirigeant vers le cap, le vent nous prenait en poupe, nous chassait devant lui ; nous suivions la mer qui fuyait avec nous, et les vagues, en nous élevant sur leur sommet, nous relevaient avec elles. Elles avaient donc moins de chance de nous ensevelir dans les abîmes qu'elles creusaient. Mais pour aborder à Procida, dont nous apercevions les feux du soir briller à notre droite, il fallait prendre obliquement les lames et nous glisser, pour ainsi dire, dans leurs vallées vers la côte, en présentant le flanc à la vague et les minces bords de la barque au vent.

Cependant, la nécessité ne nous permettait pas d'hésiter. Le pêcheur, nous faisant signe de relever nos rames, profita de l'intervalle d'une lame à une autre pour virer de bord.

Alphonse de LAMARTINE, *Graziella*.

Transformer

5 Réduisez les propositions subordonnées à des groupes infinitifs.

1. Ces vieux amis s'échangent leurs impressions par clin d'œil sans qu'ils ressentent le besoin de se parler. – 2. Les enfants regardent les bulles de savon se for-

mer avant qu'ils les fassent éclater avec leur doigt. – 3. Henri fut pris alors qu'il fumait dans les toilettes. – 4. Jamais je n'aurais pensé que j'irais un jour à New York pendant trois semaines. – 5. Marie-France, fascinée, regardait sur l'écran de l'ordinateur Lara Croft qui courait à travers la jungle. – 6. Comment fait-on pour servir des sorbets ni trop durs ni trop liquides, je me le demande depuis longtemps. – 7. Il suffisait à Marcel Proust de manger une madeleine trempée dans une tasse de tisane pour qu'il retrouve ses souvenirs d'enfance. – 8. Ce scénariste invente toujours des histoires qui font pleurer les spectateurs.

6 a. Faites les transformations infinitives qui vous paraissent nécessaires.

b. Expliquez pourquoi cette transformation est impossible dans certaines phrases.

1. Absorbé dans son jeu, il n'entend pas que vous l'appelez. – 2. Après que nous aurons visité cette exposition, nous irons boire un café pour que nous nous reposions. – 3. Heureusement, les randonneurs sont revenus au refuge avant que l'orage ne se déchaîne. – 4. Balzac sortait, dit-on, par une porte dérobée afin qu'il échappe à ses créanciers. – 5. Ce nouveau directeur a la volonté que tout évolue de façon que les emplois soient maintenus et que la production augmente. – 6. Vous pensiez que jamais je ne pourrais finir à temps. – 7. Je pensais que jamais je ne pourrais finir à temps. – 8. Pour que je sache bien jouer aux échecs, que de parties je dois observer et comprendre pour que les stratégies m'apparaissent clairement.

Employer

7 a. En vous aidant du titre du roman de Kafka, précisez dans quelle situation se trouve le narrateur.

b. Relevez les groupes infinitifs en précisant leur fonction.

c. Imaginez la suite du texte en employant de nombreux infinitifs aux fonctions variées.

Rejeter la couverture, rien de plus simple ; il n'avait qu'à se gonfler un peu, elle tomba toute seule. Mais la suite des opérations était plus délicate, surtout parce qu'il était excessivement large. Il aurait eu besoin de bras et de mains pour se redresser ; or, au lieu de cela, il n'avait que ces nombreuses petites pattes sans cesse animées des mouvements les plus divers et de surcroît impossibles à maîtriser. Voulait-il en plier une, elle n'avait rien de plus pressé que de s'étendre ; et s'il parvenait enfin à exécuter avec cette patte ce qu'il voulait, les autres pendant ce temps avaient quartier libre et travaillaient toutes dans une extrême et douloureuse excitation. « Surtout, ne pas rester inutilement au lit », se dit Gregor.

Il voulut d'abord sortir du lit en commençant par le bas de son corps, mais ce bas, que du reste il n'avait pas encore vu et dont il ne pouvait guère se faire non plus d'idée précise, se révéla trop lourd à remuer ; cela allait trop lentement ; et quand, pour finir, prenant le mors aux dents, il poussa de toutes ses forces et sans précaution aucune, voilà qu'il avait mal visé : il heurta violemment le montant inférieur du lit, et la douleur cuisante qu'il éprouva lui apprit à ses dépens que, pour l'instant, le bas de son corps en était peut-être précisément la partie la plus sensible.

Franz KAFKA, *La Métamorphose*, © Gallimard.

8 a. Pour chacun des verbes présentés ci-dessous, écrivez une phrase dans laquelle il sera employé à l'infinitif, dans un sens qui correspond à celui de son synonyme :

Exemple : ***Il n'a pas cessé de donner (= causer) des soucis à ses parents.***

Elle a craint de causer (= provoquer) un malheur en avouant la vérité.

Chaîne de synonymes

Voici « comment, au moyen du seul dictionnaire français, parvenir à transformer progressivement un verbe en son exact contraire, en se servant uniquement de synonymes intermédiaires comme d'autant de maillons. Ainsi allons-nous voir s'opérer le miracle et, sous nos yeux grâce à d'imperceptibles glissements de sens, le verbe *donner* devenir le verbe *prendre* ».

DONNER	peut être synonyme de	CAUSER
CAUSER	«	PROVOQUER
PROVOQUER	«	DÉFIER
DÉFIER	«	AFFRONTER
AFFRONTER	«	ATTAQUER
ATTAQUER	«	ENTAMER
ENTAMER	«	COMMENCER
COMMENCER	«	ENGAGER
ENGAGER	«	LIER
LIER	«	CONTRACTER
CONTRACTER	«	ACQUÉRIR
ACQUÉRIR	«	GAGNER
GAGNER	«	REMPORTER
REMPORTER	«	ENLEVER
et enfin, ENLEVER	«	PRENDRE

Claude GAGNIÈRE, *Pour tout l'or des mots*, © Robert Laffont, 1996.

b. À votre tour, inventez une chaîne de synonymes, en vous servant d'un dictionnaire. Vous pouvez partir d'un autre infinitif ou reprendre le verbe *donner*, en choisissant un autre synonyme.

GRAMMAIRE

Chapitre 22

Le participe et la transformation participe

OBSERVATION

Conseil municipal

Dans La Terre, *Zola évoque ce qu'il croit être la vie des paysans en Beauce, à la fin du XIXe siècle. Des rivalités de terrain nécessitent un vote au conseil municipal.*

« Diable ! déclara le fermier, si nous ne sommes que cinq, nous ne pourrons prendre aucune décision. » Heureusement, Lengaigne entra. D'abord, il avait résolu de ne pas aller au conseil, la question du chemin ne l'intéressant pas ; et il espérait même que son absence entraverait le vote. Puis, la venue de M. de Chédeville le torturant de curiosité, il s'était décidé à monter, pour savoir.

– « Bon ! nous voilà six, nous pourrons voter », s'écria le maire. Et Lequeu, qui servait de secrétaire, ayant paru d'un air rouge et maussade, le registre des délibérations sous le bras, rien ne s'opposa plus à ce qu'on ouvrît la séance. Mais Delhomme s'était mis à causer bas avec son voisin, Clou, le maréchal-ferrant, un grand, sec et noir. Comme on les écoutait, ils se turent. Pourtant, on avait saisi un nom, celui du candidat indépendant, M. Rochefontaine ; et tous alors, après s'être tâtés, tombèrent d'un mot, d'un ricanement, d'une simple grimace, sur ce candidat qu'on ne connaissait seulement pas.

Émile ZOLA, *La Terre.*

Questions

➜ **1.** Donnez la fonction des groupes en bleu. Que précisent-ils par rapport au verbe de la proposition principale ?

➜ **2.** Remplacez chaque groupe en bleu par une proposition subordonnée et faites les modifications nécessaires. Quels mots avez-vous introduits ?

LEÇON

1. Le participe : définition

● Le participe est une forme non actualisée du verbe. Il participe du verbe et de l'adjectif. Il peut être le verbe d'une proposition subordonnée participe, et il peut avoir les mêmes compléments que le verbe.

● Le participe a trois formes :
– le participe présent : *chantant, finissant, sachant...*
– le participe passé de forme simple : *chanté, fini, su...*
– le participe passé de forme composée : *ayant chanté, ayant fini, ayant su...*

2. Participe présent, adjectif verbal et gérondif

● Caractéristiques du participe présent

Le participe présent est une forme du verbe composé du radical + **-ant.**
Il exprime une action non accomplie qui se passe en même temps qu'une autre action.
Il ne prend jamais de marques de genre ni de nombre.
Il est généralement suivi d'un complément du verbe :

→ *La question du chemin vicinal **ne l'intéressant pas**, il n'alla pas à la réunion.*

● Caractéristiques de l'adjectif verbal

L'adjectif verbal est un adjectif issu par transformation d'un participe présent.
Il a **toutes les caractéristiques d'un adjectif qualificatif :**

- il s'accorde en genre et en nombre avec le nom auquel il se rapporte :
  → *Une curiosité **dévorante** s'empara de Lengaigne.*
- comme un adjectif qualificatif, il peut être épithète ou attribut :
  → *La curiosité de Lengaigne était **dévorante.***
- comme un adjectif qualificatif, il peut être précédé d'un adverbe de degré :
  → *Sa curiosité était **trop dévorante.***
- Remarque :

Le **participe passé employé sans auxiliaire** a également toutes les caractéristiques d'un adjectif qualificatif :

→ ***Torturé** de curiosité, Lengaigne s'était décidé à venir.*

● Caractéristiques du gérondif

Quand le participe présent est précédé de la préposition **en,** on l'appelle **gérondif.** Le gérondif est la forme adverbiale du verbe. Il exprime, par rapport au verbe principal, à la fois une action simultanée et une circonstance :

→ ***En** travaillant dur,* *le paysan augmente son cheptel.*
(*En travaillant dur* : c. circ.)

3. La transformation participe

La transformation participe consiste à réduire le verbe conjugué d'une proposition subordonnée à un participe présent ou à un participe passé, sans modification du sens de l'énoncé.

● Conditions de transformation

- La transformation participe d'**une proposition relative** est possible si le pronom relatif « qui » a pour antécédent le sujet de la proposition principale :

→ *Lequeu, qui paraissait rouge et maussade, servit de secrétaire.*
→ *Lequeu, **paraissant rouge et maussade,** servit de secrétaire.*
(*paraissant rouge et maussade* : apposition)

■ La transformation participe d'**une proposition subordonnée circonstancielle** s'effectue dans les conditions suivantes :
– si la proposition principale et la proposition subordonnée ont le même sujet, le sujet du participe n'est pas exprimé ; dans ce cas, le participe présent prend fréquemment la forme du gérondif :

→ *Lorsqu'il apprend la venue de M. de Chédeville, il décide de se rendre à la réunion.*

→ ***En apprenant** la venue de M. de Chédeville, il décide de s'y rendre.*
c. cir.

– si les sujets de la principale et de la subordonnée sont différents, le sujet du participe est exprimé :

→ *Comme M. de Chédeville venait, Lengaigne décida de se rendre à la réunion.*

→ ***M. de Chédeville venant,** Lengaigne décida de se rendre à la réunion.*

4. La proposition participe

Lorsque le participe a un **sujet distinct** de celui de la principale, et que le groupe ainsi formé est **complément circonstanciel** de la principale, on l'appelle proposition participe. Cette proposition participe est dépourvue de mot introducteur.

● Le verbe de la proposition participe

■ C'est le plus souvent un participe présent actif ou un participe passé passif, simple ou composé :

→ ***La séance levée** (ayant été levée), le maire s'en alla rapidement.*
c. circ.

● Le sujet de la proposition participe

■ Le sujet est généralement un groupe nominal :

→ ***Son principal concurrent éliminé au second tour,** le maire sera réélu.*

Il peut être également

■ un pronom personnel :

→ ***Lui disparu,** ma vie est bien triste.*

■ un pronom possessif :

→ ***Les nôtres ayant gagné le match,** ce fut du délire dans les rues.*

■ un pronom démonstratif :

→ ***Cela étant,** je me sens soulagé.*

■ un pronom indéfini :

→ ***Tout ayant été réglé,** la séance du conseil fut levée.*

● Les valeurs de la proposition participe

La proposition participe joue le rôle d'une proposition circonstancielle. Elle peut prendre la valeur :

■ d'une circonstancielle de temps :

→ ***La séance terminée,** ils retournèrent dans la salle de réception.* (= après que…)

■ d'une circonstancielle de cause :

→ ***Le maire étant très apprécié,** les électeurs lui renouvelleront son mandat.* (= parce que…)

- d'une circonstancielle d'opposition ou de concession :
  → ***Son discours d'inauguration terminé,*** *le maire tardait à donner le signal du vin d'honneur.* (= bien que…)
- d'une circonstancielle de condition :
  → ***Le conseil régulièrement consulté,*** *les finances publiques seraient mieux gérées.* (= si…)
- La valeur de la proposition participe ne se révèle que **par le contexte.** Une même proposition participe peut en effet avoir les quatre valeurs, selon le sens de la proposition principale. Les plus fréquentes sont le temps et la cause.
- Le gérondif et le participe présent détaché peuvent également avoir ces quatre valeurs.

Pour l'expression écrite

- Certaines propositions participes sont devenues des expressions figées :
le cas échéant, séance tenante, toutes affaires cessantes, cela dit, cela étant, moi vivant, dimanches exceptés.
- Certains adjectifs verbaux sont également employés dans des expressions figées :
une place payante, un thé dansant, la poste restante, la nuit tombante, la partie plaignante, en espèces sonnantes et trébuchantes, à trois heures sonnantes (ou tapantes),…
- Certains participes présents sont employés comme noms et prennent les marques du genre et du nombre :
les tenants et les aboutissants, les ayants droit, les participants, les assistants, les aspirants, (pas) un sou vaillant.

RÉSUMÉ

1. Le participe est **une forme non actualisée du verbe.** Le **participe présent** et le **participe passé de forme composée** peuvent avoir les mêmes compléments que le verbe. Ils sont **invariables.**

2. L'**adjectif verbal** ne peut avoir de compléments essentiels, et **s'accorde comme un adjectif qualificatif.**

3. Le participe présent précédé de la préposition ***en*** est un **gérondif.** Forme adverbiale du verbe, il exprime à la fois une action simultanée et une circonstance par rapport au verbe principal.

4. La transformation participe est la **réduction d'une proposition subordonnée à un participe présent ou passé du verbe conjugué,** sans modification du sens de l'énoncé.

5. La **proposition participe** a un sujet qui lui est propre. Sa valeur circonstancielle : **temps, cause, concession,** ou **hypothèse,** se révèle par le contexte.

EXERCICES

Identifier

1 Précisez si les mots soulignés sont des participes passés, des participes présents, des gérondifs ou des adjectifs verbaux.

Je n'ai plus que les os...

Je n'ai plus que les os, un squelette je semble
Décharné, dénervé, démusclé, dépoulpé,
Que le trait de la mort sans pardon a frappé ;
Je n'ose voir mes bras que de peur je ne tremble.

Apollon et son fils, deux grands maîtres ensemble,
Ne me sauraient guérir, leur métier m'a trompé ;
Adieu, plaisant soleil ! Mon œil est étoupé[1],
Mon corps s'en va descendre où tout se désassemble.

Quel ami, me voyant en ce point dépouillé,
Ne remporte au logis un œil triste et mouillé,
Me consolant au lit et me baisant la face,

En essuyant mes yeux par la mort endormis ?
Adieu, chers compagnons ! Adieu, mes chers amis !
Je m'en vais le premier vous préparer la place.

Pierre de RONSARD, *Derniers Vers.*

1. Étoupé : *littéralement, bouché par de l'étoupe.*

2 a. Donnez la nature des formes contenues dans les groupes soulignés :
participes présents, participes passés, adjectifs verbaux ou gérondifs.

b. Précisez la fonction de ces groupes.

Zadig dirigeait sa route sur les étoiles. La constellation d'Orion et le brillant astre de Sirius le guidaient vers le pôle de Canope. Il admirait ces vastes globes de lumière qui ne paraissent que de faibles étincelles à nos yeux, tandis que la terre, qui n'est en effet qu'un point imperceptible dans la nature, paraît à notre cupidité quelque chose de si grand et de si noble. Il se figurait alors les hommes tels qu'ils sont en effet, des insectes se dévorant les uns les autres sur un petit atome de boue. Cette image vraie semblait anéantir ses malheurs en lui retraçant le néant de son être et celui de Babylone. Son âme s'élançait jusque dans l'infini, et contemplait, détachée de ses sens, l'ordre immuable de l'univers. Mais lorsque ensuite, rendu à lui-même et rentrant dans son cœur, il pensait qu'Astarté était peut-être morte pour lui, l'univers disparaissait à ses yeux, et il ne voyait dans la nature entière qu'Astarté mourante et Zadig infortuné.

VOLTAIRE, *Zadig.*

3 a. Relevez tous les participes et adjectifs verbaux employés dans ce texte.
b. Classez-les selon qu'ils sont employés comme adjectifs (épithètes ou attributs) ou comme des formes verbales.

Une rivière, pensa Monin soudain transporté par le flot des corps et des voix. Une rivière humaine. Un courant que rien ne semble pouvoir arrêter.
Oui : c'était bien là une sorte de fleuve, calme et grondant, avec parfois, au centre, des remous. Et sur les bords, des retardataires qui retrouvaient un ami ou, distribuant des tracts aux badauds assemblés sur les trottoirs, créaient une sorte de contre-courant.
Il y avait aussi des passages en eau calme, comme si la rivière, tout à coup, avait trouvé un canal placide et régulier. Puis à nouveau des goulets d'étranglement où les corps se serraient, où les visages tendus, inconnus, mais alliés, criaient à l'unisson, l'un contre l'autre.
On entendait l'écho des paroles, scandées au loin par des centaines de gorges :
ASSEZ DE -LI-CENCIEMENTS ! [...]
C'était vibrant, et grisant comme un alcool.
C'était réconfortant, aussi.
Monin n'eut pas besoin de se retourner : il les sentait tous là ; connus et inconnus, ils l'entouraient de leur chaleur, ils le poussaient de la voix.
Sur les côtés, les membres du service d'ordre, qui portaient un brassard rouge, faisaient une longue chaîne en se tenant la main.

Christian GRENIER, *Un printemps sans cerises,*
© Syros, « Les Uns les autres », 1995.

Transformer

4 Retrouvez le texte de Maupassant en réduisant les propositions soulignées à des groupes participes.

Ils étaient étendus sur des chaises, presque couchés. Ils avaient la face qui était noircie par le soleil et la poitrine qui était couverte seulement d'un mince maillot de coton blanc qui laissait passer leurs bras nus, robustes comme ceux des forgerons. C'étaient deux solides gaillards qui posaient beaucoup pour la vigueur, mais qui montraient en tous leurs mouvements cette grâce élastique des membres qu'on acquiert par l'exercice, si différente de la déformation qu'imprime à l'ouvrier l'effort pénible, toujours le même.
Ils échangèrent rapidement un sourire lorsqu'ils virent la mère, puis un regard quand ils aperçurent la fille.
« Donnons notre place, dit l'un, ça nous fera faire connaissance. » L'autre aussitôt se leva et, alors qu'il tenait à la main sa toque mi-partie rouge et mi-partie

noire, il offrit chevaleresquement de céder aux dames le seul endroit du jardin où ne tombât point le soleil. On accepta après s'être confondus en excuses ; et pour que ce fût plus champêtre, la famille s'installa sur l'herbe sans table ni sièges.
Les deux jeunes gens portèrent leur couvert quelques pas plus loin et se remirent à manger. Leurs bras nus, qu'ils montraient sans cesse, gênaient un peu la jeune fille. Elle affectait même de tourner la tête et de ne point les remarquer, tandis que Mme Dufour, plus hardie, sollicitée par une curiosité féminine qui était peut-être du désir, les regardait à tout moment, parce qu'elle les comparait sans doute avec regret aux laideurs secrètes de son mari.

d'après Guy de MAUPASSANT, *Une partie de campagne.*

5 Transformez les groupes soulignés en propositions subordonnées relatives ou circonstancielles.

Je pensais à cela l'autre matin – car c'est surtout le matin que Paris montre ses misères – en voyant marcher devant moi un pauvre diable étriqué dans un paletot trop mince qui faisait paraître ses enjambées plus longues et exagérait férocement tous ses gestes. Courbé en deux, tourmenté comme un arbre en plein vent, cet homme s'en allait très vite. De temps en temps, sa main plongeait dans une de ses poches de derrière et y cassait un petit pain qu'il dévorait furtivement, comme honteux de manger dans la rue.
Les maçons me donnent appétit, quand je les vois, assis sur les trottoirs, mordre au beau mitan[1] de leur miche fraîche. Les petits employés aussi me font envie, lorsqu'ils reviennent en courant de la boulangerie au bureau, la plume à l'oreille, la bouche pleine, tout réjouis de ce repas au grand air. Mais ici on sentait la honte de la vraie faim, et c'était pitié de voir ce malheureux n'osant manger que par miettes le pain qu'il broyait au fond de sa poche.
Je le suivais depuis un moment quand tout à coup, comme il arrive souvent dans ces existences déroutées, il changea brusquement de direction et d'idée, et en se retournant se trouva face à face avec moi. « Tiens ! vous voilà... »

Alphonse Daudet, *Contes du lundi.*

1. Mitan : *milieu.*

Employer

6 Imaginez une suite à cette brève nouvelle de Jacques Sternberg. Vous continuerez à utiliser de nombreux gérondifs.

L'allergie

Il avait toujours eu quelque difficulté à supporter le genre humain jusqu'au jour où il dut reconnaître qu'il devenait physiquement allergique à toute présence masculine ou féminine. Il se barricada chez lui, sans télévision, sans radio, parce que même le son des voix lui donnait des troubles graves, des vertiges et des nausées accompagnées de saignements.
Les choses s'aggravèrent quand il comprit qu'il développait une allergie de la même gravité à tous les aliments fabriqués par les hommes ou tous les produits naturels de la terre. Il s'en tira en avalant des vitamines à hautes doses et en s'administrant des injections à doses plus réduites. Il eut ensuite un coup de panique en constatant son allergie à toute boisson. Et il perdit tout espoir quand il ressentit des symptômes d'étouffement en respirant l'air ambiant.

Jacques STERNBERG, *188 Contes à régler*,
© Denoël, 1988.

7 a. Relevez dans ce texte les participes présents et les gérondifs : qu'apportent-ils au portrait du personnage principal ?

b. Écrivez à votre tour le portrait d'un personnage en pleine action en utilisant le même procédé.

Le narrateur évoque le souvenir de sa mère, qui tenait une boutique de cadeaux.

Mais les deux grandes fêtes qui mobilisent toute son attention et son énergie, qu'elle prépare en s'ingéniant à acheter en conséquence, en prévoyant notamment des articles à petits prix pour les maigres tirelires des enfants, ce sont Noël et la Fête des mères. Toute la semaine précédente, les clients se sont bousculés, qu'il a fallu conseiller, orienter, et parfois dissuader, connaissant le goût de l'épouse, vous êtes sûr que ça lui plaira ? à qui d'autres fois il convient de rafraîchir la mémoire en rappelant que, l'an passé, ne lui avez-vous pas déjà offert un presse-purée ? tout en développant devant chacun le même immuable argumentaire qui consiste d'abord à demander à celui-là s'il a une quelconque idée sur la nature du présent. [...] Elle jongle ainsi de client en client, demandant à l'un de réfléchir pendant qu'elle s'occupe d'un autre, plaçant un troisième devant le rayon des plateaux à fromage, courant chercher dans l'entrepôt du jardin le carton correspondant au service à thé choisi par un quatrième, questionnant à son retour l'homme au plateaux à fromage qui hésite encore, descendant au sous-sol emballer le service à thé, entendant celui-là, une fois qu'elle a fini de coller l'étiquette Joyeux Noël sur le beau papier cadeau, préférer plutôt un service à café, s'il n'est pas trop tard, mais non, il n'est jamais trop tard, elle remonte en courant, repart dans l'entrepôt, la tête dans les épaules, sans jamais montrer le moindre signe d'exaspération [...]

Jean ROUAUD, *Pour vos cadeaux*,
© Éditions de Minuit, 1998.

Chapitre 23

GRAMMAIRE

La phrase et le style

OBSERVATION

Une tempête sous un crâne

Jean Valjean, ancien forçat, s'est créé une nouvelle vie en devenant industriel et maire de Montreuil-sur-Mer. Un jour, l'inspecteur Javert lui apprend qu'un vagabond, Champmathieu, passe au tribunal, accusé d'être le vrai Jean Valjean. Il est menacé du bagne à perpétuité. Le vrai Jean Valjean va-t-il se dénoncer ? Il dialogue avec sa conscience.

« Oui ! c'est cela, achève ! disait la voix. Complète ce que tu fais ! Détruis ces flambeaux[1] ! Anéantis ces souvenirs ! Perds ce Champmathieu ! Va, c'est bien. Ainsi, c'est convenu, c'est résolu, c'est dit, voilà un homme, voilà **un vieillard** qui ne sait ce qu'on lui veut, qui n'a rien fait peut-être, **un innocent,** dont ton nom fait tout le malheur, qui va être pris pour toi, qui va être condamné, qui va finir ses jours dans l'abjection et l'horreur ! c'est bien. Sois honnête homme, toi. *Reste monsieur le maire, reste honorable et honoré, enrichis la ville, nourris des indigents, élève des orphelins, vis heureux, vertueux et admiré, et pendant ce temps-là, pendant que tu seras ici dans la joie et la lumière, il y aura quelqu'un qui portera ton nom dans l'ignominie et qui traînera ta chaîne au bagne !* Oui, c'est bien arrangé ainsi ! Ah ! misérable ! »...

Victor HUGO, *Les Misérables.*

1. Ces flambeaux : *les chandeliers donnés par l'évêque de Digne et symbolisant le choix du bien.*

Questions

→ **1.** Quelle remarque pouvez-vous faire sur la longueur et la forme des phrases du début jusqu'à « Va, c'est bien » ?

→ **2.** Quels mots sont répétés dans la phrase : « Ainsi, c'est convenu… l'horreur ! » ? Donnez leur nature grammaticale. Quel effet produisent ces répétitions ?

→ **3.** Quelle est la fonction grammaticale des groupes de mots qui complètent les deux mots en bleu ?

→ **4.** Quelles remarques faites-vous sur la phrase en italiques : longueur, répétitions, structure, rythme ?

LEÇON

1. Les procédés de style dans la phrase française

La langue littéraire utilise de nombreux procédés de style pour mettre certaines idées en valeur, produire des effets particuliers.

• Les reprises, répétitions, et effets d'insistance

Ces procédés permettent de créer un rythme, de noter **une accumulation de notations, d'impressions, de sensations :**

→ Le matou. – *Je ne veux que dormir, dormir ; serrer mes paupières sur mes beaux yeux d'oiseau nocturne, dormir n'importe où, tombé sur le flanc comme un chemineau, dormir inerte.* (Colette)

• Les accumulations, symétries et oppositions

■ Les accumulations de termes ou de structures grammaticales permettent de **graduer des progressions :**

→ Nuit de sabbat. – *Galop rude, rapide, étincelant, vertigineux, surnaturel, qui saisit Pécopin, qui l'entraîna, qui l'emporta, qui faisait résonner dans son cerveau les pas du cheval comme si son crâne eût été le pavé du chemin, qui l'éblouissait comme un éclair, qui l'enivrait comme une orgie, qui l'exaspérait comme une bataille ; galop qui, par moments, devenait tourbillon, tourbillon qui parfois devenait ouragan.* (V. Hugo, *Le Rhin*)

• Les images

■ **Les comparaisons et les métaphores :**

→ *Le goût du café au lait matinal nous apporte cette vague espérance d'un beau temps qui jadis si souvent, pendant que nous le buvions dans un bol de porcelaine blanche, crémeuse et plissée, qui semblait du lait durci, se met à nous sourire dans la claire incertitude du petit jour.* (M. Proust)

→ *La bête souple du feu a jailli d'entre les bruyères.* (Jean Giono)

■ **La personnification :**

→ *La nuit était veloutée et flottante. Elle claquait doucement contre les joues comme une étoffe, puis elle s'en allait avec son soupir et on l'entendait se balancer dans les arbres.* (Jean Giono)

2. Le style littéraire

Dans le style littéraire, on peut distinguer différentes catégories : le style coupé, le style lié ou logique, le style oratoire ou périodique, le style affectif.

• Le style coupé

Il note avec précision la **succession des actions,** des **attitudes.**

Constitué de propositions indépendantes, de propositions principales complétées par des subordonnées très courtes, il crée **un rythme rapide et vif.** Pour éviter la monotonie, on utilise des procédés d'inversion, de reprises, d'ellipses, d'exclamations, d'apostrophes :

→ L'amateur d'oiseaux. – *Il retrouve ses oiseaux dans son sommeil ;*

lui-même il est oiseau, il est huppé, il gazouille, il perche ; il rêve la nuit qu'il mue ou qu'il couve. (La Bruyère, *Diphile*)

• Le style lié ou logique

Il classe les idées, les subordonne les unes aux autres : c'est le style du **raisonnement** et de la **démonstration.** Ample, la phrase s'enrichit de subordonnées qui soulignent les causes, les conséquences, le but, les conditions, les oppositions :

→ *Zadig était trop rempli de l'idée d'Astarté pour ne pas éluder cette déclaration ; mais il alla dans l'instant trouver les chefs des tribus, leur dit ce qui s'était passé, et leur conseilla de faire une loi par laquelle il ne serait permis à une veuve de se brûler qu'après avoir entretenu un jeune homme, tête à tête, pendant une heure entière.* (Voltaire)

• Le style oratoire ou périodique

La **période** est une phrase longue qui enchaîne logiquement les idées en les présentant dans un **ample mouvement rythmique.** Elle utilise les procédés de répétition de structures syntaxiques (subordonnées) et d'accumulation.
Elle se construit autour de **mots de liaison** qui se répètent et qui articulent les divers éléments :

→ Quasimodo sonne les cloches de Notre-Dame. – *Quand il les eut mises en branle ; quand il sentit cette grappe de cloches remuer sous sa main ; quand il vit – car il ne l'entendait pas – l'octave palpitante monter et descendre sur cette échelle sonore comme un oiseau qui saute de branche en branche ; quand le diable musique, ce démon, se fut emparé du pauvre sourd, alors il redevint heureux, il oublia tout, et son cœur qui se dilatait fit épanouir son visage.* (V. Hugo, *Notre-Dame de Paris*)

• Le style affectif

Contrairement à la phrase logique, la phrase affective est **désorganisée par l'émotion.** Rapide, hachée, elle contient de nombreux tours exclamatifs, impératifs, des formes d'insistance, des propositions indépendantes brèves, des phrases nominales :

→ *Est-ce que je rêve ? Holà ! Holà ! Jean ! Holà ! Albert ! Holà ! Quelqu'un ! Ouvrez, ouvrez, ouvrez ! Hé ! le gardien, êtes-vous là ? Hé ! compagnons, venez m'ouvrir ! Mais qu'est-ce donc ? On ne m'ouvrira pas ?* (A. de Musset)

3. La phrase française du XVIIe au XXe siècle

• La phrase française au XVIIe siècle

La phrase littéraire, qu'il s'agisse de la phrase coupée ou de la période, s'est formée au cours des siècles. La phrase du XVIIe siècle est ample, grave, claire et précise. C'est **une construction classique où chaque élément est conçu en fonction de l'ensemble.**
Le style noble convient à la tragédie de Corneille et de Racine ; le style coupé convient à la comédie de Molière, aux portraits de La Bruyère ou aux fables de La Fontaine ; le style oratoire, aux périodes amples et rythmées, convient aux oraisons funèbres de Bossuet.

Le style noble :

→ *Figure-toi Pyrrhus, les yeux étincelants*
Entrant à la lueur de nos palais brûlants,

Sur tous mes frères morts se faisant un passage,
Et de sang tout couvert échauffant le carnage.
Songe au cri des vainqueurs, songe aux cris des mourants,
Dans la flamme étouffés, sous le fer expirants. (Racine, *Andromaque*)

- **Le style coupé :**

→ Phédon. *Il n'ouvre la bouche que pour répondre ; il tousse, il se mouche sous son chapeau, il crache presque sur soi et il attend qu'il soit seul pour éternuer ; ou, si cela lui arrive, c'est à l'insu de la compagnie : il n'en coûte à personne ni salut ni compliment : il est pauvre.* (La Bruyère)

- **Le style oratoire :**

→ Condé à Rocroi. – *Le voyez-vous comme il vole, ou à la victoire, ou à la mort ? Aussitôt qu'il eut porté de rang en rang l'ardeur dont il était animé, on le vit presque en même temps pousser l'aile droite des ennemis, soutenir la nôtre ébranlée, rallier les Français à demi vaincus, mettre en fuite l'Espagnol victorieux, porter partout la terreur et étonner de ses regards étincelants ceux qui échappaient à ses coups.* (Bossuet, *Oraison funèbre du Prince de Condé*)

La phrase au XVIIIe siècle

La phrase a beaucoup évolué au cours du XVIIIe siècle. La phrase de Montesquieu, de Voltaire, est structurée, nerveuse, souvent percutante, et s'adresse à la raison et à l'esprit. C'est une phrase brève, incisive, qui se prête à **l'ironie,** ou une phrase logique, adaptée à **la démonstration** et à **l'argumentation.**

- **Voltaire** a créé la phrase moderne, nette et expressive. Elle est faite pour exposer des faits et exprimer des idées :

→ *Zadig, avec de grandes richesses, et par conséquent beaucoup d'amis, ayant de la santé, une figure aimable, un esprit juste et modéré, un cœur sincère et noble, crut qu'il pouvait être heureux. (Zadig)*

- Dans la seconde moitié du XVIIIe siècle, **Jean-Jacques Rousseau** écrit une phrase souple, rythmée, étoffée, souvent poétique et oratoire, propre à l'expression des sensations et des sentiments :

→ La promenade au bord du lac. – *Le flux et le reflux de cette eau, son bruit continu mais renflé par intervalles, frappant sans relâche mon oreille et mes yeux, suppléaient aux mouvements internes que la rêverie éteignait en moi, et suffisaient pour me faire sentir avec plaisir mon existence, sans prendre la peine de penser. (Les Rêveries du promeneur solitaire)*

La phrase au XIXe siècle

La phrase française, après Jean-Jacques Rousseau et Bernardin de Saint-Pierre, se prête à **la peinture de la nature et des paysages** autant que **des sentiments et des réflexions de l'homme.**

- Le grand maître de la prose harmonieuse et musicale au début du XIXe siècle est **Chateaubriand,** dont la phrase très travaillée, au rythme ternaire, contient souvent des alexandrins :

→ *Je passe comme cet oiseau qui vole devant moi, qui se dirige au hasard <u>et n'est embarrassé que du choix des ombrages</u>… Je serai comme la nature ; je ne reconnaîtrai que <u>celui qui alluma la flamme des soleils</u>*

et qui d'un seul coup de sa main fit rouler tous les mondes. (Mémoires d'outre-tombe)

■ Le style de **Victor Hugo** est varié, avec de beaux mouvements oratoires, un vocabulaire riche, mais parfois un peu grandiloquent.

→ *Il était dans un de ces moments où les idées qu'on a dans l'esprit sont troubles. Il avait une sorte de va-et-vient obscur dans le cerveau. Ses souvenirs anciens et ses souvenirs immédiats y flottaient pêle-mêle et s'y croisaient confusément, perdant leurs formes, se grossissant démesurément, puis disparaissaient tout à coup comme dans une eau fangeuse et agitée. (Les Misérables)*

■ **Flaubert,** par rapport à Hugo, marque un certain retour au classicisme. Il veut donner à la prose le rythme du vers. Aussi le jeu des sonorités, la place des mots et des coupes sont-ils l'objet d'un travail esthétique poussé :

→ *En même temps qu'il passait, elle leva la tête ; il fléchit involontairement les épaules ; et, quand il se fut mis plus loin, du même côté, il la regarda. (L'Éducation sentimentale)*

● La phrase au XXe siècle

À partir du XIXe siècle, l'usage de la phrase périodique se fait plus rare, avec le déclin de l'art de l'éloquence. On assiste progressivement à **une libération des contraintes de la syntaxe** et à l'usage plus fréquent de **la phrase affective.** Les exemples suivants ne peuvent à eux seuls résumer les caractéristiques stylistiques du XXe siècle. Chaque auteur cité ici marque cependant une étape particulière dans l'évolution du style littéraire.

■ **Proust** crée un nouveau langage qui tend à saisir les infimes mouvements de la vie intime. La prose devient poème :

→ Le goût de la petite madeleine. – *Mais, quand d'un passé ancien rien ne subsiste, après la mort des êtres, après la destruction des choses, seules, plus frêles mais plus vivaces, plus immatérielles, plus persistantes, plus fidèles, l'odeur et la saveur restent encore longtemps, comme des âmes, à se rappeler, à attendre, à espérer, sur la ruine de tout le reste, à porter sans fléchir, sur leur gouttelette presque impalpable, l'édifice immense du souvenir.* (*Du côté de chez Swann,* Combray II)

■ La nouveauté de **Céline** a été de prêter au narrateur de ses romans une langue qui, jusqu'alors, dans les rares cas où elle avait été employée dans le roman, n'avait jamais figuré que dans les dialogues, mise dans la bouche de personnages populaires. Céline fait un usage particulier des points de suspension :

→ *Au bout d'un instant, tout seul, je suis pris par les tremblements. Des mains... des jambes... de la figure... et de dedans partout... C'est une infâme cafouillade... C'est une vraie panique des rognons... On dirait que tout se décolle, que tout se débine en lambeaux... Ça tremblote comme dans une tempête, ça branle la carcasse, les dents qui chocottent... J'en peux plus !... (Mort à crédit)*

■ Le style de **Marguerite Duras** a pour caractéristique essentielle de mêler les différents systèmes d'énonciation et les points de vue dans la même phrase. Ce style elliptique et allusif, qui fait une part importante à l'implicite, est d'une grande force incantatoire :

→ *Il y a celle sur un banc allongée, celle nommée ici et dans les autres livres de son nom véritable, celle d'une miraculeuse beauté qu'elle, elle veut laide, oui, celle de ce nom de ciel, Hélène Lagonelle dite de Dalat. Cet autre amour d'elle, l'enfant, jamais oublié. (L'Amant de la Chine du Nord)*

RÉSUMÉ

1. Le **style** peut être défini comme **une manière d'utiliser les moyens d'expression du langage.** Le choix, qui peut être raisonné ou spontané, dépend du sujet traité ; des lois du genre (comique, lyrique…) et de la réaction personnelle de l'auteur en situation.

2. Dans le style littéraire, on peut distinguer différentes catégories : le **style coupé,** le style **lié** ou **logique,** le style **oratoire** ou **périodique,** le style **affectif.**

3. La phrase littéraire française s'est formée au cours des siècles.
- La phrase du XVIIe siècle est une **construction classique** où chaque élément est conçu en fonction de l'ensemble.
- Au XVIIIe siècle, elle s'adresse à la raison et à l'esprit. Brève, incisive, elle se prête à l'**ironie** ; logique, elle est adaptée à la **démonstration** et à l'**argumentation.**
- Au XIXe siècle, pour peindre la nature et les paysages, mais aussi les sentiments et les réflexions de l'homme, le **rythme** et l'**harmonie** prennent une importance essentielle.
- À partir du XXe siècle, on assiste progressivement à une **libération des contraintes de la syntaxe** et à l'usage plus fréquent de la **phrase affective.**

EXERCICES

Identifier

1 Repérez dans ce texte les marques de langage oral (vocabulaire, syntaxe).

Rien ne restait du village, de vivant, que des chats effrayés. Les mobiliers bien cassés d'abord, passaient à faire du feu pour la cuistance, chaises, fauteuils, buffets, du plus léger au plus lourd. Et tout ce qui pouvait se mettre sur le dos, ils l'emmenaient avec eux, mes camarades. Des peignes, des petites lampes, des tasses, des choses futiles, et même des couronnes de mariée, tout y passait. Comme si on avait encore eu à vivre pour des années. Ils volaient pour se distraire, pour avoir l'air d'en avoir encore pour longtemps. Des envies de toujours.

Le canon pour eux c'était rien que du bruit. C'est à cause de ça que les guerres peuvent durer.

Louis-Ferdinand CÉLINE, *Voyage au bout de la nuit,* © Gallimard.

2 Repérez les répétitions et effets d'insistance dans le texte suivant. Quel est l'effet visé ?

Ah ! le néant de cet acte d'accusation ! Qu'un homme ait pu être condamné sur cet acte, c'est un prodige d'iniquité. Je défie les honnêtes gens de le lire, sans que leur cœur bondisse d'indignation et crie leur révolte, en pensant à l'expiation démesurée, là-bas, à l'île du Diable.

Dreyfus sait plusieurs langues, crime ; on n'a trouvé chez lui aucun papier compromettant, crime ; il va parfois dans son pays d'origine, crime ; il est laborieux, il a le souci de tout savoir, crime ; il ne se trouble pas, crime ; il se trouble, crime. Et les naïvetés de rédaction, les formelles assertions dans le vide !

Émile ZOLA, « J'accuse »,
article paru dans *l'Aurore,* le 13 janvier 1898.

3 a. Relevez, en les distinguant, les métaphores et les comparaisons.

b. Repérez les systèmes d'opposition mis en œuvre dans ce texte.

Comme les plantes ont plus de force lorsqu'elles croissent dans les terres fertiles, aussi la sincérité est plus admirable auprès des grands, où la majesté même du Prince, qui ternit tout ce qui l'environne, lui donne un nouvel éclat.

Un homme sincère à la cour d'un prince est un homme libre parmi des esclaves. Quoiqu'il respecte le Souverain, la vérité, dans sa bouche, est toujours souveraine, et, tandis qu'une foule de courtisans est le jouet des vents qui règnent et des tempêtes qui grondent autour du trône, il est ferme et inébranlable, parce qu'il s'appuie sur la vérité, qui est immortelle par sa nature et incorruptible par son essence.

Il est, pour ainsi dire, garant envers les peuples des actions du Prince. Il cherche à détruire, par ses sages conseils, le vice de la cour, comme ces peuples qui, par la force de leur voix, voulaient épouvanter le dragon qui éclipsait, disaient-ils, le soleil ; et, comme on adorait autrefois la main de Praxitèle[1] dans ses statues, on chérit un homme sincère dans la félicité des peuples qu'il procure, et dans les actions vertueuses des princes qu'il anime.

MONTESQUIEU, *Éloge de la sincérité.*

1. Praxitèle : *sculpteur grec du IVe siècle avant J.-C.*

4 a. Relevez dans ce passage les procédés de style suivants :
– répétition de mots et de structures ;
– accumulations ;
– comparaisons et métaphores ;
– oppositions.

b. En quelle circonstance ce discours a-t-il été prononcé ? Au service de quoi l'art oratoire est-il mis ?

Comme Leclerc entra aux Invalides, avec son cortège d'exaltation dans le soleil d'Afrique et les combats d'Alsace, entre ici, Jean Moulin, avec ton terrible cortège. Avec ceux qui sont morts dans les caves sans avoir parlé, comme toi ; et même, ce qui est peut-être plus atroce, en ayant parlé ; avec tous les rayés et tous les tondus des camps de concentration, avec le dernier corps trébuchant des affreuses files de *Nuit et Brouillard,* enfin tombé sous les crosses ; avec les huit mille Françaises qui ne sont pas revenues des bagnes, avec la dernière femme morte à Ravensbrück pour avoir donné asile à l'un des nôtres. Entre avec le peuple né de l'ombre et disparu avec elle – nos frères dans l'ordre de la Nuit. [...]

L'hommage d'aujourd'hui n'appelle que le chant qui va s'élever maintenant, le *Chant des partisans* [...] Écoute aujourd'hui, jeunesse de France, ce qui fut pour nous le Chant du Malheur. C'est la marche funèbre des cendres que voici. À côté de celles de Carnot avec les soldats de l'an II, de celles de Victor Hugo avec les Misérables, de celles de Jaurès veillées par la Justice, qu'elles reposent avec leur long cortège d'ombres défigurées. Aujourd'hui, jeunesse, puisses-tu penser à cet homme ; comme tu aurais approché tes mains de sa pauvre face informe du dernier jour, de ses lèvres qui n'avaient pas parlé ; ce jour-là, elle était le visage de la France.

André MALRAUX, *Discours prononcé lors du transfert des cendres de Jean Moulin au Panthéon,* le 19 décembre 1964.

5 a. Sur quelle opposition ce texte est-il construit ?

b. Repérez les répétitions et les accumulations : quel effet produisent-elles ?

c. Comparez la longueur et le rythme des phrases dans le premier et dans le deuxième paragraphe : que constatez-vous ?

Voilà cinq semaines que j'habite avec cette pensée, toujours seul avec elle, toujours glacé de sa présence, toujours courbé sous son poids ! Autrefois, car il me semble qu'il y a plutôt des années que des semaines, j'étais un homme comme un autre homme. Chaque jour, chaque heure, chaque minute avait son idée. Mon esprit, jeune et riche, était plein de fantaisies. Il s'amusait à me les dérouler les unes après les autres, sans ordre et sans fin, brodant d'inépuisables arabesques cette rude et mince étoffe de la vie. C'étaient des jeunes filles, de splendides chapes d'évêque, des batailles gagnées, des théâtres pleins de bruit et de lumière, et puis encore des jeunes filles et de sombres promenades la nuit sous les larges bras des marronniers. C'était toujours fête dans mon imagination. Je pouvais penser à ce que je voulais, j'étais libre.

Maintenant je suis captif. Mon corps est aux fers dans un cachot, mon esprit est en prison dans une idée. Une horrible, une sanglante, une implacable idée ! Je n'ai plus qu'une pensée, qu'une conviction, qu'une certitude : condamné à mort !

Victor HUGO, *Le Dernier Jour d'un condamné.*

6 Quels types de phrases trouvez-vous dans les textes suivants : phrase coupée, phrase logique, phrase oratoire ou phrase affective ? Justifiez votre réponse.

Texte 1. Quand j'étais tout enfant, le sort d'aucun personnage de l'histoire sainte ne me semblait aussi misérable que celui de Noé, à cause du déluge qui le tint enfermé dans l'arche pendant quarante jours. Plus tard, je fus souvent malade, et pendant de longs jours je dus rester aussi dans l'« arche ». Je compris alors que jamais Noé ne put si bien voir le monde que de l'arche, malgré qu'elle fût close et qu'il fît nuit sur la terre.

Marcel PROUST, *Les Plaisirs et les jours.*

Texte 2. Savez-vous ce qui fait la République forte ? Savez-vous ce qui la fait invincible ? Savez-vous ce qui la fait indestructible ? Je vous l'ai dit en commençant et en terminant je vous le répète, c'est qu'elle est la somme du labeur des générations, c'est qu'elle est le produit accumulé des efforts antérieurs, c'est qu'elle est un résultat historique autant qu'un fait politique, c'est qu'elle fait pour ainsi dire partie du climat actuel de la civilisation, c'est qu'elle est la forme absolue, suprême, nécessaire, du temps où nous vivons, c'est qu'elle est l'air que nous respirons, et qu'une fois que les nations ont respiré cet air-là, elles ne peuvent plus en respirer d'autre !

Victor HUGO, *Discours du 17 juillet 1851 à l'Assemblée législative.*

Texte 3. La nuit était close. Je rangeai mes papiers. Je ne dînai point ; je sortis ; vers huit heures j'entrai chez Angèle.
Angèle était à table encore, achevant de manger quelques fruits ; je m'assis auprès d'elle et commençai de lui peler une orange. On apporta des confitures et, lorsque nous fûmes de nouveau seuls :
« Qu'avez-vous fait aujourd'hui ? » dit Angèle, en me préparant une tartine.

André GIDE, *Paludes.*

Texte 4. Je vois très bien ma tante, telle qu'elle m'apparaissait quand j'aimais regarder les boucles argentées de ses cheveux, son teint de rose, ses yeux… les seuls yeux bleus que j'ai vus avec une nuance vraiment violette… même cet écart entre ses deux dents de devant très blanches qui avancent légèrement augmente encore son charme. Il y a quelque chose dans son regard, dans son port de tête, qui lui donne un certain air… je ne trouve aujourd'hui pour le qualifier que le mot altier…

Nathalie SARRAUTE, *Enfance.*

7 Par quels procédés de style Victor Hugo dénonce-t-il le travail des enfants ?

Melancholia

Où vont tous ces enfants dont pas un seul ne rit ?
Ces doux êtres pensifs que la fièvre maigrit ?
Ces filles de huit ans qu'on voit cheminer seules ?
Ils s'en vont travailler quinze heures sous des meules ;
Ils vont, de l'aube au soir, faire éternellement
Dans la même prison le même mouvement.
Accroupis sous les dents d'une machine sombre,
Monstre hideux qui mâche on ne sait quoi dans l'ombre,
Innocents dans un bagne, anges dans un enfer,
Ils travaillent. Tout est d'airain, tout est de fer.
Jamais on ne s'arrête et jamais on ne joue.
Aussi quelle pâleur ! La cendre est sur leur joue.
Il fait à peine jour, ils sont déjà bien las. […]

Victor HUGO, *Les Contemplations.*

Employer

8 a. Lisez le poème de Victor Hugo et le pastiche écrit par Pierre Dac : quels éléments communs retrouvez-vous dans ces deux textes ?
b. À partir d'un des exercices précédents, essayez d'écrire un pastiche.

Après la bataille

Mon père, ce héros au sourire si doux,
Suivi d'un seul housard[1] qu'il aimait entre tous
Pour sa grande bravoure et pour sa haute taille,
Parcourait à cheval, le soir d'une bataille,
Le champ couvert de morts sur qui tombait la nuit.
Il lui sembla dans l'ombre entendre un faible bruit.
C'était un Espagnol de l'armée en déroute,
Qui se traînait, sanglant sur le bord de la route,
Râlant, brisé, livide, et mort plus qu'à moitié,
Et qui disait : – À boire, à boire, par pitié !
Mon père, ému, tendit à son housard fidèle
Une gourde de rhum qui pendait à sa selle,
Et dit : – Tiens, donne à boire à ce pauvre blessé.
Tout à coup, au moment où le housard baissé
Se penchait vers lui, l'homme, une espèce de Maure,
Saisit un pistolet qu'il étreignait encore,
Et vise au front mon père en criant : Caramba !
Le coup passa si près que le chapeau tomba
Et que le cheval fit un écart en arrière.
– Donne-lui tout de même à boire, dit mon père.

Victor HUGO, *La Légende des siècles.*

1. Housard : *hussard, soldat de la cavalerie légère.*

Après la bataille

Mon père, cet anchois au sourire andalou
Suivi d'un nénuphar qu'il aimait entre tous
Pour son faux col vert neige fait en pierre de taille,
Parcourait en nageant la foire à la ferraille,
Où se tenaient, pensifs, des melons accroupis.
Soudain son gros orteil crut percevoir des cris.
C'était un hérisson voltigeant sur la route,
Qui brûlait son chandail pour mieux casser la croûte,
En criant : – Un chou-fleur pour me cirer les souliers !
Ou bien un bec de gaz pour me laver les pieds !
Mon père, ému, tendit au nénuphar fidèle
L'obélisque à vapeur où trempait sa bretelle
Et dit : – Mouche la jambe à cet oiseau blessé,
Et brûle-lui l'œil droit avec un fer glacé.
À ce moment précis, surgissait du Rat Mort,
En marchant sur les mains, un boa constrictor
Qui lança sur mon père sa veste en alpaga.
Le coup passa si près qu'un hareng se noya,
Et qu'un éléphant blanc tomba dans sa soupière.
– Hurrah ! cria mon père, se mordant la paupière.

Pierre DAC, *Dico franco-loufoque*, © Jacques Pessis.

ORTHOGRAPHE

Le participe passé suivi d'un infinitif

OBJECTIF

Maîtriser l'accord du participe passé dans les cas difficiles.

OBSERVATION

Une gouvernante inquiète

L'histoire se déroule au XIXe siècle, en Angleterre. Une jeune gouvernante, engagée pour s'occuper de deux enfants, craint que ceux-ci ne soient envoûtés par des êtres maléfiques. Elle révèle son inquiétude à l'intendante du domaine.

Tard cette nuit-là, tandis que la maison dormait, nous avons eu une autre conversation dans ma chambre ; **alors elle m' a écoutée exposer toutes les raisons** pour lesquelles il ne faisait aucun doute que j'avais bien vu ce que j'avais vu…

Mais le silence persistait, et s'il s'était un peu plus prolongé, j'en serais venue à douter que j'étais vivante. Je ne peux pas exprimer ce qui a suivi autrement qu'en disant que ce silence – qui était certes une sorte de preuve de ma force – est devenu l'élément même où **j' ai vu disparaître la silhouette ; où je l' ai vue finalement se tourner**, comme **j' avais pu voir le misérable** à laquelle elle avait autrefois appartenu se tourner pour obéir à un ordre, et descendre, en me présentant **un dos qu'aucune bosse n' aurait su rendre plus affreux,** jusqu'au bas de l'escalier pour se perdre en un dernier virage dans les ténèbres…

La première chose que j'ai vue à la lueur de **la chandelle que j' avais laissé brûler** a été que le petit lit de Flora était vide.

Henry JAMES, *Le Tour d'écrou*, trad. Jean Pavons, © EJL 1998.

Questions

➜ **1.** Quelle construction commune partagent toutes les propositions en gras ?

➜ **2.** Parmi les participes passés en bleu, lequel est invariable ?

➜ **3.** Quelle est la fonction des mots suivants : *m', la silhouette, l', que,* par rapport à chaque infinitif en rose ?

➜ **4.** Quelle est la fonction de chacun de ces quatre mots par rapport au verbe conjugué ? À quelle règle déjà connue pouvez-vous faire appel pour expliquer l'accord du participe passé ?

LEÇON

1. Règle générale

● Le participe passé suivi d'un infinitif **s'accorde si le COD du verbe conjugué est placé avant ce verbe** et **s'il est sujet de l'infinitif :**

→ *J'ai aperçu une silhouette, puis je l'ai vue disparaître.*
(Le pronom *l'* est sujet de l'action exprimée par *disparaître*, et COD de *ai vue.*)

→ *Les pierres que j'ai* ***vues*** *tomber avaient été jetées volontairement.*
(C'étaient les pierres qui tombaient. *Que*, mis pour *pierres*, est le sujet de l'action : *tomber*, et COD de *avoir vues.*)

● Le participe passé est **invariable si le pronom qui le précède est COD de l'infinitif** ; dans ce cas, c'est l'infinitif qui est COD du verbe conjugué :

→ *Tu habites une maison que j'ai* ***vu*** *construire.*
(Ce n'était pas la maison qui construisait. *Que*, mis pour *maison*, n'est pas le sujet de l'action de *construire* ; il est donc COD de *construire* et non de *ai vu.*)

En résumé, le participe passé suivi d'un infinitif s'accorde toujours avec le mot qui est sujet de l'action exprimée par l'infinitif, si ce mot le précède.

2. Participes passés invariables

● Certains participes passés sont toujours invariables, **quelle que soit leur situation :** ***daigné, fallu, pu, semblé*** et ***songé*** :

→ *J'accepte les excuses qu'ils ont* ***daigné*** *me présenter.*

● Les participes passés des **verbes auxiliaires** comme ***devoir, savoir, vouloir, pouvoir***, sont invariables **lorsqu'ils sont suivis d'un infinitif :**

→ *Les grévistes n'ont pas* ***voulu*** *reprendre le travail.*

3. Participes passés de *faire* et de *laisser*

● Le participe passé du verbe ***faire*** (**fait**) suivi d'un infinitif est toujours invariable :

→ *La robe qu'elle s'est* ***fait*** *faire est trop courte.*

● Pour celui du verbe ***laisser***, les deux possibilités sont aujourd'hui admises.

4. Remarque

Participe passé et infinitif sont parfois séparés, mais les règles précédentes s'appliquent de la même façon :

→ *Elle aurait* ***préféré,*** *dans ces tristes circonstances,* ***voyager*** *seule.*

QUELLE CLÉ UTILISER ?

Clé de la substitution

1 Quelle est la différence de sens entre ces deux phrases ?

1. C'est cette élève que j'ai vu frapper.
2. C'est cette élève que j'aie vue frapper.

Dans les constructions pronom COD + verbe composé + infinitif, **si l'on peut remplacer l'infinitif par « en train de + infinitif », le participe s'accorde avec le COD :**

Ce sont des oiseaux que j'ai vus pêcher (... que j'ai vus en train de pêcher : accord).
Ce sont des poissons que j'ai vu pêcher (les poissons n'étaient pas en train de pêcher : pas d'accord).

Clé de l'analyse

2 Transformez les deux phrases suivantes en une seule phrase comportant un participe passé suivi d'un infinitif.

La toiture venait d'être réparée. J'ai vu tomber la toiture.

Lorsqu'un participe passé est construit avec un infinitif qui le suit, il faut :
– **repérer la place du COD ;**
– **appliquer la règle générale d'accord du participe passé avec *avoir*, et n'accorder que si le COD précède l'auxiliaire.**

Dans ce cas, le COD apparaît pratiquement toujours sous la forme d'un pronom relatif *(que)* ou personnel (*me, te, le, la, l', les,* etc.). Il faut alors se demander de quel verbe ce pronom est COD.

■ Si le pronom est COD de l'infinitif, le participe est invariable parce que c'est l'infinitif lui-même qui est COD du verbe conjugué avec *avoir* et qu'il est placé après lui :
*Tu habites une maison que j'ai **vu** construire.* (*construire* est COD de *j'ai vu :* J'ai vu **construire** ta maison, j'ai vu **la construction** de ta maison).

■ Si le pronom est COD du verbe composé, le participe passé s'accorde en genre et en nombre avec lui :
*Tu as évité les pierres que j'ai **vues** tomber (que,* représentant *pierres,* est COD de *j'ai vue* et ne peut être COD de *tomber).*

3 Dans les phrases suivantes, que signifie *lâcher* : « être lâchée », ou « être en train de lâcher » ?

1. C'est la corde que j'ai vue lâcher.
2. C'est la corde que j'ai vu lâcher.

■ Lorsque l'**infinitif** qui suit un participe passé a un **sens actif** équivalent à l'expression « être en train de » + infinitif, **le participe passé s'accorde avec le COD :** dans la première des deux phrases, *lâcher* signifie donc « en train de lâcher ».

■ Lorsque l'**infinitif** a un **sens passif, le participe passé reste invariable :** c'est le cas de la deuxième phrase, dans laquelle *lâcher* signifie « être lâchée ».

EXERCICES

1 Choisissez la forme entre parenthèses qui convient.

1. Les policiers encerclaient la maison ; le fugitif, qui les avait (vu/vus) s'approcher, s'enferma dans son silence.
2. La voisine leur ouvrit avec une clé qu'elle avait (dû/due) bricoler à ses heures perdues.
3. Les policiers ont secouru la voisine. Je ne les ai pas (vu/vus) faire, mais je l'ai (vu, vue) sourire.
4. Je regrettais, parce qu'elle s'était perdue et que je l'avais (laissé/laissée) sortir.
5. Si je ne les avais pas (vu/vus) tous les cinq, jamais je n'aurais cru à pareille histoire.

2 Mettez les verbes soulignés au passé composé et faites les accords nécessaires.

1. On la vit marcher dans la brume ; un instant après, on ne la vit plus.
2. La chatte me surprit : je ne l'entendis pas venir avec ses pas feutrés.
3. Lorsqu'il entendit mugir la rivière encore invisible, il ralentit sa marche.
4. Les marguerites furent pour elle des fleurs qu'elle aima effeuiller.
5. Cette minute d'angoisse me sembla durer une éternité.

3 Récrivez la phrase en remplaçant le GN souligné par le GN en gras.

1. **Une soucoupe volante :** Un avion survole notre territoire, on ne l'a pas entendu venir.
2. **Les cris :** J'entends encore le hurlement que le loup a dû pousser.
3. **Des bijoux :** On lui a offert un collier qu'elle n'a jamais osé porter en public.
4. **Une poignée de personnes :** Dans la salle, il n'y avait plus qu'un client que les maîtres d'hôtel fourbus auraient bien voulu voir partir.
5. **Ma sœur :** J'ai accompagné mon frère chez le médecin, puis je l'ai emmené manger un sandwich.

4 Même exercice.

1. **L'ombre :** L'animal que j'ai cru distinguer dans le jardin a disparu.
2. **La surveillante :** Le surveillant était dans la cour : je l'ai envoyé chercher.
3. **La surveillante :** Quand le surveillant est revenu, je l'ai envoyé chercher un élève.
4. **Votre mère :** C'est plutôt votre père que j'aurais souhaité rencontrer.
5. **Mélanie :** Matthieu, qu'on était allé prévenir, s'était déclaré un peu fatigué.

5 Complétez les phrases par le participe passé du verbe *faire*.

1. La chanteuse et ses amies, qui avaient bien préparé leur spectacle, s'étaient ... accompagner par des musiciens du coin.
2. Je lis les messages que tu as ... transmettre à la rédaction.
3. Il avait empoché discrètement une liasse de billets verts qu'on avait malicieusement ... placer à côté de lui.
4. Nous avons volé la gourde que le chef avait ... attacher à un arbre.
5. J'avais décidé de ne plus renouveler l'offre que je lui avais ... lors de sa première visite.

6 Choisissez entre l'infinitif et le participe passé.

1. Le diable s'était soudain senti (bouleverser/bouleversé).
2. Par la suite ils avaient paru (cessé/cesser) de se tracasser.
3. Je ne l'ai jamais vu (mangé/manger) autre chose.
4. J'en voulais aux autres de m'avoir laissé (ignorer/ignoré) ton arrivée.
5. Je n'avais pas besoin de ces nuages pour que la montagne m'apparût (transfigurer/transfigurée).

7 Parmi les verbes suivants, quels sont ceux dont le participe passé est invariable quand il est suivi d'un infinitif ?

falloir – voir – devoir – sentir – savoir – vouloir – entendre – pouvoir – daigner – songer.

8 Remplacez l'infinitif entre parenthèses par son participe passé.

1. La fête aurait (pouvoir) se prolonger jusqu'à l'aube si la pluie n'était pas (venir) tout gâcher.
2. Le garagiste attend toujours les pièces (détacher) qu'on aurait (devoir) lui livrer avant midi.
3. L'automobiliste furieux a (préférer) se taire et n'a pas (vouloir) envenimer les choses.
4. Nous n'allons pas investir dans des locaux que vous n'avez ni (savoir) ni (vouloir) entretenir.

EXPRESSION ÉCRITE

Réduire ou développer un texte

OBJECTIF

Disposer de techniques pour contracter ou étoffer un texte.

OBSERVATION

Texte 1

Une vague déferla, courut sur la grève humide et lécha les pieds de Robinson qui gisait face contre sable. À demi-inconscient encore, il se ramassa sur lui-même et rampa de quelques mètres vers la plage. Puis il se laissa rouler sur le dos. Des mouettes noires et blanches tournoyaient en gémissant dans le ciel céruléen où une trame blanchâtre qui s'effilochait vers le levant était tout ce qui restait de la tempête de la veille. Robinson fit un effort pour s'asseoir et éprouva aussitôt une douleur fulgurante à l'épaule gauche. La grève était jonchée de poissons éventrés, de crustacés fracturés et de touffes de varech brunâtre, tel qu'il n'en existe qu'à une certaine profondeur. Au nord et à l'est, l'horizon s'ouvrait librement vers le large, mais à l'ouest, il était barré par une falaise rocheuse qui s'avançait dans la mer et semblait s'y prolonger par une chaîne de récifs. C'était là, à deux encablures environ, que se dressait au milieu des brisant la silhouette tragique et ridicule de la Virginie dont les mâts mutilés et les haubans flottant dans le vent clamaient silencieusement la détresse. [...] Robinson se leva et fit quelques pas. Il n'avait rien de brisé, mais une énorme ecchymose lui broyait l'épaule gauche. Comme il redoutait les rayons du soleil déjà haut dans le ciel, il se coiffa d'une fou-

gère roulée en cornet, plante qui foisonnait à la limite de la plage et de la forêt. Puis il ramassa une branche pour s'en servir de canne, et il s'enfonça dans le taillis d'épineux qui couvrait le pied des promontoires volcaniques du sommet desquels il espérait pouvoir s'orienter.

Michel TOURNIER, *Vendredi ou les Limbes du Pacifique*, © Gallimard.

Questions

→ **1.** Repérez les éléments communs aux deux textes.

→ **2.** Texte 2 :

a. quels éléments ont été supprimés ? pourquoi ?

b. quels passages ont été réécrits ? Comparez le vocabulaire et la longueur des phrases dans les deux textes.

c. quels groupes grammaticaux ont été particulièrement supprimés ou transformés ?

Texte 2

Lorsque Robinson reprit connaissance, il était couché, la figure dans le sable. Une vague déferla sur la grève mouillée et vint lui lécher les pieds. Il se laissa rouler sur le dos. Des mouettes noires et blanches tournoyaient dans le ciel redevenu bleu après la tempête. Robinson s'assit avec effort et ressentit une vive douleur à l'épaule gauche. La place était jonchée de poissons morts, de coquillages brisés et d'algues noires rejetées par les flots. À l'ouest, une falaise rocheuse s'avançait dans la mer et se prolongeait par une chaîne de récifs. C'était là que se dressait la silhouette de la Virginie avec ses mâts arrachés et ses cordages flottant dans le vent. Robinson se leva et fit quelques pas. Il n'était pas blessé, mais son épaule contusionnée continuait à lui faire mal. Comme le soleil commençait à briller, il se fit une sorte de bonnet en roulant de grands feuilles qui croissaient au bord du rivage. Puis il ramassa une branche pour s'en faire une canne et s'enfonça dans la forêt.

Michel TOURNIER, *Vendredi ou la Vie sauvage*, © Gallimard Jeunesse.

LEÇON

Parmi toutes les possibilités de travailler sur un texte, il en est une qui consiste à en changer le volume : on peut rédiger un texte plus bref à partir d'un texte long, ou l'inverse. Dans les deux cas, il importe de **respecter le sens du texte.**

Tout texte appartient à un type : narratif, descriptif, explicatif, argumentatif. **Ce type doit être respecté** : dans un récit, l'enchaînement des actions doit rester clair ; dans une description, on peut supprimer certaines qualifications ou en ajouter, mais il faut garder l'organisation générale.

1. La réduction

Il existe différents moyens de réduire un texte.

• La suppression

On peut réduire en supprimant un certain nombre d'éléments secondaires : comparaisons, appositions, propositions relatives, adjectifs qualificatifs, compléments circonstanciels…

→ *Puis il ramassa une branche [pour s'en servir de canne], et il s'enfonça dans le taillis d'épineux [qui couvrait le pied des promontoires volcaniques du sommet desquels il espérait pouvoir s'orienter].*

• La généralisation

Dans une description, on peut remplacer plusieurs expressions particulières par une **expression générique** qui les résume en rassemblant leurs caractères communs :

→ *les fougères géantes, les mancenilliers, les palmiers royaux, les arbres à pain, la mangrove…* → ***la végétation tropicale.***

Dans un récit, on peut parfois remplacer une suite ordonnée d'actions par un seul **verbe englobant** qui les résume toutes :

→ *Il a sorti sa voiture du parking souterrain, a emprunté le boulevard périphérique extérieur, puis la bretelle de l'autoroute A10. Il a tendu sa carte bleue au péage et, après un trajet de vingt minutes, il est arrivé chez lui pour le dîner.* → ***Il est rentré chez lui en voiture.***

2. Le développement

Inversement, pour donner du volume à un texte, on peut utiliser plusieurs procédés.

• La démultiplication

On identifie certains des **mots clés** du texte :

– les noms, dont **on détaille les constituants** (en utilisant par exemple leur définition dans un dictionnaire) :

→ *moto : véhicule à deux roues, de forte cylindrée.*

– les verbes, que l'**on développe en une séquence d'actions** :

→ *partir en moto : déverrouiller l'antivol, relever la béquille, monter sur la moto, actionner le kick, lancer les gaz, sortir en trombe…*

• L'explication

On peut expliquer un fait ou une action en indiquant ses motivations ou ses résultats, ou en donnant des détails sur son déroulement :

→ *Isabelle Autissier [qui naviguait en solitaire dans une course prestigieuse qu'elle menait en tête] a été sauvée par un navigateur concurrent après un naufrage.*

• L'insertion de péripéties

Dans un texte narratif, on peut introduire des péripéties, c'est-à-dire des faits ou des actions qui viennent faire obstacle à l'action principale, qui retardent l'accomplissement de l'action :

→ *Avant de rentrer chez soi, on peut égarer ses clés de voiture, laisser tomber un paquet, constater que le niveau d'essence du réservoir est insuffisant, chercher de la monnaie pour le parcmètre, être bousculé par un passant, ou interpellé par un agent…*

EXERCICES

1 Réduisez le texte suivant en supprimant certaines expansions des noms.

Au moment où la route atteignait le sommet de la butte et allait redescendre l'autre versant, l'homme sauta du taxi sans attendre le coup de frein du chauffeur. Il entra dans un de ces cabarets des faubourgs où l'on déjeune l'été d'un point de vue et où l'on dîne de fraîcheur. Le contraste était tel entre la banlieue si bourrée de chaleur, si farcie de lumière et ce panorama immobile, plein de silence glacé, qu'il s'arrêta net. Il s'assit à une table de fer, frappa entre ses mains. Un garçon de café septuagénaire, dont le service nocturne exaspérait les rhumatismes, vint essuyer la table d'un torchon las.

Paul MORAND, *L'Homme pressé*, 1941 © Gallimard.

2 Quel élément grammatical pourriez-vous supprimer en priorité dans le paragraphe suivant ?

Le fiacre s'enfonça dans une rue populeuse, bordée de magasins aux étalages de viande morte et de légumes extasiés. Des vendeurs, ceints de tabliers blancs, explosaient subitement en clameurs victorieuses. Les étiquettes des prix chaviraient au sommet des pyramides de victuailles. Deux agents de police emmenaient un marchand qui poussait devant lui une charrette chargée de salades grelottantes. Des ménagères interchangeables se dandinaient côte à côte, palpaient à pleins doigts la masse des denrées et parlaient dans le vide avec animation.

Henri TROYAT, *Étrangers sur la terre*, © La Table Ronde.

3 Développez le texte suivant en introduisant des passages d'explication.

J'ai aussi testé le nouveau journal de Christine Ockrent, sur France 3. Elle lance une nouvelle mode : le vrai-faux duplex. Interviewer quelqu'un qui, visiblement, est dans la pièce d'à côté, comme s'il était à dix mille kilomètres. L'écran est coupé en deux. Et chacun, au lieu de parler à l'autre, parle à une caméra. Ça fait moderne. Après le journal, j'imagine, Ockrent ouvre la porte et l'invité lui demande s'il a été bon. Ils boivent un coup ensemble. On n'arrête pas le progrès.

Alain RÉMOND, *Télérama* n° 2230, 7 octobre 1992.

4 Même exercice.

Le directeur d'un magasin spécialisé dans les appareillages pour handicapés n'en revient pas encore : un paraplégique a dérobé un fauteuil roulant flambant neuf, lui laissant en échange son vieux fauteuil. Il s'agit d'un homme jeune, se déplaçant seul. Il a demandé à une employée de lui montrer des modèles de fauteuil pour remplacer le sien, très usagé. Il voulait un modèle léger et maniable, en composites de carbone.
Au moment des essais, le téléphone sonne. L'employée part répondre. Deux minutes plus tard, le jeune homme et le fauteuil en composites de carbone, d'un prix de 13 000 francs, ont disparu. « Il nous a laissé son vieux fauteuil et le vieux coussin qui était dessus », explique le directeur, qui a porté plainte, mais se félicite de ce bel exemple d'« intégration des personnes handicapées ».

Libération, 12 juillet 1990.

5 Développez le texte suivant par tous les procédés que vous avez étudiés dans la leçon.

Un proviseur contre les sectes

Le proviseur du lycée Victor-Duruy, Mme Chanut, a décidé de réagir face aux sectes. Elle a demandé aux profs d'histoire de profiter des cours d'éducation civique pour prévenir leurs élèves. Depuis plusieurs semaines, l'Église de scientologie distribue des tracts à la sortie des lycées parisiens. Il s'agit de questionnaires de personnalité. Ils permettent de repérer ceux qui sont fragiles et peuvent être des proies pour la secte.

L'Actu n° 86, 21 décembre 1998,
le quotidien d'actualité des 14-18 ans, tél. 01.53.01.23.60.

FICHE D'AUTOÉVALUATION

→ **1.** J'ai respecté la cohérence et le sens du texte de départ.

→ **2.** J'ai enrichi ou réduit le texte en conservant sa structure fondamentale.

→ **3.** Si j'ai réduit le texte, j'ai utilisé les procédés de suppression ou de généralisation.

→ **4.** Si j'ai développé le texte, j'ai démultiplié les mots clés, ajouté des explications ou des péripéties.

EXPRESSION ORALE
Réfuter

OBJECTIF
Maîtriser une stratégie pour refuser sans blesser son interlocuteur.

OBSERVATION

Traction arrière contre traction avant

QUINO, *Encore Mafalda*, tome 2, © Glénat, 1980.

Questions

→ **1.** En quoi consiste le comique de la situation ?

→ **2.** Quelle est l'intention de Felipe ? de quoi veut-il convaincre Mafalda ?

→ **3.** Repérez les mots organisateurs par lesquels les enfants expriment leurs arguments : Felipe répond-il (vignette 2) à l'argument de Mafalda (vignette 1) ?

Mafalda (vignette 3) répond-elle à l'argument de Felipe (vignette 2) ?

→ **4.** Vignette 4 : quelle règle de la discussion Felipe refuse-t-il d'observer pour avoir le dernier mot ?

LEÇON

La réfutation est un raisonnement qui consiste à démonter une thèse contre laquelle on s'inscrit, afin de faire valoir sa propre thèse.
Pour réfuter, il existe différentes manières de procéder.

• Rétablir la vérité

Pour réfuter la thèse de son interlocuteur, on peut repérer une omission, dénoncer une erreur sur des chiffres, des statistiques, contester une interprétation erronée, un rapprochement abusif, une erreur de comportement :

→ *Sous prétexte de « libérer » des animaux « injustement torturés », ces commandos terroristes ont, l'an dernier (c'est un exemple entre cent), bou-*

sillé tous les résultats du professeur X, qui mettait au point un test de dépistage précoce des déficiences visuelles du nourrisson. (d'après F. Gruhier)

● Montrer les erreurs de raisonnement

L'émetteur relève une contradiction, refuse une déduction abusive :

→ *Ils veulent qu'on arrête de faire souffrir les bêtes au nom de la santé humaine, tout en admettant que les expériences sont nécessaires.* (op. cit.)

● Refuser l'esprit d'autorité

On peut contester une personnalité qui fait plus ou moins autorité, ou montrer qu'une citation ne remplace pas un raisonnement.

→ *Cette doctrine effarante et inhumaine [s'appuie sur la philosophie de] Bardot and Co interposés.* (op. cit.)

● Dénoncer le système de valeurs de la thèse adverse

- L'émetteur va chercher à montrer les présupposés d'une affirmation, et démontrer qu'elle est au service d'intérêts contestables :

→ *Vaut-il mieux laisser naître sans soins de petits humains aveugles ou faire souffrir des singes dans un laboratoire ?* (op. cit.)

- Il peut montrer l'égoïsme, l'étroitesse, l'insuffisance des valeurs de l'adversaire et **lui opposer des valeurs plus généreuses.**

● Utiliser l'ironie pour dévaloriser l'adversaire

On peut présenter la thèse de l'adversaire en la caricaturant et en montrant l'absurdité ou le scandale des conséquences de cette thèse :

→ *Selon leur thèse, les animaux ne demandent rien, eux. S'il plaît aux hommes de leur concocter des remèdes salutaires, qu'ils les expérimentent d'abord sur eux-mêmes...* (op. cit.)

EXERCICES

1 Complétez le dialogue suivant avec des arguments que vous inventerez, et jouez ensuite la scène avec un camarade.

Un jeune homme cherche du travail auprès d'un artisan...

L'ARTISAN : – De toute façon, les jeunes aujourd'hui ne veulent rien faire.

LE JEUNE *(timidement)* : ...

L'ARTISAN : – La France est un pays d'assistés, jeune homme ! Moi, de mon temps, il n'y avait ni bourses ni RMI...

LE JEUNE : ...

L'ARTISAN : – Tenez, vous, je vous engage comme apprenti. Nous ouvrons à sept heures et fermons à dix-huit heures. Pour le salaire, nous verrons plus tard.

LE JEUNE : – Je ne dis pas non, mais laissez-moi le temps de réfléchir.

L'ARTISAN : – Vous êtes bien comme les autres.

LE JEUNE : ...

2 Mettez en scène les situations suivantes sous forme d'un dialogue.

1. Votre père est policier. Vous êtes invité chez une amie dont les parents, à table, critiquent sévèrement les policiers, mais par égard pour votre amie, vous ne voulez pas vous opposer ouvertement à eux.

2. Votre coiffeuse s'en prend aux jeunes de la cité voisine qu'elle considère comme des délinquants. Selon elle, il faudrait tous les arrêter : à travers quelques questions orientées, elle voudrait que vous vous rangiez à son avis.

3 Répondez aux arguments suivants sans vexer votre interlocuteur.

1. On devrait interdire la mendicité au centre ville.

2. Si les routes étaient mieux entretenues par les pouvoirs publics, il y aurait moins d'accidents.

BILAN

Les transformations dans la phrase

1 10 points

Analysez les formes soulignées et classez-les selon leur nature.

En entrant dans la chambre, Roubaud posa sur la table le pain d'une livre, le pâté et la bouteille de vin blanc. Mais, le matin, avant de descendre à son poste, la mère Victoire avait dû couvrir le feu de son poêle, d'un tel poussier que la chaleur était suffocante. Et le sous-chef de gare, ayant ouvert une fenêtre, s'y accouda.

C'était impasse d'Amsterdam, dans la dernière maison de droite, une haute maison où la Compagnie de l'Ouest logeait certains de ses employés. La fenêtre, au cinquième, à l'angle du toit mansardé qui faisait retour, donnait sur la gare, cette tranchée large trouant le quartier de l'Europe, tout un déroulement brusque de l'horizon, que semblait agrandir encore, cet après-midi-là, un ciel gris du milieu de février, d'un gris humide et tiède, traversé de soleil.

[...] À gauche, les marquises[1] des halles couvertes ouvraient leurs porches géants, [...] tandis que le pont de l'Europe, à droite, coupait de son étoile de fer la tranchée, que l'on voyait reparaître et filer au-delà, jusqu'au tunnel des Batignolles.

Émile ZOLA, *La Bête humaine.*

1. Marquises : *vitrages.*

2 6 points

Retrouvez le texte d'Alexandre Dumas en réduisant les propositions soulignées à des participes ou à des infinitifs.

Les trois présents de M. d'Artagnan père

Le premier lundi du mois d'avril 1625, le bourg de Meung, où naquit l'auteur du *Roman de la Rose*, semblait être dans une révolution aussi entière que si les huguenots[1] en fussent venus faire une seconde Rochelle. Plusieurs bourgeois, qui voyaient que les femmes s'enfuyaient du côté de la Grande-Rue, qui entendaient les enfants qui criaient sur le seuil des portes, se hâtaient d'endosser la cuirasse et, tandis qu'ils appuyaient leur contenance quelque peu incertaine d'un mousquet ou d'une pertuisane[2], se dirigeaient vers l'hôtellerie du *Franc Meunier*, devant laquelle s'empressait, comme il grossissait de minute en minute, un groupe compact, bruyant et plein de curiosité.

d'après Alexandre DUMAS, *Les Trois Mousquetaires.*

1. Huguenots : *protestants.*
2. Pertuisane : *arme ancienne munie d'un long fer triangulaire.*

3 12 points

Récrivez infinitifs et participes à des modes et temps personnels. Quels sont les effets produits par l'écriture à l'infinitif ?

[...]
Ah... marcher sous la pluie
cinq minutes avec toi
et regarder la vie
tant qu'y en a

Te raconter la Terre
en te bouffant des yeux
Te parler de ta mère
un p'tit peu

Et sauter dans les flaques
pour la faire râler
Bousiller nos godasses
et s'marrer

Et entendre ton rire
comme on entend la mer
s'arrêter, repartir
en arrière

RENAUD, *Mistral gagnant,*
© Mino Music.

4 8 points

Étudiez la caractérisation du personnage, les répétitions, et le mouvement de la phrase. Quel est le style dominant ? Quel type de roman ce début laisse-t-il attendre ?

Descendu de cheval, il allait le long des noisetiers et des églantiers, suivi des deux chevaux que le valet d'écurie tenait par les rênes, allait dans les craquements du silence, torse nu sous le soleil de midi, allait et souriait, étrange et princier, sûr d'une victoire. À deux reprises, hier et avant-hier, il avait été lâche et il n'avait pas osé. Aujourd'hui, en ce premier jour de mai, il oserait et elle l'aimerait.

Albert COHEN, *Belle du Seigneur.*

Dossier Ressources

ORTHOGRAPHE

Les confusions verbales

OBJECTIF

Éviter quelques erreurs courantes dans les formes verbales.

OBSERVATION

Simple visite

Le narrateur rend visite à une amie qu'il n'a pas vue depuis quelque temps, mais elle n'est pas seule…

Je retournai rue de Lappe.

– Tu viens chercher des souvenirs ? me demanda Manon.

Je dis que non, que j'avais vu de la lumière. Manon n'était pas seule. Je reconnus Jean-Luc. Il portait un grand chapeau, un chapeau comme en ont les Américains du Sud quand on les photographie après un tremblement de terre. Il y avait un autre homme, un Espagnol aux cheveux longs que je soupçonnai aussitôt, je ne sais pourquoi, d'être l'amant de Manon.

– Si je dérange…

Manon me dit que je ne dérangeais pas. Je m'assis sur un coussin…

– Tu n'as rien à boire ? demandai-je à Manon.

– Il doit rester un fond de whisky.

Je me levai.

– Où ça ?

– Laisse, dit-elle, j'y vais.

Je me rassis… Manon me tendit un verre à moutarde dans lequel il y avait un peu de whisky.

– Excuse-moi, je n'ai pas de glace, je dégivre le frigo.

Patrick BESSON, *Lettre à un ami perdu,* © Albin Michel.

Questions

➜ **1.** Justifiez la terminaison des formes verbales en rose.

➜ **2.** Les formes verbales en bleu sont à la 2e personne du singulier et ne se terminent pourtant pas par **-s.** Pourquoi ?

➜ **3.** Quel est le mode et le temps des formes verbales en vert ? Dans la conjugaison de ces verbes, quelles autres formes sont identiques ?

➜ **4.** Pourquoi la forme verbale en jaune se termine-t-elle par **-e** et non par **-t** ?

LEÇON

Les erreurs les plus fréquemment commises sur les formes verbales sont de deux types : la **confusion** des formes ; l'**invention** de formes qui n'existent pas.

1. Ne pas confondre certaines formes verbales

● À la 2e personne du singulier de l'**impératif présent**, les verbes du 1er groupe et certains verbes du 3e groupe (*aller, ouvrir, cueillir, offrir*, etc.) ne prennent jamais d'**-s** : *Va ! ouvre ! parle !*

● Aux trois personnes du singulier de l'**indicatif** et du **subjonctif présent**, certains verbes du 3e groupe ont la même prononciation, mais pas la même orthographe. On écrit **-s, -s, -t à l'indicatif :** *je vois, tu vois, il voit,* et **-e, -es, -e au subjonctif :** *que je voie, que tu voies, qu'il voie.*

Infinitif	Indicatif	Subjonctif	Même cas pour...
acquérir	j'acquiers	que j'acquière	conquérir, s'enquérir, reconquérir, requérir.
courir	je cours	que je coure	concourir, discourir, encourir, parcourir, recourir, secourir.
fuir	je fuis	que je fuie	s'enfuir.
mourir	je meurs	que je meure	
rire	je ris	que je rie	sourire.
avoir	j'aie	que j'aie	
voir	je vois	que je voie	entrevoir, revoir.
croire	je crois	que je croie	
conclure	je conclus	que je conclue	exclure, inclure.

● Les verbes du 2e groupe et certains verbes du 3e groupe présentent les homophonies suivantes :

Participe passé	Passé simple de l'indicatif	3e personne du singulier du subjonctif imparfait
fini(e)(s)	je/tu finis, il finit	qu'il fin**î**t
voulu(e)(s)	je/tu voulus, il voulut	qu'il voul**û**t

● Dans les verbes du 1er groupe, il ne faut pas confondre :
participe passé en **-é(e)(s)** ; **infinitif présent** en **-er** ; formes en **-ais/-ait/-aient** de l'**imparfait de l'indicatif** ; formes en **-ai** du **passé simple**.

L'infinitif est invariable ; ainsi, lorsqu'un infinitif est précédé d'un verbe conjugué, et en particulier d'un auxiliaire, il faut se garder de lui ajouter la terminaison d'une forme conjuguée ou d'un participe :

→ *Ils vont manger*, et non pas *Ils vont *mangeaient/mangé.*

2. Ne pas inventer de formes qui n'existent pas

● Au présent de l'indicatif des verbes du 1er groupe, les terminaisons du singulier sont **-e, -es, -e ;** il faut donc prendre garde à ne pas les remplacer par **-s, -s, -t** dans les verbes dont le radical se termine par **-i-, -ou-** ou **-u- :** « *je crie* », « *je continue* ».

Inversement, n'oubliez pas la terminaison en **-t** à la 3e personne du singulier des verbes du 3e groupe : « *il conclut* ».

● Au passé simple de l'indicatif des verbes du 1er groupe, les terminaisons du singulier sont **-ai, -as, -a ;** il ne faut pas confondre 3e et 1re personne : « *je marchai* », « *il marcha* », mais **je marcha* est une grossière erreur.

● De la même façon, toujours au passé simple, ne « contaminez » pas les verbes du 3e groupe avec les terminaisons de ceux du 1er groupe : « *je sortis* », « *j'appris* » doivent être préférés à **je sortai*, **j'apprenai*, qui n'existent pas.

QUELLE CLÉ UTILISER ?

Clé de la substitution

1 Choisissez la forme qui convient.

1. Je veux qu'on me (croit/croie).
2. L'an dernier nous nous (baignons/baignions) chaque jour.

La conjugaison de certains verbes fait apparaître des homophones (formes qui se prononcent de la même façon) hétérographes (qui s'écrivent différemment) :
*On me **voit**./Il faut qu'on me **voie**.*
Ces deux homophones peuvent être facilement confondus : pour bien identifier leur temps et leur mode, et retrouver l'orthographe qui convient, il faut recourir à un verbe dans lequel la différence des formes s'entend :
*On m'**aperçoit**./Il faut qu'on m'**aperçoive**. (On **aperçoit*** renseigne sur ***on voit*** et ***on aperçoive*** sur ***on voie**.)*

Clé de la mémoire

2 Mettez les verbes à la forme demandée entre parenthèses.

1. battre (cond. prés. 1re pl.)
2. asseoir (ind. prés. 2e sg.)
3. boire (ind. prés. 3e pl.)
4. croire (ind. prés. 3e pl.)
5. faire (ind. fut. simple 2e pl.)
6. faire (ind. imparf. 2e pl.)

Il faut être très vigilant avec certains verbes dont l'utilisation en rédaction entraîne souvent l'apparition d'erreurs.

Verbe	Écrivez	N'écrivez pas
faire	**vous faites ; je faisais**	*vous faîtes ; *je fesais
mettre	**nous mettrions**	*nous metterions
asseoir	**je/tu t'assois ; il s'assoit**	*je/tu t'asseois ; *il s'asseoit
croire	**ils croient**	*ils croivent
rire	**ils rirent**	*ils rièrent
résoudre	**je résoudrai**	*je résolverai
écrire	**ils écrivirent**	*ils écrirent

EXERCICES

1 Donnez le mode et le temps des formes soulignées.

1. N'ayant pas <u>pu</u> dormir à cause des voisins, ils <u>souhaitaient</u> qu'on les <u>laissât</u> tranquilles.
2. La nuit était tombée sans qu'il s'en <u>aperçût</u>.
3. J'étais loin d'imaginer qu'un tel endroit <u>pût</u> exister.
4. J'<u>exigeai</u> alors qu'on <u>revînt</u> me chercher.

2 Donnez l'infinitif des formes soulignées, et remplacez-les ensuite par la 3e personne du singulier.

Vous vous <u>habituez</u> au bruit. – Vous <u>excluez</u> un joueur. – Vous <u>déviez</u> un tir. – Vous <u>remuez</u> beaucoup. – Vous <u>jouez</u> de malchance. – Vous <u>incluez</u> le service. – Vous <u>louez</u> une voiture. – Vous <u>expédiez</u> une lettre. – Vous <u>renouez</u> avec le succès. – Vous <u>diminuez</u> son salaire.

3 Choisissez la forme entre parenthèses qui convient.

1. Il fallait qu'il (sortit/sortît) rapidement du puits.
2. Il satisfit du mieux qu'il (put/pût) ma légitime curiosité.
3. Il comprenait mieux et approuvait même qu'il ne (vint/vînt) pas au théâtre.
4. Je l'aidais tant bien que mal à vider la première valise qu'il (ouvrit/ouvrît).
5. Bien que l'inconnu ne lui (inspira/inspirât) pas grande confiance, il se décida pourtant à lui ouvrir sa porte.

4 Choisissez le mode qui convient et vérifiez votre réponse en remplaçant *voir* par *apercevoir*.

1. Il faut que je (voie/vois) ton père, peux-tu l'appeler ?
2. Je n'y comprenais rien jusqu'à ce que je (voie/vois) ce papier.
3. Si vous ne voulez pas que je la (voie/vois), libre à vous !
4. Il est sorti sans qu'on le (voie/voit).
5. C'est plein de trous d'eau qu'on ne (voie/voit) même pas sous les herbes.

5 Remplacez les formes soulignées par un impératif présent à la 2e personne du singulier.

Ne pas <u>marcher</u> sur les pelouses. – <u>Laisser</u> cet endroit propre. – <u>Frapper</u> avant d'entrer. – <u>Éteindre</u> la lumière. – Ne pas <u>nourrir</u> les animaux. – Ne pas <u>s'approcher</u> des cages. – <u>Parler</u> devant l'hygiaphone. – Ne pas <u>pêcher</u> dans la réserve. – <u>S'essuyer</u> les pieds avant d'entrer. – Ne pas <u>toucher</u> les objets exposés.

6 Remplacez l'infinitif entre parenthèses par le présent du subjonctif ou de l'indicatif.

1. Il te gardera. À moins qu'il ne te (devoir) de l'argent.
2. Je vous emmène d'abord sur le chantier : il faut que vous (voir) cela.
3. Pour peu que j'(avoir) la main-d'œuvre indispensable, l'électricité peut être rapidement rétablie.
4. Il ne faut surtout pas qu'ils (avoir) le moindre doute sur ses intentions.

7 Conservez l'infinitif entre parenthèses ou remplacez-le par un participe passé ou un imparfait de l'indicatif.

1. Le comte et la comtesse de Savigny, qui (passer) pour (s'adorer), vivaient, il est vrai, assez (retirer) de toute espèce de monde. (J. Barbey d'Aurevilly)
2. Je (penser) qu'elle (aimer) son mari au point de vouloir le (sauver). (J. Barbey d'Aurevilly)
3. Jean (regarder) une petite mousse jaunâtre (incruster) dans le bois, l'imperceptible moisissure qui de proche en proche a (ruiner) des provinces entières. (A. Daudet)
4. Tandis que leurs bateaux (remonter) le fleuve, tous ces gens (assembler) (contempler) l'immensité des vignobles et (admirer) leur belle terre. (B. Clavel)
5. Quelle force mauvaise le (pousser) donc à (continuer) sa lecture malgré l'horrible jalousie qui blanchissait ses lèvres, (contracter) ses mains ? (A. Daudet)

8 Répondez par vrai ou faux.

1. À la 3e personne du singulier du passé simple de l'indicatif, les verbes du premier groupe ne se terminent jamais par -t.
2. À la 2e personne du singulier du présent de l'impératif, tous les verbes se terminent par -s.
3. À la 3e personne du singulier du subjonctif, la plupart des verbes du 3e groupe se terminent par -e.
4. Aux deux premières personnes du pluriel de l'imparfait de l'indicatif, les verbes dont le radical se termine par -i- doublent ce -i-.

9 Chacune des formes suivantes peut appartenir à deux verbes : donnez ces deux verbes et dites à quel mode et à quel temps ils sont employés.

Ils virent – nous peignions – je suis – plu – elle vit – tu parais.

10 Pour chacune des formes suivantes, donnez le bon infinitif.

Qu'il relie (relier ou relire ?) – ils s'écrièrent (s'écrier ou s'écrire ?) – je battis (bâtir ou battre ?) – je pris (prier ou prendre ?) – nous serrons (être ou serrer ?) – qu'il ait (être ou avoir ?) – je dore (dorer ou dormir ?) – je sus (suer ou savoir ?) – il fond (faire ou fondre ?) – il se tut (se taire ou se tuer ?).

ORTHOGRAPHE

Les cas complexes d'accord sujet-verbe

OBJECTIF

Repérer le sujet quand il est éloigné du verbe.

OBSERVATION

Les nains de jardin

Les auteurs de rafles en herbes folles sont sans pitié. Ce n'est pourtant pas demain la veille qu'un nain de jardin, bras croisés sur un ventre rebondi, passera du carré de luzerne à la tôle ondulée. Cette citoyenne d'Edith Cresson ne voit pas où est le mal. « J'ai des nains dans mon jardin depuis cinq ans parce que ça me fait plaisir d'avoir ça. Je les trouve mignons. Je les mettais d'habitude en plein soleil. Maintenant il n'en est plus question. Je ne les remettrai plus jamais devant ma maison. Seulement, il va falloir s'y faire. **Ils vont nous manquer.** » C'est, pour cette mamie, « le symbole de la douceur de vivre. Il faut avoir gardé une âme d'enfant pour les comprendre ». Déjà, certains les sortent à la rosée et les rentrent à la tombée de la nuit, après une journée assise sur la margelle du puits. Histoire de rompre la solitude du train-train quotidien. **Beaucoup sont en terre réfractaire aux intempéries.** D'autres, venus de Taïwan, cassent un peu le marché et souffrent très vite de problèmes articulaires consécutifs à une immobilité forcée dans le parterre de pétunias au terme d'un hiver rigoureux. Tous les « Joyeux » du monde ne supportent pas les bourrasques sous les bonnets couleur géranium. « **Ils symbolisent la paix,** la tranquillité, le souvenir du temps où l'on croyait encore aux contes de fées. » Ces nains nous aident à aimer des êtres différents de nous et nous font encore un peu rêver. « C'est un réconfort comme un autre », raconte une grand-mère en caressant ses compagnons noyés sous les agaceries d'œillets d'Inde pimpants de merguez sous la braise.

Alain BLANCHARD, © *La Nouvelle République du Centre-Ouest*, 4 juillet 1997.

Questions

→ **1.** Identifiez le verbe et le sujet de chacune des propositions en gras.

→ **2.** Comparez les propositions en noir et en gras et les propositions en couleur : qu'est-ce qui différencie les couples sujet-verbe dans ces deux ensembles ?

→ **3.** À quoi correspond chacune des trois couleurs ?

→ **4.** À quelle personne et à quel nombre les verbes bleus soulignés sont-ils conjugués ? Pourquoi ?

→ **5.** Reformulez les propositions en vert en déplaçant les groupes soulignés.

LEÇON

1. Rappel

● **Le verbe s'accorde en nombre et en personne avec le sujet auquel il se rapporte :**

→ ***Les*** *clients envahiss****ent*** *les magasins.*

● Le sujet précède le plus souvent le verbe, mais il peut aussi être **inversé** :

→ *« C'est un réconfort comme un autre », raconte* ***une grand-mère.***

● Sujet et verbe ne sont pas toujours juxtaposés : certains mots ou groupes de mots peuvent **s'intercaler** entre eux et rendre leur repérage plus difficile.

2. Les mots « écrans »

● Lorsque sujet et verbe sont séparés par un ou deux mots, il s'agit le plus souvent d'**adverbes négatifs** ou de **pronoms compléments** :

→ *On* ***ne*** *revient plus sur les décisions prises, on* ***les*** *respecte.*

● On doit tout particulièrement se méfier du pronom complément qui peut entraîner une confusion :

▪ de **nombre** :

→ *Elles aiment la télévision :* ***elles*** *la regard****ent*** *souvent.* (3e personne du pluriel, et non du singulier)

▪ de **personne** :

→ ***Ils*** *nous dir****ont*** *ce qu'ils en pensent.* (3e personne, et non 1re du pluriel)

3. Les groupes de mots « écrans »

● Les groupes de mots qui peuvent venir s'intercaler entre le sujet et son verbe sont notamment :

▪ des **expansions du sujet** (complément du nom, épithète, épithète détachée, proposition relative...) :

→ ***Les amateurs*** *de nains de jardin* ***sont*** *plus nombreux qu'on ne pense.*

→ ***Des gravures*** *représentant de vieilles villes* ***pendaient*** *au mur.*

→ ***Les mains,*** *entraînées par une longue habitude,* ***accomplissaient*** *mécaniquement leur tâche.*

→ ***La chambre*** *que les enfants occupaient* ***était*** *grande et claire.*

▪ des **compléments circonstanciels** :

→ ***La rage*** *en elle* ***refluait.***

▪ des **propositions subordonnées circonstancielles** :

→ ***Les poissons,*** *quand le temps est orageux,* ***mordent*** *sans relâche.*

● Dans une proposition, un **même sujet** peut régir **plusieurs verbes** sans être répété :

→ ***Les souffles*** *de la mort nous* ***poussent,*** *nous* ***soulèvent,*** *nous* ***balancent*** (H. Barbusse).

QUELLE CLÉ UTILISER ?

Clé de la substitution

1 Remplacez les groupes soulignés par leur forme la plus réduite.

1. Une forêt de broussailles grises et haillonneuses envahissait le parc. (H. Troyat)
2. Des individus hâves, grelottants et vêtus de guenilles erraient entre ces décombres. (H. Troyat)
3. Une bête aux pattes d'argent, au museau moustachu, détala vers les fourrés qui frémirent. (H. Troyat)

Lorsqu'on est en présence d'un groupe sujet étendu, il suffit de **le réduire à son noyau** pour repérer avec quel mot doit se faire l'accord verbal : *Les trois ou quatre **personnes** qui se trouvaient dans l'ascenseur m'ont regardé d'un air plutôt étrange.* (S. King) → ***Ces personnes** m'ont regardé…*

Clé de la place

2 Déplacez les groupes soulignés et mettez le verbe entre parenthèses au plus-que-parfait passif.

1. Ce véhicule, m'a-t-on dit, (commander) pour moi.
2. Les derniers mots de l'histoire, même si elle était incomplète comme le premier épisode d'un feuilleton, (dire).

Lorsqu'il est possible, le déplacement d'un groupe de mots faisant écran entre le sujet et le verbe permet une lecture plus simple et facilite l'orthographe de l'accord : ***Mon petit guide,** avec ses cheveux d'or et sa robe bleue, **trottinait** devant moi dans les couloirs.* (H. James) → *Avec ses cheveux d'or et sa robe bleue, **mon petit guide trottinait…***

Clé de l'analyse

3 Quel est le sujet des verbes soulignés ?

Autour des mares croupissantes, des mousses d'un vert pâle recouvraient le sol chaotique. Partout ailleurs, comme une peau malade, des lichens grisâtres, çà et là tachés d'ocre jaune, tapissaient les pierres délitées. Quelques plantes chétives, issues de spores échappées de la main du vent au-dessus de ce gouffre, végétaient dans une terne lumière. (G.O. Châteaureynaud)

Pour repérer le sujet lorsqu'il est éloigné du verbe, les **formules présentatives** « c'est… qui », « ce sont… qui » sont particulièrement utiles : *Les glaciers des Bossons et de Taconnaz, écaillés de crevasses transversales, s'allongent et s'étirent paresseusement comme de gigantesques sauriens.* (R. Frison-Roche.) → Ce sont **les glaciers** qui s'allongent…

EXERCICES

1 Quel est le sujet de chaque verbe souligné ?

1. Les photos, souvent retouchées et agrandies, montraient des visages joufflus et souriants.
2. Les bêtes, calmes et paisibles dans l'herbe détrempée, courbaient l'échine sous les assauts de l'orage.
3. Un fumet un peu épicé, à base de gibier et de sauce au vin, se répandait déjà dans la pièce.
4. Rien, apparemment, ne pouvait les séparer.
5. Il contemplait les silhouettes qu'un de ses gros doigts, jouant avec les taches de vin qui parsemaient le comptoir, dessinait machinalement.

2 Classez les pronoms suivants en deux ensembles selon qu'ils peuvent ou non occuper la fonction de sujet.

me – leur – les – nous – la – te – se – vous – le – en.

3 De quel(s) verbe(s) chaque sujet souligné commande-t-il l'accord ?

1. La guerre de positions que l'on fait aujourd'hui nécessite des connaissances et de l'expérience. (E. M. Remarque)
2. Par terre, dans les angles, étaient rangés, debout, des sacs de blé. (G. Flaubert)
3. Ses cheveux, dont les deux bandeaux noirs semblaient chacun d'un seul morceau, tant ils étaient lisses, étaient séparés sur le milieu de la tête par une raie fine. (G. Flaubert)
4. Les dictateurs, c'est vrai, ne s'encombrent jamais de la présence des clochards, ils les déclarent « parasites » ou « asociaux » et les embastillent.
5. Ce vêtement, qui rappelle l'uniforme civil des vieux capitaines, celui des invalides, et la soutane des ecclésiastiques, porte, sur sa façade, une rangée de boutons. (G. de Maupassant)

4 Complétez les formes inachevées par une terminaison d'imparfait.

1. Les images qu'elle évoquait la domin… .
2. Il parcourait les papiers jaunis, les feuillet… et marmonn… quelque chose.
3. Les côtes escarpées, sur lesquelles saillaient les rochers, miroit… d'une lueur inquiétante.
4. Le campeur épuisé, installé douillettement sur un lit de feuilles, se laiss… peu à peu gagner par le sommeil.
5. Le lieutenant blessé, installé provisoirement sur un lit de fortune, peu à peu repren… connaissance.

5 Remplacez l'infinitif entre parenthèses par une forme conjuguée au présent de l'indicatif.

1. La cathédrale doit être à deux pas. Les premières maisons de Reims nous la (cacher).
2. Les villageois allument les feux de la Saint-Jean. Seule la chaleur de ces feux leur (redonner) un peu de vie et (réveiller) les palabres.
3. Une baigneuse plonge devant moi. Je la (suivre) avec l'aisance du poisson.
4. Les tyrans bafouent la liberté. Ce ne sont pas les principes moraux qui les en (empêcher).
5. Les moustiques nous attaquent en juillet. Et puis, en janvier, on les (voir) moins, n'est-ce pas ?

6 Récrivez les phrases suivantes en déplaçant les groupes de mots soulignés et en remplaçant l'infinitif entre parenthèses par un imparfait.

1. Tout le monde, avec la même féroce conviction, (mentir).
2. La vieille baronne, comme tous les nobles de campagne, (savoir) parler aux paysans.
3. Les chevaux, couchés dans les brancards, (continuer) à galoper dans le vide.
4. La plupart, debout les uns à côté des autres, (rester), les mains derrière le dos, par paires du même sexe.
5. Certains, sous prétexte d'assurer leur sécurité, (porter) des armes blanches.

7 Répondez par « vrai » ou « faux ».

1. Dans certains cas, un verbe conjugué peut s'accorder avec le pronom complément qui le précède.
2. Dans un groupe sujet étendu, c'est avec le noyau que le verbe doit s'accorder.
3. Un sujet inversé suit toujours immédiatement le verbe conjugué.
4. Dans une proposition, les pronoms personnels *nous* et *vous* peuvent être sujet ou complément.

8 Mettez l'infinitif entre parenthèses au temps demandé.

1. Les clowns, malgré leur grand âge, (faire ; imparfait actif) preuve d'une souplesse extraordinaire.
2. Les cerfs, qui nous (repérer ; plus-que-parfait actif), (détaler ; passé simple actif) en un clin d'œil.
3. Les décors fabuleux au milieu desquels Aude et moi (chevaucher ; imparfait actif) en silence depuis des jours et qu'un grand peintre, séduit par la beauté du site, (sembler ; imparfait actif) avoir brossés pour nous, peu à peu (s'estomper ; imparfait actif) dans une brume épaisse et froide.

ORTHOGRAPHE

L'accord du participe passé

OBJECTIF

Maîtriser l'accord du participe passé éloigné de l'auxiliaire.

OBSERVATION

Les vacances

C'était la première fois, depuis vingt ans que sa femme avait disparu, que Georges Fausson se décidait à prendre des vacances. **Il en avait à maintes reprises formé le projet**, mais il suffisait du moindre prétexte pour l'amener à renoncer. La maladie d'un des chats, l'annonce d'une vague d'attentats dans la province qu'il avait justement choisie... Une série de cartes routières et de guides aux reliures vertes témoignaient, par couple, d'autant d'abandons.

Cette fois il avait minutieusement préparé son affaire, s'inventant, de la révision de la voiture à l'achat de la valise, une multitude d'épreuves qu'il avait franchies une à une avec un soulagement renouvelé jusqu'à ce moment fatidique qui le voyait charger son bagage dans le coffre de la Citroën...

Ce ne fut que le lendemain, quand ses pas le portèrent sur la route de Joucas, qu'il se souvint... Il avait lutté des années pour s'imposer cette fuite qui le ramenait au point de départ, près de ce village où Clara était née. Ils n'y étaient jamais venus ensemble mais il lui semblait reconnaître les collines d'ocre et, là-bas, la falaise de Lioux qu'elle lui décrivait si souvent...

Didier DAENINCKX, « Tête-à-tête », in *Main courante* (nouvelles)
© Éditions Verdier, 1994.

Questions

→ **1.** En observant les participes en bleu, reformulez les principales règles d'accord du participe passé.

→ **2.** Quelle différence existe-t-il entre les trois couples (auxiliaire + participe passé) en bleu et les couples en rose ?

→ **3.** Les règles d'accord sont-elles différentes dans les couples en rose ?

→ **4.** Récrivez les propositions en gras en changeant l'ordre des mots. Ce changement a-t-il une influence sur l'accord du participe passé ?

LEÇON

1. Rappel

● Employé **sans auxiliaire,** le participe passé s'accorde **comme un adjectif qualificatif :**

→ *Je ne sentais plus **mes mains rougies** par le froid.*

● Employé **avec l'auxiliaire *être*,** le participe passé s'accorde en genre et en nombre **avec le sujet :**

→ ***Elle** est **entrée** en souriant.*

● Employé **avec l'auxiliaire *avoir*,** le participe passé reste **invariable,** sauf si l'auxiliaire est **précédé d'un complément d'objet direct** (COD) ; dans ce dernier cas, l'accord se fait en genre et en nombre **avec le COD :**

→ *J'ai **aperçu** des chiens de l'autre côté de la haie et je **les ai chassés.***

2. Auxiliaire et participe passé séparés

Les règles précédentes s'appliquent même si des éléments de la phrase viennent s'intercaler entre l'auxiliaire et le participe passé, ce qui se produit essentiellement dans les cas suivants.

● Un **adverbe,** plus rarement un **complément circonstanciel,** suit l'auxiliaire :

→ *Le câble **a** brusquement **cédé.** Un témoin **a,** depuis sa fenêtre, **assisté** à la scène.*

● La phrase comporte une succession de verbes à un temps composé, mais **l'auxiliaire n'est pas répété :**

→ *J'ai **révisé** le cours, **effectué** le travail de cartographie et **terminé** mon dossier.*

● Le **pronom sujet** est **inversé** et suit l'auxiliaire :

→ *Combien de lettres **a-t-**il **reçues** ?*

● Un **pronom de rappel** suit immédiatement l'auxiliaire :

→ *Ils **sont** tous **partis** ; je les **ai** moi-même **raccompagnés.***

QUELLE CLÉ UTILISER ?

Clé de la substitution

1 Choisissez la forme entre parenthèses qui convient.

1. Je n'ai pas voulu (envenimé/envenimer) les choses.
2. Certaines couleuvres sont difficiles à (avalé/avaler).
3. Elle m'a semblé (irritée/irriter) par ton attitude.

Quand on hésite entre participe passé en *-é* et infinitif en *-er,* il faut remplacer la forme par un verbe de sens proche au troisième groupe : attrapé(s) → pris ; attrapée(s) → prise(s) ; attraper → prendre : *J'ai **attrapé** → **pris** un poisson.*

Clé de la dérivation

2 Formez huit groupes nominaux d'après le modèle proposé.

Exemple : *une lampe, un feu (éteindre) → une lampe éteinte ; un feu éteint.*

1. Une chevelure, un lit (défaire).
2. Un livre, une porte (ouvrir).
3. Un résultat, une victoire (acquérir).
4. Un but, une cible (atteindre).

Quand on hésite sur la terminaison d'un participe passé au masculin singulier, il suffit de le remplacer par son féminin : *un texte écrit/une trace écrite ; un enfant assis/une position assise ; un temps pourri/une planche pourrie ; un marché conclu/une affaire conclue ; un chapitre inclus/une lettre incluse.*

Clé de l'analyse

3 Classez les participes passés selon les trois ensembles mentionnés dans le Rappel.

1. Elles ont tout détruit.
2. Tes histoires sont trop connues.
3. Un marché couvert.
4. Les évadés ont été rejoints.
5. Motus et bouche cousue.
6. Elles n'ont pas survécu à leurs blessures.
7. Les douaniers ont été reconduits à la frontière.

La clef de l'analyse doit s'utiliser en deux temps :

a. identifier le type de participe passé auquel on a affaire : employé sans auxiliaire, employé avec *être*, employé avec *avoir* ;

b. par rapport à chaque cas, identifier les termes qui déterminent l'accord :

■ sans auxiliaire → le nom ou pronom auquel le participe se rapporte :
Elle promenait ***son éléphant apprivoisé.***

■ avec *être* → le sujet de l'auxiliaire :
Les éléments *sont* ***déchaînés.***

■ avec *avoir* → le COD, s'il existe et qu'il précède l'auxiliaire :
Les histoires qu'*ils ont* ***racontées*** *ne tiennent pas debout.*

Clé de la place

4 Déplacez ou supprimez les termes soulignés avant de remplacer l'infinitif entre parenthèses par un participe passé.

1. Les tiroirs ont été minutieusement (fouiller).
2. Sa chevelure avait avec les ans (prendre) une teinte argentée.
3. Elle avait depuis longtemps déjà (renoncer) à se battre.

Le plus souvent, on peut déplacer ou supprimer le mot ou le groupe de mots qui fait écran entre l'auxiliaire et le participe passé.
En simplifiant la construction, ce rapprochement facilite l'analyse, notamment lorsque l'écran est formé par un groupe nominal ou par un pronom avec lequel on peut être tenté d'accorder le participe passé :
L'acteur ***était****, depuis son arrivée,* ***harcelé*** *par les journalistes. → L'acteur* ***était harcelé*** *par les journalistes.*

EXERCICES

1 Choisissez entre l'infinitif et le participe passé.

Gabriel avait (sauter/sauté) dans un taxi qui l'avait (déposer/déposé) à l'amorce du quai Sisley, à Villeneuve-la-Garenne. Il avait poursuivi à pied jusqu'à la péniche enfouie de Pedro, faisant (gueuler/gueulé) tous les chiens du voisinage. Il lui avait (expliquer/expliqué) le résultat de ses investigations, et (donner/donné) le nom de celui qui, pour ne pas mettre sa carrière en danger, avait (commanditer/commandité) l'agression d'André Sloga. Pedro s'était aussitôt mis au travail pour lui (confectionner/confectionné), dans la nuit, une identité complète de journaliste. (D. Daeninckx)

2 Mettez chaque phrase au passé composé actif en ne faisant apparaître qu'une fois l'auxiliaire.

1. Les candidats les plus motivés (arriver) à l'heure et (partir) après les autres.
2. Deux fabricants (sortir) les premières consoles portables et (fournir) les grands magasins à temps pour Noël.
3. Je (baisse) rapidement les yeux et (tenter) de disparaître à six pieds sous terre.
4. Pendant dix ans, nous (rire) des mêmes anecdotes, (rêver) du même paradis, (parler) d'une même voix.
5. La jeune fille (fermer) les yeux et (hocher) la tête en silence.

3 Même exercice avec le passé composé passif.

1. Quand ses manches (retrousser), ses nattes (rouler) dans un carré de coton et son pantalon (protéger) par un tablier, elle a vidé son filet sur la table.
2. Elle (surprendre) par leurs cris et comme (paralyser) d'émotion.
3. Toutes les armoires (vider) de leurs livres, les tiroirs (renverser), leurs serrures (fracturer), les dossiers (ouvrir), leur contenu (disperser).
4. Le vin et le champagne (supprimés) et automatiquement (remplacer) par du jus de pomme.
5. Les ronces et les feuillages (rabattre), les traces de roues soigneusement (effacer).

4 Remplacez l'infinitif entre parenthèses par son participe passé.

Il se souvenait, à huit ans, d'avoir (conduire) des voitures, d'avoir (faire) la guerre, d'avoir (tenir) des femmes entre ses bras, de les avoir (aimer), (quitter), et parfois (retrouver) bien des années plus tard. Il se souvenait d'avoir vu vieillir des hommes et des femmes et d'avoir (vieillir) avec eux, d'en avoir (accompagner) certains à leur dernière demeure, de les avoir (pleurer), et même de les avoir peu à peu (oublier). (G. O. Châteaureynaud)

5 Mettez les verbes soulignés au plus-que-parfait en séparant l'auxiliaire du participe passé.

Exemple : *On me forçait, en quelque sorte, à m'installer ici.* → *On m'avait, en quelque sorte, forcé…*

1. C'est donc une véritable armée qui, quelques jours plus tard, entrait dans la ville.
2. Il y avait dans cette affaire une foule de détails que les avocats oubliaient trop facilement.
3. Elle avait accepté de lui prêter une tenue qu'elle ne mettait jamais.
4. Les assaillants se jetaient tous ensemble à l'assaut des remparts.
5. Pour fléchir sa volonté, le monarque lui promettait en vain des terres, des châteaux, des monceaux d'or.

6 Même consigne avec les verbes entre parenthèses. Vous devrez réintroduire dans les phrases les expressions soulignées.

1. Maintes fois – Ma mère (piquer) de superbes crises de nerfs à l'insu de mon père.
2. De jour en jour – Tout un peuple d'oiseaux (coloniser) les toits du palais royal.
3. À coups de petites phrases assassines – On (briser) la réputation d'un président vertueux.
4. Au terme de bien des efforts – L'alpiniste chevronnée (réussir) à vaincre la paroi abrupte.
5. Malgré moi – Mes pas me (conduire) au bord du fleuve.

7 Même consigne.

1. À grands renforts de pitreries et de grimaces – Nous (réussir) à faire rire la fillette qui venait de tomber.
2. Sans que personne ne s'en fût aperçu – Plusieurs bêtes (rompre) leurs chaînes.
3. Sans doute – La voix de cette femme ne m'était pas inconnue, je l'(rencontrer) dans une vie antérieure.
4. Toujours – C'étaient des voisins avec lesquels nous (entretenir) de bonnes relations.

ORTHOGRAPHE

Les homophones grammaticaux

OBJECTIF

Distinguer quelques homophones grammaticaux fréquents.

OBSERVATION

Le journal intime

Il y a sans doute actuellement en France des milliers de journaux comme celui-là, cachés au fond d'un tiroir, surtout des journaux d'adolescents, qui les aident à vivre, loin de toute idée littéraire. **Mais** aussi des journaux d'adultes. On écrit pour surmonter une crise. Pour aider sa mémoire. Pour guider sa vie. On tient un journal de ses vacances. De ses amours. **Ou** le journal de l'éducation de ses enfants. Etc. On écrit aussi parfois pour écrire, pour essayer ses idées, jouer avec les mots **et** les émotions. Des petits bouts de poèmes. On note des phrases qui vous ont plu dans un livre. Telle lettre qu'on a reçue. On tresse son nid avec tous ces petits bouts de langage **et** cela aide. **Quand** on en a moins besoin, on cesse presque sans s'en rendre compte. Parfois solennellement on détruit son journal, on l'immole par le feu. Plus souvent, vingt ans après, on ne sait plus où on l'a mis, on l'a perdu dans un déménagement **ou** bien on le retrouve au fond d'un carton.

C'est cela sans doute, le vrai journal intime. Intime par son contenu, **et** surtout par sa fonction. C'est la plante naturelle non greffée **et** bouturée de littérature, une vigne vierge proliférante, très différente de la « variété » cultivée, produite en serre, qu'est le journal d'écrivain, variété qu'on vend en petits pots tous les automnes et tous les printemps.

Philippe Lejeune, © *Le Magazine littéraire*, avril 1998.

Questions

➜ **1.** À quelles catégories de mots correspondent les couleurs ? Nommez ces catégories.

➜ **2.** Quelle est la propriété orthographique commune des mots en jaune et des mots en bleu ?

➜ **3.** Récrivez à l'imparfait la phrase suivante : « On note des phrases qui vous ont plu dans un livre. » Quelle difficulté orthographique cette transformation permet-elle de résoudre ?

➜ **4.** Dans le texte, quel est le rôle des mots en noir et en gras ?

➜ **5.** Dans la phrase suivante : « Quand on en a moins besoin, on cesse presque sans s'en rendre compte », remplacez « moins » par « plus du tout ». Que remarquez-vous : à l'oral ? à l'écrit ?

LEÇON

1. L'essentiel sur des homophones très courants

	Ce qu'il faut retenir
1. ça/çà/sa	***Ça*** pronom démonstratif ne prend jamais d'accent. Il ne faut pas le confondre avec l'adverbe de lieu ***çà*** (= ici), beaucoup moins fréquent : ➜ *Il jette ses habits **çà** et là : **ça** énerve sa mère.*
2. ce/se	Quand on peut faire précéder ***se*** de *il(s)* ou *elle(s)*, c'est un pronom personnel, sinon il s'agit du démonstratif ***ce*** : ➜ ***Ce** meuble **se** démonte entièrement.*
3. cet/cette	Le déterminant démonstratif ***cet*** remplace *ce* devant un nom ou un adjectif commençant par une voyelle ou un *h* muet : ➜ ***Cet** avion, **cet** habit, **cet** énorme rocher, **cet** humble serviteur.*
4. leur/leur(s)	***Leur*** devant un verbe est un pronom invariable malgré son sens pluriel. Il ne faut pas le confondre avec le déterminant possessif ***leur(s) :*** ➜ *Je **leur** parle de **leurs** amis.*
5. ni/n'y	Dans une phrase, la conjonction ***ni*** est en général répétée *(ni... ni* = négation de *et... et). **N'y*** précède immédiatement un verbe suivi d'un adverbe négatif : ➜ *Je **n'y** comprends rien : **ni** en anglais, **ni** en allemand.* (Je **n'y** comprends rien = je **ne** comprends rien **à cela.**)
6. on/on n'	Il ne faut pas oublier la **négation** après ***on*** suivi d'un verbe commençant par une voyelle ou par un *h* muet : ➜ ***On** entre et **on n'**oublie pas de saluer.*
7. peu/(il) peut	***Peu*** est adverbe et donc invariable : ➜ *On **peut** toujours se pousser un **peu**.*
8. sans/s'en	***S'en*** n'apparaît que dans un verbe pronominal : ➜ *Il sourit **sans s'en** apercevoir.*
9. quel(s), quelle(s)/qu'elle(s)	***Quel(s), quelle(s)*** est un déterminant interrogatif ou exclamatif et s'accorde en genre et en nombre avec le nom qu'il détermine : ➜ *Elle a dit **qu'elle** viendrait, mais on ne sait à **quelle** date.*
10. quelque/ quelque(s)	***Quelque(s)*** est variable sauf lorsqu'il signifie « environ » : ➜ ***Quelques** hommes seulement ont vaincu **quelque** cent soldats (quelque cent = environ cent).*
11. tant/t'en/ (temps)	Lorsque ***tant*** signifie « autant », « tellement », c'est un adverbe : ➜ ***Tant** va la cruche à l'eau, qu'à la fin elle se brise.*
12. tous/(tout)	Quand ***tout*** est déterminant ou pronom, il est variable. Quand ***tout*** signifie « entièrement », il est invariable : ➜ ***Tous** les jours les enfants rentrent **tout** crottés.*

2. Quelques expressions à retenir

- çà et là ;
- ni vu ni connu ;
- à peu près ; peu à peu ; peu importe ; peu ou prou ; peu s'en faut (peu s'en est fallu) ; pour peu que (+ subj.) ; (un) tant soit peu ; autant que faire se peut ;
- quel(le)(s) que soi(en)t ; en quelque sorte ; quelque part ;
- en tant que ; de temps en temps ; de temps à autre ; tant s'en faut ; tant que... ;
- tout le monde ; tout à l'heure ; tout à coup ; tout à fait ; de tout temps.

QUELLE CLÉ UTILISER ?

Clé de la prononciation

1 Quels sont les groupes nominaux dont la prononciation renseigne sur l'orthographe de *leur* ou de *son* ?

leur école – leurs livres – son avis – leur camarade – leurs affaires – leurs avis – son devoir – son école

La **liaison** ou l'**enchaînement** apportent un renseignement sur la dernière lettre de certains homophones : *leur‿enfant* (enchaînement), *leurs‿enfants*/*son‿enfant*, *elles sont‿allées en ville* (liaisons) ; *son chien*/*leur chien*/*leurs chiens*, *les chiens sont fidèles* (ni enchaînement, ni liaison).

Clé de la substitution

2 Choisissez la forme qui convient.

Je ne sais pas ce qu'(on/ont) les bêtes, elles n'arrêtent pas de hurler : il se (peu/peut) qu'un orage se prépare.

L'emploi de certains verbes courants comme *avoir*, *être* et *pouvoir* entraîne des homophonies grammaticales ; c'est **en conjuguant ces formes à un autre temps** qu'on parvient à retrouver la bonne orthographe : *Elle* ***a*** *(avait) du charme ; ils en* ***ont*** *(avaient) beaucoup ; il* ***est*** *(était) riche ; ils* ***sont*** *(étaient) riches ; cela ne se* ***peut*** *(pouvait) pas.*

3 Choisissez la forme qui convient.

1. (On/on n') attend que lui.
2. (On/on n') attend que le train soit passé.

Pour mettre en évidence la présence de *n'* après *on*, il suffit de **remplacer *on* par *il*** : ***On n'aime pas*** *la soupe.* → ***Il n'aime pas*** *la soupe.*

Clé de la place

4 Donnez la nature du mot qui suit *leur* dans les phrases suivantes. Dans quel cas *leur* est-il invariable ?

1. Je leur parle de leurs études.
2. Nous leur donnons leur part.
3. Nous leur avons appris la nouvelle sans leur mentir.

Devant un verbe conjugué *leur* ne prend jamais d'-*s* malgré son sens pluriel : *Nos propositions* ***leur*** *(à eux/à elles) conviennent.*

EXERCICES

Dans les exercices 1 à 5, les numéros des séries d'homophones correspondent à ceux de la leçon : vous pourrez plus facilement vous y reporter (p. 241).

1 Remplacez les nombres par l'homophone qui convient :

(1) ça/çà/sa – (2) ce/se – (11) tant/t'en/temps.

En effet, moins de dix minutes après le début de (2) premier cours, Antoine qui ne (2) lassait pas, (11) c'était nouveau pour lui, de contempler le paysage encore ouaté (1) et là par le brouillard, découvrit avec ravissement que deux écureuils facétieux gambadaient de branche en branche dans l'un des thuyas qui (2) dressaient à dix mètres de là. (Cl. Michelet)

2 Même consigne :

(2) ce/se – (4) leur(s)/leur – (6) on/on n' – (8) sans/s'en.

Il fallait les voir à l'arrivée à l'internat, un dimanche triste comme une rivière (8) poissons ou des terriers (8) lapins, adresser des sourires mielleux aux pions, ranger (4) affaires avec (2) soin que l'(6) apporte à (2) que l'(6) aime, demander des nouvelles des professeurs, caresser de la main (4) cahiers neufs, bref, chérir (4) retour en prison, comme si la liberté (4) faisait peur, comme s'ils n'avaient rien à imaginer eux-mêmes. (G. Bordes)

3 Même consigne :

(1) ça/çà/sa – (5) ni/n'y – (8) sans/s'en – (9) quel(s), quelle(s)/qu'elle(s).

Aujourd'hui l'air est clair, Bouba (8) trouve illuminé, perdu dans la profusion du bleu qui tombe du ciel. Il est tôt et il est seul. Il tourne en rond sur une terre pauvre verdie de mousse, parmi les constructions qui (1) et là émergent à faible hauteur. (5) un parc à l'abandon, (5) un terrain vague… La ville est intelligente ; la cicatrice (9) conserve là a son histoire et (1) raison d'être. (Marc Trillard)

4 Même consigne :

(1) ça/çà/sa – (3) cet/cette – (6) on/on n' – (9) quel(s), quelle(s)/qu'elle(s) – (10) quelque/quelques.

– Tu dis (1), mais, d'ici, (10) jours, tu changeras de langage. Si tu savais (9) joie vous pénètre lorsque, dans le silence astral, (6) entend une voix humaine,… qui psalmodie : « Esprit d'Étienne Cassagne, es-tu là ? » La seule fois où mon oreille a perçu (3) appel discret, j'ai bondi, j'ai filé jusqu'à la chambre noire. (H. Troyat)

5 Même consigne :

(6) on/on n' – (7) peu/(il) peut – (12) tous/tout.

1. (7) importe le flacon, pourvu qu'(6) ait l'ivresse.
2. Qui (7) le plus, (7) le moins.
3. (12) finit par des chansons…
4. (12) flatteur vit aux dépens de celui qui l'écoute.

6 Mettez les phrases suivantes à la forme négative.

1. Quand on est courageux et déterminé, on arrive toujours à trouver une solution.
2. On exige le beurre, l'argent du beurre et le sourire de la crémière.
3. On écoute n'importe quel avis parce qu'on oublie facilement ses convictions et son expérience.
4. Quand on est craintif et prisonnier de ses habitudes, on appréhende le changement.

7 Parmi les adverbes entre parenthèses, quels sont ceux qui entraînent la présence de *n'* après *on* ?

On (?) attend (parfois, guère, plus jamais, pas, toujours) longtemps.
On (?) aperçoit (que, pourtant, jamais, encore, seulement) son visage.

8 Dans chacune des phrases suivantes, remplacez le passage souligné par une formule de sens voisin que vous aurez choisie parmi les expressions à retenir de la page 241.

1. Je revois <u>quelquefois</u> mes anciens amis.
2. <u>Soudain</u> un éclair violent a déchiré le ciel.
3. Vous voudrez bien, <u>si c'est possible</u>, m'avertir de toute modification de vos projets.
4. On a bien retrouvé <u>par endroits</u> quelques traces de pollution, mais cela n'avait rien d'alarmant.
5. L'animal reprenait <u>petit à petit</u> confiance et commençait à s'approcher de nous.
6. Donnez-moi un beau bijou : le prix <u>n'a pas d'importance</u> !

ORTHOGRAPHE

L'orthographe en 65 règles

LE NOM

1 • **Les noms féminins** en ***-eur*** se terminent par ***e, u, r*** : *une fleur.* Sauf : *heure, demeure, gageure.*

• **Les noms masculins** se terminent en ***-eur*** sauf : *beurre, leurre, babeurre* et *un heurt.*

2 **Les noms féminins** en ***i*** et en ***u*** s'écrivent avec un ***e*** : *la mie, une avenue.*
Sauf : *brebis, fourmi, (à la) merci, nuit, perdrix, souris ; bru, glu, tribu, vertu.*

3 **Les noms féminins** en ***-té*** ou ***-tié*** s'écrivent sans ***e*** : *la beauté, la volonté.*

Sauf ceux qui expriment un contenu : *une charretée.*

Et les noms : *butée, dictée, frottée, jetée, montée, nuitée, pâtée, portée.*

4 • **Les noms en *-ition*** s'écrivent *avec* un ***t*** : *une addition.*
Sauf : *scission* et les noms en « *-mission* ».

• **Les noms en *-ation*** s'écrivent avec un ***t*** : *la nation.*
Sauf : *passion* et *compassion.*
Après ***e-***, on écrit : *-ssion (session)* ; après ***c-*** et ***p-*** : *-tion, (adoption)* ; après ***l-*** : *sion (émulsion, expulsion).*

• **Les noms en [zɔ̃]** s'écrivent ***s, o, n,*** sauf : *gazon, horizon.*

5 **Le nom : genre.** En général : **féminin = masculin** + *-e (un ami, une amie).*
Autres terminaisons : *-ère, -esse, -euse, -ière, -ienne, -ionne, -trice, -se, -ve.*

6 **Le nom : nombre.** En général : **pluriel = singulier** + *-s (une lampe, des lampes).*
Les noms en *-s, -x, -z* ne changent pas : *une voix, des voix ; un gaz, des gaz.*

7 **Les noms en *-au, -eau, -eu*** ont leur pluriel en *-x* : *un tonneau, des tonneaux.*
Sauf : *landau, sarrau, pneu, bleu.*

8 **Sept noms en *-ou*** ont leur pluriel en ***-oux*** : *bijou, caillou, chou, genou, hibou, joujou, pou.*

9 **Sept noms en *-ail*** ont leur pluriel en ***-aux*** : *bail, corail, émail, soupirail, travail, vantail, vitrail.*

10 **Les noms en *-al*** ont leur pluriel en ***-aux*** : *un cheval, des chevaux.*
Sauf : *bal, carnaval, cérémonial, chacal, festival, récital, régal...* (et quelques autres).

11 **Pluriel des noms composés**
Dans les noms composés, seuls le **nom** et l'**adjectif** peuvent prendre la marque du pluriel si le sens le permet : *un chou-fleur, des choux-fleurs ; une pomme de terre, des pommes de terre ; un timbre-poste, des timbres-poste ; un château fort, des châteaux forts ; un couvre-lit, des couvre-lits.*

L'ADJECTIF

12 **Les adjectifs masculins** en ***-ile*** s'écrivent ***i, l, e*** : *utile.*
Sauf : *civil, puéril, subtil, vil, volatil, viril* et *tranquille.*

13 **L'adjectif : genre.** En général : **féminin = masculin** + *-e (poli, polie).*
Autres terminaisons : *-ce, -che, -ère, -esse, -lle, -nne, -se, -sse, -trice, -tte, -ve.*

14 **L'adjectif : nombre.** En général : **pluriel = singulier** + *-s (poli, polis).*

• Les adjectifs en ***-eau*** forment leur pluriel en ***-eaux*** : *un beau cadeau, de beaux cadeaux.*

• La plupart des adjectifs en ***-al*** forment leur pluriel en ***-aux*** : *un tigre royal, des tigres royaux.*
Exceptions : *banal, bancal, fatal, final, glacial, natal, naval.*

15 **L'adjectif composé.** En général, seul l'adjectif s'accorde : *des enfants bien-aimés, les relations franco-américaines.*

16 **L'adjectif de couleur**

• 1 adjectif → accord : *des vestes bleues.*

• 2 adjectifs → pas d'accord : *des blousons bleu foncé, bleu-vert.*

• 1 nom → pas d'accord : *des pantalons olive, des cravates moutarde, des pulls mandarine.*

LES DÉTERMINANTS

17 • **Le déterminant numéral cardinal** est invariable : *quatre maisons, treize mille francs.*

• ***Vingt*** et ***cent*** prennent la marque du pluriel s'ils sont **multipliés** et non suivis d'un autre numéral : *trois cents maisons, quatre-vingts élèves,* mais *deux cent deux livres.*

• Dans les **dates**, pas d'accord. On écrit *mille* ou *mil* : *l'année mille* ou *mil neuf cent.*

• Les déterminants numéraux en ***-ante*** se terminent par ***a, n, t, e,*** sauf : *trente.*

18 *leur*

• **Devant un nom,** *leur* est **déterminant possessif** et s'accorde : *leur planche à voile ; leurs surfs.*

• **Devant un verbe,** *leur* est un **pronom personnel,** invariable, pluriel de *lui : Je **leur** donne du chocolat ; je **lui** donne du chocolat.*

19 ***chaque = un*** ; *chaque* est toujours singulier : *chaque élève.*

LES ADVERBES

20 Les adverbes en *-ment* s'écrivent :
-amment s'ils sont formés sur un adjectif en ***a, n, t*** : *complaisant, complaisamment.*
-emment s'ils sont formés sur un adjectif en ***e, n, t*** : *conscient, consciemment.*

LES VERBES

21 Les verbes en ***ap-*** prennent 2 ***p*** : *apporter.*
Sauf : *apaiser, apercevoir, apeurer, apitoyer, aplanir, aplatir, apostropher.*

AVOIR

22 • ***a*** sans accent est une forme du verbe *avoir* ; on peut la remplacer par *avait.*

• ***à*** avec accent est une préposition.

*Il **a** mal **à** la tête ; il **avait** mal **à** la tête.*

23 • ***ont*** *(o, n, t)* est une forme du verbe *avoir* ; on peut la remplacer par *avaient : Ils **ont** des invités ; ils **avaient** des invités.*

• ***on*** *(o, n)* est un pronom indéfini sujet, 3e personne du singulier :
***On** aime chanter ; **il** aime chanter.*

24 • ***ai*** *(a, i)* est une forme du verbe *avoir* au présent de l'indicatif ; on peut la remplacer par *avons : J'**ai** des copains ; nous **avons** des copains.*

• Il ne faut pas la confondre avec l'impératif : ***Aie** soin de toi.*

• Ni avec le subjonctif présent : *il faut que j'**aie**, que tu **aies**, qu'il **ait**.* Pour identifier la forme, on met la phrase au pluriel.

ÊTRE

25 • ***est*** *(e, s, t)* est une forme du verbe *être* ; on peut la remplacer par *était : Il **est** sympathique ; il **était** sympathique.*

• ***et*** *(e, t)* est une conjonction de coordination : *Marc **et** Anne se promènent **et** font des courses.*

26 • ***sont*** *(s, o, n, t)* est une forme du verbe *être* ; on peut la remplacer par *étaient : Ils **sont** gais ; ils **étaient** gais.*

• ***son*** *(s, o n)* est un déterminant possessif : *Il a pris **son** vélo.*

VERBES DU 1er GROUPE

27 • Les verbes en *-**cer*** prennent une cédille sous le ***c*** devant ***a*** et ***o*** : *je place, nous plaçons, il plaçait, nous placions.*

• Les verbes en *-**ger*** prennent un ***e*** après le **g** devant ***a*** et ***o*** : *je mange, nous mangeons, il mangeait, nous mangions.*

28 • Les verbes en *-**oyer*** et *-**uyer*** changent l'***y*** en ***i*** devant un ***e*** muet : *j'envoie, nous envoyons ; je m'ennuie, nous nous ennuyons.*

• Les verbes en *-**ayer*** peuvent conserver l'***y*** devant un ***e*** muet : *je paie* ou *je paye, nous payons.*

• Attention à l'**imparfait de l'indicatif** et au **présent du subjonctif** : *nous nous **ennuyions** ; il faut que vous **payiez** les factures.*

29 • La plupart des verbes en *-**eler*** et *-**eter*** doublent la consonne ***l*** ou ***t*** devant un ***e*** muet : *j'appelle, nous appelons ; je jette, nous jetons.*

• Un certain nombre d'entre eux prennent un accent grave au lieu de doubler la consonne : *je gèle, nous gelons ; j'achète, nous achetons.*

• Les verbes ayant un *-**e*** ou un *-**é*** (accent aigu) à l'avant-dernière syllabe le changent en *-**è*** (accent grave) quand la syllabe finale contient un ***e*** muet : *semer* → *je sème, nous semons ; espérer* → *j'espère, nous espérons.*

30 Pour écrire un verbe au **présent** ou au **futur simple**, on pense à son infinitif :
plier : je plie, nous plierons (-erai, -eras, -era, -erons, -erez, -eront) ;
finir : je finis, nous finirons (-irai, -iras, -ira, -irons, -irez, -iront).

VERBES DU 3e GROUPE

31 Les verbes en *-**vrir**, -**ffrir**, -**eillir**, -**aillir*** se conjuguent au présent de l'indicatif et de l'impératif comme les verbes du 1er groupe : *j'ouvre, tu offres, il cueille, il tressaille.*

32 Les verbes du 3e groupe en *-**tir*** perdent le *-**t*** aux deux premières personnes du singulier du présent de l'indicatif : *je pars, tu pars, il part* (de même à la 2e personne de l'impératif : *pars).*
Sauf ***vêtir*** et ses composés : *je me **vêts**.*

33 Les verbes ***pouvoir, vouloir, valoir*** prennent *-**x**, -**x**, -**t*** aux personnes du singulier du présent de l'indicatif : *je peux, tu veux, il vaut.*

34 • Les verbes en *-**(t)tre*** perdent le/un *-**t*** de leur infinitif aux personnes du singulier du présent de l'indicatif : *je mets, tu mets, il met ; je parais, tu parais, il paraît.*

• Les verbes en *-aître* gardent l'accent circonflexe quand *i* est suivi de *t* : *il paraît.*
Croître conserve l'accent quand il peut être confondu avec *croire*.

35 • Les verbes en *-dre* conservent le *d* aux personnes du singulier du présent de l'indicatif : *je prends, tu prends, il prend.*

• Les verbes en *-endre* s'écrivent avec *e*, sauf : *épandre* et *répandre*.

36 • Les verbes en *-indre, -oindre, -soudre,* perdent le *d* aux personnes du singulier du présent de l'indicatif et prennent *-s, -s, -t* : *je crains, tu crains, il craint, nous craignons.*

• Les verbes en *-eindre* s'écrivent avec *e*, sauf : *contraindre, craindre, plaindre.*

37 **L'imparfait du subjonctif** rappelle le **passé simple**. Pour ne pas confondre les deux formes, on pense au pluriel : *Il **sut** la nouvelle, ils **surent** la nouvelle ; il fallait qu'il **sût** la nouvelle, qu'ils **sussent** la nouvelle.*
Seule la 3e personne du singulier est encore en usage, à l'écrit, dans la langue soutenue.

PARTICIPES

38 **Le participe passé** employé seul ou avec *être* s'accorde comme un adjectif : *les maisons **abandonnées** ; les maisons sont **abandonnées**.*

39 **Le participe passé** des verbes conjugués avec *avoir* s'accorde avec le complément d'objet direct quand celui-ci est placé avant lui : *Tu as choisi la bonne solution ; c'est la bonne solution que tu as **choisie**.*

40 • **Le participe passé des verbes pronominaux** de sens réfléchi ou réciproque suit la règle d'accord du participe passé des verbes conjugués avec l'auxiliaire *avoir* (accord avec le COD s'il est placé devant lui) : *Ils se sont **lavé** les dents ; les lettres qu'ils se sont **écrites**.*

• Le participe passé des verbes pronominaux de sens passif et celui des verbes exclusivement pronominaux s'accordent avec le sujet : *Ces bagues se sont bien **vendues** ; ils se sont **enfuis**.*

41 **Le participe présent** ne doit pas être confondu avec **l'adjectif verbal.** Le participe présent a les caractéristiques du verbe, il est invariable. L'adjectif verbal s'accorde comme un adjectif qualificatif.
*Une bande de supporters **hurlant** de joie a envahi la pelouse.*
*Une équipe **gagnante**.*

42 *-i, -is, -it*
Il ne faut pas confondre le participe en *-i* avec le verbe en *-is* ou en *-it* qu'on peut remplacer par l'imparfait :
*L'immeuble **bâti** est solide.*
*L'entreprise **bâtit** (bâtissait) l'immeuble.*

POSITION

43 Devant *b, m, p,* on met un *m* : *embrasser, emmener, emporter.*
Sauf dans : *bonbon, bonbonne, bonbonnière, embonpoint, néanmoins, mainmise, mainmorte.*

44 Entre deux voyelles, on écrit *-ss-* (et non *-s-*)pour écrire le son [s].
Sauf dans certains mots composés : *parasol, entresol, resituer, cosinus, vraisemblable.*

HOMOPHONES

45 • *ce* s'écrit *c, e* :
1. Devant un nom, c'est un déterminant démonstratif : ***ce** garçon.*
2. Devant *qui, que, dont, à quoi* et devant le verbe *être* seul, c'est un pronom démonstratif : ***Ce** qui m'intéresse, **c'**est la musique.*

• ***se** (s, e)* est un pronom personnel : *Il **se** cache, il **s'**est caché.*

46 • ***si** (s, i)* est une conjonction de subordination ou un adverbe :
***Si** tu gagnes la partie, tu emporteras la coupe, tu es **si** doué pour le tennis de table !*

• ***s'y** (s', y)* appartient à la forme pronominale :
*La chambre d'Élodie est agréable ; elle **s'y** réfugie volontiers.*

47 • ***ni** (n, i)* est une conjonction de coordination qui s'emploie toujours en double :
*Elle n'a **ni** chien **ni** chat.*

• ***n'y** (n, y)* se rencontre devant un verbe à la forme négative :
*Elles n'aiment pas le cinéma ; elles **n'y** vont jamais.*

48 • ***peux, peut*** sont des formes du verbe ***pouvoir*** (on peut les remplacer par *pouvais, pouvait*).

• ***peu** (p, e, u)* est un adverbe de quantité, contraire de *beaucoup*.
*Il **peut** vivre avec **peu** d'argent.*

• ***peu*** peut être aussi un nom : *Il vit de **peu**. Le **peu** que j'ai me suffit.*

49 • Quand ***ou*** veut dire « ou bien », il s'écrit ***o, u*** ; c'est une conjonction de coordination : *elle **ou** moi.*

• ***où** (o, ù)* est un pronom relatif ou un adverbe ; il indique le lieu : ***Où** allez-vous ?*

50 • ***la** (l, a)* est un article ou un pronom personnel : ***La** télévision, on **la** regarde souvent.*

• ***là*** exprime le lieu ou le temps : *Tes vêtements se trouvent **là**.*

• ***l'a*** appartient au verbe *avoir* : *Elle **l'a** rencontré ; elle l'avait rencontré.*

51 ***on, on n'***
La locution adverbiale de négation s'écrit en deux *mots* : *ne... pas,*

ne… plus, ne… que, ne… jamais, ne… guère, ne… point.
Devant une voyelle, ***ne = n'*** : *On **n'**aime que le rap ; il **n'**aime que le rap.*

52 • ***plus tôt,*** contraire de *plus tard*, s'écrit en deux mots.

• ***plutôt*** exprime une préférence et s'écrit en un mot :
***Plutôt** souffrir que mourir, / C'est la devise des hommes.* (La Fontaine)

53 • ***près de*** est le contraire de *loin de,* ou signifie « sur le point de » : *Il est **près de** la porte ; il est **près de** sortir.*

• ***prêt à*** signifie « disposé à » (*prêt*, adjectif, s'accorde) : *Ils sont **prêts** à partir.*

54 • ***sans (s, a, n, s)*** est une préposition.

• ***s'en (s', e, n)*** peut se décomposer en *se… en.*
*Il se conduit **sans** violence. Il **s'en** préoccupe.(= Il se préoccupe de cela.)*

55 • ***dans (d, a, n, s)*** est une préposition.

• ***d'en (d', e, n)*** peut se décomposer en *de… en.*
*Il est **dans** le grenier, il appelle **d'en** haut.*

56 • ***quand*** s'écrit ***q, u, a, n, d*** quand on peut **le remplacer par** *lorsque.*

• ***quant*** s'écrit ***q, u, a, n, t*** quand il signifie « pour ce qui est de », « en ce qui concerne » ; il est suivi de *à* ou de *au(x).*

• ***qu'en*** s'écrit en deux mots quand il se décompose en *que… en.*
***Quand** tu auras réparé cette lampe, **qu'en** feras-tu ? **Quant à** moi, j'aimerais la mettre dans ma chambre.*

57 • ***quel*** en un mot est un déterminant et s'accorde : ***quel** champion ! **quelle** joueuse !*

• ***qu'elle*** s'écrit en deux mots quand on peut le remplacer par *qu'il* :
***Qu'elle** est laide, cette couleur ! Qu'il est laid, ce blouson !*

58 • ***quoique*** s'écrit en un mot quand il signifie « bien que » (c'est une conjonction de subordination) :
***Quoique** très moderne, il n'a pas de téléphone mobile (bien que très moderne).*

• ***quoi que*** s'écrit en deux mots quand il signifie « quelle que soit la chose que » :
***Quoi que** tu dises, tu ne me convaincras pas.*

ACCORDS PARTICULIERS

59 • ***demi***
1. Devant un nom, invariable (+ trait d'union) : *une **demi**-heure.*
2. Après un nom, accord en genre seulement : *deux heures et **demie**, deux ans et **demi**.*
3. Devant un adjectif, invariable (= adverbe) : ***demi**-éveillée.*
4. ***Demi*** peut être un nom : *J'ai bu un **demi** au comptoir.*

• ***mi-, semi-, à demi*** sont invariables.

60 ***même***
1. Adjectif et variable s'il accompagne un nom ou un pronom : *les **mêmes** émissions, elles-**mêmes**.*
2. Adverbe et invariable s'il accompagne un verbe, un adjectif, un adverbe :
*Elle travaille **même** le dimanche. Elle aime les enfants **même** insupportables.*

61 ***tout***
1. Déterminant et variable s'il accompagne un nom ou un pronom : ***tous** les enfants ; **toutes** les filles.*
2. Adverbe et invariable s'il accompagne un adjectif ou un adverbe.
Mais ***tout*** s'accorde par euphonie devant un adjectif féminin commençant par une consonne ou un ***h*** aspiré : *des immeubles **tout** neufs, des maisons **toutes** neuves.*
3. Pronom et variable : ***Tout** me plaît. **Tous** me plaisent.*
4. Nom : *J'achète le **tout**.*

62 ***quelque***
1. Déterminant et variable devant un nom : ***quelques** fruits, **quelque** argent.*
2. Adverbe et invariable devant un adjectif ou un adverbe : ***quelque** intelligents qu'ils soient.*
3. L'expression ***quel que*** s'écrit en deux mots devant *être* au subjonctif : ***quel que** soit le problème…*, et *quel* s'accorde (***quelles que** soient les situations*).

63 Le pronom relatif ***qui*** est à la même personne que son antécédent.
Avant d'accorder le verbe, il faut rechercher avec soin l'antécédent :
*C'est **moi qui** te le **dis**. C'est **moi qui irai** en premier.*

64 Quand un nom et un verbe sont homonymes, le nom s'écrit presque toujours plus simplement que le verbe : *un sommeil, il sommeille ; un travail, elle travaille.*

65 Quand un verbe du 1er groupe peut être remplacé par un verbe du 2e ou du 3e groupe à l'infinitif, il s'écrit lui aussi à l'infinitif :
*Je veux **visiter** les châteaux de la Loire ; je veux **voir** Chambord.*

VOCABULAIRE

La langue française : une longue histoire

OBJECTIF

Comprendre comment une langue peut évoluer au cours des siècles.

OBSERVATION

Les *Serments de Strasbourg* (842)

● **Un extrait du premier texte écrit en langue française :**

… sisaluarai eo. cist meon fradre karlo, et in aiudha et in cadhuna cosa. sicum om per dreit son fradra saluar dift.

● **Sa traduction**

– en latin du Ier siècle avant J.-C. :

… servabo hunc meum fratrem Carolum, et ope mea et in quamcumque re, ut quilibet fratrem suum servare jure debet.

– en français du XIIe siècle :

… si salverai jo cest mien fredre Charlon, et en aiude, et en chascune chose, si come on par dreit, en ço que il me altresi façet.

– en français du XVe siècle :

… si sauverai je cest mien frere Charle, et par mon aide et en chascune chose, si, comme on doit par droit son frere sauver, en ce qu'il me face autresi.

– en français moderne :

… je soutiendrai mon frère Charles de mon aide et en toute chose, comme on doit justement soutenir son frère, à condition qu'il en fasse autant.

Traductions de F. BRUNOT (1860-1938), historien de la langue.

Questions

➜ **1.** Pourriez-vous comprendre l'extrait daté de 842 sans sa traduction en français moderne ? Combien de mots retrouve-t-on intacts entre le texte de 842 et sa traduction en français d'aujourd'hui ? La ponctuation est-elle bien fixée en 842 ?

➜ **2.** À quels mots latins peut correspondre *meon fradre karlo* ? Est-ce très différent ?

➜ **3.** Quelles sont les diverses métamorphoses de *meon fradre karlo* ? de *in aiudha* ?

➜ **4.** Quelles formes successives le pronom *eo,* « je », prend-il en français ?

LEÇON

1. L'appartenance du français à l'indo-européen

● Des populations parlant un même type de langue ont émigré par vagues successives entre 6500 et 5500 av. J.-C. dans toute l'Europe et en Inde, d'où le nom de cette famille de langues qualifiée par la suite d'**indo-européenne.**

● Il a fallu attendre le XIXe siècle, et notamment la découverte d'une très ancienne langue de l'Inde, **le sanskrit,** pour constater que des langues apparemment aussi différentes que le latin, l'anglais, l'allemand, le breton, le russe, le persan ou le français, présentaient de nombreuses ressemblances et remontaient vraisemblablement à une même langue : l'indo-européen.

De fortes ressemblances

Latin	Anglais	Allemand	Breton	Russe	Persan	Français
mater	mother	Mutter	mamm	mat	modar	mère
frater	brother	Bruder	breur	brat	baradar	frère
pater	father	Vater	tad	(atets)	pedar	père
soror	sister	Schwester	c'hoar	siestra	khalar	sœur

2. La langue française, en grande partie issue du latin parlé

● De même que le **latin,** le **gaulois** fait partie de la famille des langues indo-européennes. Lorsque les Romains ont conquis la Gaule en 52 av. J.-C., le latin parlé des soldats et des fonctionnaires romains s'est rapidement répandu ; dès le IVe siècle, la langue gauloise avait presque totalement disparu au profit d'**un latin déformé par l'accent gaulois,** et **imprégné de mots germaniques** correspondant aux diverses invasions.

● Très largement issu du latin parlé, le français compte encore :
– **une centaine de mots gaulois :**

➞ *alouette, balai, bouleau, bruyère, caillou, char, chemin, chêne, druide, dune, glaise, lande, ruche, soc, tonneau…*

– près de **mille mots germaniques :**

➞ *balafre, blafard, blanc, bleu, brun, butin, danser, effrayer, galoper, garder, gâteau, guère, guerre, guetter, hache, maréchal, orgueil, riche, sale, tomber, trop…*

3. L'ancien français (IXe-XIIIe s.), encore proche du latin

● Le premier texte écrit en français dont nous ayons connaissance date de 842. Il s'agit des ***Serments de Strasbourg*** échangés entre Louis le Germanique, de langue germanique, et Charles le Chauve, de langue française, contre leur frère Lothaire, chacun s'exprimant dans la langue de l'autre, et non en latin comme c'en était la coutume.

● La France se divisait alors en **deux zones linguistiques :** on distinguait, dans le Midi, les dialectes où *oui* se disait *oc,* appelés par la suite dialectes de **langues d'oc,** et dans le Nord, les dialectes où *oui* se disait *oïl,* définissant ainsi les

langues d'oïl. Les dialectes d'oïl furent prépondérants dans la mesure où Paris devint la capitale des rois : l'ancien français en est issu.

● De grands textes littéraires ont été écrits en ancien français du XIe au XIIIe siècle, **textes écrits en vers et souvent chantés** comme la *Chanson de Roland*, qui relate des faits de chevalerie sous Charlemagne, ou les romans courtois, avec, par exemple, Lancelot pour héros.

● Comme le latin, l'ancien français comportait des **déclinaisons** : selon la fonction du mot dans la phrase, la terminaison en était différente. Ceci permettait de disposer les mots dans **un ordre plus libre qu'en français moderne.** Des six terminaisons du latin, ne sont restées en ancien français que celles du sujet et du complément.

● À la suite des **invasions des Vikings** en Normandie (Xe s.) et de la **constitution de l'empire arabe** (du VIIIe au XIVe siècle), la langue française s'est enrichie en empruntant des mots qui lui manquaient.

– **Quelques emprunts à la langue normande :**

→ *agrès, crique, hauban, hune, vague, varech...*

– **Quelques emprunts à la langue arabe :**

→ *alambic, alchimie, algèbre, amiral, arsenal, chiffre, coton, douane, échec, goudron, hasard, magasin, orange, sirop, sucre, zéro...*

4. La « renaissance » du français (XVIe s.)

● Le français a continué d'évoluer aux XIIIe et XIVe siècles, les déclinaisons disparaissant peu à peu. Au XVIe siècle, **l'ordre des mots** (sujet, verbe, complément) **devint désormais déterminant.** L'enseignement s'effectuait toujours en latin, mais les écrivains souhaitaient que le français devienne une grande langue littéraire. On s'inspira alors, comme les Italiens l'avaient déjà fait, des œuvres et des idées des **écrivains grecs et latins de l'Antiquité** que l'on traduisit. Il s'agissait donc d'une « renaissance ».

● Au XVIe comme au XVe siècle, la langue française est marquée par l'**adaptation de beaucoup de mots latins** *(académie, agriculture)*. S'y ajoutent la multiplication des **suffixes diminutifs** (maigre*let*), la construction de **mots composés** *(aigre-doux)* et l'emprunt d'environ 2 000 mots à l'**italien** :

→ *artisan, brave, caporal, carnaval, charlatan, concert, escalier, façade, infanterie, sonnet...*

5. Le français du XVIIe et du XVIIIe siècle : une langue qui se fixe

● À la fin du XVIe siècle, la langue française perd de son unité, et dès le début du XVIIe, Malherbe, poète de la cour, cherche à **discipliner la langue littéraire** en faisant par exemple la chasse aux mots anciens, aux mots inventés, familiers, provinciaux ou techniques.

● En 1635, Richelieu fonde l'**Académie française** et, en 1694, paraît la première édition du ***Dictionnaire de l'Académie*** qui devait fixer le sens des mots,

un sens souvent plus fort qu'aujourd'hui : un *déplaisir* est une profonde douleur et un *ennui,* un chagrin violent.

● Au XVIIIe siècle, la langue reste classique et s'affirme. Quelques mots sont empruntés à l'anglais : *meeting, budget.*

6. Le français actuel : une langue multiple

● Après la Révolution française, au début du XIXe siècle, la langue s'est enrichie de nouvelles idées et donc de nouveaux mots ; les écrivains romantiques ont élargi leur vocabulaire avec des **mots issus des pays orientaux** et ont utilisé **divers registres de langue.**

● Au XXe siècle, et notamment à la fin du siècle, les progrès de la technologie ont fait se développer les **vocabulaires techniques,** parfois repris dans la langue d'origine, souvent l'anglais : *bulldozer.*

● Le développement des médias, notamment de la radio et de la télévision, ont mis en contact les **multiples variantes du français,** du verlan *(ripou, rebeu, meuf, keuf)* aux vocabulaires issus des progrès techniques : *cédérom, internaute, zapper,* etc.

● De **nouvelles constructions de mots** se développent, comme les **mots-valises :** *informatique* où se mélangent *information* et *automatique.*

EXERCICES

1 D'après les mots espagnols qui suivent, l'espagnol est-il à classer dans les langues indo-européennes ?

padre (père) ; *madre* (mère) ; *seis* (six) ; *dos* (deux).

2 Resituez chacun de ces extraits dans la période qui convient et justifiez votre réponse.

Cumpainz Rollant, sunez vostre olifan, [...] Quant jo serai en la bataille grant De Durendal verrez l'acer sanglant. – C'est le show biz qui le branche. – Rien ne peut-il charmer l'ennui qui vous dévore ?

3 Voici quelques dates importantes de l'histoire du français. En vous aidant d'un dictionnaire encyclopédique, cherchez en quoi elles ont marqué une étape importante du français. Rédigez une phrase explicative pour chacune d'entre elles.

880 : cantilène de sainte Eulalie – 1539 : ordonnance de Villers-Cotterêts – 1635 : création de l'Académie française – 1794 : rapport de l'abbé Grégoire pour supprimer les patois – 1882 : loi Jules Ferry sur l'enseignement primaire, laïque et obligatoire – 1921 : débuts de la radio diffusée – 1994 : loi Toubon.

4 Dans les phrases suivantes, recherchez à quelles langues étrangères sont empruntés les mots soulignés. Pour la première phrase, il vous suffira de relire la leçon. Pour les autres, vous devrez consulter un dictionnaire donnant l'origine des mots.

En revenant du <u>concert</u>, Luc heurta un <u>caillou</u> et fit une chute sur le <u>chemin goudronné</u>. Lise était restée <u>danser</u> pendant que Louis, <u>guindé</u>, se sentait en <u>échec</u> : elle avait l'air d'une <u>mésange</u> et lui d'une <u>bûche</u>.

5 En vous appuyant sur la leçon, rédigez un article de dictionnaire d'une quinzaine de lignes environ pour résumer l'histoire de la langue française.

VOCABULAIRE

La formation des noms abstraits

OBJECTIF

Mieux construire et mieux comprendre les mots abstraits.

LEÇON

1. Des noms formés par ajout d'un suffixe

● Observons par exemple l'adjectif « rouge », qui constitue une base, et les dérivés suffixaux qui en sont tirés : rouge**âtre,** roug**eaud,** roug**ir,** roug**eoyer,** roug**issant,** roug**issement,** roug**eur,** roug**eoiement,** roug**eole.**
Deux constats s'imposent :

● De **nouveaux mots** sont créés grâce à différents suffixes.

● La plupart des suffixes ajoutés permettent de **changer la catégorie grammaticale du terme de base.** Il arrive que la suffixation ne change pas la catégorie (l'adjectif *rougeâtre*) ; elle peut par contre aboutir à un verbe *(rougeoyer),* à un participe présent *(rougissant)* et, pour les quatre derniers mots, à un nom *(rougissement, rougeur, rougeoiement, rougeole).*

Un nom peut être construit en ajoutant un suffixe à :		
un adjectif masculin un adjectif féminin	hardi blanche	« une **hardiesse** candide » « la **blancheur** de ses ongles »
un verbe	panser	« une fois le **pansement** fait »
un autre nom : – avec un suffixe diminutif – avec un suffixe péjoratif – avec un suffixe collectif	 pomme vin, marmot feuille, olive	 « ses **pommettes** étaient roses » la **vinasse,** la **marmaille,** etc. le **feuillage,** l'**oliveraie,** etc.

2. Des noms concrets et des noms abstraits

● Parmi les noms formés par ajout d'un suffixe, on distingue généralement :

- les **noms concrets** *(marquage, crémerie, ordinateur)* qui désignent ce qui, en principe, peut se percevoir par les sens ;
- les **noms abstraits** *(courage, bonté, dirigisme, élaboration)* qui ne se réfèrent pas à la réalité concrète et qui, par exemple, désignent une idée, une qualité, un état, un processus ou une relation.

● Un mot **concret** est fréquemment **comptable** (*un* « ordinateur »), un mot **abstrait** reste le plus souvent **non comptable** (*du* « courage »). La distinction entre les deux reste cependant délicate. Un *règlement* est-il abstrait ou concret ?

3. Quelques suffixes très productifs de noms abstraits

- Certains suffixes ne sont plus très utilisés : *-ure* n'est plus très productif.
- D'autres suffixes, parce qu'ils sont actuellement d'usage fréquent, sont dits très productifs. Leur sens peut varier d'un mot à l'autre (*épicerie*, *modestie*) ; on relève cependant certaines constantes dans leur emploi.

Quelques suffixes

pour indiquer	en partant d'un verbe	d'un adjectif	d'un nom
une qualité, une propriété, un titre	pens**ée**, pinc**ée**, procur**eur**.	honnêt**eté**, rigid**ité**, électric**ité**, franch**ise**, lent**eur**, moll**esse**.	souverain**eté**, donn**ée** amir**auté**, pap**auté**.
un processus et son résultat	cré**ation**, vérific**ation**, trahi**son**, suppos**ition**, posse**ssion**, pes**age**, ralli**ement**, alli**ance**.	dévo**tion**, distinc**tion**, érudi**tion**, blanchi**ment**.	fanfaronn**ade**, métr**age**, veuv**age**, escal**ade**.
un état, un résultat	gris**erie**, rêv**erie**, agré**gat**.	hypocri**sie**, démocr**atie**, supréma**tie**, anonym**at**.	tartuff**erie**, mufl**erie**, prolétar**iat**.
une attitude, l'appartenance à un mouvement	le dirig**isme**, le travaill**isme**, le je-m'en-fich**isme**	fémin**isme**, pur**isme**, pessim**isme**.	gaull**isme**, marx**isme**, jésuit**isme**, fétich**isme**.
et la personne y correspondant.	un(e) dirig**iste**	un(e) fémin**iste**	un(e) gaull**iste**

EXERCICES

1 Sur le modèle : « Il se sent <u>inférieur</u> à son ami ; cette <u>infériorité</u>... », terminez chacune des phrases suivantes.

1. Serge est très <u>généreux</u> ; sa... – **2.** Paul est <u>anxieux</u> ; son... – **3.** C'est une qualité <u>singulière</u> ; cette... – **4.** Je suis <u>célibataire</u> ; ce... – **5.** Il est trop <u>familier</u> avec nous ; ses... – **6.** Je n'aime pas ses manières <u>onctueuses</u> ; cette...

2 Choisissez le bon suffixe, puis donnez une définition suivie d'un exemple pour chaque nom ainsi construit.

1. Le règle... de la course prévoit que chacun doit effectuer seul le régl... de sa machine. – **2.** Le mont... de ce western est délicat, il faut couper la scène où le héros n'arrive pas à enfourcher sa mont... – **3.** On assista au pass... du film où avait lieu la pass... des pouvoirs. – **4.** Pour le rassurer, au moment du décoll... de l'avion, son voisin facétieux évoquait le décoll... de la rétine d'un de ses amis lors du dernier vol pendant qu'était commenté en vidéo un tableau du Caravage sur la décoll... de saint Jean-Baptiste.

3 a. Retrouvez le nom abstrait construit sur ces noms propres :

Épicure, Marx, Don Juan, Calvin, Don Quichotte, Juda, Bouddha, De Gaulle.

b. En une phrase, expliquez comment chacun a été construit et rédigez une phrase exemple.

4 En vous aidant éventuellement d'un dictionnaire, retrouvez l'adjectif correspondant à ces noms abstraits, puis construisez une phrase pour chacun de ces noms.

humilité – véracité – sagacité – urbanité – rotondité – jovialité – maturité – acuité – falsification – vacuité.

5 En vous appuyant sur la leçon, rédigez pour chaque question deux réponses différentes en fonction des deux sens distincts du mot souligné.

1. Quelle <u>capacité</u> a-t-elle ? – **2.** La <u>distinction</u> est-elle nécessaire ? – **3.** Cette <u>affectation</u> te déplaît-elle ? – **4.** D'où vient cette <u>aspiration</u> ? – **5.** Que penses-tu de cette <u>décoration</u> ?

VOCABULAIRE

Hyperonymes et hyponymes

OBJECTIF

Savoir utiliser les rapports d'inclusion entre les mots.

LEÇON

1. Des mots de sens général ou particulier

- Pour définir un mot, on peut assez fréquemment procéder :
  - en remontant à un autre mot dont le sens est plus large, **général** (un *chien* → un *animal*) ;
  - en énumérant d'autres mots qui ont des sens plus précis, **particuliers** (un *chien* → un *caniche*, un *teckel*, un *setter*, un *dalmatien*, etc.).
- Les mots peuvent souvent s'ordonner dans une série plus ou moins longue :

du particulier au général (du sens le plus précis au sens le plus large)	**du général au particulier** (du sens le plus large au sens le plus précis)
hulotte → chouette → rapace → oiseau → animal sorbet → glace → dessert → aliment désapprobation → opinion → idée.	animal → insecte → coléoptère → scarabée → bousier objet → bijou → collier → sautoir pensée → jugement → compliment.

- Dans de telles chaînes de mots, chaque mot dont le sens est plus précis, moins général qu'un autre, est un **hyponyme**, et chaque mot dont le sens est plus large, et donc moins précis, est un **hyperonyme** :

  → *Caniche* est l'hyponyme de ***chien***, ***chien*** est l'hyponyme de ***mammifère***, etc.

  → *Objet* est l'hyperonyme de ***meuble***, ***meuble*** est l'hyperonyme de ***siège***, etc.

- Tous les mots n'ont pas d'hyperonyme :
  - soit parce qu'ils sont eux-même tout en haut d'une série (ex : *objet*) ;
  - soit parce que celui-ci n'a pas été ressenti comme nécessaire : ainsi, l'hyperonyme *deux-roues* n'a été inventé que vers 1960 pour regrouper *bicyclette*, *vélomoteur* et *moto*.

2. L'enrichissement de l'énoncé

- Les hyponymes ou les hyperonymes d'un mot sont **porteurs d'une information différente** : ainsi, *mammifère* et *animal* n'ont pas le même sens.

● Leur choix, plus ou moins éloigné dans la chaîne de mots (un *lion* : un *félin*, un *mammifère*, ou un *animal*), plus ou moins marqué (un *lion* : un *prédateur* ou le *roi des animaux*, etc.), permet :

■ de **compléter une information :**

→ *Ils ont planté des **conifères**, en l'occurrence des **cyprès et des sapins**.*

■ de **réactiver des connaissances supposées :**

→ *Les **céphalopodes**, et donc les **poulpes**, les **calamars**, les **seiches**, etc.*

■ de **donner son point de vue, de prendre position :**

– dans l'expression d'une opinion :

→ *Un petit **oubli**, une **erreur**, tout devient **catastrophe** pour lui.*

– dans un récit :

→ *Des **individus** louches, **voleurs**, **truands** et **pillards**, s'approchèrent.*

■ de **donner une définition :**

→ ***Euphorie** : **sensation** de parfaite **joie**, d'**optimisme**, de **bien-être**.*

● Il faut tenir compte de quelques contraintes :

– ne pas se tromper dans la série : *baleine* → ~~*poisson*~~, *mammifère*.

– bien choisir le déterminant :

→ *Il vit l'animal, **une** espèce de castor, ~~le~~ **un** ragondin.*

EXERCICES

1 Tous les mots ont été mélangés. Retrouvez quatre séries en partant du général pour aller vers le particulier.

critique cinématographique, véhicule, blue-jean, mammifère, moyen de transport, singe, vêtement, article, taxi, voiture, ouistiti, presse écrite, pantalon, animal.

2 En les combinant par deux ou par trois, utilisez tous ces mots pour définir deux animaux de votre choix.

mammifère, ovipare, carnivore, herbivore, ruminant, granivore, insectivore, omnivore, palmipède, félin.

3 Complétez ces définitions de mots.

1. Jalousie : [...] éprouvé par la personne qui vit dans la crainte de l'infidélité. – **2.** Canidé : [...] carnivore digitigrade au museau allongé, tels que le chien, le renard, le [...], le chacal. – **3.** Journal : [...] périodique, par exemple un [...], un [...] – **4.** Saharienne : [...] de toile, ceinturée et à manches courtes, munie de poches plaquées, inspirée de l' [...] militaire. – **5.** Dictionnaire : [...] en un ou plusieurs [...] où les informations sont rangées dans un ordre convenu, en général alphabétique.

4 Continuez ces phrases en reprenant par un hyperonyme ou un hyponyme du mot souligné.

1. Le papillon voletait autour de la lampe, soudain… – **2.** C'était un passager bizarre, et lorsque cet… – **3.** J'aime ce livre, c'est un… – **4.** La cathédrale avait souffert des bombardements, ce… – **5.** Le rorqual, qui vit dans les mers froides, est un…

5 a. Complétez chacune de ces deux phrases, tirées d'un article de presse, par les mots qui vous semblent convenir.

1. maison : Certains grands [...] se sont dégradés rapidement. On détruit parfois quelques [...], mais on peut aussi décider de les réhabiliter.

2. jardin : On peut également réaménager les [...] extérieurs par la création de nouvelles [...] de jeux.

b. Imaginez une suite à chacune de ces phrases en utilisant au moins trois mots hyperonymes ou hyponymes de *maison* pour la première phrase et de *jardin* pour la seconde.

6 À vous de rédiger un texte d'une quinzaine de lignes, prose ou poème, à partir d'une *ville* que vous aimez, traversée par une *rivière*. Utilisez le plus possible d'hyperonymes ou d'hyponymes pour ces deux mots.

VOCABULAIRE

La polysémie

OBJECTIF

Utiliser les sens différents d'un mot et leurs corrélations.

OBSERVATION

Mon procédé d'écriture...

Je choisissais deux mots presque semblables. Par exemple *billard* et *pillard*. Puis j'y ajoutais des mots pareils mais pris dans deux sens différents, et j'obtenais ainsi deux phrases presque identiques.

En ce qui concerne *billard* et *pillard* les deux phrases que j'obtins furent celles-ci :

1. Les *lettres* du *blanc* sur les *bandes* du vieux *billard*...
2. Les *lettres* du *blanc* sur les *bandes* du vieux *pillard*.

Dans la première, *lettres* était pris dans le sens *de signes typographiques*, *blanc* dans le sens de *cube de craie* et *bandes* dans le sens de *bordures*.

Dans la seconde, *lettres* était pris dans le sens de *missives*, blanc dans le sens d'*homme blanc* et *bandes* dans le sens de *hordes guerrières*.

Raymond ROUSSEL, *Comment j'ai écrit certains de mes livres*, © SNE Pauvert, 1963.

Questions

➜ **1.** Comment l'auteur joue-t-il avec les mots ? Quelles sont les caractéristiques des mots choisis ?

➜ **2.** En dehors des sens choisis par l'auteur, connaissez-vous d'autres sens pour les mots *lettres* (au pluriel), *billard* et *blanc* ? Complétez vos réponses en consultant un dictionnaire.

➜ **3.** Ces différents sens ont-ils ou non un rapport entre eux ?

➜ **4.** Donnez d'autres interprétations possibles de la première phrase de Raymond Roussel en jouant sur les différents sens des mots.
Que manque-t-il pour que l'on puisse donner un sens précis à chaque mot ?

LEÇON

1. Un phénomène naturel dans l'évolution de la langue

● Dans toutes les langues, on a fréquemment le réflexe d'**utiliser un mot déjà existant pour désigner une nouvelle réalité,** notamment lorsqu'un rapport d'**analogie** peut immédiatement s'installer. Ainsi, le petit boîtier que l'on déplace sur une surface pour travailler sur l'écran d'ordinateur a-t-il été rapidement assimilé à une « souris » parce que l'objet avait la taille et la forme d'une souris.

● Quand un même mot a plusieurs sens, on dit qu'il est **polysémique** (du grec *poly,* « plusieurs », et *sêma,* « signe ») :

→ La ***mémoire,*** qui peut être celle d'un être humain ou celle d'un ordinateur, un ***fichier,*** un ***dossier,*** qui peuvent se présenter sous la forme de fiches, de feuilles, etc., ou d'un document informatique, sont autant de mots polysémiques.

● C'est grâce au contexte que nous choisissons le sens qui convient quand nous rencontrons un mot polysémique.

→ Lorsque nous lisons la phrase : *Il faut* ***pointer*** *la souris sur l'****icône*** *et* ***cliquer*** *deux fois,* les mots *pointer, icône* et *cliquer* nous font comprendre qu'il ne s'agit pas du petit rongeur.

■ Expliquer le sens d'un mot dans un texte, c'est donc toujours l'expliquer **en fonction du contexte.**

■ Hors d'un contexte particulier, expliquer un mot polysémique, c'est **en donner tous les sens** en essayant de les organiser et en les illustrant avec des exemples d'emplois.

● C'est le plus souvent par **analogie** et par **métaphore** que de nouveaux sens s'ajoutent à un mot :

Un mot très polysémique :
le **cœur :** un organe de **forme** caractéristique, **rouge, vital** et **central**

Par analogie	
– de forme et de couleur	la bouche en cœur, un as de cœur, des cerises cœur-de-pigeon.
– de situation : au centre, au milieu	un cœur de laitue, le cœur d'une ville, d'une forêt ; au cœur de l'hiver, de l'été.
– d'importance.	au cœur du débat, de la question, du sujet.
Par métaphore	
– le siège des émotions	un serrement de cœur, un coup au cœur ; avoir le cœur gros, le cœur serré.
– du désir, de l'humeur, des sentiments les plus intimes	de tout son cœur, le cœur léger, avoir à cœur de... ; ne pas porter dans son cœur ; offrir, refuser son cœur ; du fond de son cœur, ouvrir son cœur.
– de la générosité.	de bon cœur, avoir un cœur d'or, une femme de cœur.

2. Polysémie et homonymie

● Il y a très peu de mots courants qui n'ont qu'un seul sens. C'est en effet dans le vocabulaire spécialisé que se retrouvent le plus souvent ces mots que l'on qualifie de **monosémiques** (*mono,* « un ») :

→ *Tournevis, carburateur, machine à coudre, lave-vaisselle* sont des mots monosémiques.

On ne peut garantir qu'ils ne deviendront pas polysémiques à la faveur de l'évolution de la langue.

● Tant que l'on perçoit **le lien commun** entre tous ces sens, il s'agit des **différents sens d'un même mot.** Ainsi, même si *élever* « les bras », « un mur », « un débat », « la voix », « un enfant », constituent autant d'actions bien différentes, elles restent reliées par une idée générale, celle d'une progression vers le haut ou vers quelque chose de meilleur : on perçoit encore clairement comment on a pu passer d'un sens à l'autre.

● Parfois, **le lien n'est plus reconnu.** On ne se souvient plus, par exemple, du rapport existant entre la *grève,* « bande de terre longeant la mer ou une rivière », et la *grève,* « cessation volontaire de travail » : ce dernier sens se rattache à un lieu, la *grève* – sur les bords de la Seine, à Paris – où se rassemblaient les ouvriers pour être embauchés. Il est donc naturel dans la langue d'aujourd'hui de considérer qu'il n'y a pas deux sens pour le mot *grève,* mais bien **deux homonymes.**

● De la même manière, bien que de racine identique, les différents sens de mots comme ***calcul*** et ***air*** sont en général présentés dans les dictionnaires comme des **homonymes,** avec des **entrées distinctes.** On considère en effet qu'il y a :
– un mot *calcul* pour désigner l'opération mathématique et un autre mot homonyme pour évoquer la concrétion dans l'organisme ;
– un mot pour désigner l'air que l'on respire et un autre mot homonyme pour désigner l'allure plus ou moins agréable d'une personne.

3. Résonances et jeux sur les doubles sens

Dans une langue que l'on souhaite riche de sens, par exemple dans un texte littéraire, consciemment ou inconsciemment, les différents sens d'un même mot imprègnent plus ou moins fortement l'énoncé.

● Implicitement

Lorsque Musset s'écrie :

> « J'ai cru sentir le temps s'arrêter dans mon cœur »,
> ou « Ah, frappe-toi le cœur, c'est là qu'est le génie »,

il tisse entre les différents sens du mot *cœur* (l'organe qui bat, les sensations et sentiments qu'il représente...) un réseau de significations qui renforce l'expressivité de ses vers. Il s'agit cependant d'un effet implicite : l'auteur n'annonce pas son intention.

● Explicitement

Il est assez fréquent que l'on joue de manière explicite avec les différents sens d'un mot.

■ C'est le cas dans ces petites annonces humoristiques de Pierre Dac, qui sont à double sens :

→ « *Échangerais* ***pièce*** *en 4 actes contre 3* ***pièces*** *et une cuisine.* »
→ « *Pâtissier un peu* ***tarte*** *cherche* ***bonne pâte*** *pour* ***gagner sa croûte.*** »

■ Le 1er juin 1868, l'écrivain journaliste Henri Rochefort se taillait un franc succès en écrivant dans *La Lanterne* cette phrase restée célèbre :

→ *« La France a [...] trente-six millions de* ***sujets*** *sans compter les* ***sujets*** *de mécontentement ».*

EXERCICES

1 Donnez le sens des mots soulignés dans les citations suivantes, puis expliquez le rapport entre ce sens figuré et le sens propre du mot.

1. « Quoi ? Vous avez le front de trouver cela beau ? » (Molière) – 2. « Les bouches du métro refoulaient jusque sur le trottoir le flot des voyageurs. » (R. Martin du Gard) – 3. « Un homme [le dentiste] contre lequel – c'est le cas de le dire – j'avais une dent. » (Bergson) – 4. « On n'écrit pas avec son cœur, mais avec sa tête. » (Flaubert) – 5. « Était-ce possible de perdre, en un quart d'heure, le fruit d'un an de travail ? » (Zola).

2 En partant du rappel étymologique donné ci-dessous, donnez les différents sens du mot *feu* en les illustrant d'un exemple, puis consultez l'article d'un dictionnaire de langue.

Feu vient du latin *focus* qui signifie « foyer où brûle un feu ». Dès le Moyen Âge, le feu a été associé dans la langue à une source de chaleur, de lumière, de couleurs, mais aussi au danger, aux sentiments forts et à la guerre.

3 Donnez tous les sens possibles de ces phrases en les complétant : le contexte devra expliciter chaque sens des mots soulignés.

1. Le nouveau bureau me plaît. – 2. C'est un drôle de bleu. – 3. Ce complément convient parfaitement. – 4. C'est un bon papier. – 5. Il faudrait soutenir la tête.

4 Ces débuts de lettres jouent sur le double sens des mot soulignés. Continuez en jouant vous aussi sur le double sens des mots mis entre parenthèses, en consultant un dictionnaire si vous ne trouvez pas les autres sens. Vous pouvez ajouter une phrase avec des mots de votre choix.

1. Très très cher ami plombier, en recevant ta facture, la fuite m'a paru la seule solution, (trou, tuyau)... – 2. Mon pauvre ami écrivain, depuis que tu as remboursé tes dettes avec une petite pièce, (parterre, baignoire, four)... – 3. Mon grand ami, te souviens-tu de ces jumelles si désagréables (perche, cloche) qui...

5 Imaginez des phrases amusantes à la manière de Pierre Dac, en utilisant les mots suivants qui ont tous au moins un double sens.

• noms : marche (d'escalier/en montagne), opération (chirurgicale/mathématique), caractère (tempérament/signe typographique), réserve (pour animaux/discrétion), correspondance (lettres échangées/station de métro, de train, etc.), pension (retraite/fait d'être nourri et logé), galerie (de mine/de tableaux).

• adjectifs : rare (précieux/peu nombreux), régulier (correct/constant), commun (vulgaire/courant), léger (peu lourd/insuffisant).

• verbes : ouvrir (une porte/une réunion), entourer (d'un mur/d'affection), inspirer (de l'air/donner des idées).

HISTOIRE DE LA LANGUE

Des relations oubliées

• Il semble actuellement difficile de relier le verbe ***voler,*** **« se déplacer dans les airs »**, du latin *volare,* de même sens, et son homonyme signifiant **« dérober »** quelque chose. Pourtant, il s'agit au départ du même mot. Il faut simplement se souvenir que l'on utilisait en effet le faucon pour chasser, et que, le faucon s'envolant pour attraper la perdrix, on disait qu'il « volait la perdrix », c'est-à-dire d'une certaine manière qu'il la faisait disparaître. C'est l'origine du verbe *voler,* « s'approprier quelque chose en le dérobant ». Le rapport entre les deux mots a cependant été oublié et on utilise maintenant les deux verbes sans penser qu'ils étaient historiquement liés.

• C'est parfois de manière artificielle que deux mots de même origine ont été séparés. Ainsi, le mot ***dessein*** avait-il encore au XVIe siècle le double sens de « **projet** » et de « **dessin** ». On a jugé bon à l'époque classique de les dissocier dans leur orthographe pour en faire deux mots différents, alors qu'ils sont issus d'un même mot italien, *disegno,* qui avait ces deux sens.

VOCABULAIRE

L'antonymie et les figures d'opposition

OBJECTIF

Bien utiliser les oppositions lexicales et stylistiques.

LEÇON

1. Des mots qui s'opposent ou se complètent

● À la question : quel est le contraire de *grand, présent, époux, acheter* ? nous répondons spontanément : *petit, absent, épouse, vendre.*
Ce réflexe montre qu'il existe dans la langue une étroite relation entre des mots de même nature grammaticale exprimant des idées qui paraissent s'opposer : on les appelle des **antonymes** (du grec *anti,* « en face de », « contre », et *onyme,* « nom »).

● On distingue **plusieurs catégories d'antonymes :**

▪ ceux entre lesquels on peut intercaler d'autres mots marquant des degrés : *grand* s'oppose à *petit,* mais on peut y intercaler *moyen.* Ces antonymes sont dits **graduels :**

→ *brûlant, chaud, tiède, froid, glacé ;*

→ *superbe, beau, médiocre, laid, hideux.*

▪ ceux qui ne connaissent pas de degré intermédiaire : on est *présent* ou on est *absent.* Ces antonymes sont dits **exclusifs :**

→ *mort* ou *vivant ; ouvert* ou *fermé ; reçu* ou *recalé ;* etc.

▪ ceux qui ne sont pas à proprement parler des contraires, mais qui sont complémentaires ou symétriques, comme *épouse* et *époux, acheter* et *vendre.* On les appelle antonymes **converses :**

→ *donner* et *recevoir ; frère* et *sœur ; médecin* et *malade ; avant* et *après.*

● Un grand nombre de mots n'ont **pas d'antonymes,** même si se répand, parfois abusivement, le préfixe *non* (un *non-événement*). Ainsi, chercher le contraire de *buffet, route, dictionnaire,* etc., n'aurait pas de sens.

2. Le vocabulaire de l'antonymie

● L'antonymie se manifeste :
– **entre des mots construits sur la même base,** avec des **préfixes** de sens contraires ;
– **entre des mots de forme différente,** dont le sens s'oppose à l'intérieur d'un même **champ lexical.**

deux mots de même base	**in**/visible, **im**/mortel, **il**/limité ; **dé**/boiser, **dés**/enclaver ; **dis**/continu ; **a**/politique *(qui n'est pas politique)* ; **mal**/adroit ; **ex**porter *ou* **im**porter ; **extra**-muros *ou* **intra**-muros *(hors des murs ou à l'intérieur)* ; **sur**équipement *ou* **sous**-équipement ; **mono**coque *ou* **multi**coque ; **pré**natal *ou* **post**natal ; **hyper**tension *ou* **hypo**tension...
deux mots de forme différente	hostile *ou* favorable à quelqu'un, à quelque chose ; partisan *ou* adversaire ; égoïste *ou* altruiste ; obligatoire *ou* facultatif ; volontiers *ou* à contrecœur ; essentiel *ou* secondaire...

● Pour choisir l'antonyme qui convient, la **connaissance du vocabulaire et du contexte** reste indispensable : par exemple, le contraire de *différent* n'est pas *indifférent* mais *semblable,* et le contraire d'*indifférent* selon le contexte pourrait être *important* (un renseignement), *intéressé* (un client), ou *sensible* (un cœur).

3. Des figures jouant sur l'opposition

● **L'antithèse** consiste à **rapprocher volontairement deux idées opposées** pour donner de la force à ce que l'on exprime :

→ *Je n'étais jamais* ***gai*** *quand je la sentais* ***triste.*** (Hugo)

● **L'oxymore** (« pointu-épais » en grec) correspond à l'**alliance de deux mots de sens contradictoires** pour leur donner plus de force expressive :

→ *Cette* ***obscure clarté*** *qui tombe des étoiles.* (Corneille)

EXERCICES

1 Retrouvez les couples d'antonymes donnés ici dans le désordre et rédigez ensuite une phrase exemple pour chaque couple.

abondance, accidentel, glorification, agile, séduisant, archaïsme, arrogance, chronique, gauche, chétif, humiliation, modestie, néologisme, perspicacité, pénurie, dénigrer, repoussant, robuste, prôner, aveuglement.

2 Construisez une phrase avec l'antonyme de chacun de ces mots.

partial, bienveillant, légitime, pro-européen, exclu, submersible, courtois, activer, sous-alimenté.

3 Les mots suivants sont-ils des antonymes ? Donnez une définition et un exemple pour chacun d'eux en vous aidant d'un dictionnaire.

1. pertinent, impertinent. – **2.** disposé, indisposé. – **3.** passible, impassible. – **4.** coureur, discoureur. – **5.** bu, imbu.

4 Que constatez-vous lorsqu'on remplace les mots soulignés par leur antonyme ? Qu'en déduisez-vous sur l'emploi des mots soulignés ?

1. Il est dans de <u>beaux</u> draps. – **2.** J'ai une <u>bonne</u> grippe. – **3.** Il a attrapé une <u>belle</u> bronchite. – **4.** Il reçut un <u>bon</u> coup de poing qui le terrassa.

5 a. Identifiez la figure de style utilisée dans chacune des phrase suivantes.

b. À votre tour, imaginez trois phrases comportant chacune une figure d'opposition.

1. J'étais morne au milieu du bal le plus joyeux. (Hugo) – **2.** Et monté sur le faîte il aspire à descendre. (Corneille) – **3.** Elle se hâte avec lenteur. (La Fontaine) – **4.** Je l'adorais vivant, et je le pleure mort. (Corneille) – **5.** La vie de cour est un jeu sérieux. (La Bruyère)

VOCABULAIRE

Reprises lexicales et figures de style

OBJECTIF
Bien choisir la figure correspondant à ce qu'on souhaite exprimer.

LEÇON

Différentes figures de style : périphrase, métaphore et métonymie permettent de reprendre une information pour l'enrichir ou la compléter avec diverses nuances.

1. La périphrase : un groupe de mots pour un mot

En exprimant par **un groupe de mots** une notion qu'un seul mot aurait pu désigner, la périphrase permet :

- d'**apporter une information**
  – neutre : *la capitale du Pérou* (Lima) ; *le président des États-Unis* (Bill Clinton) ;
  – orientée : *le pâle successeur de Louis XI* (Charles VIII).
- d'**atténuer l'expression,** de contourner un tabou : *les chers souffrants* (les pieds, dans le vocabulaire des Précieux) ; *le prince des Ténèbres* (pour ne pas dire Satan) ; *une longue et cruelle maladie* (pour ne pas nommer le cancer).
- d'**introduire une connotation**
  – positive : *le père La Victoire* (Clemenceau), *les rois du stade, les princes du ring ;*
  – négative ou ironique : *le locataire de l'Élysée* (le président de la République).

2. La métaphore : un mot imagé

Par **analogie,** la métaphore substitue à un mot un autre mot concret, imagé, sans qu'il y ait de mot de comparaison. Elle permet :

- une **valorisation :** *un bouquet de compliments ;*
- une **dévalorisation :** *n'avoir rien dans le caillou* (la tête) ;
- une **atténuation** de l'expression : *le violon* (la prison) ; *il s'éteint* (il meurt) ;
- un effet **amusant, évocateur :** *elle s'est coiffée avec un pétard ;*
- une **perception plus riche :** *l'écume des jours.*

Remarque :
La succession de plusieurs métaphores appartenant à un même champ lexical est une **métaphore filée :** *des troupeaux d'autobus mugissant près de moi…*

3. La métonymie : un mot en décalage

La métonymie désigne un objet, une idée ou un être par un autre mot qui lui est lié dans une **relation de voisinage** : par exemple le contenant pour le contenu, la matière pour l'objet, l'effet pour la cause, la partie pour le tout (une **synecdoque**), etc. Ce procédé permet :

- **d'être plus imagé, plus évocateur :**
  – en mettant en relief un aspect particulier d'une réalité : *le petit écran* (la télévision) ; *le grand écran* (le cinéma) ; *un écran total* (une crème protectrice) ;
  – en insistant sur un caractère symbolique : *les têtes couronnées de l'Europe* (les rois et les reines) ; *quitter la robe* (les métiers de la justice) *pour l'épée* (l'armée) ;
  – en généralisant : *les cuivres*, les *cordes* (instruments) ; *porter une laine* (un lainage) ;
- **d'éviter un mot gênant :** *rendre le dernier soupir* (mourir) ; *il a un problème* (il est fou).

EXERCICES

1 Quels mots précis se cachent derrière ces expressions tirées du vocabulaire « politiquement correct » utilisé de manière souvent ridicule pour ne choquer personne ?

1. Une personne de petite taille ou verticalement défavorisée. – **2.** Être en état de demande d'emploi non satisfaite. – **3.** Une personne émotionnellement perturbée. – **4.** Un pensionnaire du système carcéral. – **5.** Une vitesse non adaptée aux circonstances.

2 Voici des surnoms de personnages historiques : menez une enquête au CDI pour déterminer qui est porteur de ce surnom et pourquoi.

1. Le Renard du désert (1940, général allemand). – **2.** L'Homme du 18 juin (1940, général français). – **3.** Le Petit Père des peuples (XXe s., URSS). – **4.** Le Vert Galant (XVIIe s., roi français). – **5.** La Dame de fer (XXe s., Premier ministre anglais).

3 Dans cet extrait de l'œuvre de Giono, relevez, en les expliquant, les différentes métaphores.

Quatre maisons fleuries d'orchis jusque sous les tuiles émergent de blés drus et hauts.

C'est entre les collines, là où la chair de la terre se plie en bourrelets gras.

Le sainfoin fleuri saigne dessous les oliviers. Les avettes[1] dansent autour des bouleaux gluants de sève douce.

Le surplus d'une fontaine chante en deux sources. Elles tombent du roc et le vent les éparpille. Elles pantèlent sous l'herbe, puis s'unissent et coulent ensemble sur un lit de jonc.

Le vent bourdonne dans les platanes.

Ces sont les Bastides Blanches.

Jean GIONO, *Colline*, © Grasset, 1929.

1. Avettes : *abeilles*.

4 Expliquez ces titres de journaux en précisant quelle figure ils utilisent, puis rédigez les deux premières phrases en utilisant à votre tour différentes figures.

1. Le roi du textile a une main de fer dans un gant de velours. – **2.** Sitôt à flot, l'Europe décolle ! – **3.** Le faux musicien est au violon... – **4.** Du plomb dans l'aile pour les ripous. – **5.** Les pétroliers polluent le royaume de Neptune.

VOCABULAIRE

Les éléments grecs et latins
classés par thèmes et alphabétiquement

La terre et le ciel

aéro : air
anémo : vent
aréni : sable
astro, astéro : étoile
auri : or
carbo : charbon
chrys : or
cosmo : monde
ferro : fer
géo : terre
hélio : soleil
hydro : eau
hygro : humide
igni : feu
lapid : pierre
litho, e : pierre
nésie : île
nyct, noct : nuit
oro : montagne
pétra, i, o : pierre
pyro : feu
sider : fer
spéléo : caverne
thalasso : mer
topo : lieu

Les plantes

antho, e : fleur
chloro, e : vert
fructi, frugi : fruit
grani : grain
myco : champignon
phyllo, e : feuille
physio : nature
phyto, e : plante
rhodo : rose
rhizo : racine
xylo : bois

Les animaux

api : abeille
avi : oiseau
cani : chien
cyn : chien
entomo : insecte
equ : cheval
hippo : cheval
ichtyo : poisson
lyc : loup
mamm : mammelle
ophi : serpent
ornitho : oiseau
ostrei : huître
ovo, i : œuf
pare : qui donne naissance
pisci : poisson
pithèque : singe
ptéro, e : aile
saur : lézard
simius : singe
vermi : ver
zoo : animal

La mesure, l'ordre

anté : avant
archi : au-dessus
arithmo : nombre
baro, bary : pesant
bis, bi : deux
déca, déci : dix
di, duo : deux
dynamo : force
èdre : face, base
épi : sur
équi : égal
grade : degré
hecto : cent
hémi : demi
hepta : sept
hétéro : différent
hexa : six
homo : semblable
hyper : au-dessus
hypo : sous
iso : égal
kilo : mille
macro : grand
maxi : le plus grand
média : milieu
méga : grand
méso : au milieu
métro, e : mesure
micro : petit
mini : le plus petit
mono : un, seul
multi : plusieurs
myria : dix mille
octo, a : huit
omni : tout
pan : tout
penta : cinq
poly : plusieurs
post : après
pré : devant
primo : premier
proto : premier
quadri : quatre
quinq, quint : cinq
simili : semblable
sub : sous
super : au-dessus
tri, ter : trois
uni : un, seul

Le temps, l'espace

acro : élevé
amphi : autour
archéo : ancien
cata : de haut en bas
chrono : temps
circon : autour
ecto : en-dehors
en, in, im : dans
endo : à l'intérieur
ex, extra : hors de
horo : heure
hypo : sous
inter : entre
intra : à l'intérieur
juxta : auprès de
latéro : de côté
néo : nouveau
paléo : ancien
péri : autour
sub : sous
super : au-dessus
télé : au loin

Les formes

cruci : croix
curvi : courbe
cyclo : cercle
gira : cercle
gono, e : angle
gyro : cercle
morpho, e : forme
ortho : droit
pachy : épais
plast : façonné
recto : droit
sténo : étroit, serré

La relation établie

ad : vers
anti : contre
auto : soi-même
cinema : mouvement
-claste : qui casse
co (l, r, m, n) : avec
crypto : caché
dia : à travers
dys : avec difficulté
fère : qui porte
fuge : qui fuit
i (n, m, l, r) : dans
i (n, m, l, r) : privé de

méta : après
para : contre
per : à travers
phore : qui porte
pro : en avant
rétro : en arrière
stat : stable
sy (m, n, l) : avec
trans : à travers
ultra : au-delà

Les cinq sens

calori : chaleur
chloro : vert
chrom : couleur
chryso : or
cryo : froid
cyano : bleu
frig : froid
gluco : doux
glyc (o, éro) : doux
leuco : blanc
mélan : noir
olfac : flairer
oxy : aigu, acide
phane : qui brille
phono, e : voix
photo : lumière
radio : rayon
scope : qui voit
thermo, e : chaleur

Le corps humain

algie : douleur
artéro : artère
arthro : articulation
auri : oreille
bio : vie
blépharo : paupière
broncho : gorge
bucca : bouche
capill : cheveu
caput, it : tête
cardio : cœur
carni : chair
céphal : tête
chiro : main
chol, é : bile
coxa : cuisse
cyto : cellule
dactylo : doigt
derm : peau
digit : doigt
dipso : soif
entéro : entrailles
fébri : fièvre
gastro : ventre
grade : qui marche
gymno : nu
hém (at, o) : sang
hépato : foie
hypnos : sommeil
lacr (i, y) ma : larme
laryngo : gosier
manu : main
myo : muscle
nécro : mort
néphro : rein
neuro, névr : nerf
odonto : dent
ope, (s) ie : œil
ophtalmo : œil
ostéo : os
oto : oreille
palat : palais
patho, ie, e : malade
pédi, e : pied
pharyngo : gosier
phléb : veine
pneumo : poumon
podo, e : pied
rhino : nez
sangui : sang
sarco : chair
somato : corps
stomato : bouche

L'alimentation

butyro : beurre
fructi, frugi : fruit
galacto : lait
lacti : lait
œno : vin
oléo, a : olive
phago, e : qui mange
vore : qui mange

La société et la famille

andro : homme
anthropo : être humain
démo : peuple
ethno : peuple
fratr, frater : frère
gamo, e : mariage
genit : qui enfante
génos : race
géront : vieux
gynéco : femme
matr, mater : mère
patr, pater : père
péd : enfant
puer : enfant
vir : homme
xéno : étranger

Le pouvoir, les conflits

agogue : qui conduit
arche : dominant
arque : dominant
bell : guerre
cide : qui tue
crate, ie : pouvoir
légi : loi

Les arts

choré : danse
chorus : chœur
dram : pièce
icono : image
mélo : chant
pictura : peinture

Les religions, les croyances

hiéro : sacré
lâtrie : adoration
mancie : divination
mytho : légende
théo : dieu

La pensée et le savoir

doxe : opinion
idéo : idée
logie : science
logue : spécialiste
logue : discours
onyme : nom
phéno : apparaître
ratio : raison
séma, io : signe

Les sentiments

mane, ie : passion
miso : haine
phile : qui aime
phobe : qui déteste
psycho : âme

La valeur

caco : mauvais
calli : beau
dino : terrible
eu : beau
falla, fals : faux
pseudo : faux

SUJET BREVET

Le narrateur s'est lié d'amitié avec un jeune Juif, Silbermann, fils d'un antiquaire. Un soir, sa mère, qui lui a interdit de le fréquenter, surprend les deux adolescents ensemble à la sortie du lycée.

Mais déjà ma mère m'entraînait à grands pas.

Son air n'eût pas été plus grave si elle m'avait surpris en train d'incendier notre maison.

– Malheureux ! tu ne songes sans doute pas aux conséquences de tes actes, dit-elle d'une voix frémissante. Ne comprends-tu pas que tu risques de ruiner la carrière de ton père ?... Il suffirait que quelqu'un de malintentionné ébruitât tes relations avec ce garçon pour que ton père fût blâmé, changé de poste, destitué peut-être !... Et comment ne vois-tu pas qu'en même temps c'est ton propre avenir que tu es en train de compromettre ? Ce Silbermann, ce Juif beau parleur, qui te mène comme il veut et que tu soutiens contre tous, que te donne-t-il en échange ?... Il te fait perdre tous tes amis ; il t'éloigne des milieux qui pourraient t'être utiles plus tard. Bientôt, il te faudra choisir une carrière, prendre ta course... Qui te mettra le pied à l'étrier ? Un marchand d'antiquités plus ou moins véreux[1] ?... Bonne recommandation ! Vois comme elle agit aujourd'hui : son fils et toi vous êtes dans la cour du lycée comme deux parias[2]... oui, je sais cela. Je sais aussi que tu passes des journées entières dans la maison de ce garçon... Mon enfant, comment as-tu pu en arriver là ?... Toi si délicat, si sensible à la tradition de notre famille... toi qui naguère n'admirais rien qui s'éloignât de notre foyer... qui répétais, quand tu étais petit, en te redressant : « Je veux ressembler à père et à grand-père »... comment te plais-tu à présent avec ces gens qui n'ont ni feu ni lieu ?

En rappelant à ma conscience ces engagements puérils[3], ma mère espérait me regagner. Mais elle ne réussissait pas. Au contraire : frappé déjà par la manière brutale dont elle avait attaqué Silbermann, j'éprouvais à mesure qu'elle parlait une surprise qui m'éloignait d'elle. Cette voix que j'avais toujours entendue vanter le bien et la bonté trouvait des accents plus forts pour exalter l'intérêt et me pousser aux actes calculés. Était-ce possible ? Je n'en revenais pas. Lorsqu'elle me demanda quels avantages je retirais de mon amitié avec Silbermann, je crus une seconde, dans l'obscurité tombée, qu'une autre femme, une inconnue, avait pris sa place et me questionnait. Je la regardai, étonné. Elle portait ce jour-là une ample mante[4] de couleur sombre, qu'elle revêtait lorsque l'œuvre de bienfaisance dont elle était la secrétaire la chargeait de quelque enquête dans une famille d'indigents[5]. Ainsi enveloppée, ses mouvements restaient cachés. Et je me demandais si les pensées véritables de ma mère ne s'étaient pas toujours dissimulées de la sorte sous des plis austères[6].

Son agitation ne s'apaisait pas. Elle attendait de moi une parole de soumission, une promesse. Mais je m'obstinai dans le silence. Nous arrivâmes à la maison. En me laissant, elle me dit :

– Puisque tu ne veux entendre raison, je saurai bien te soustraire à cette influence.

Jacques de LACRETELLE, *Silbermann*, © éd. Folio (p. 93-96).

1. Véreux : *au sens figuré ici, signifie « foncièrement malhonnête ».*
2. Paria : *au sens figuré, désigne une personne méprisée, mise à l'écart.*
3. Puéril : *qui ne convient qu'à un enfant, indigne d'un adulte, manquant de sérieux.*
4. Mante : *manteau de femme, très simple, ample et sans manches.*
5. Indigent : *personne dans le besoin, pauvre.*
6. Austère : *sévère.*

QUESTIONS (15 points)

1 *Une mère véhémente* *(4 points)*

1. Vocabulaire – « Son air n'eût pas été plus grave » (l. 2) : quel est ici le sens de l'adjectif *grave* ?

0,5 point

2. Grammaire – « Cette voix que j'avais toujours entendue vanter le bien et la bonté trouvait des accents plus forts pour exalter l'intérêt et me pousser aux actes calculés. » (l. 25-27).

a. Quelle est la nature de la proposition soulignée ?

b. Récrivez cette phrase en deux propositions indépendantes coordonnées.

1 point

3. Compréhension – À quel milieu social appartiennent le narrateur et sa mère ?

0,5 point

4. Vocabulaire – Dans quel registre de langue la mère du narrateur s'exprime-t-elle ? Citez deux exemples à l'appui de votre réponse.

1 point

5. Grammaire – « Puisque tu ne veux entendre raison, je saurai bien te soustraire à cette influence. » (l. 40-41) : donnez la nature et la fonction de la proposition subordonnée contenue dans cette phrase.

1 point

2 *Un discours orienté* *(6,5 points)*

6. Grammaire – «... tu ne songes sans doute pas aux conséquences de tes actes, dit-elle d'une voix frémissante » (l. 4-5) : récrivez ce passage en utilisant le discours indirect.

1 point

7. Vocabulaire – « Quelqu'un de malintentionné » (l. 6-7).

a. Donnez le sens du mot souligné.

b. Donnez un autre terme construit avec le même préfixe négatif.

1 point

8. Vocabulaire – « Ce Silbermann, ce Juif beau parleur » (l. 10).

a. Que signifie l'expression soulignée ? Est-elle péjorative ou valorisante ?

b. Relevez dans le discours de la mère deux expressions qui appartiennent à la même tonalité.

2 points

9. Vocabulaire – « Qui te mettra le pied à l'étrier ? » (l. 13).

a. L'expression est-elle ici employée au sens propre ou au sens figuré ?

b. Que signifie cette expression dans le texte ?

1 point

10. Compréhension – Repérez et reformulez, sous forme de groupes nominaux, trois des arguments que la mère du narrateur utilise pour convaincre son fils.

1,5 point

3 *Le fils face à sa mère* *(4,5 points)*

11. Compréhension – « Je n'en revenais pas. » (l. 27-28) : quel est le sentiment du narrateur face à sa mère ? Relevez trois expressions, entre les lignes 22 à 36, qui explicitent ce sentiment.

1,5 point

12. Grammaire – Quel type de phrase domine dans le discours de la mère ? Relevez une phrase de ce type.

1 point

13. Compréhension – Comment le narrateur réagit-il aux propos de sa mère ? Justifiez votre réponse à l'aide du cinquième paragraphe.

1 point

14. Compréhension – Depuis « Lorsqu'elle me demanda... » (l. 28) jusqu'à « ... des plis austères » (l. 36) : comment le narrateur voit-il sa mère ? quel trait de caractère semble-t-il découvrir chez elle ?

1 point

RÉDACTION (15 points)

Vous traiterez, au choix, l'un des deux sujets suivants.

• *Sujet 1*

Au lendemain de cette scène, le narrateur, à qui sa mère a définitivement interdit de revoir Silbermann, écrit à ce dernier pour l'informer de la situation.

Rédigez cette lettre, dans laquelle vous insisterez sur les sentiments et les réflexions du narrateur.

• *Sujet 2*

Les parents doivent-ils, selon vous, intervenir dans le choix des amitiés, des fréquentations de leurs enfants ?

Vous exposerez votre point de vue dans une argumentation clairement structurée et illustrée d'exemples précis (puisés dans votre expérience personnelle, vos lectures, etc.).

SUJET **BREVET**

2 juillet.

Je rentre. Je suis guéri. J'ai fait d'ailleurs une excursion charmante. J'ai visité le Mont-Saint-Michel que je ne connaissais pas. [...]

Dès l'aurore, j'allai vers lui. La mer était basse, comme la veille au soir, et je regardais se dresser devant moi, à mesure que j'approchais d'elle, la surprenante abbaye. Après plusieurs heures de marche, j'atteignis l'énorme bloc de pierres qui porte la petite cité dominée par la grande église. Ayant gravi la rue étroite et rapide, j'entrai dans la plus admirable demeure gothique construite pour Dieu sur la terre, vaste comme une ville, pleine de salles basses écrasées sous des voûtes et de hautes galeries que soutiennent de frêles colonnes. J'entrai dans ce gigantesque bijou de granit, aussi léger qu'une dentelle, couvert de tours, de sveltes clochetons, où montent des escaliers tordus, et qui lancent dans le ciel bleu des jours, dans le ciel noir des nuits, leurs têtes bizarres hérissées de chimères, de diables, de bêtes fantastiques, de fleurs monstrueuses, et reliés l'un à l'autre par de fines arches ouvragées.

Quand je fus sur le sommet, je dis au moine qui m'accompagnait : « Mon père, comme vous devez être bien ici ! »

Il répondit : « Il y a beaucoup de vent, monsieur » ; et nous nous mîmes à causer en regardant monter la mer, qui courait sur le sable et le couvrait d'une cuirasse d'acier.

Et le moine me conta des histoires, toutes les vieilles histoires de ce lieu, des légendes, toujours des légendes.

Une d'elles me frappa beaucoup. Les gens du pays, ceux du Mont, prétendent qu'on entend parler la nuit dans les sables, puis qu'on entend bêler deux chèvres, l'une avec une voix forte, l'autre avec une voix faible. Les incrédules affirment que ce sont les cris des oiseaux de mer, qui ressemblent tantôt à des bêlements, et tantôt à des plaintes humaines ; mais les pêcheurs attardés jurent avoir rencontré, rôdant sur les dunes, entre deux marées, autour de la petite ville jetée ainsi loin du monde, un vieux berger, dont on ne voit jamais la tête couverte de son manteau, et qui conduit, en marchant devant eux, un bouc à figure d'homme et une chèvre à figure de femme, tous deux avec de longs cheveux blancs et parlant sans cesse, se querellant dans une langue inconnue, puis cessant soudain de crier pour bêler de toute leur force.

Je dis au moine : « Y croyez-vous ? »

Il murmura : « Je ne sais pas. »

Je repris : « S'il existait sur la terre d'autres êtres que nous, comment ne les connaîtrions-nous point depuis longtemps ; comment ne les auriez-vous pas vus, vous ? comment ne les aurais-je pas vus, moi ? »

Il répondit : « Est-ce que nous voyons la cent millième partie de ce qui existe ? Tenez, voici le vent, qui est la plus grande force de la nature, qui renverse les hommes, abat les édifices, déracine les arbres, soulève la mer en montagnes d'eau, détruit les falaises, et jette aux brisants les grands navires, le vent qui tue, qui siffle, qui gémit, qui mugit, – l'avez-vous vu, et pouvez-vous le voir ? Il existe, pourtant. »

Je me tus devant ce simple raisonnement. Cet homme était un sage ou peut-être un sot. Je ne l'aurais pu affirmer au juste ; mais je me tus. Ce qu'il disait là, je l'avais pensé souvent.

Guy de MAUPASSANT (1850-1893), *Le Horla* (1887).

QUESTIONS (15 points)

1 *L'écriture d'un journal* (4,5 points)

1. Grammaire – De « Je rentre. » à «… je ne connaissais pas. » (l. 2-3) :

a. relevez et classez tous les groupes verbaux en fonction de leurs temps ;

b. quelle est la valeur des présents de l'indicatif : présent d'énonciation – présent de narration – présent de vérité générale ?

c. quelle est la valeur des temps composés ?

1,5 point

2. Grammaire – « l'énorme bloc de pierres qui porte… » (l. 7) ; « où montent des escaliers tordus… » (l. 12) : le présent de l'indicatif a-t-il dans ces deux extraits la même valeur qu'au paragraphe précédent ? Précisez cette valeur. *0,5 point*

3. Grammaire – Quels sont les deux temps simples dominants, à partir de la ligne 4 ? Quel changement l'emploi de ces temps marque-t-il ? *1,5 point*

4. Compréhension – Quelle est la date du retour du narrateur chez lui ? Le voyage rapporté a-t-il eu lieu dans un passé proche ou lointain ? *1 point*

2 *Le Mont Saint-Michel* (5 points)

5. Vocabulaire – Dans les lignes 4 à 15, relevez deux adjectifs et un verbe caractérisant la taille et la verticalité du site décrit. *1,5 point*

6. Vocabulaire – Depuis « Dès l'aurore… » jusqu'à « … arches ouvragées. » (l. 4 à 15) :

a. relevez les quatre groupes nominaux qui désignent l'abbaye du Mont Saint-Michel.

b. lequel de ces groupes nominaux est métaphorique ?

1,5 point

7. Grammaire – « leurs têtes bizarres […], de bêtes fantastiques, de fleurs monstrueuses. » (l. 14-15).

a. Quelles sont la nature et la fonction grammaticales des trois mots soulignés ?

b. À quel champ lexical appartiennent-ils ?

1,5 point

8. Compréhension – Quel est le sentiment du narrateur devant le site et le monument ? *0,5 point*

3 *La conversation avec le moine* (5,5 points)

9. Vocabulaire – « incrédules » (l. 26) : donnez la formation du mot (préfixe-radical-suffixe) ; quel est son sens ? *1 point*

10. Grammaire – Transposez au discours indirect le début de la conversation avec le moine (l. 35-36), en remplaçant *dire* par *demander*. *1 point*

11. Compréhension – Dans la légende rapportée par le narrateur (l. 23-34) :

a. quelle est la version « réaliste » ? à qui est-elle attribuée ?

b. quelle est la version « fantastique » ? à qui est-elle attribuée ? *1 point*

12. Compréhension – D'après vous, pourquoi le narrateur présente-t-il les deux versions de la légende ? Quel sentiment cela traduit-il de sa part ? Comment ce sentiment se manifeste-t-il dans le dernier paragraphe du texte ? *1 point*

13. Compréhension – D'après l'argumentation du moine (l. 40-45), reformulez :

a. l'argument principal ;

b. l'exemple qui illustre cet argument ;

c. la conclusion du raisonnement. *1,5 point*

RÉDACTION (15 points)

Vous traiterez, au choix, l'un des deux sujets suivants.

• *Sujet 1*

Imaginez, en utilisant un élément naturel (vent, eau, etc.), un récit fantastique à la première personne.

• *Sujet 2*

Le fantastique est un genre littéraire et cinématographique fréquent. Êtes-vous amateur du genre ? Vous répondrez à la question de façon argumentée, en exposant les raisons qui vous font ou non aimer ce genre, et en illustrant votre propos par des exemples pris dans vos lectures, et les films que vous aurez vus.

SUJET BREVET

Quand mon père fut nommé à Lyon par sa banque, ce fut un nouveau dépaysement, pour ma mère éplorée un nouvel exil et supplice, et pour moi l'entrée au lycée du Parc, en classe préparatoire au concours d'entrée à Normale Sup[1].

La préparation durait trois et même quatre ans. Les jeunes étaient confinés en hypokhâgne, les autres en khâgne[2].

J'y fus littéralement perdu. Je ne connaissais personne, j'avais en face de moi des garçons déjà formés à tous les trucs et manières, qui célébraient des traditions collectives et cultivaient le culte des « anciens » reçus (très rares en cette ville de province). Pour moi une solitude très dure à vivre et rendue encore plus pénible par la conviction que *je ne savais rien,* mais rien du tout, que j'avais tout à attendre et sans aide de personne. [...]

Le premier professeur qui me stupéfia fut Jean Guitton[3]. Il sortait de Normale, avait trente ans, une grosse tête (la « coupole de Rome ») sur un petit corps malingre. Il respirait la bonté, l'intelligence et la suavité, mais aussi une sorte de malice qui nous prenait toujours à contre-pied. [...]

Il nous donna bientôt un sujet de dissertation à rédiger sur un thème que j'ai oublié. Je ne savais pas « faire une dissertation » et ne savais pas grand-chose en philosophie (nous avions eu à Marseille un professeur sans talent). Je me lançai dans une composition lamartinienne[4] : des lamentations lyriques sans raisonnement ni rigueur. J'eus droit à un sévère 7 sur 20 et à de brefs commentaires *ad hoc*[5] : *« pas du tout au point »*. Je fus effondré par cette première sanction qui m'enfonçait dans ma nuit.

Sur ce, survint très vite le temps de ma première composition écrite. Nous composions dans la grande salle d'études où travaillaient après leurs cours et entre eux tous les anciens, vieux routiers rompus à tous les tours. Guitton nous avait donné pour sujet : « *Le réel et le fictif.* » Je m'acharnai vainement à tirer de ma tête quelques vagues notions, et me vis de nouveau perdu lorsqu'un ancien s'approcha de moi, quelques feuillets à la main. « Tiens, prends ça, ça pourra t'aider. D'ailleurs, c'est le même sujet. »

De fait, Guitton avait dû donner le même sujet l'année précédente et l'ancien m'offrait malicieusement le propre corrigé de Guitton. Je fus certes couvert de honte, mais mon désespoir fut plus fort. Je ne fis ni une ni deux, je m'emparai du corrigé du maître, en conservai l'essentiel (les parties, leurs thèmes et la conclusion) que j'accommodai de mon mieux à ma manière, c'est-à-dire à ce que j'avais déjà saisi de la manière de Guitton, écriture comprise. Quand Guitton rendit en public les copies, il me couvrit d'éloges sincères et stupéfaits : comment avais-je pu faire en si peu de temps de tels progrès ! J'étais premier avec 17 sur 20.

Bon. Pour moi, j'avais tout simplement recopié le corrigé de Guitton, j'avais triché, resquillé et pillé son texte : suprême artifice et imposture pour me gagner sa faveur. J'étais confondu : il ne pouvait pas ne pas s'en être aperçu ! Ne me tendait-il pas un piège ? Car je croyais qu'il avait tout compris, et par générosité voulait me le cacher. Mais lorsque longtemps après, peut-être trente ans, il me reparla avec admiration de cette copie exception-

1. Normale Sup : *grande école de l'Enseignement Supérieur.*
2. Khâgne et hypokhâgne : *classes de Lettres et de Première supérieures préparant à Normale Sup.*
3. Jean Guitton : *philosophe français (1901-1999).*
4. lamartinienne : *dans le style du poète Alphonse de Lamartine (1790-1869).*
5. ad hoc : *expression souvent ironique, signifiant « destiné à cet usage ».*
6. derechef : *une nouvelle fois.*

nelle et qu'en réponse je lui dis la vérité, il en fut encore plus stupéfait. Pas un instant il ne s'était douté de mon imposture et n'y voulait pas croire ! [...]

Quel bénéfice en tirai-je pour mon propre compte ? Sans doute l'avantage d'être porté derechef[6] à la tête de ma classe, de jouir enfin de la considération de mes petits camarades – avant tout des anciens – et d'être accepté dans la classe. Mais à quel prix ! Au prix d'une véritable imposture qui n'a cessé de me tarauder.

Louis ALTHUSSER (1918-1980), *L'avenir dure longtemps*, © Éd Stock/IMEC.

QUESTIONS (15 points)

1 *Un nouvel arrivant* (5 points)

1. Vocabulaire – Donnez la formation du mot « *dépaysement* » et son sens dans le texte (l. 2). *1 point*

2. Compréhension – Dans les lignes 7 à 23, quels sont les deux sentiments éprouvés par le narrateur ? Relevez deux expressions qui explicitent ce sentiment. *1 point*

3. Vocabulaire – Quelle est la figure de style développée dans l'expression « qui m'enfonçait dans ma nuit » (l. 23) ? Expliquez le sens de cette expression dans le texte. *1 point*

4. Vocabulaire – Par quelles expressions le narrateur désigne-t-il ses camarades ? Citez le texte. Qu'en déduisez-vous sur ses relations avec eux ? *1,5 point*

5. Compréhension – Comment les relations du narrateur avec ses camarades évoluent-elles ? *0,5 point*

2 *Un professeur étonnant* (4 points)

6. Grammaire – Entre les lignes 13 et 16, quels sont les temps verbaux utilisés ? Quelles sont les valeurs des imparfaits ? *1 point*

7. Grammaire – « il me couvrit d'éloges sincères et stupéfaits : comment avais-je pu faire en si peu de temps de tels progrès ! » (l. 37-39) : la partie soulignée de l'extrait est rédigée au discours indirect libre. Récrivez-la au discours direct. *1 point*

8. Grammaire – « J'étais confondu : il ne pouvait pas ne pas s'en être aperçu. » (l. 42-43).

a. Quelle relation de sens unit ces deux propositions ?

b. Transformez-les de telle sorte qu'apparaisse une proposition subordonnée conjonctive. *1 point*

9. Compréhension – Lorsque le narrateur dit la vérité à son ancien professeur, quelle est la réaction de celui-ci ? Quel trait de la personnalité du professeur apparaît à ce moment-là ? *1 point*

3 *La « triche »* (6 points)

10. Vocabulaire – Relevez dans le texte un synonyme de *tricherie* et un synonyme du verbe *tricher*. À quel registre de langue appartiennent respectivement ces deux synonymes ? *1,5 point*

11. Grammaire – Entre les lignes 17 et 30, quels sont les temps du récit utilisés ? Quelles sont les valeurs des imparfaits ? *1,5 point*

12. Grammaire – Dans l'extrait : « Bon. Pour moi... n'y voulais pas croire ! » (l. 40 à 47), quels types de phrases relevez-vous ? Donnez un exemple de chaque type. *1,5 point*

13. Compréhension – Quel est le sentiment du narrateur à ce moment-là du récit ? *0,5 point*

14. Compréhension – Pourquoi, d'après vous, le narrateur a-t-il triché ? Citez le texte à l'appui de votre réponse. *1 point*

RÉDACTION (15 points)

Vous traiterez, au choix, l'un des deux sujets suivants.

• *Sujet 1*

Rédigez une scène durant laquelle le professeur Jean Guitton, s'étant aperçu de la tricherie du narrateur, rend les copies de philosophie.

• *Sujet 2*

La tricherie est une pratique très répandue dans les classes. Quels sont les motifs qui peuvent pousser un élève à tricher ? Que pensez-vous de cette conduite ? Fondez votre réflexion sur des exemples précis empruntés ou non à votre expérience personnelle.

SUJET **BREVET**

Dans les années 1930, l'Aéropostale convoyait le courrier depuis l'Amérique du Sud jusqu'en Europe. Sur la base dirigée par Rivière, l'inspecteur Robineau est responsable de la bonne application du règlement.

L'inspecteur parut hésiter, se retourna vers Pellerin, et sa pomme d'Adam remua. Mais il se tut. Il reprit, après réflexion, en regardant droit devant soi, sa dignité mélancolique.

Il la promenait, ainsi qu'un bagage, cette mélancolie. Débarqué la veille en Argentine, appelé par Rivière pour de vagues besognes, il était empêtré de ses grandes mains et de sa dignité d'inspecteur. Il n'avait le droit d'admirer ni la fantaisie, ni la verve : il admirait par fonction la ponctualité. Il n'avait le droit de boire un verre en compagnie, de tutoyer un camarade et de risquer un calembour que si, par un hasard invraisemblable, il rencontrait, dans la même escale, un autre inspecteur.

« Il est dur, pensait-il, d'être un juge. » À vrai dire, il ne jugeait pas, mais hochait la tête. Ignorant tout, il hochait la tête, lentement, devant tout ce qu'il rencontrait. Cela troublait les consciences noires et contribuait au bon entretien du matériel. Il n'était guère aimé, car un inspecteur n'est pas créé pour les délices de l'amour, mais pour la rédaction de rapports. Il avait renoncé à y proposer des méthodes nouvelles et des solutions techniques depuis que Rivière avait écrit : « L'inspecteur Robineau utilisera heureusement ses compétences, en stimulant le zèle du personnel. » Aussi se jetait-il désormais, comme sur son pain quotidien, sur les défaillances humaines. Sur le mécanicien qui buvait, le chef d'aéroplace qui passait des nuits blanches, le pilote qui rebondissait à l'atterrissage.

Rivière disait de lui : « Il n'est pas très intelligent, aussi rend-il de grands services. » Un règlement établi par Rivière était, pour Rivière, connaissance des hommes ; mais pour Robineau n'existait plus qu'une connaissance du règlement.

« Robineau, pour tous les départs retardés, lui avait dit un jour Rivière, vous devez faire sauter les primes d'exactitude.

– Même pour le cas de force majeure ? Même par brume ?

– Même par brume. »

Et Robineau éprouvait une sorte de fierté d'avoir un chef si fort qu'il ne craignait pas d'être injuste. Et Robineau lui-même tirerait quelque majesté d'un pouvoir aussi offensant.

– Vous avez donné le départ à six heures quinze, répétait-il plus tard aux chefs d'aéroports, nous ne pouvons vous payer votre prime.

– Mais, monsieur Robineau, à cinq heures trente, on ne voyait pas à dix mètres !

– C'est le règlement.

– Mais, monsieur Robineau, nous ne pouvons pas balayer la brume !

Et Robineau se retranchait dans son mystère. Il faisait partie de la direction. Seul, parmi ces totons[1], il comprenait comment, en châtiant les hommes, on améliorerait le temps.

Antoine de Saint-Exupéry (1900-1944), *Vol de nuit* © Folio/Gallimard.

1. Toton : *petite toupie.*

QUESTIONS (15 points)

1 *L'Aéropostale* (4 points)

1. Compréhension – Dans quel pays se déroule la scène ? *0,5 point*

2. Compréhension – À quel service de l'Aéropostale Robineau et Rivière appartiennent-ils ? Quelle est la relation hiérarchique entre les deux hommes ? *0,5 point*

3. Vocabulaire – Donnez la formation du nom *défaillances* (préfixe-radical-suffixe) (l. 19). Proposez un synonyme de ce nom. *1 point*

4. Grammaire – « … le mécanicien qui buvait, le chef d'aéroplace qui passait des nuits blanches, le pilote qui rebondissait à l'atterrissage. » (l. 20-21).

a. Quelles sont la nature et la fonction exactes des propositions soulignées ?

b. Quelle est la valeur de l'imparfait dans ces propositions ? *1 point*

5. Grammaire – « Il n'avait le droit d'admirer ni la fantaisie, ni la verve : il admirait par fonction la ponctualité. » (l. 6-7).

a. Quelle relation de sens unit ces deux propositions ?

b. Transformez-les en une seule phrase comportant une proposition subordonnée conjonctive. *1 point*

2 *Robineau* (5,5 points)

6. Vocabulaire – « Il la promenait, ainsi qu'un bagage, cette mélancolie. » (l. 4).

a. Identifiez les deux figures de style employées dans cette phrase, en précisant comment elles sont construites.

b. Commentez l'expression : que suggère-t-elle du personnage de Robineau ? *1,5 point*

7. Grammaire – « … il était empêtré de ses grandes mains et de sa dignité d'inspecteur » (l. 5-6).

a. Cette proposition est-elle à la forme active ou passive ?

b. Quelle est la fonction des compléments introduits par la préposition *de* ?

c. Récrivez cette proposition en inversant la construction (actif/passif ou passif/actif). *1,5 point*

8. Grammaire – Relevez, entre les lignes 11 et 21, une proposition construite à la voix passive sans complément d'agent exprimé. *0,5 point*

9. Vocabulaire – Relevez, entre les lignes 22 et 32, deux groupes nominaux désignant les sentiments de Robineau. *1 point*

10. Compréhension – « Et Robineau se retranchait dans son mystère. » (l. 39) : en quoi consiste le *mystère* de Robineau ? Expliquez-le en vous aidant de la description de son attitude, des lignes 1 à 21. *1 point*

3 *Le règlement* (5,5 points)

11. Vocabulaire – Relevez trois mots, dont un verbe, appartenant au champ lexical de la justice. *1 point*

12. Vocabulaire – Expliquez l'expression « cas de force majeure » (l. 28). *0,5 point*

13. Grammaire – Dans la partie dialoguée des lignes 26 à 38, attribuez à chaque réplique son locuteur. *1,5 point*

14. Compréhension – Quelle est la sanction pour faute dans le règlement de l'Aéropostale ? *1 point*

15. Compréhension – « Un règlement établi par Rivière était, pour Rivière, connaissance des hommes ; mais pour Robineau n'existait plus qu'une connaissance du règlement. »

a. Citez un argument du personnel de l'Aéropostale pour justifier un écart au règlement.

b. Par quel argument Robineau réfute-t-il ceux qui sont présentés par les fautifs ?

c. Que pensez-vous de l'argumentation de Robineau ? *1,5 point*

RÉDACTION (15 points)

Vous traiterez, au choix, l'un des deux sujets suivants.

• *Sujet 1*

En tenant compte des indices fournis par le texte, imaginez qu'à son tour Robineau doit subir l'application stricte du règlement. Racontez la scène.

• *Sujet 2*

« C'est le règlement. » D'après vous, un règlement doit-il toujours être appliqué à la lettre ? Vous présenterez votre réflexion en une argumentation ordonnée et illustrée à l'aide d'exemples concrets, tirés de votre expérience personnelle, de vos lectures ou de tout autre domaine de connaissance.

SUJET **BREVET**

J'ai arrêté de regarder la télévision. J'ai arrêté d'un coup, définitivement, plus une émission, pas même le sport. J'ai arrêté il y a un peu plus de six mois, fin juillet, juste après la fin du Tour de France. J'ai regardé comme tout le monde la retransmission de la dernière étape du Tour de France dans mon appartement de Berlin, tranquillement, l'étape des Champs-Elysées, qui s'est terminée par un sprint massif remporté par l'Ouzbèke Abdoujaparov, puis je me suis levé et j'ai éteint le téléviseur. Je revois très bien le geste que j'ai accompli alors, un geste très simple, très souple, mille fois répété, mon bras qui s'allonge et qui appuie sur le bouton, l'image qui implose et disparaît de l'écran. C'était fini, je n'ai plus jamais regardé la télévision. [...]

La télévision n'occupait pas une très grande place dans ma vie. Non. Je la regardais en moyenne une ou deux heures par jour [...]. En dehors des grands événements sportifs, que je suivais toujours avec plaisir, des informations ou de quelques soirées électorales qu'il m'arrivait de regarder de temps en temps, je ne regardais pas grand-chose à la télévision. Par principe et par commodité, je ne regardais jamais de films à la télévision, par exemple [...]. Il me semblait même, à ce moment-là, mais sans l'avoir jamais vraiment vérifié, que j'aurais pu m'arrêter de regarder la télévision du jour au lendemain sans qu'il m'en coûtât le moins du monde, sans que j'en ressentisse le moindre désagrément, en d'autres termes que je n'en étais nullement dépendant.

Depuis quelques mois, cependant, j'avais constaté une très légère dérive dans mon comportement. Je restais presque tous les après-midi à la maison, pas rasé et vêtu d'un vieux pull en laine des plus confortables, et je regardais la télévision pendant trois ou quatre heures d'affilée à moitié allongé dans le canapé, un peu comme un chat dans sa litière [...]. Il s'est trouvé, en effet, cette année-là, que, contrairement aux autres années, j'ai suivi de bout en bout le déroulement des internationaux de France de tennis à la télévision. Au début, je ne regardais qu'un match de temps à autre, puis, arrivé au stade des quarts de finale, j'ai commencé à m'intéresser vraiment à l'issue du tournoi, ou tout du moins c'est ce que j'expliquais à Delon[1] pour tâcher de justifier ces longs après-midi d'inactivité passés devant l'écran. J'étais généralement seul à la maison ces jours-là, mais, parfois, il y avait la femme de ménage aussi, qui repassait mes chemises à côté de moi dans le salon, muette d'indignation contenue. Dans les plus mauvais jours, les retransmissions des matchs commençaient à midi et se terminaient à la nuit. Je sortais de ces retransmissions nauséeux et fourbu, l'esprit vide, les jambes molles, les yeux mousses[2]. J'allais prendre une douche, je me passais longuement le visage à l'eau tiède. J'étais sonné pour le reste de la soirée, et, bien que j'aie encore quelques scrupules à me l'avouer, je devais me rendre à l'évidence : depuis que je commençais tout doucement à avoir quarante ans, je ne tenais plus, physiquement, les cinq sets au tennis.

Jean-Philippe TOUSSAINT, *La Télévision*,

1. Delon : *la compagne du narrateur.*
2. Mousses : *littéralement « émoussés » ; qui ont perdu leur acuité, vagues.*

QUESTIONS (15 points)

1 *Un témoignage rétrospectif* (4,5 points)

1. Compréhension – Relevez une expression indiquant une date relative au moment de l'écriture. *0,5 point*

2. Grammaire – Quel est le temps dominant du premier paragraphe ? Justifiez son emploi en précisant sa valeur. *1 point*

3. Grammaire – Relevez dans le premier paragraphe les verbes au présent de l'indicatif : lequel correspond au moment de l'écriture ? *1 point*

4. Compréhension – Quel est le type d'émission télévisée principalement évoqué dans le texte ? *0,5 point*

5. Grammaire – (l. 8 à 10) « mon bras qui s'allonge et qui appuie sur le bouton, l'image qui implose et disparaît de l'écran. » : distinguez, dans cet extrait, les groupes de mots juxtaposés, coordonnés et subordonnés. *1,5 point*

2 *La place de la télévision* (5,5 points)

6. Grammaire – Dans chacun des deux extraits suivants, identifiez le lien logique indiqué par la conjonction de subordination, et précisez le mode et le temps des propositions subordonnées :

a. (lignes 18 à 20) : « ... j'aurais pu m'arrêter de regarder la télévision du jour au lendemain sans qu'il m'en coutât le moins du monde, sans que j'en ressentisse le moindre désagrément... »

b. (lignes 39-40) : « ... bien que j'aie encore quelques scrupules à me l'avouer, je devais me rendre à l'évidence... » *2 points*

7. Vocabulaire – (lignes 20-21) « je n'en étais nullement dépendant » : proposez un adjectif synonyme de *dépendant.* À quoi la télévision est-elle implicitement comparée ? *1 point*

8. Compréhension – (lignes 11 à 21) Quelles raisons le narrateur se donne-t-il de croire qu'il ne dépend pas de la télévision ? *1 point*

9. Vocabulaire – Relevez dans le premier paragraphe deux expressions qui marquent le caractère soudain et définitif de la décision du narrateur. *1 point*

10. Vocabulaire – Par quel procédé l'auteur insiste-t-il sur son acte, dans les trois premières phrases ? *0,5 point*

3 *Abus dangereux* (5 points)

11. Vocabulaire – Que signifie au sens propre, le mot *dérive* ? Quel est son sens dans le texte (l. 22) ? *1 point*

12. Grammaire – Dans les lignes 22 à 36, relevez deux expressions indiquant le temps passé devant les internationaux de France de tennis. Comment évolue ce temps passé devant l'écran ? *1 point*

13. Vocabulaire – Que signifie l'expression « *J'étais sonné* » (l.39) ? À quel sport renvoie-t-elle ? *1 point*

14. Vocabulaire – Aux lignes 36 à 38, quelle sensation éprouve le narrateur ? Relevez deux expressions à l'appui de votre réponse. *1 point*

15. Compréhension – Sur quel ton se termine le texte ? Justifiez votre réponse. *1 point*

RÉDACTION (15 points)

Vous traiterez, au choix, l'un des deux sujets suivants.

• *Sujet 1*

Malade et enfermé, vous décidez de passer une journée entière devant la télévision. Racontez cette journée, en insistant sur vos actions, vos réactions et l'évolution de vos sensations, ainsi que sur les commentaires de votre entourage.

• *Sujet 2*

Pourriez-vous vous passer de télévision ?

Vous répondrez à cette question en vous interrogeant sur la place qu'elle occupe dans votre vie quotidienne et sur ce qu'elle vous apporte. Votre réponse sera argumentée et illustrée d'exemples, pris dans votre expérience personnelle ou dans celle de votre entourage.

SUJET **BREVET**

Dans un futur imaginaire, un matelot de l'espace propose un objet non identifié à un antiquaire. Celui-ci se méfie et n'accepte l'objet qu'après tractations et avec beaucoup de suspicion. Arrive un expert, qui, dès l'entrée, intrigué, interroge l'antiquaire.

« Où avez-vous déniché ça ? » demanda-t-il.

L'antiquaire [...] dit : « Dans ma cave, sous des monceaux de vieilleries sans valeur. Je me suis empressé de consulter les livres de l'ancien propriétaire, mais sans rien trouver. Dommage qu'il soit mort, il m'aurait renseigné. Mais peut-être ignorait-il lui-même que sa cave recelait un trésor. J'ai déclaré la découverte aux autorités. Elle est enregistrée depuis hier... J'ai enlevé la rouille... »

L'expert n'écoutait plus.

« Objet terrien ! déclara-t-il, du XXe siècle de l'ère chrétienne, sans doute. On sent déjà une volonté de dépouillement dans l'ornementation. Objet de série, en fonte. Je penche pour un objet d'utilisation domestique. Ces festons[1] de métal...

– À quoi cela servirait-il ?

– Nous allons essayer de le savoir, dit l'expert en tirant un microspectroscope[2] de son gousset[3]. Mais vous l'avez certainement posé à l'envers.

– Comment cela ?

– Vous avez mis les supports filetés[4] sur le sol. Or, les objets d'utilisation domestique n'étaient pratiquement jamais fixés au sol à cette époque. Ce filetage n'a pas de raison d'être dans ce sens-là ; il servait à tenir autre chose en l'air. Cette machine n'est pas complète.

– Une machine ?

– Domestique ! sinon, il n'y aurait pas d'ornementation du tout. »

L'expert peina pour retourner le pesant objet dans le bon sens. [...]

« Machine anthropomotrice[5] !

– Comment, au XXe siècle ?

– Certes. Au début du XXe, même l'électricité n'entrait que timidement dans les mœurs. On devait travailler assis devant cette machine et... pédaler ! L'usure du métal dans les logettes d'axe indique un mouvement rotatif alterné. »

Content de lui, l'expert sourit.

« Pièce unique ! dit-il. Inestimable ! Le muséum vous en donnerait une fortune.

– Et c'est ?

– Un harmonium, un instrument de musique. Une espèce de piano à vent. Le clavier a disparu, de même que les soufflets, mais j'affirme que ceci est un instrument de musique.

– Ce n'est pas un tour.

– Tss, tss, nia l'expert d'un air fat[6]. J'ai la preuve. Savez-vous lire les vieux caractères ?

– Mon Dieu... » hésita l'antiquaire, gêné.

L'expert désigna une lettre ornant l'entretoise[7] qui solidarisait les deux panneaux de soutien.

1. Feston : *ornementation en forme d'arc.*

2. Microspectroscope : *appareil imaginaire, de petite taille* (micro-), *permettant d'analyser la constitution d'une matière, comme ici le métal* (spectroscopie).

3. Gousset : *petit étui de rangement.*

4. Supports filetés : *tiges taillées en pointe comme des vis.*

5. Anthropomotrice : *qui fonctionne grâce à un effort humain, ici l'action de pédaler.*

6. Fat : *prétentieux et ridicule.*

7. Entretoise : *pièce, ici de métal, qui relie et maintient deux autres pièces dans un écartement fixe.*

« Ceci est un S, enfin... [...] Vous avez successivement les caractères S.I.N.G.E.R. : SINGER. Ce qui signifiait dans les langues anglo-saxonnes : “chanteur”. La voilà, la preuve ! »

Quelques semaines plus tard, la section musique du muséum d'Uranopolis s'enorgueillissait d'une machine à coudre estropiée.

Stefan WUL, « Expertise », in *Odyssée sous contrôle*,
© Denoël, Présence du Futur n° 542.

QUESTIONS (15 points)

1 *Un objet bien mystérieux* (5,5 points)

1. Compréhension – Relevez une expression montrant que cette scène se passe dans un futur imaginaire. *0,5 point*

2. Grammaire – Quel est le premier mot employé par l'expert pour désigner la machine ? Quelle est la nature grammaticale de ce mot ? Comment interprétez-vous cette manière de désigner ? *1,5 point*

3. Vocabulaire – (lignes 2 à 7) Par quel nom l'antiquaire désigne-t-il la machine ? Quelle est son intention en employant ce mot ? *1 point*

4. Grammaire – (lignes 9 à 12) Relevez les trois groupes nominaux qui désignent la machine. Donnez la nature et la fonction grammaticales exactes de chacun des éléments qui caractérisent ces groupes nominaux. *1,5 point*

5. Vocabulaire – (lignes 17 à 24) Relevez les différentes désignations de la machine. Laquelle est la plus précise ? *1 point*

2 *Un expert satisfait* (5 points)

6. Grammaire – (lignes 13-14) Transposez au discours indirect le passage suivant :

« – A quoi cela servirait-il ?
– Nous allons essayer de le savoir, dit l'expert. »

1,5 point

7. Vocabulaire – À quel type de vocabulaire l'expert recourt-il pour son exposé ? *0,5 point*

8. Vocabulaire – Quel est le sens de l'adjectif *domestique* (l. 11) ? Donnez un nom construit sur le même radical *dom-*. *1 point*

9. Vocabulaire – (lignes 30 à 35) Relevez les deux adjectifs caractérisant la machine de façon valorisante. *1 point*

10. Compréhension – (lignes 29 à 38) Quel est le sentiment de l'expert ? Relevez deux expressions à l'appui de votre réponse. *1 point*

3 *Une lourde erreur* (4,5 points)

11. Grammaire – (lignes 13 à 32) Quel est le type de phrase des répliques de l'antiquaire ? Quelle attitude cela met-il en évidence chez lui ? *1 point*

12. Vocabulaire – (lignes 32 à 44) Relevez deux expressions verbales qui marquent les certitudes de l'expert. *1 point*

13. Compréhension – Quelles sont les étapes du raisonnement qui permet à l'expert de conclure à l'identité de l'harmonium ? *2 points*

14. Compréhension – Quel est le ton de la dernière phrase ? Justifiez votre réponse. *0,5 point*

RÉDACTION (15 points)

Vous traiterez, au choix, l'un des deux sujets suivants.

• *Sujet 1*

Imaginez le dialogue (éventuellement théâtral) entre l'expert du texte et un contre-expert révélant que l'« harmonium » est ... une machine à coudre.
Vous insisterez sur le ton de la discussion, l'attitude des deux personnages et la rigueur de leurs démonstrations.

• *Sujet 2*

Les brocantes et les ventes d'objets anciens sont très à la mode. Comment expliquez-vous ce goût pour les « vieilleries » ? Le partagez-vous ou non ?
Vous répondrez à ces deux questions de façon argumentée et illustrée d'exemples concrets.

Être

INDICATIF

	Présent	Imparfait	Passé simple	Futur simple	Conditionnel présent
Temps simples	Je suis	J'étais	Je fus	Je serai	Je serais
	Tu es	Tu étais	Tu fus	Tu seras	Tu serais
	Il (elle) est	Il (elle) était	Il (elle) fut	Il (elle) sera	Il (elle) serait
	Nous sommes	Nous étions	Nous fûmes	Nous serons	Nous serions
	Vous êtes	Vous étiez	Vous fûtes	Vous serez	Vous seriez
	Ils (elles) sont	Ils (elles) étaient	Ils (elles) furent	Ils (elles) seront	Ils (elles) seraient
	Passé composé	**Plus-que-parfait**	**Passé antérieur**	**Futur antérieur**	**Conditionnel passé**
Temps composés	J'ai été	J'avais été	J'eus été	J'aurai été	J'aurais été
	Tu as été	Tu avais été	Tu eus été	Tu auras été	Tu aurais été
	Il (elle) a été	Il (elle) avait été	Il (elle) eut été	Il (elle) aura été	Il (elle) aurait été
	Nous avons été	Nous avions été	Nous eûmes été	Nous aurons été	Nous aurions été
	Vous avez été	Vous aviez été	Vous eûtes été	Vous aurez été	Vous auriez été
	Ils (elles) ont été	Ils (elles) avaient été	Ils (elles) eurent été	Ils (elles) auront été	Ils (elles) auraient été

SUBJONCTIF

	Présent	Imparfait		Passé	Plus-que-parfait
Temps simples	Que je sois	Que je fusse	Temps composés	Que j'aie été	Que j'eusse été
	Que tu sois	Que tu fusses		Que tu aies été	Que tu eusses été
	Qu'il (elle) soit	Qu'il (elle) fût		Qu'il (elle) ait été	Qu'il (elle) eût été
	Que nous soyons	Que nous fussions		Que nous ayons été	Que nous eussions été
	Que vous soyez	Que vous fussiez		Que vous ayez été	Que vous eussiez été
	Qu'ils (elles) soient	Qu'ils (elles) fussent		Qu'ils (elles) aient été	Qu'ils (elles) eussent été

IMPÉRATIF		INFINITIF		PARTICIPE	
Présent	Sois, soyons, soyez	**Présent**	Être	**Présent**	Étant
Passé	Aie été, ayons été, ayez été	**Passé**	Avoir été	**Passé**	Été, ayant été

Avoir

INDICATIF

	Présent	Imparfait	Passé simple	Futur simple	Conditionnel présent
Temps simples	J'ai	J'avais	J'eus	J'aurai	J'aurais
	Tu as	Tu avais	Tu eus	Tu auras	Tu aurais
	Il (elle) a	Il (elle) avait	Il (elle) eut	Il (elle) aura	Il (elle) aurait
	Nous avons	Nous avions	Nous eûmes	Nous aurons	Nous aurions
	Vous avez	Vous aviez	Vous eûtes	Vous aurez	Vous auriez
	Ils (elles) ont	Ils (elles) avaient	Ils (elles) eurent	Ils (elles) auront	Ils (elles) auraient
	Passé composé	**Plus-que-parfait**	**Passé antérieur**	**Futur antérieur**	**Conditionnel passé**
Temps composés	J'ai eu	J'avais eu	J'eus eu	J'aurai eu	J'aurais eu
	Tu as eu	Tu avais eu	Tu eus eu	Tu auras eu	Tu aurais eu
	Il (elle) a eu	Il (elle) avait eu	Il (elle) eut eu	Il (elle) aura eu	Il (elle) aurait eu
	Nous avons eu	Nous avions eu	Nous eûmes eu	Nous aurons eu	Nous aurions eu
	Vous avez eu	Vous aviez eu	Vous eûtes eu	Vous aurez eu	Vous auriez eu
	Ils (elles) ont eu	Ils (elles) avaient eu	Ils (elles) eurent eu	Ils (elles) auront eu	Ils (elles) auraient eu

SUBJONCTIF

	Présent	Imparfait		Passé	Plus-que-parfait
Temps simples	Que j'aie	Que j'eusse	Temps composés	Que j'aie eu	Que j'eusse eu
	Que tu aies	Que tu eusses		Que tu aies eu	Que tu eusses eu
	Qu'il (elle) ait	Qu'il (elle) eût		Qu'il (elle) ait eu	Qu'il (elle) eût eu
	Que nous ayons	Que nous eussions		Que nous ayons eu	Que nous eussions eu
	Que vous ayez	Que vous eussiez		Que vous ayez eu	Que vous eussiez eu
	Qu'ils (elles) aient	Qu'ils (elles) eussent		Qu'ils (elles) aient eu	Qu'ils (elles) eussent eu

IMPÉRATIF		INFINITIF		PARTICIPE	
Présent	Aie, ayons, ayez	**Présent**	Avoir	**Présent**	Ayant
Passé	Aie eu, ayons eu, ayez eu	**Passé**	Avoir eu	**Passé**	Eu(e), ayant eu

Chanter (1er groupe)

INDICATIF

	Présent	Imparfait	Passé simple	Futur simple	Conditionnel présent
Temps simples	Je chante Tu chantes Il (elle) chante Nous chantons Vous chantez Ils (elles) chantent	Je chantais Tu chantais Il (elle) chantait Nous chantions Vous chantiez Ils (elles) chantaient	Je chantai Tu chantas Il (elle) chanta Nous chantâmes Vous chantâtes Ils (elles) chantèrent	Je chanterai Tu chanteras Il (elle) chantera Nous chanterons Vous chanterez Ils (elles) chanteront	Je chanterais Tu chanterais Il (elle) chanterait Nous chanterions Vous chanteriez Ils (elles) chanteraient
	Passé composé	**Plus-que-parfait**	**Passé antérieur**	**Futur antérieur**	**Conditionnel passé**
Temps composés	J'ai chanté Tu as chanté Il (elle) a chanté Nous avons chanté Vous avez chanté Ils (elles) ont chanté	J'avais chanté Tu avais chanté Il (elle) avait chanté Nous avions chanté Vous aviez chanté Ils (elles) avaient chanté	J'eus chanté Tu eus chanté Il (elle) eut chanté Nous eûmes chanté Vous eûtes chanté Ils (elles) eurent chanté	J'aurai chanté Tu auras chanté Il (elle) aura chanté Nous aurons chanté Vous aurez chanté Ils (elles) auront chanté	J'aurais chanté Tu aurais chanté Il (elle) aurait chanté Nous aurions chanté Vous auriez chanté Ils (elles) auraient chanté

SUBJONCTIF

Temps simples	Présent	Imparfait	*Temps composés*	Passé	Plus-que-parfait
	Que je chante Que tu chantes Qu'il (elle) chante Que nous chantions Que vous chantiez Qu'ils (elles) chantent	Que je chantasse Que tu chantasses Qu'il (elle) chantât Que nous chantassions Que vous chantassiez Qu'ils (elles) chantassent		Que j'aie chanté Que tu aies chanté Qu'il (elle) ait chanté Que nous ayons chanté Que vous ayez chanté Qu'ils (elles) aient chanté	Que j'eusse chanté Que tu eusses chanté Qu'il (elle) eût chanté Que nous eussions chanté Que vous eussiez chanté Qu'ils (elles) eussent chanté

IMPÉRATIF		INFINITIF		PARTICIPE	
Présent	Chante, chantons, chantez	**Présent**	Chanter	**Présent**	Chantant
Passé	Aie chanté, ayons chanté, ayez chanté	**Passé**	Avoir chanté	**Passé**	Chanté(e), ayant chanté

Finir (2e groupe)

INDICATIF

	Présent	Imparfait	Passé simple	Futur simple	Conditionnel présent
Temps simples	Je finis Tu finis Il (elle) finit Nous finissons Vous finissez Ils (elles) finissent	Je finissais Tu finissais Il (elle) finissait Nous finissions Vous finissiez Ils (elles) finissaient	Je finis Tu finis Il (elle) finit Nous finîmes Vous finîtes Ils (elles) finirent	Je finirai Tu finiras Il (elle) finira Nous finirons Vous finirez Ils (elles) finirent	Je finirais Tu finirais Il (elle) finirait Nous finirions Vous finiriez Ils (elles) finiraient
	Passé composé	**Plus-que-parfait**	**Passé antérieur**	**Futur antérieur**	**Conditionnel passé**
Temps composés	J'ai fini Tu as fini Il (elle) a fini Nous avons fini Vous avez fini Ils (elles) ont fini	J'avais fini Tu avais fini Il (elle) avait fini Nous avions fini Vous aviez fini Ils (elles) avaient fini	J'eus fini Tu eus fini Il (elle) eut fini Nous eûmes fini Vous eûtes fini Ils (elles) eurent fini	J'aurai fini Tu auras fini Il (elle) aura fini Nous aurons fini Vous aurez fini Ils (elles) auront fini	J'aurais fini Tu aurais fini Il (elle) aurait fini Nous aurions fini Vous auriez fini Ils (elles) auraient fini

SUBJONCTIF

Temps simples	Présent	Imparfait	*Temps composés*	Passé	Plus-que-parfait
	Que je finisse Que tu finisses Qu'il (elle) finisse Que nous finissions Que vous finissiez Qu'ils (elles) finissent	Que je finisse Que tu finisses Qu'il (elle) finît Que nous finissions Que vous finissiez Qu'ils (elles) finissent		Que j'aie fini Que tu aies fini Qu'il (elle) ait fini Que nous ayons fini Que vous ayez fini Qu'ils (elles) aient fini	Que j'eusse fini Que tu eusses fini Qu'il (elle) eût fini Que nous eussions fini Que vous eussiez fini Qu'ils (elles) eussent fini

IMPÉRATIF		INFINITIF		PARTICIPE	
Présent	Finis, finissons, finissez	**Présent**	Finir	**Présent**	Finissant
Passé	Aie fini, ayons fini, ayez fini	**Passé**	Avoir fini	**Passé**	Fini(e), ayant fini

Faire (3e groupe)

INDICATIF

	Présent	Imparfait	Passé simple	Futur simple	Conditionnel présent
Temps simples	Je fais Tu fais Il (elle) fait Nous faisons Vous faites Ils (elles) font	Je faisais Tu faisais Il (elle) faisait Nous faisions Vous faisiez Ils (elles) faisaient	Je fis Tu fis Il (elle) fit Nous fîmes Vous fîtes Ils (elles) firent	Je ferai Tu feras Il (elle) fera Nous ferons Vous ferez Ils (elles) feront	Je ferais Tu ferais Il (elle) ferait Nous ferions Vous feriez Ils (elles) feraient
	Passé composé	**Plus-que-parfait**	**Passé antérieur**	**Futur antérieur**	**Conditionnel passé**
Temps composés	J'ai fait Tu as fait Il (elle) a fait Nous avons fait Vous avez fait Ils (elles) ont fait	J'avais fait Tu avais fait Il (elle) avait fait Nous avions fait Vous aviez fait Ils (elles) avaient fait	J'eus fait Tu eus fait Il (elle) eut fait Nous eûmes fait Vous eûtes fait Ils (elles) eurent fait	J'aurai fait Tu auras fait Il (elle) aura fait Nous aurons fait Vous aurez fait Ils (elles) auront fait	J'aurais fait Tu aurais fait Il (elle) aurait fait Nous aurions fait Vous auriez fait Ils (elles) auraient fait

SUBJONCTIF

	Présent	Imparfait		Passé	Plus-que-parfait
Temps simples	Que je fasse Que tu fasses Qu'il (elle) fasse Que nous fassions Que vous fassiez Qu'ils (elles) fassent	Que je fisse Que tu fisses Qu'il (elle) fît Que nous fissions Que vous fissiez Qu'ils (elles) fissent	*Temps composés*	Que j'aie fait Que tu aies fait Qu'il (elle) ait fait Que nous ayons fait Que vous ayez fait Qu'ils (elles) aient fait	Que j'eusse fait Que tu eusses fait Qu'il (elle) eût fait Que nous eussions fait Que vous eussiez fait Qu'ils (elles) eussent fait

IMPÉRATIF		INFINITIF		PARTICIPE	
Présent	Fais, faisons, faites	**Présent**	Faire	**Présent**	Faisant
Passé	Aie fait, ayons fait, ayez fait	**Passé**	Avoir fait	**Passé**	Fait(e), ayant fait

Dire

INDICATIF

	Présent	Imparfait	Passé simple	Futur simple	Conditionnel présent
Temps simples	Je dis Tu dis Il (elle) dit Nous disons Vous dites Ils (elles) disent	Je disais Tu disais Il (elle) disait Nous disions Vous disiez Ils (elles) disaient	Je dis Tu dis Il (elle) dit Nous dîmes Vous dîtes Ils (elles) dirent	Je dirai Tu diras Il (elle) dira Nous dirons Vous direz Ils (elles) diront	Je dirais Tu dirais Il (elle) dirait Nous dirions Vous diriez Ils (elles) diraient
	Passé composé	**Plus-que-parfait**	**Passé antérieur**	**Futur antérieur**	**Conditionnel passé**
Temps composés	J'ai dit Tu as dit Il (elle) a dit Nous avons dit Vous avez dit Ils (elles) ont dit	J'avais dit Tu avais dit Il (elle) avait dit Nous avions dit Vous aviez dit Ils (elles) avaient dit	J'eus dit Tu eus dit Il (elle) eut dit Nous eûmes dit Vous eûtes dit Ils (elles) eurent dit	J'aurai dit Tu auras dit Il (elle) aura dit Nous aurons dit Vous aurez dit Ils (elles) auront dit	J'aurais dit Tu aurais dit Il (elle) aurait dit Nous aurions dit Vous auriez dit Ils (elles) auraient dit

SUBJONCTIF

	Présent	Imparfait		Passé	Plus-que-parfait
Temps simples	Que je dise Que tu dises Qu'il (elle) dise Que nous disions Que vous disiez Qu'ils (elles) disent	Que je disse Que tu disses Qu'il (elle) dît Que nous dissions Que vous dissiez Qu'ils (elles) dissent	*Temps composés*	Que j'aie dit Que tu aies dit Qu'il (elle) ait dit Que nous ayons dit Que vous ayez dit Qu'ils (elles) aient dit	Que j'eusse dit Que tu eusses dit Qu'il (elle) eût dit Que nous eussions dit Que vous eussiez dit Qu'ils (elles) eussent dit

IMPÉRATIF		INFINITIF		PARTICIPE	
Présent	Dis, disons, dites	**Présent**	Dire	**Présent**	Disant
Passé	Aie dit, ayons dit, ayez dit	**Passé**	Avoir dit	**Passé**	Dit(e), ayant dit

Pouvoir

INDICATIF

	Présent	Imparfait	Passé simple	Futur simple	Conditionnel présent
Temps simples	Je peux Tu peux Il (elle) peut Nous pouvons Vous pouvez Ils (elles) peuvent	Je pouvais Tu pouvais Il (elle) pouvait Nous pouvions Vous pouviez Ils (elles) pouvaient	Je pus Tu pus Il (elle) put Nous pûmes Vous pûtes Ils (elles) purent	Je pourrai Tu pourras Il (elle) pourra Nous pourrons Vous pourrez Ils (elles) pourront	Je pourrais Tu pourrais Il (elle) pourrait Nous pourrions Vous pourriez Ils (elles) pourraient
	Passé composé	**Plus-que-parfait**	**Passé antérieur**	**Futur antérieur**	**Conditionnel passé**
Temps composés	J'ai pu Tu as pu Il (elle) a pu Nous avons pu Vous avez pu Ils (elles) ont pu	J'avais pu Tu avais pu Il (elle) avait pu Nous avions pu Vous aviez pu Ils (elles) avaient pu	J'eus pu Tu eus pu Il (elle) eut pu Nous eûmes pu Vous eûtes pu Ils (elles) eurent pu	J'aurai pu Tu auras pu Il (elle) aura pu Nous aurons pu Vous aurez pu Ils (elles) auront pu	J'aurais pu Tu aurais pu Il (elle) aurait pu Nous aurions pu Vous auriez pu Ils (elles) auraient pu

SUBJONCTIF

	Présent	Imparfait		Passé	Plus-que-parfait
Temps simples	Que je puisse Que tu puisses Qu'il (elle) puisse Que nous puissions Que vous puissiez Qu'ils (elles) puissent	Que je pusse Que tu pusses Qu'il (elle) pût Que nous pussions Que vous pussiez Qu'ils (elles) pussent	*Temps composés*	Que j'aie pu Que tu aies pu Qu'il (elle) ait pu Que nous ayons pu Que vous ayez pu Qu'ils (elles) aient pu	Que j'eusse pu Que tu eusses pu Qu'il (elle) eût pu Que nous eussions pu Que vous eussiez pu Qu'ils (elles) eussent pu

IMPÉRATIF	INFINITIF	PARTICIPE
pas d'impératif	**Présent** Pouvoir **Passé** Avoir pu	**Présent** Pouvant **Passé** Pu, ayant pu

Aller

INDICATIF

	Présent	Imparfait	Passé simple	Futur simple	Conditionnel présent
Temps simples	Je vais Tu vas Il (elle) va Nous allons Vous allez Ils (elles) vont	J'allais Tu allais Il (elle) allait Nous allions Vous alliez Ils (elles) allaient	J'allai Tu allas Il (elle) alla Nous allâmes Vous allâtes Ils (elles) allèrent	J'irai Tu iras Il (elle) ira Nous irons Vous irez Ils (elles) iront	J'irais Tu irais Il (elle) irait Nous irions Vous iriez Ils (elles) iraient
	Passé composé	**Plus-que-parfait**	**Passé antérieur**	**Futur antérieur**	**Conditionnel passé**
Temps composés	Je suis allé(e) Tu es allé(e) Il (elle) est allé(e) Nous sommes allé(e)s Vous êtes allé(e)s Ils (elles) sont allé(e)s	J'étais allé(e) Tu étais allé(e) Il (elle) était allé(e) Nous étions allé(e)s Vous étiez allé(e)s Ils (elles) étaient allé(e)s	Je fus allé(e) Tu fus allé(e) Il (elle) fut allé(e) Nous fûmes allé(e)s Vous fûtes allé(e)s Ils (elles) furent allé(e)s	Je serai allé(e) Tu seras allé(e) Il (elle) sera allé(e) Nous serons allé(e)s Vous serez allé(e)s Ils (elles) seront allé(e)s	Je serais allé(e) Tu serais allé(e) Il (elle) serait allé(e) Nous serions allé(e)s Vous seriez allé(e)s Ils (elles) seraient allé(e)s

SUBJONCTIF

	Présent	Imparfait		Passé	Plus-que-parfait
Temps simples	Que j'aille Que tu ailles Qu'il (elle) aille Que nous allions Que vous alliez Qu'ils (elles) aillent	Que j'allasse Que tu allasses Qu'il (elle) allât Que nous allassions Que vous allassiez Qu'ils (elles) allassent	*Temps composés*	Que je sois allé(e) Que tu sois allé(e) Qu'il (elle) soit allé(e) Que nous soyons allé(e)s Que vous soyez allé(e)s Qu'ils (elles) soient allé(e)s	Que je fusse allé(e) Que tu fusses allé(e) Qu'il (elle) fût allé(e) Que nous fussions allé(e)s Que vous fussiez allé(e)s Qu'ils (elles) fussent allé(e)s

IMPÉRATIF	INFINITIF	PARTICIPE
Présent Va, allons, allez **Passé** Sois allé(e), soyons allé(e)s, soyez allé(e)s	**Présent** Aller **Passé** Être allé(e)	**Présent** Allant **Passé** Allé(e), étant allé(e)

Voir

INDICATIF

	Présent	Imparfait	Passé simple	Futur simple	Conditionnel présent
Temps simples	Je vois Tu vois Il (elle) voit Nous voyons Vous voyez Ils (elles) voient	Je voyais Tu voyais Il (elle) voyait Nous voyions Vous voyiez Ils (elles) voyaient	Je vis Tu vis Il (elle) vit Nous vîmes Vous vîtes Ils (elles) virent	Je verrai Tu verras Il (elle) verra Nous verrons Vous verrez Ils (elles) verront	Je verrais Tu verrais Il (elle) verrait Nous verrions Vous verriez Ils (elles) verraient
	Passé composé	**Plus-que-parfait**	**Passé antérieur**	**Futur antérieur**	**Conditionnel passé**
Temps composés	J'ai vu Tu as vu Il (elle) a vu Nous avons vu Vous avez vu Ils (elles) ont vu	J'avais vu Tu avais vu Il (elle) avait vu Nous avions vu Vous aviez vu Ils (elles) avaient vu	J'eus vu Tu eus vu Il (elle) eut vu Nous eûmes vu Vous eûtes vu Ils (elles) eurent vu	J'aurai vu Tu auras vu Il (elle) aura vu Nous aurons vu Vous aurez vu Ils (elles) auront vu	J'aurais vu Tu aurais vu Il (elle) aurait vu Nous aurions vu Vous auriez vu Ils (elles) auraient vu

SUBJONCTIF

Temps simples	Présent	Imparfait	*Temps composés*	Passé	Plus-que-parfait
	Que je voie Que tu voies Qu'il (elle) voie Que nous voyions Que vous voyiez Qu'ils (elles) voient	Que je visse Que tu visses Qu'il (elle) vît Que nous vissions Que vous vissiez Qu'ils (elles) vissent		Que j'aie vu Que tu aies vu Qu'il (elle) ait vu Que nous ayons vu Que vous ayez vu Qu'ils (elles) aient vu	Que j'eusse vu Que tu eusses vu Qu'il (elle) eût vu Que nous eussions vu Que vous eussiez vu Qu'ils (elles) eussent vu

IMPÉRATIF		INFINITIF		PARTICIPE	
Présent	Vois, voyons, voyez	**Présent**	Voir	**Présent**	Voyant
Passé	Aie vu, ayons vu, ayez vu	**Passé**	Avoir vu	**Passé**	Vu(e), ayant vu

Savoir

INDICATIF

	Présent	Imparfait	Passé simple	Futur simple	Conditionnel présent
Temps simples	Je sais Tu sais Il (elle) sait Nous savons Vous savez Ils (elles) savent	Je savais Tu savais Il (elle) savait Nous savions Vous saviez Ils (elles) savaient	Je sus Tu sus Il (elle) sut Nous sûmes Vous sûtes Ils (elles) surent	Je saurai Tu sauras Il (elle) saura Nous saurons Vous saurez Ils (elles) sauront	Je saurais Tu saurais Il (elle) saurait Nous saurions Vous sauriez Ils (elles) sauraient
	Passé composé	**Plus-que-parfait**	**Passé antérieur**	**Futur antérieur**	**Conditionnel passé**
Temps composés	J'ai su Tu as su Il (elle) a su Nous avons su Vous avez su Ils (elles) ont su	J'avais su Tu avais su Il (elle) avait su Nous avions su Vous aviez su Ils (elles) avaient su	J'eus su Tu eus su Il (elle) eut su Nous eûmes su Vous eûtes su Ils (elles) eurent su	J'aurai su Tu auras su Il (elle) aura su Nous aurons su Vous aurez su Ils (elles) auront su	J'aurais su Tu aurais su Il (elle) aurait su Nous aurions su Vous auriez su Ils (elles) auraient su

SUBJONCTIF

Temps simples	Présent	Imparfait	*Temps composés*	Passé	Plus-que-parfait
	Que je sache Que tu saches Qu'il (elle) sache Que nous sachions Que vous sachiez Qu'ils (elles) sachent	Que je susse Que tu susses Qu'il (elle) sût Que nous sussions Que vous sussiez Qu'ils (elles) sussent		Que j'aie su Que tu aies su Qu'il (elle) ait su Que nous ayons su Que vous ayez su Qu'ils (elles) aient su	Que j'eusse su Que tu eusses su Qu'il (elle) eût su Que nous eussions su Que vous eussiez su Qu'ils (elles) eussent su

IMPÉRATIF		INFINITIF		PARTICIPE	
Présent	Sache, sachons, sachez	**Présent**	Savoir	**Présent**	Sachant
Passé	Aie su, ayons su, ayez su	**Passé**	Avoir su	**Passé**	Su(e), ayant su

Vouloir

INDICATIF

	Présent	Imparfait	Passé simple	Futur simple	Conditionnel présent
Temps simples	Je veux Tu veux Il (elle) veut Nous voulons Vous voulez Ils (elles) veulent	Je voulais Tu voulais Il (elle) voulait Nous voulions Vous vouliez Ils (elles) voulaient	Je voulus Tu voulus Il (elle) voulut Nous voulûmes Vous voulûtes Ils (elles) voulurent	Je voudrai Tu voudras Il (elle) voudra Nous voudrons Vous voudrez Ils (elles) voudront	Je voudrais Tu voudrais Il (elle) voudrait Nous voudrions Vous voudriez Ils (elles) voudraient
	Passé composé	**Plus-que-parfait**	**Passé antérieur**	**Futur antérieur**	**Conditionnel passé**
Temps composés	J'ai voulu Tu as voulu Il (elle) a voulu Nous avons voulu Vous avez voulu Ils (elles) ont voulu	J'avais voulu Tu avais voulu Il (elle) avait voulu Nous avions voulu Vous aviez voulu Ils (elles) avaient voulu	J'eus voulu Tu eus voulu Il (elle) eut voulu Nous eûmes voulu Vous eûtes voulu Ils (elles) eurent voulu	J'aurai voulu Tu auras voulu Il (elle) aura voulu Nous aurons voulu Vous aurez voulu Ils (elles) auront voulu	J'aurais voulu Tu aurais voulu Il (elle) aurait voulu Nous aurions voulu Vous auriez voulu Ils (elles) auraient voulu

SUBJONCTIF

	Présent	Imparfait		Passé	Plus-que-parfait
Temps simples	Que je veuille Que tu veuilles Qu'il (elle) veuille Que nous voulions Que vous vouliez Qu'ils (elles) veuillent	Que je voulusse Que tu voulusses Qu'il (elle) voulût Que nous voulussions Que vous voulussiez Qu'ils (elles) voulussent	*Temps composés*	Que j'aie voulu Que tu aies voulu Qu'il (elle) ait voulu Que nous ayons voulu Que vous ayez voulu Qu'ils (elles) aient voulu	Que j'eusse voulu Que tu eusses voulu Qu'il (elle) eût voulu Que nous eussions voulu Que vous eussiez voulu Qu'ils (elles) eussent voulu

IMPÉRATIF		INFINITIF		PARTICIPE	
Présent	Veux (veuille), voulons (veuillons), voulez (veuillez)	**Présent**	Vouloir	**Présent**	Voulant
Passé	Aie voulu, ayons voulu, ayez voulu	**Passé**	Avoir voulu	**Passé**	Voulu(e), ayant voulu

Venir

INDICATIF

	Présent	Imparfait	Passé simple	Futur simple	Conditionnel présent
Temps simples	Je viens Tu viens Il (elle) vient Nous venons Vous venez Ils (elles) viennent	Je venais Tu venais Il (elle) venait Nous venions Vous veniez Ils (elles) venaient	Je vins Tu vins Il (elle) vint Nous vînmes Vous vîntes Ils (elles) vinrent	Je viendrai Tu viendras Il (elle) viendra Nous viendrons Vous viendrez Ils (elles) viendront	Je viendrais Tu viendrais Il (elle) viendrait Nous viendrions Vous viendriez Ils (elles) viendraient
	Passé composé	**Plus-que-parfait**	**Passé antérieur**	**Futur antérieur**	**Conditionnel passé**
Temps composés	Je suis venu(e) Tu es venu(e) Il (elle) est venu(e) Nous sommes venu(e)s Vous êtes venu(e)s Ils (elles) sont venu(e)s	J'étais venu(e) Tu étais venu(e) Il (elle) était venu(e) Nous étions venu(e)s Vous étiez venu(e)s Ils (elles) étaient venu(e)s	Je fus venu(e) Tu fus venu(e) Il (elle) fut venu(e) Nous fûmes venu(e)s Vous fûtes venu(e)s Ils (elles) furent venu(e)s	Je serai venu(e) Tu seras venu(e) Il (elle) sera venu(e) Nous serons venu(e)s Vous serez venu(e)s Ils (elles) seront venu(e)s	Je serais venu(e) Tu serais venu(e) Il (elle) serait venu(e) Nous serions venu(e)s Vous seriez venu(e)s Ils (elles) seraient venu(e)s

SUBJONCTIF

	Présent	Imparfait		Passé	Plus-que-parfait
Temps simples	Que je vienne Que tu viennes Qu'il (elle) vienne Que nous venions Que vous veniez Qu'ils (elles) viennent	Que je vinsse Que tu vinsses Qu'il (elle) vînt Que nous vinssions Que vous vinssiez Qu'ils (elles) vinssent	*Temps composés*	Que je sois venu(e) Que tu sois venu(e) Qu'il (elle) soit venu(e) Que nous soyons venu(e)s Que vous soyez venu(e)s Qu'ils (elles) soient venu(e)s	Que je fusse venu(e) Que tu fusses venu(e) Qu'il (elle) fût venu(e) Que nous fussions venu(e)s Que vous fussiez venu(e)s Qu'ils (elles) fussent venu(e)s

IMPÉRATIF		INFINITIF		PARTICIPE	
Présent	Viens, venons, venez	**Présent**	Venir	**Présent**	Venant
Passé	Sois venu(e), soyons venu(e)s, soyez venu(e)s	**Passé**	Être venu(e)	**Passé**	Venu(e), étant venu(e)

Devoir

INDICATIF

	Présent	Imparfait	Passé simple	Futur simple	Conditionnel présent
TEMPS SIMPLES	Je dois Tu dois Il (elle) doit Nous devons Vous devez Ils (elles) doivent	Je devais Tu devais Il (elle) devait Nous devions Vous deviez Ils (elles) devaient	Je dus Tu dus Il (elle) dut Nous dûmes Vous dûtes Ils (elles) durent	Je devrai Tu devras Il (elle) devra Nous devrons Vous devrez Ils (elles) devront	Je devrais Tu devrais Il (elle) devrait Nous devrions Vous devriez Ils (elles) devraient
	Passé composé	**Plus-que-parfait**	**Passé antérieur**	**Futur antérieur**	**Conditionnel passé**
TEMPS COMPOSÉS	J'ai dû Tu as dû Il (elle) a dû Nous avons dû Vous avez dû Ils (elles) ont dû	J'avais dû Tu avais dû Il (elle) avait dû Nous avions dû Vous aviez dû Ils (elles) avaient dû	J'eus dû Tu eus dû Il (elle) eut dû Nous eûmes dû Vous eûtes dû Ils (elles) eurent dû	J'aurai dû Tu auras dû Il (elle) aura dû Nous aurons dû Vous aurez dû Ils (elles) auront dû	J'aurais dû Tu aurais dû Il (elle) aurait dû Nous aurions dû Vous auriez dû Ils (elles) auraient dû

SUBJONCTIF

	Présent	Imparfait		Passé	Plus-que-parfait
TEMPS SIMPLES	Que je doive Que tu doives Qu'il (elle) doive Que nous devions Que vous deviez Qu'ils (elles) doivent	Que je dusse Que tu dusses Qu'il (elle) dût Que nous dussions Que vous dussiez Qu'ils (elles) dussent	TEMPS COMPOSÉS	Que j'aie dû Que tu aies dû Qu'il (elle) ait dû Que nous ayons dû Que vous ayez dû Qu'ils (elles) aient dû	Que j'eusse dû Que tu eusses dû Qu'il (elle) eût dû Que nous eussions dû Que vous eussiez dû Qu'ils (elles) eussent dû

IMPÉRATIF		INFINITIF		PARTICIPE	
Présent	Dois, devons, devez	**Présent**	Devoir	**Présent**	Devant
Passé	Aie dû, ayons dû, ayez dû	**Passé**	Avoir dû	**Passé**	Dû(due), ayant dû

Croire

INDICATIF

	Présent	Imparfait	Passé simple	Futur simple	Conditionnel présent
TEMPS SIMPLES	Je crois Tu crois Il (elle) croit Nous croyons Vous croyez Ils (elles) croient	Je croyais Tu croyais Il (elle) croyait Nous croyions Vous croyiez Ils (elles) croyaient	Je crus Tu crus Il (elle) crut Nous crûmes Vous crûtes Ils (elles) crurent	Je croirai Tu croiras Il (elle) croira Nous croirons Vous croirez Ils (elles) croiront	Je croirais Tu croirais Il (elle) croirait Nous croirions Vous croiriez Ils (elles) croiraient
	Passé composé	**Plus-que-parfait**	**Passé antérieur**	**Futur antérieur**	**Conditionnel passé**
TEMPS COMPOSÉS	J'ai cru Tu as cru Il (elle) a cru Nous avons cru Vous avez cru Ils (elles) ont cru	J'avais cru Tu avais cru Il (elle) avait cru Nous avions cru Vous aviez cru Ils (elles) avaient cru	J'eus cru Tu eus cru Il (elle) eut cru Nous eûmes cru Vous eûtes cru Ils (elles) eurent cru	J'aurai cru Tu auras cru Il (elle) aura cru Nous aurons cru Vous aurez cru Ils (elles) auront cru	J'aurais cru Tu aurais cru Il (elle) aurait cru Nous aurions cru Vous auriez cru Ils (elles) auraient cru

SUBJONCTIF

	Présent	Imparfait		Passé	Plus-que-parfait
TEMPS SIMPLES	Que je croie Que tu croies Qu'il (elle) croie Que nous croyions Que vous croyiez Qu'ils (elles) croient	Que je crusse Que tu crusses Qu'il (elle) crût Que nous crussions Que vous crussiez Qu'ils (elles) crussent	TEMPS COMPOSÉS	Que j'aie cru Que tu aies cru Qu'il (elle) ait cru Que nous ayons cru Que vous ayez cru Qu'ils (elles) aient cru	Que j'eusse cru Que tu eusses cru Qu'il (elle) eût cru Que nous eussions cru Que vous eussiez cru Qu'ils (elles) eussent cru

IMPÉRATIF		INFINITIF		PARTICIPE	
Présent	Crois, croyons, croyez	**Présent**	Croire	**Présent**	Croyant
Passé	Aie cru, ayons cru, ayez cru	**Passé**	Avoir cru	**Passé**	Cru(e), ayant cru

LEXIQUE GRAMMATICAL

Les 120 mots qui vous seront utiles

A

Acte de langage : action accomplie par un émetteur dans une situation de communication donnée (informer, promettre, interroger, ordonner, avertir, conseiller...). → 90

Adverbe : mot invariable qui modifie le sens d'un verbe, d'un adjectif qualificatif, d'un autre adverbe ou d'une phrase entière. Il intervient à différents niveaux : la phrase, le texte, l'énonciation.
→ 24, 116, 150, 155, 161, 166

Annonce : procédé inverse de la reprise d'information (voir : **Reprise**), qui consiste à annoncer un être, une idée ou un objet par un pronom, et à les dénommer précisément ensuite. → 62-63

Apposition : expansion du groupe nominal ; nom ou groupe nominal qui se réfère au même être, au même objet, à la même notion que le nom qu'il complète. → 56

Aspect : manière dont s'expriment le déroulement, la progression, l'accomplissement d'un fait ou d'une action, indépendamment de l'époque dans laquelle il se situe. Les principales oppositions d'aspect : limité/non limité ; accompli/non accompli (formes simples/formes composées). → 115

Attribut du sujet : élément essentiel de certains groupes verbaux. Il indique une propriété, un état, une caractéristique du sujet par l'intermédiaire du verbe *être* ou d'un verbe équivalent. → 56

Auxiliaire d'aspect : verbe ou expression verbale qui apporte une nuance sur le déroulement de l'action (futur proche, début, durée, fin, passé proche).
→ 116, 154-155

B

But : objectif de l'action exprimée par le verbe principal ; réalisé ou non, le but est toujours en relation avec une volonté. Voir : **Conséquence.** → 172

C

Cause : événement qui joue le rôle de déclencheur d'un autre événement, appelé fait essentiel ; dans la phrase, la cause peut être exprimée avant ou après ce fait essentiel.
→ 160

Citation : expression ou phrase que l'émetteur met au compte d'une tierce personne et qu'il isole entre guillemets. → 98

Comparatif : degré de signification des adjectifs qui exprime la supériorité *(plus)*, l'égalité *(aussi)*, l'infériorité *(moins)* par rapport au positif.

Complément circonstanciel : complément non lié au verbe, mais à l'ensemble de la phrase (complément de phrase), que l'on peut supprimer ou déplacer. Il indique les circonstances du fait exprimé : lieu, temps, manière, cause, conséquence, but, etc.

Complément d'agent : complément du verbe passif, indiquant le responsable de l'action exprimée par le verbe. Il est introduit par les prépositions *par* ou *de*.

Complément d'objet direct (COD) : complément essentiel d'un verbe transitif direct, il se construit sans préposition ; il peut être un groupe nominal, un pronom, un verbe à l'infinitif, une proposition subordonnée. Il devient sujet à la forme passive.

Complément d'objet indirect (COI) : complément essentiel d'un verbe transitif indirect, il se construit avec une préposition (*à* ou *de*).

Complément d'objet second (COS) : complément essentiel du verbe, c'est un groupe prépositionnel ou un pronom qui indique le destinataire de l'action et s'emploie conjointement avec un autre complément essentiel.

Complément déterminatif : mot ou groupe de mots composé d'une préposition et d'un autre groupe nominal, qui complète un nom, un pronom ou un adjectif qualificatif.

Complément essentiel (direct ou indirect) : complément lié au verbe. On ne peut le déplacer en tête de phrase, à moins de le reprendre par un pronom. Indirect, il est introduit par une préposition imposée par le verbe.

Concession : dans une argumentation, stratégie qui consiste à reconnaître une part de vérité au point de vue de l'adversaire. → 185

Concordance des temps : relation établie, dans la phrase complexe, entre le verbe d'une proposition subordonnée et le verbe de la proposition principale qui régit celle-ci.
→ 92, 97, 130.

Coordination : réunion, dans une même phrase, de deux ou plusieurs propositions jouant le même rôle syntaxique. Les éléments coordonnés n'ont pas de fonction l'un par rapport à l'autre. (**conjonctions de coordination :** ***mais, ou, et, donc, or, ni, car***)

D

Degré d'intensité : degré de la qualité qui peut être apprécié en lui-même, sans relation à un autre élément.

Degré de probabilité : l'émetteur peut signaler que l'information qu'il donne est ou non certaine, qu'il l'estime seulement possible ou probable. Voir : **Modalisation.** > 23

Degré de comparaison : degré de la qualité qui peut être évalué par comparaison à un autre élément.

Destinataire : personne à qui l'énoncé est destiné, mais qui n'est pas nécessairement présente physiquement dans la communication. Voir : **Récepteur.** → 15

Déterminant : mot qui précède un nom pour constituer un groupe nominal et permettre à ce nom d'être utilisé dans le discours (**défini, démonstratif, indéfini, numéral cardinal, possessif**).

Discours : mise en pratique du langage à l'oral et à l'écrit. → 35

Discours raconté : manière de rapporter des paroles en résumant leur contenu et en les intégrant totalement au récit. → 98

Discours rapporté : citation de paroles à l'intérieur d'un énoncé. Il met en relation des messages qui relèvent de situations de communication différentes. → 89

Discours direct : les paroles sont citées entre guillemets. Le discours direct est toujours signalé par une expression introductrice qui présente le cadre de l'énonciation. → 89-90

Discours indirect : les paroles rapportées sont transposées et insérées dans la première situation de communication. → 90-92

Discours indirect libre : les paroles rapportées sont transposées dans une phrase juxtaposée à la phrase de récit qui la précède, sans marque de subordination ni verbe déclaratif. → 97

Discours (types de) :

Discours narratif : il raconte une série d'événements qui se déroulent dans le temps, et s'enchaînent selon des liens de cause à effet. → 35

Discours descriptif : il donne à voir des personnages, des lieux, des objets, qu'il situe essentiellement dans l'espace. → 36

Discours explicatif : en réponse aux questions du destinataire, il apporte des informations qui doivent être pertinentes, véridiques, vérifiables et non contradictoires. → 37

Discours argumentatif : il soutient une thèse qui vise à convaincre le destinataire, et s'appuie sur des arguments souvent illustrés d'exemples. → 37

E

Émetteur : personne qui parle ou qui écrit à une ou plusieurs personnes. → 15

Énoncé : message échangé, oralement ou par écrit, entre l'émetteur et le récepteur. → 14

Énoncé ancré ou **système du discours :** ancre l'énoncé dans la situation d'énonciation. Le contenu est situé par rapport à l'émetteur : *je, ici, maintenant*. Le temps verbal de référence est le présent. Le passé composé rapporte les faits passés et le futur rapporte les faits à venir. → 15-17

Énoncé coupé ou **système du récit :** exclut l'émetteur de l'énoncé. Les faits semblent se raconter d'eux-mêmes. Ils sont situés les uns par rapport aux autres : *il, là-bas, alors*. Le temps verbal de référence est le passé simple. → 15-17

Énonciation : acte de produire un énoncé dans une situation de communication donnée, dans des circonstances précises. → 14

Épithète : fonction de l'adjectif qualificatif lorsque celui-ci est placé directement à côté d'un nom, dans un groupe nominal (**épithète liée, détachée**). → 161

F

Fonction d'un mot : indique le rôle grammatical du mot ou du groupe de mots dans la phrase (sujet, COD...).

Fonction du langage : fonction du message qui peut être centrée sur le contenu (référentielle), sur l'émetteur lui-même (expressive), ou sur le récepteur (impressive). Elle peut avoir pour objectif de maintenir le contact (phatique) ou de produire un message poétique.

Forme active : construction du verbe dans laquelle le sujet est généralement l'agent de l'action exprimée par le verbe. → 123

Forme de phrase : affirmative/négative, active/passive, neutre/emphatique.

Forme emphatique : procédé qui permet de placer un élément du propos (information nouvelle) en position de thème (élément connu) et d'insister sur le thème. → 68-69

Forme impersonnelle : construction dans laquelle le verbe, toujours employé à la 3ᵉ personne du singulier, est précédé de l'indice d'impersonnel *il*. → 69, 125

Forme passive : construction du verbe dans laquelle le sujet désigne le patient de l'action, c'est-à-dire l'être ou l'objet qui subit l'action exprimée par le verbe. → 69, 123

Forme pronominale : construction dans laquelle le verbe est précédé d'un pronom qui représente le sujet. → 124

Futur antérieur : temps de l'indicatif qui situe un fait dans l'avenir, avant un autre fait exprimé au futur simple.

Futur simple : temps de l'indicatif qui marque un fait situé dans l'avenir. → 16, 154

G

Gérondif : participe présent précédé de la préposition *en* ; il est complément circonstanciel du verbe principal. Voir : **Participe présent.** > 161, 177, 203-204

H

Hypothèse : fait ou explication envisagés comme possibles, ou soumis à une condition. → 177

I

Imparfait de l'indicatif : temps de l'indicatif qui présente un fait en cours à un moment du passé, sans indication de début ni de fin. → 16, 117, 154

Implicite : information qui n'est pas donnée en termes clairs, mais que l'on peut reconstituer à partir de l'énoncé, ou de la situation d'énonciation. → 28-29

Indicatif : mode du verbe exprimant un fait réel et situé dans le temps (présent, passé ou futur). → 130

Infinitif : forme non actualisée du verbe, qui exprime simplement l'action, sans marquer la personne, le nombre ni le temps. Ex. *travailler*. → 197

J

Justification : argument considéré comme admis de tous *(puisque)*, et destiné à légitimer une conclusion. → 162

Juxtaposition : liaison de deux ou plusieurs propositions, à l'oral par une pause, à l'écrit par un signe de ponctuation, sans autre marque grammaticale. La relation qui les unit est implicite : elle doit être reconstituée par le récepteur.

M

Modalisation : ensemble des indices qui signalent la présence de l'émetteur dans son énoncé (informations données comme plus ou moins probables, ou jugements de valeur). → 23-24

Mode : catégorie qui fait varier le verbe. Les modes personnels indiquent la manière dont sont envisagés le fait ou l'action : indicatif, subjonctif, impératif. Les modes impersonnels sont l'infinitif, le participe.

N

Nature d'un mot : catégorie grammaticale à laquelle le mot appartient : nom, adjectif, déterminant, pronom, verbe, adverbe, mot de liaison.

Nom : noyau du groupe nominal. Sous-catégories du nom : nom commun/nom propre ; comptable/non comptable ; animé/non animé ; humain/non humain ; concret/abstrait.

O

Organisateurs du texte : mots ou expressions qui délimitent les différentes étapes d'un texte et les situent les unes par rapport aux autres. La plupart sont des adverbes.

Opposition : relation entre deux faits dont l'un fait obstacle à la réalisation de l'autre sans pour autant l'empêcher. → 182

P

Passé composé : temps de l'indicatif qui exprime un fait passé dont les conséquences durent encore. Il peut aussi exprimer un fait passé antérieur à un fait au présent de l'indicatif. → 16, 154

Passé simple : temps de l'indicatif qui situe les actions dans un passé bien défini. Ces actions forment la trame principale du récit (premier plan) tandis que l'imparfait décrit les actions de second plan. → 16, 17, 154

Période : longue phrase qui enchaîne logiquement les idées en les présentant dans un ample mouvement rythmique, avec des répétitions et des accumulations. → 210

Phrase affirmative : phrase qui affirme une réalité, qui exprime ce qui est.

Phrase complexe : phrase qui résulte de la transformation de plusieurs phrases simples, soit par juxtaposition, soit par coordination, soit par subordination.

Phrase de base : phrase déclarative, active, neutre, affirmative. Elle peut devenir interrogative, injonctive. Ces structures peuvent aussi subir des transformations : négative, passive, impersonnelle, emphatique.

Phrase déclarative : type de phrase par lequel l'émetteur constate un fait, transmet une information ou exprime une opinion, un jugement. Elle peut être affirmative ou négative.

Phrase emphatique : phrase qui insiste sur un des éléments de la phrase en le mettant en relief. Elle résulte de la transformation de la phrase neutre, par un déplacement ou par l'emploi de *c'est... que, c'est... qui.* → 68-69

Phrase exclamative : phrase de type déclaratif, impératif ou interrogatif qui exprime une émotion ou un sentiment vif (surprise, étonnement, plaisir, colère, indignation...). Le type exclamatif s'ajoute à l'un des trois types fondamentaux.

Phrase injonctive : type de phrase par lequel l'émetteur cherche à faire agir le récepteur. Le verbe n'a pas de sujet quand il est au mode impératif.

Phrase interrogative : type de phrase par lequel l'émetteur demande une information en posant une question. On distingue l'interrogation totale et l'interrogation partielle.

Phrase négative : phrase qui nie une action ou un fait, qui exprime ce qui n'est pas. Elle est le plus souvent le résultat de la transformation d'une phrase affirmative à l'aide d'un adverbe simple ou composé de négation.

Phrase neutre : phrase dont l'ordre des mots est : sujet – verbe – complément.

Phrase passive : phrase qui résulte de la transformation d'une phrase active dont le verbe a un COD. → 69

Phrase simple : suite de mots qui contient un seul groupe verbal, construit autour d'un verbe conjugué.

Plus-que-parfait : temps de l'indicatif qui exprime essentiellement un fait passé antérieur à un fait exprimé au passé composé, au passé simple ou à l'imparfait de l'indicatif.

Point de vue de l'émetteur : marques de l'émetteur dans son énoncé, pour évaluer ce qu'il fait, ce qu'il dit et la façon dont il le dit. Voir : **Modalisation** → 23

Présent de l'indicatif : temps de l'indicatif qui situe principalement le fait au moment de l'énonciation. → 16, 154

Présupposé : information qui se déduit d'un mot présent dans l'énoncé. → 29

Progression à thème constant : toutes les phrases du texte ont le même thème. Les propos se rapportent tous à lui. → 74

Progression à thèmes dérivés ou « en éventail » : chaque phrase du texte développe un aspect particulier d'un thème général mentionné par le titre ou la première phrase du texte. → 74

Progression linéaire ou « en escalier » : le propos (ou une partie du propos) d'une phrase devient le thème de la phrase suivante. → 74

Pronom : mot qui remplace souvent un nom ou un groupe nominal pour reprendre une information qui a déjà été donnée auparavant dans le texte (**démonstratif, indéfini, personnel, possessif, relatif**).

Propos : information nouvelle qu'on apporte sur l'information de départ, le thème (voir **Thème**). Il se place à la fin de la phrase. → 67

Proposition : unité de sens construite autour d'un sujet et d'un verbe conjugué.

Proposition indépendante : proposition qui ne dépend d'aucune autre et dont aucune autre ne dépend. → 160, 166, 183

R

Récepteur : personne à qui l'énoncé est destiné, et qui est physiquement présente dans la communication. Voir : **Destinataire.** → 16

Registre de langue : manière de parler selon une situation donnée. On distingue le registre familier, le registre courant, le registre soutenu.

Reprise (d'information) : procédé qui consiste à renommer, phrase après phrase, les êtres et les objets dont parle le texte pour maintenir l'information. Les procédés de reprise sont très nombreux : reprises lexicales par un GN réduit, un terme générique, un synonyme, une périphrase ; reprises pronominales par des pronoms personnels, démonstratifs, possessifs, indéfinis, numéraux. → 61

S

Situation d'énonciation : situation de communication dans laquelle des énoncés sont produits en un temps et un lieu précis. → 14-15, 89

Sous-entendu : information que l'émetteur laisse entendre sans la donner et que le récepteur doit construire à partir de l'ensemble de l'énoncé. → 29

Subjonctif : mode personnel du verbe employé soit dans des propositions subordonnées, soit pour exprimer un sentiment, une volonté, un jugement. → 131, 172-173

Subordination : relation qui unit, à l'intérieur de la phrase, des propositions qui ne sont pas de même niveau, dans un ensemble où l'une (appelée subordonnée) dépend de l'autre (appelée principale).

Subordonnée : proposition qui joue le rôle d'un constituant à l'intérieur d'une phrase de niveau supérieur, et qui s'enchâsse à la place des groupes de la phrase simple, en position de complément du verbe (complétives ou interrogatives indirectes), de complément de phrase (circonstancielles), de complément à l'intérieur d'un groupe nominal (relatives).

Subordonnée circonstancielle : élément non essentiel de la phrase introduit par une conjonction ou une locution conjonctive de subordination : *quand, dès que, parce que, pour que*, etc.

Subordonnée complétive : proposition complément du verbe de la proposition principale, introduite par la conjonction *que*.

Subordonnée infinitive : proposition subordonnée dont le verbe, à l'infinitif, a un sujet distinct de celui de la proposition principale ; on la rencontre après les verbes de perception *écouter, voir, regarder, sentir...* Elle est complément d'objet direct du verbe principal. → 199

Subordonnée interrogative indirecte : forme de proposition subordonnée complétive. C'est un élément essentiel de la phrase, complément d'objet direct d'un verbe de sens interrogatif. Elle appartient au discours indirect.

Subordonnée participe : proposition formée d'un participe dont le sujet est distinct de celui du verbe principal. Elle est complément circonstanciel de la proposition principale. → 204

Subordonnée relative : proposition qui fait partie du groupe nominal. Elle comporte un verbe conjugué, et commence par un pronom relatif reprenant le nom ou le pronom précédent. Elle est complément de son antécédent.

Sujet : un des deux éléments principaux d'une phrase. Il commande l'accord du verbe en personne et en nombre. Il ne peut pas être supprimé.

Superlatif : ensemble des procédés grammaticaux qui expriment la qualité au degré le plus élevé.

Superlatif relatif : superlatif formé du comparatif précédé de l'article défini *(le plus..., le moindre).*

Synonyme : mot de même sens qu'un autre, que l'on peut substituer à un autre dans un texte sans changer le sens de celui-ci.

T

Thème : information de départ dans un énoncé, que le récepteur connaît déjà, grâce à la situation ou au contexte (voir **Propos**). Le thème se place en tête de la phrase. Les constructions emphatiques, passives et impersonnelles ont pour effet de placer des groupes syntaxiques en position de thème. → 67

Transformation infinitive : réduction à l'infinitif d'une proposition subordonnée complétive ou relative, sans modification du sens de l'énoncé. → 197

Transformation participe : réduction à un participe du verbe conjugué d'une proposition subordonnée relative ou circonstancielle, sans modification du sens de l'énoncé. → 203

Type de phrase : déclaratif, interrogatif, injonctif ; chacun de ces trois types fondamentaux peut en outre être exclamatif.

V

Verbe : mot essentiel de la phrase verbale qui se conjugue : il varie selon la personne, le nombre, le temps, le mode. Il relie le sujet et les compléments, ou le sujet et son attribut.

Verbe (mode) : manière dont le verbe exprime l'état ou l'action. En français, on distingue l'indicatif, le subjonctif, le conditionnel, l'impératif, l'infinitif et le participe.

Verbe (personne du) : forme de la conjugaison permettant de distinguer celui qui parle, celui qui écoute, celui ou ce dont on parle.

Verbe (temps) : forme du verbe qui permet de situer l'action dans le passé, le présent ou le futur et qui forme des séries personnelles.

CRÉDITS PHOTOGRAPHIQUES
• **INTÉRIEUR** : **33** : Publicis Conseil/Adolfo Fiori ; **46 (g)** : Sébastien Richet/Polygram ; **46 (m)** : Johnatan Marrion ; **46 (d)** : Columbia ; **59** : Giraudon ; **79** : Archives Nathan ; **121** : Rapho/R. Doisneau ; **152** : AKG, Paris ; **187** ; AKG, Paris. • **COUVERTURE** : (HG) Roger-Viollet- (HD) Photodisc- (MG) Opale/John Foley- (MD) Archives Nathan- (BG) Lipnitzki-Viollet- (BM) Gamma- (BG) Agence Nina Beskow/Gisèle Freund.

Édition : Annie Chouard • **Conception graphique** : Élisabeth Maréchal • **Illustrations** : Béatrice Alemagna • **Mise en page** : Christine Chenot • **Couverture** : Martine de Cagny (adaptation graphique), Sophie Hüe (illustrations)

N° d'éditeur : 10051991 (I) (60) - Compogravure : Touraine Compo - imprimé par Rotolito Lombarda - Dépôt légal : mai 1999 - ISBN : 2.09.171468.2
Cet ouvrage a été imprimé sur du papier de 70 g.